대학생이 해설하는
인문고전 필독서 20

대학생이 해설하는 인문고전 필독서 20

발행일	2023년 11월 1일		
지은이	신명		
펴낸이	손형국		
펴낸곳	(주)북랩		
편집인	선일영	편집	윤용민, 배진용, 김다빈, 김부경
디자인	이현수, 김민하, 임진형, 안유경	제작	박기성, 구성우, 이창영, 배상진
마케팅	김회란, 박진관		
출판등록	2004. 12. 1(제2012-000051호)		
주소	서울특별시 금천구 가산디지털 1로 168, 우림라이온스밸리 B동 B113~114호, C동 B101호		
홈페이지	www.book.co.kr		
전화번호	(02)2026-5777	팩스	(02)3159-9637

ISBN 979-11-93499-34-4 03100 (종이책) 979-11-93499-35-1 05100 (전자책)

(주)북랩 성공출판의 파트너

북랩 홈페이지와 패밀리 사이트에서 다양한 출판 솔루션을 만나 보세요!

홈페이지 book.co.kr • **블로그** blog.naver.com/essaybook • **출판문의** book@book.co.kr

작가 연락처 문의 ▸ ask.book.co.kr

작가 연락처는 개인정보이므로 북랩에서 알려드릴 수 없습니다.

대 학 생 이   해 설 하 는

인문고전 필독서 20

탁월한 해설과 인문의 향기로 가득한 고전과의 대화

신명 지음

지적인 허기를 채우고 사색의 힘을 기르려면 인문고전을 읽어라!

 북랩

들어가는 글

중·고등학생 시절 서울대학교 선정 인문고전 학습만화 전집(50권)을 통해서 처음으로 인문고전을 만났다. 어렵기는 했지만 나름 재미있기도 해서 책장에 꽂혀 있는 전집을 다 읽었다. 그 시절 책 읽기는 인문고전 학습만화에 그치지 않고 과학, 역사, 문학 등 여러 분야로 확대되었다. 나에게 책 읽기는 학교 공부의 숙제가 아닌 취미이자 습관이었다.

대학생이 된 후 스마트폰에 빠져들며 책 읽기 습관을 차츰 잊어갈 즈음인 1학년 겨울방학 때 아버지의 추천으로 『리딩으로 리드하라』를 읽었다. 이 책은 인문고전 읽기와 사색의 중요성을 강조하고 위인들은 어릴 때부터 인문고전을 읽었다는 사례를 보여주는 내용을 담고 있었다. 특히 인문고전은 단순히 읽는 것만으로 끝이 아니고 그 뜻을 깊게 사색해야 인생에 도움이 된다는 말에 인문고전 읽기와 사색에 도전해 보자는 결심을 했다.

그렇게 시작한 인문고전에 대한 나의 도전은 1학년 겨울방학 내내 읽기와 사색과 독후감 쓰기로 이어졌다. 학기 중에는 주말을 최대한 활용하였고, 2학년 여름방학이 되자 집중적으로 몰입해 인문고전 20권에 대한 해설을 완성했다.

  인문고전 중 20권을 선정하는 작업은 쉽지 않은 과정이었다. 서양과 동양은 물론, 한민족의 인문고전 중 되도록 다양한 주제의 책을 고르려고 노력했다. 서양 인문고전에서는 플라톤의『국가』에서부터 루소의『사회계약론』까지 정치철학에 대한 고전 6선을 중심으로 과학분야 다윈의『종의 기원』과 역사분야 헤로도토스의『역사』를 선정했다. 동양 인문고전에서는 유교의 경전인 사서와 제가백가의 저서인 노자의『도덕경』과『한비자』, 역사서인 사마천의『사기 본기』와 한 인간의 진리실험에 대한 이야기인『간디 자서전』을 선정했다. 한민족 인문고전으로는 조선시대 실학자들의 대표적인 저서인 이익의『성호사설』, 최한기의『기학』, 정약용의『목민심서』와 역사서인 박은식의『한국통사』를 선정했다.

  한 권의 책을 잡으면 적어도 2~3번, 이해가 안 되는 경우에는 4~5번까지 읽으며 내용을 머릿속에서 이해하려고 노력했다. 그리고 내용에 대해 사색하면서 쓸 내용을 마인드맵으로 그렸다. 한 편의 독후감을 쓰는 데 평균적으로 1~2일이 걸렸지만 내용이 어렵거나 게으름이 찾아올 경우 더 오래 걸린 경우도 적지 않았다. 1,000쪽이 넘는 애덤 스미스의『국부론』은 3번이나 읽었지만 도저히 이해되지 않아 다음으로 미루었다.

약 9개월 간의 읽기를 통해 인문고전의 의미를 조금이나마 엿볼 수 있었다. 첫째, 인문고전이 쓰인 시대상황과 저자의 삶을 살펴보며 역사적 의미를 알 수 있었다. 둘째, 인문고전에서 고민하는 인간의 본질과 삶에 대한 철학적 의미를 알 수 있었다. 셋째, 이상주의적 정치관과 현실주의적 정치관의 갈등과 타협을 보면서 정치적 의미를 알 수 있었다.

인문고전 한 권 한 권이 우열을 가리기 어려울 정도로 모두 감명 깊었지만 내게 울림이 컸던 책을 소개하면, 서양 인문고전에서는 이상과 현실의 교묘한 조화를 이루면서 현대 민주주의 기초가 된 루소의『사회계약론』, 스승의 이상론을 과감하게 비판하면서 처음으로 이상과 현실의 조화를 강조한 아리스토텔레스의『정치학』이 아주 인상 깊었다. 동양 인문고전에서는 통상적인 상식을 절묘하게 비판하는 한편 설명하고 실천하기 어려운 도를 쉬운 비유로 말해주는『도덕경』과 올바른 삶에 대해 끊임없이 묻고 답하는『논어』가 아주 감동적이었다. 한민족 인문고전에서는 우리나라 반만년 역사 초기부터 시작, 특히 흥선대원군에서 일제강점기까지의 시기를 탁월하게 통찰하고 서술한 박은식의『한국통사』와 백과사전식의 분류를 하면서도 그 근간에 실학자로서의 애민정신이 녹아 있는 이익의『성호사설』이 큰 울림을 주었다.

인문고전을 읽으면서 몇 가지 교훈을 얻었다. 우리가 살아가는 역사는 똑같은 어리석음을 반복하는 것처럼 보이지만 그럼에도 조금씩 잘못된 부분을 깨달으며 발전한다는 것. 시대별로 도덕에 대한 견해들이 대립됐지만 서로 토론하면서 인류는 도덕적으로 성숙해질 수 있었다는 것. 사회는 복잡하고 정치체제 또한 완벽하지는 않지만 조금씩 문제를 해결하며 점진적으로 발전해 간다는 것을 알게 됐다. 무엇보다도 이 작업을 통해 내 지식이 점차 확장된다는 성취감을 느꼈고, 읽고 곱씹으면서 평소에 내가 모자란 부분이 많았다는 것을 반성하게 됐다. 무엇보다도 나 자신이 채워진다는 느낌이 강하게 들었다.

마지막으로 인문고전 20선을 통해 느낀 감동을 독자 여러분도 조금이나마 함께 공감해주신다면 지난 9개월의 힘든 작업에 대한 위안을 얻고, 앞으로 인문고전 100선에 도전할 용기를 얻을 수 있을 것 같다.

또래들의 고전 읽기에 좋은 사례로서
마중물이 되길 기원하며

제자가 지적으로 성장하는 모습을 지켜보는 것은 가슴이 벅찬 일이다. 후생가외(後生可畏, 부지런히 갈고닦은 후배는 선배를 능가할 수 있다)의 뜻을 머리와 가슴 모두로 일순에 깨치게 되는 경험이, 많은 사람에게 허락된 일이 아니라는 점에서, 이번에 제자 신명의 출판은 참으로 감사한 일이다. 고등학교 1학년 나이에 자신의 경험을 수록한 '고딩의 73일 미국·캐나다 여행일기장'의 저자가 되었을 때, 비약적인 지적 성장을 보일 것이라 예상은 했지만, 이번 '대학생이 해설하는 인문고전 필독서 20' 발간을 지켜보며 고전 해설에 도전한 용기와 생각의 깊이에 더욱 놀랐다.

고전은 지적인 허기를 느끼는 사람 누구에게나 훌륭한 배움의 바탕이 되지만, 대부분 사람에게는 '제목'으로만 전해지거나 '요약본'으로만 읽히는 경우가 많다. 탐독한다는 것은 기꺼이 시간을 할애하여 읽어내는 용기가 필요하고, 되새기는 과정에서는 깊은 생각도 요구된다. 그래서 고전 읽기에는 좋은 안내서가 필수인데, 이 책이 그 역할을 할 수 있겠다고 생각한다. 저자, 창작 배경이 된 시대, 내용 요약 및 설명이 아주 자세하기 때문이다.

고전이 널리 읽힌다면 고전 읽기를 새삼스럽게 강조할 필요가 없을 것이다. 고전 읽기가 좋은 약이라고 떠벌리는 모든 말들은 고전이 제대로 평가받지 못하고 있다는 것을 광고하고 있는 셈이다. 고전이 탄생한 당시의 시대적 상황을 이해하고, 수시로 검색창을 두드려 가며 책을 읽고 고전이 전하는 메시지의 현대적 의미를 생각해야 하는 과정을 즐기는 십 대와 이십 대 청년이 많지는 않겠지만, 한 번쯤은 그 과정을 겪어보고 싶은 도전의식을 갖고 있을 것이다.

이제 막 약관의 나이인 대학생이 읽기를 넘어 해설에 도전한다는 것은 여간 어려운 과제가 아니었을 것이다. 읽고 선별하고 요약하고 쓰고, 다시 고치는 과정에서 겪을 수 있는 어려움과 저자가 했을 고민이 읽힌다. 너무 어려운 내용은 다음을 기약하며 목차에서 슬쩍 제외했다는 고백을 받고는 저자의 솔직함에 강한 애정을 느낀다.

만화 시리즈를 통해 고전을 처음 접했던 저자가 무엇을 알게 되고 무슨 생각을 했는지 따라가다 보면, 토론을 즐기는 또래의 젊은이나 고등학생들은 쉽게 공감하며 재미를 느낄 수 있으리라 생각한다. 청소년들이 이 책을 읽는다면, 아마도 역사·철학·사회학·정치학이 과거와 현재 속에서 융합되는 경험을 저자와의 대화 속에서 갖는 행운을 얻을 것이다.

고전 읽기를 즐기고 해설에까지 도전한 제자의 성장을 응원하고, 또래들의 고전 읽기에 좋은 사례로서 마중물이 되길 기원하

며 이 책을 추천한다. 이 책을 접한 많은 독자는 아무쪼록 깊은
애정을 갖고 젊은 저자 신명의 지적 성장을 응원해 주길 바란다.

2023년 9월

마산제일고등학교장

우정범

『대학생이 해설하는 인문고전 필독서 20』
읽기를 권하며

　최근 친분이 있는 지인으로부터 그의 아들 신명 군이 쓴 책을 소개받았다. 그 책은 『대학생이 해설하는 인문고전 필독서 20』이라는 제목을 달고 있었다. 신명 군이 고등학생 때 쓴 미국여행기(고딩의 73일 미국·캐나다 여행일기장)를 몇 년 전에 재미있게 읽은 터라, 큰 관심을 가지고 읽어 보았다. 이 책은 동서양의 인문고전 20권을 약 1년간에 걸쳐서 집중적으로 읽고 독후감을 쓴 것이다. 그런데 그 내용이 단순히 각 고전의 내용을 요약하고 읽은 소감을 쓰는 정도를 넘어서서, 고전의 시대적, 사상적 배경, 현대 사상과의 연관성 등에 대한 해설을 포함하고 있었다. 대학 저학년 학생이 쓴 글이라고는 믿어지지 않는 놀라운 수준의 해석도 적지 않았다. 대학에서 철학 선생 노릇을 40년 가까이 해온 나 자신도 새롭게 느끼고 배우는 바가 있었다. 다만 그가 해설을 쓰느라고 참고한 문헌들을 표기하고 소개하였더라면 더욱 좋았겠다는 아쉬움이 있다. 하지만 그는 머지않아 자신의 주장을 다른 사람이 제시한 논거를 통해서 뒷받침하는 학문적 글쓰기에도 익숙해지리라고 믿는다.

나는 오늘날과 같은 AI의 시대에 무엇보다도 필요한 것이 고전 읽기를 통한 인문학적 소양 함양이라고 믿고 있다. 특히 챗봇 (Chat Bot) 사용이 확산됨으로써 챗봇으로부터 손쉽게 지식을 습득하는 우를 범하기 쉬운 시대에는, 고전에 몰입함으로써 인간, 자연, 역사, 문화의 의미를 직접 체득하는 일이 무엇보다도 중요하다. AI를 기반으로 한 제4차 산업혁명 시대에 무엇보다도 요구되는 것은 메타사고 능력, 네트워킹 능력, 공감 능력이다.

무엇보다도 우리는 인공지능이 구현하기 어렵다고 여겨지는 인간의 능력을 키우는 데 주력해야 한다. 그런 능력 중의 하나가 바로 메타 사고(meta-thinking) 능력이다. 메타 사고란 우리 인생의 의미를 묻고, 개념의 의미를 물으며, 제과학의 근본적인 전제를 검토하는 사고이다. 나는 신명 군의 독후감 속에서 반성적이고, 발산적이며, 창의적인 사고를 발견하면서, 메타 사고를 키우기 위해서는 인문고전 읽기가 필요하다는 사실을 새삼 느꼈다. 신명 군은 인문고전 읽기를 통해서 메타 사고를 키우려는 오늘날 교육의 일차적인 목표를 달성하고 있다.

둘째, 우리는 네트워크 사회에 대응해서 살아가는 능력을 길러야 한다. 오늘날의 대학생들이 살아갈 시대는 모든 사물이나 사람들이 인터넷으로 연결되는 만물 인터넷의 시대이다. 그 사회에서는 서로 이질적인 것들이 연결되어 새로운 네트워크를 형성한다. 따라서 네트워크 사회에서는 누구와 어떻게 연결되는지가 경쟁력의 근본이다. 신명 군은 인문고전 읽기를 통해서 인간 사회가 복잡한 정치체제에 기초한 네트워크로 이루어지고, 그 네트워크가 점진적으로 발전해 나아간다는 것을 깨닫고 있다. 플라톤의 이상주의 정치철학과 아리스토텔레스의 현실주의 정치철학이 네트워크 구성 원리로서 어떤 점에서 차이 난다는 것을 이해하는 일은 여러 형태의 네트워크의 본질과 기능을 이해하는 것과 다르지 않다. 이것은 바로 신 군이 갖추게 된 국제적인 경쟁력의 하나이다.

마지막으로 우리는 AI라는 생각하는 기계가 가질 수 없는 공감 능력을 배양해야 한다. 공감 능력이란 감정과 생각을 공유할 수 있는 능력이다. 함께 기뻐하고 함께 슬퍼할 줄 아는 능력이다. 서로 나누고 배려하는 공동체 정신이다. 나는 이러한 공감능력조차도 고전 읽기를 통해서 상당 부분 획득될 수 있다고 믿는다. 신 군의 독후감은 그가 고대로부터 현대에 이르는 동서양의 철학자, 역사가, 정치가들과 소통하고 그들의 언어와 행위에 공감하고 있음을 보여준다. 미래 사회가 경쟁보다는 협력, 개인적 이익보다는 사회적 공익을 강조하는 사회가 될 것이라면, 고전 읽기를 통해서 획득된 신 군의 공감 능력은 그의 미래를 열어 가는 중요한 토대가 될 것이다.

신명 군의 이 책은 인문고전 읽기를 통해서 AI 시대에 무엇보

다도 필요한 메타 사고 능력, 네트워킹 능력, 공감 능력이 획득될
수 있다는 주장을 확증한다. 나는 이런 이유에서 한 청년이 쓴
인문고전 읽기의 모범을 동시대의 청년들이 읽고, 그의 성취감
을 공유하기를 권한다.

정병훈(경상국립대학교 철학과 명예교수)
주요 저서『뉴턴과 흄』,『과학기술과 철학』
역서『방법에 반대한다』,『인간지성론』

추천사

저는 이 책을 쓴 신명의 지도교수입니다. 1년 남짓 옆에서 지켜본 신명 학생은 특별한 재능을 지닌 학생입니다. 늘 책을 가까이 두고 읽는 모습을 봐왔던 터라 평소 책을 유난히 좋아하는 것은 알고 있었지만, 이 책을 보고 그 깊이가 얼마나 깊은지 새삼 놀랐습니다.

쉽게 읽기 어려운 인문고전을 결코 길지 않은 시간에 통달했다니, 그것도 2~3번씩, 이해가 잘 안 되는 경우에는 4~5번까지 읽으며 내용을 완전히 이해하려고 했다니 그 노력을 높이 사지 않을 수 없습니다. 또한 책의 내용을 요약하는 수준을 넘어서 다른 책과의 비교나 메시지의 의미를 현실 세계에 대입하여 해석해 낸 점은 책에 대한 저자의 놀라운 통찰력을 보여주는 부분이라 할 수 있습니다.

좋은 점수를 받기 위한 독서를 강요받고, 입시와 취업에 밀려 제대로 된 '진짜' 독서를 하지 못하는 시대에, 이 책은 '읽는다'는 단순 행위를 넘어 '사색하는 독서'의 의미를 일깨워주고 있습니다. 특히, 모두가 한번은 들어봤음직한 익숙한 인문고전이지만 끝까지 완독하기 쉽지 않은 책을 이제 갓 20대에 접어든 청년의 눈높이로 생생하게 풀어낸 점은 인문고전에 대한 친숙함과 호기심을 불러일으키기에 충분하다고 생각됩니다. 뿐만 아니라 이 책에 수록된 인문고전 20선만으로도 서양과 동양, 한민족을 넘나드는 저자의 포용적 안목과 통찰의 깊이를 충분히 느낄 수 있습니다.

'책을 읽고 글을 쓰면서 지식과 지혜가 확장되는 느낌'.

저자가 느낀 이 감정에 이 책을 읽는 많은 분들이 공감하기를 바라며, 인문고전 60선, 100선에 도전하는 저자의 다음 여정도 지지하고 격려합니다.

부산대학교 문헌정보학과 노지현 교수
주요 저서 『도서관목록의 이상과 우리의 현실』
공저 『목록이론의 이해와 적용』

차 례

1부 서양의 인문고전

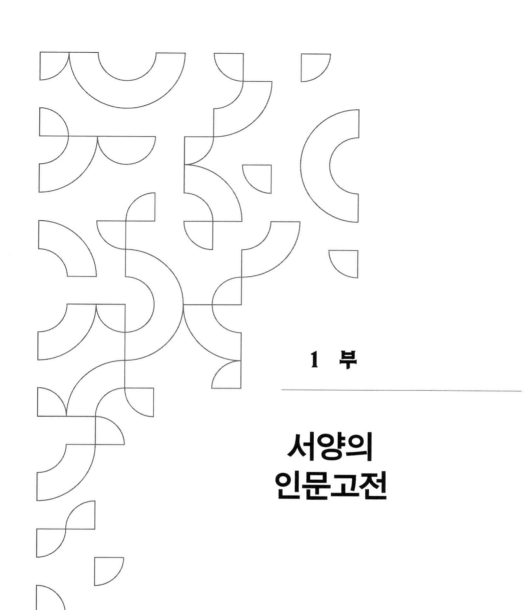

1 부

서양의
인문고전

1. 헤로도토스의 『역사』

역사(history)의 어원이 된 책(historia), 신화에서 인간의 이야기로 옮기다

중학교 때 서울대 선정 인문고전 학습만화로 헤로도토스의 『역사』를 읽어 본 적은 있었지만 이번에 완역본으로 읽어보니까 그 느낌과 난이도가 완전히 색달랐다. 특히 고유명사 부분은 되도록 원전을 살렸기에 몇 번씩 각주를 봐야 겨우 이해가 됐다. 대표적으로 스파르타를 라케다이몬으로 서술하고, 그 외 국가명도 헤로도토스 시대의 명칭을 사용한다.

이 책은 먼저 헤로도토스의 역사관을 소개한 후 그리스 인근 나라들을 소개하고, 크로이소스 왕과 그의 패배에 대해 다룬 후 키로스가 어떻게 페르시아의 왕이 되는지 등 그의 일생을 다룬다. 이어서 이집트의 역사와 문화, 풍습에 대해 상세히 다룬 후 캄뷔세스의 이집트 원정과 엮어서 캄뷔세스의 일대기와 최후를 다룬다. 그 뒤로는 다리우스가 어떻게 페르시아의 왕이 되는지와 어떻게 페르시아를 재편성했는지, 그리고 주변 국가를 조금

씩 정복하면서 그리스에 도달하는 과정과 그 유명한 마라톤 전투를 다룬다.

뒤이어 일반적으로 많이 알려진 영화 300에 나온 이미지로 유명한(사실은 왜곡된 이미지지만) 크세르크세스가 어떻게 그리스와의 전면전을 결심하는지와 전쟁의 전개 과정을 서술한다. 제2차 페르시아-그리스 전쟁은 영화 300의 주요 무대였던 테르모필라이 전투에서 시작해 아테네가 중심이 되어 크세르크세스를 페르시아로 몰아낸 살라미스 해전, 그리스에 남아 있던 마르도니오스까지 전사시킴으로써 페르시아를 그리스에서 몰아낸 플라타이아 전투로 마무리된다.

먼저 키로스가 어떻게 페르시아의 왕이 됐는지부터 알아보자. 발단은 메디아로부터 시작된다. 처음에 페르시아인은 이란의 작은 민족에 지나지 않았다. 그러나 당시 메디아의 왕인 아스티아게스는 자기 딸이 낳은 아들이 자신을 몰아내고, 아시아를 지배할 것이라는 꿈을 꾸었다. 그래서 아스티아게스는 이런 예언이 이루어지지 않게 딸을 별 볼 일 없는 민족이었던 페르시아인과 결혼시켜서 그 기세를 꺾으려고 했다.

어느덧 딸이 임신하자 아스티아게스는 자기 딸이 낳은 아들이 아시아를 지배할 것이라는 꿈을 다시 꾸었고, 결국 자기 신하 하르파고스를 불러 딸의 아이를 죽이라는 명령을 내렸다. 그러나 하르파고스는 현재 왕이 아들이 없는데 딸이 왕이 되면 자기 자식을 죽인 자신을 용서하지 않을 것이라고 걱정하며 이 일을 소치기에게 맡겼다. 소치기의 아내는 그 아이를 보고 차라리 우리가 키우자고 남편에게 제안했다. 때마침 얼마 전 아내가 낳은 아이가 죽은 소치기는 죽은 아이와 하르파고스에게 받은 아이를 바꿔치기해서 이름을 키로스라고 붙였다. 이걸 모르는 하르파고스는 그대로 아이는 죽었다고 보고했다.

그렇게 일이 잘 흘러가는 듯했지만, 키로스가 자라면서 진실이 드러나게 된다. 키로스는 아이들과 왕 놀이를 하면서 왕 역할을 하는데, 귀족 아이 둘이 왕의 명령을 거부했다. 결국 키로스는 그들에게 처벌을 내렸고, 이는 부모님을 통해 왕의 귀에까지 들어갔다. 왕은 왜 귀족 아이를 공격했냐고 키로스에게 문책하자 그는 비록 놀이지만 자기 역할이 왕이었으니 정당했다고 항변했다. 이에 범상치 않은 느낌을 받은 왕이 키로스에 대해 조사해보니 자신이 하르파고스에게 죽이라고 했던 그 아이였던 것이다.

왕은 하르파고스에게 진실을 추궁했고, 결국 하르파고스는 진실을 털어놓았다. 왕은 이에 화가 났지만 내색하지 않고, 하르파고스의 아들을 왕궁에 초대하고 싶다고 말했다. 하르파고스는 수상함을 느끼면서도 그대로 따를 수밖에 없었고, 왕은 끔찍한 응징을 했다. 하르파고스의 아들을 죽인 뒤 그 시체로 요리를 만들기까지 한 것이다. 왕은 하르파고스를 초대해 음식을 마음껏 먹게 했고, 거의 다 먹었을 때 그 음식이 사실 하르파고스의 아들로 요리한 것임을 알려주었다. 이에 하르파고스는 겉으로는 왕의 판결이니 어쩔 수 없다고 했지만 속으로는 복수의 칼날을 갈게 됐고, 이는 왕의 몰락을 가져오는 최악의 선택이 됐다.

왕은 예언가들에게 키로스의 예언에 대해 다시 물어보는데, 예언가들은 그 예언이 놀이의 형태이지만 이미 이루어졌으니 더는 신경 쓰지 않아도 된다고 말했다. 왕은 이에 안심하고 키로스를 자기 손자로 인정한 뒤 본래의 부모에게 보냈다. 키로스는 그렇게 성장하다가 성인이 되자 하르파고스에게서 밀약서를 받았다. 때가 됐다고 판단한 키로스는 페르시아인을 모아 반란을 일으켰다.

왕은 이에 당황해 진압하려 했지만, 하르파고스가 키로스에게 중요한 정보를 미리 전해줬다. 거기다 자기 신하의 아들을 죽이고 그걸 신하에게 먹인 악행을 벌인 왕에 대해 백성들은 등을 돌렸고, 그렇게 키로스는 메디아를 무너뜨리고 페르시아 제국을 세웠다. 키로스의 출생과 성장, 왕이 되는 과정을 보면 예언을 무리하게 막으려다 그것 때문에 그 예언이 실현되는 그리스식 비극을 떠올리게 한다.

이집트 편과 페르시아 편을 건너뛰어서 마라톤 전투에 대해서 알아보자. 마라톤 전투는 현재에도 가장 인기 있는 육상종목의 하나인 마라톤 경기의 어원이 된 전투이다. 마라톤 경기는 전쟁이 끝난 후 베이비피데스가 긴 거리를 뛰어가 승리한 사실을 전한 것에서 비롯됐다. 그렇다면 왜 베이비피데스는 그리 급히 뛰어가야 했을까? 그걸 알려면 마라톤 전투의 상황을 이해해야 한다. 당시 페르시아의 다리우스 황제는 자신에게 복종하지 않고 정치 체제가 다른 아테네를 짓밟을 필요가 있다고 판단하였고, 이에 따라 대군을 동원하여 아테네를 침략했다.

『역사』에서는 이 대군이 수십만이라 하지만 이를 곧이곧대로 받아들이기는 곤란하다. 당시에는 전과를 자랑하기 위해 병력을 뻥튀기하는 경우가 많았고, 헤로도토스는 그걸 곧이곧대로 받아 적었을 가능성이 크기 때문이다. 현대 사학자들은 페르시아군을 2만 명 정도로 추산하고 있으며, 그 정도만 해도 원정군치고는 대군이었다. 아테네는 그러한 페르시아군을 1만 명 정도의 중무장 보병을 동원해 격파했다. 전사자 수는 페르시아가 아테네에 비해 무려 10배나 많았다고 한다.

그럼 베이비피데스는 왜 그리 급히 뛰어가야 했을까? 그건 마라톤 전투에서 패배한 페르시아 군이 군함을 타고 아테네를 직접 타격하는 전술로 전환했기 때문이다. 베이비피데스는 스파르타에 지원을 요청하러 갔고, 그 결과 200㎞가 넘는 거리를 2일 만에 주파해 보고했다. 아테네 병사들도 만만치 않은데, 마라톤 전투 승리 후 중무장한 상태로 30km 거리를 3시간 만에 행군해 페르시아 병사들을 막아선 것이다. 기껏 우회했더니 그것도 막힌 페르시아 군은 결국 철수할 수밖에 없었다. 이는 그리스가 페르시아를 상대로 막아낼 수 있다는 걸 보여준 전투였다.

그러면 우리가 아는, 베이비피데스가 먼 거리를 뛰어가 승전보를 전한 후 죽었다는 일화는 무엇인가? 바로 후대의 창작이다. 근대 올림픽을 창시한 쿠베르텡 남작의 한 친구는 마라톤 경기를 인상 깊게 하려면 페르시아 군을 막기 위해 행군했던 것보다는 애국 청년이 승리를 전하려다 죽는 게 나을 것으로 생각했고, 그렇게 감동적인 이야기를 지어낸 것이다. 마라톤 코스의 길이인 42.195㎞도 처음부터 정해진 것은 아니고 30~40㎞ 사이에서 경기가 운영되다 후대에 정리된 것이다.

이제 영화 〈300〉으로 유명한 테르모필라이 전투에 대해 알아보자. 당시 크세르크세스 황제는 아버지가 침공했던 때보다 더 많은 대군을 이끌고 그리스를 침공했다. 이에 그리스는 도시국가들이 연합해서 대항했다. 그리스 연합군의 총사령관을 맡은 테미스토클레스는 스파르타가 페르시아 육군을 상대로 최대한 시간을 버는 사이에 아테네 해군이 페르시아 해군을 박살 내는 전술로 적의 보급로를 완전히 차단해 전쟁에서 이긴다는 계책을 내놓았다. 이 중 스파르타가 맡은 전투가 테르모필라이 전투, 아테네가 맡은 전투가 살라미스 해전이다. 테르모필라이 전투는 승리가 아닌 시간을 버는 게 목적인 만큼 테미스토클레스도 페르시아 육군을 상대로 이길 거라는 기대는 하지 않았다. 그만큼 힘든 싸움이었다는 것이다.

그렇게 스파르타를 중심으로 한 그리스 육군 연합이 테르모필라이 협곡에서 페르시아군을 맞이했다. 크세르크세스는 마라톤에서 막힌 아버지의 실패를 반복하지 않기 위해 처음부터 정예부대인 불사 부대를 보냈지만, 스파르타군은 테르모필라이 협곡의 좁은 지형과 본인들의 뛰어난 용맹함을 바탕으로 자신들보다 더 많은 수의 페르시아 군을 막아냈다. 협곡을 돌파하지 못하고 페르시아 군은 초조해하고 있었는데, 에피알데스라는 그리스 군 배신자가 비밀 통로를 알려주었다. 에피알데스는 영화 〈300〉에서 반지의 제왕에 나오는 기괴한 캐릭터인 골룸을 연상시키는 기형으로 나오지만 실제로는 그렇게까지 생기지 않았을 것은 분명하다.

비밀 통로를 알아낸 페르시아 군은 진격하기 시작했고, 그 결과 그리스 육군의 패배는 피할 수 없었다. 결국 스파르타 국왕 레오니다스를 필두로 한 스파르타의 정예병 300명은 남고, 나머지 육군은 해산해 후일을 도모하기로 했다. 레오니다스가 남은 이유는 예언 때문이다. 그는 끝까지 싸우면 자신은 죽지만 스파르타는 무사할 것이라는 예언을 들었기 때문이다.

그렇게 레오니다스 왕과 300명의 결사대는 창이 부러지면 칼을, 칼이 부러지면 단검을, 그것마저 없으면 주먹까지 써가며 필사적으로 저항했다. 결국 전멸했지만 페르시아 육군은 여기서 피로스의 승리[1]나 다름없는 큰 피해를 보아야 했다. 스파르타 군의 용맹을 전해주는 한 일화가 있다. 어느 날 적의 화살이 위

---

[1] 전투에서는 이겼지만 아군의 피해가 크거나 전쟁의 목적을 달성하지 못한 승리

낙 많이 날아와서 해를 가릴 정도라는 말이 나오자 한 스파르타인이 이렇게 말한 것이다. "그럼 그늘에서 싸울 수 있어서 좋군." 그렇게 300명의 결사대는 전멸했지만 그 대가로 먼 훗날까지 기억될 명예를 얻었다.

영화 〈300〉은 이 전투를 장렬하게 묘사했지만 다소의 오류도 있다. 우선 크세르크세스 황제는 대머리도 아니고 그렇게까지 흑인도 아닌 데다가 옷을 제대로 챙겨입었다. 스파르타 병사들도 영화에서는 웃통을 벗고 육체미를 과시하지만 실제로는 온몸에 갑옷을 두르고 예비무기도 갖춘 중무장 보병이었다. 그 이외에도 자질구레한 오류가 많지만 그것까지 여기서 다루기에는 길고 주제에도 어긋나니 살라미스 해전으로 넘어가자.

망치와 모루 전술이라는 말이 있다. 모루에 해당하는 방어 부대가 적을 막아서면 망치에 해당하는 공격 부대가 적을 부수는 전술이다. 크세르크세스 황제를 상대로 한 전쟁에서 모루의 역할을 한 게 테르모필라이 전투라면 망치의 역할을 한 것이 바로 살라미스 해전이다. 이 살라미스 해전은 나폴레옹의 영국 침공을 막아낸 트리팔가르 해전, 로마가 이집트를 상대로 우위를 점한 악티움 해전, 오스만 제국을 스페인의 무적함대를 중심으로 한 연합군이 이긴 레판토 해전과 함께 세계 4대 해전으로 불린다고 한다. 우리나라에서는 악티움 해전을 빼고 임진왜란에서 가장 큰 승리를 거둔 해전인 한산도 대첩을 넣는 경우가 많다. 하지만 세계 4대 해전 자체가 명확한 기준 없이 서양 기준으로 선정한 것이라 신뢰도는 없다고 봐도 무방하다.

해전에 앞서 테미스토클레스는 그리스의 뛰어난 조타술을 이용하기 위해 배와 병사의 수가 많은 페르시아 수군을 좁은 해협으로 유인해서 싸워야 한다고 주장했다. 당시 아테네는 페르시아 군에게 수세에 몰린 상태였기에 이 주장은 비웃음을 당했다. 그러나 테미스토클레스는 굴하지 않고 지금 그리스 해군의 대부분은 아테네가 차지하고 있는데, 우리가 빠지면 그리스는 어떻게 되겠냐며 연합군을 역으로 압박해서 테미스토클레스의 작전은 채택됐다.

그래서 좁은 해협에서 전투가 시작됐다. 이때만 해도 해전은 충각이라는 배의 돌출 부분으로 서로 들이받는 게 주력이었다. 그리스 배는 느리지만 더 튼튼했으며 뛰어난 조타술까지 합쳐지니 페르시아 군의 전선은 좁은 해협에 갇혀 우왕좌왕했고, 그리스 배의 능숙한 충각 충돌전술에 당하기 시작하더니 다수가 침몰했다. 그렇게 살라미스 해전은 그리스의 승리로 끝났다. 이 살라미스 해전은 페르시아 침략전쟁 중 중요한 패배였다. 피해가 컸지만 어떻게든 이긴 테르모필라이 전투와는 달리 말 그대로 대패하였고, 그 결과 그리스에 대한 제해권을 상실하고 말았다.

이겼다고 해도 소득이 높지 않을 판에 대패했으니 해상보급이 그대로 막혔고, 가뜩이나 테르모필라이 전투에서 피로스의 승리 수준으로 손해가 컸던 육군은 보급이 막힌 상황에서 계속 싸워

봐야 개죽음이 될 상황이었다. 결국 크세르크세스 황제는 더 이상의 피해를 막기 위해 병력 대부분을 철수시켰고, 마르도니우스 휘하의 병력만이 때를 기다리며 남았다. 그야말로 망치와 모루 전술을 전략으로까지 확장한 승리였다. 그나마 남은 마르도니우스 휘하 병력마저 다음 전투인 플라타이아 전투에서 대패했기 때문에 그리스에 남아 있던 페르시아 군은 완전히 전멸했다. 그렇게 전쟁은 그리스의 완전한 승리로 끝났다.

『역사』의 전개 방식을 보면 전반적으로 초·중반은 시간적인 서술보다는 페르시아, 그리스와 관련된 각 문화권의 풍습과 문화, 전반적인 역사, 이를 통한 그리스 신화의 교차검증 등 기전체 특성이 강하다. 후반부는 테르모필라이 전투, 살라미스 해전, 플라타이아 전투로 이어지는 조선왕조실록 같은 편년체 특성이 강해진다.

이 때문에 사실『역사』는 전반적이고 포괄적인 서적이 될 예정이었으나, 페르시아와 그리스의 전쟁을 주로 다루는 것으로 노선이 바뀌었다는 가설도 있다.『역사』곳곳에서 '이 내용은 다른 책에서 서술하겠다.', '이 내용은 다음 부분에서 서술하겠다.'라는 부분이 종종 나오고, 그 책과 그 내용이 나오지 않거나 남아 있지 않는 것을 보면 신빙성 있는 가설이다. 본래 노선의『역사』는 어떤 책이었을지 참 궁금해진다.

헤로도토스의『역사』는 그 전까지 주류를 이룬 호메로스의『일리아드』나 『오디세이아』 같은 서사시 형태의 역사에서 벗어나 처음으로 사실과 교차검증에 기반을 둔 역사를 다루었다. 이는 우리나라에서 옛 역사를 체계적으로 정리한 책 중 유일하게 살아남아 있는 『삼국사기』와 일맥상통하는 점이 있다.

실제로 이 두 책은 비슷한 부분이 많다. 『역사』의 저자 헤로도토스는 신 관련 내용은 신탁이나 제사 묘사 정도로 간접적으로 다루고, 되도록 인간의 활동 위주로 서술하고자 했다. 『삼국사기』의 저자 김부식은 아예 유교의 기본 원칙인 괴력난신(怪力亂神: 초자연적 현상을 지어내지 않는다), 술이부작(述而不作: 거짓 사실을 기술하지 않는다)에 기초해 최대한 사실 위주의 역사를 쓰려고 했다. 물론 김부식도 건국 신화에 대해서는 기록했고, 민담도 일단 이런 이야기가 있다 정도로 기록했다.

실제로 참고할 만한 역사 사료가 부족한 상황에서 헤로도토스는 직접 발로 뛰어다니며 각 나라의 역사와 풍습 자료를 모아야 했으며, 그마저도 직접 가기 힘든 지역의 경우에는 사람들로부터 전해 들은 말에 의존해야 했다. 그래서 지금은 전혀 사실이 아닌 허무맹랑한 부분이 많다. 본국인 그리스의 역사조차 서사시 위주의 역사가 대부분이어서 일일이 교차검증을 해봐야 했을 정도이다.

김부식 또한 헤로도토스보다는 상황이 나은 편이었다고는 해도 객관적으로 사료가 풍족한 환경은 결코 아니었다. 삼국시대에 쓰인 역사서들은 대부분 수많은 전쟁을 거치며 거의 사라지고 훼손된 상태였다. 오죽하면 중국 역사서까지 찾아봤는데도, 안시성주의 이름을 끝내 알아내지 못해서 아쉬워했을까. 사실 양만춘이라는 이름은 중국 소설에서 나온 이름이지 실제 역사에 기록된 이름은 아니다. 연개소문 같은 경우는 국내에 믿을 만한 자료가 없어서 중국 기록에 의존해야 할 정도였다. 그나마 자료가 많이 남은 신라조차 김유신에 대한 공식 사료가 부족해서 후손이 쓴 행장록을 통째로 참고해야 했을 정도였다. 그 때문에 김유신 관련 서술은 김부식 본인도 인정했듯이 오류가 많은 편이다.

또한 이들은 역사를 단순히 편년체 형식으로만 쓰지 않고 기전체 위주로도 서술해 역사적 사건뿐만 아닌 각 나라의 문화와 정치체계까지 서술했다. 각 나라의 문화를 최대한 공정하고 공평하게 쓰려는 노력과 함께 이들의 문화는 존중받아야 한다는 진취적인 생각을 가지고 있었다는 점에서 일맥상통한다.

이들의 노력이 애석하게 저평가받던 시기가 있었던 것까지도 흡사하다. 헤로도토스는 『플루타르코스 영웅전』을 쓴 플루타르코스에게 역사의 아버지로 인정받으면서도 거짓된 이야기가 많다는 비난을 받았다. 김부식은 신채호에게 묘청의 난 진압을 꼬투리 잡히며 사대주의자 프레임이 씌워지고, 고구려사와 백제사에 왜곡된 부분이 많으며, 신라에 대해 너무 우호적이라는 비난을 받았다. 더군다나 이 비난을 한 사람들이 어디 문외한도 아니고 역사학에 권위가 있던 사람이다 보니 이 비난은 제법 길게 이어졌다.

그러나 현대에 와서 고고학과 역사학이 발전되어 그 전에는 알수 없었던 여러 역사적 사료가 발견되고, 국제적 교류를 통해 각나라의 역사적 내용을 자유로이 교차검증을 할 수 있게 되면서이들의 진가가 드러나게 됐다. 헤로도토스의『역사』는 비록 들은이야기 때문에 미숙한 부분이 많이 보일지언정 그가 직접 찾아다니며 답사한 역사는 대부분 맞다는 평가를 받게 된다.『삼국사기』또한 자료의 한계는 있을지언정, 김부식은 나름 합리적으로쓰려고 최선을 다했다는 평가를 받는다.

이들이 저평가를 받았던 원인 중 하나는 어느 정도 객관적인역사서술을 위해 민족주의에 거리를 두고 있었는데, 그것이 민족주의 위주의 역사를 서술하던 사람의 눈 밖에 난 데도 있다.헤로도토스는 교차검증을 통해 페르세우스의 모계 쪽은 이집트출신이며, 헤라클레스와 판, 디오니소스 등 대부분의 그리스와로마의 신들은 이집트 신화를 기반으로 하고 있다고 주장했다.또한 이를 그들의 인간 부모나 그들이 그리스에서 믿어지던 시기까지 거론하며 나름 열심히 교차검증을 했다.

그리고 그리스에서 신성시되던 호메로스의 서사시마저 이집트와 페르시아에 전해지는 이야기와의 교차검증과 나름의 합리적인 추측으로 서사시에 나오는 트로이 전쟁의 원인은 사실과달랐을 것이라고 서술했다. 이집트 역사를 통한 교차검증에 따르면 파리스는 헬레네를 납치했지만 트로이로 돌아가던 도중 이집트에 들렀다가 이를 들키고 헬레네를 이집트에 맡겨야 했고 트로이 쪽도 나름대로 이 사항을 그리스에 해명하려 했다는 서술이 있다.

교차검증에 대한 근거로 헤로도토스는 파리스가 서열 계승권 일인자가 아니기에 고작 파리스의 여자를 위해 전쟁이 10년씩이나 갔다는 건 말이 안 된다는 합리적 추측을 제시했다. 서사시보다 교차검증을 우선시한 태도는 나름 그리스 출신이라는 것에 자부심을 느끼고 있던 플루타르코스의 심기를 건드렸을 가능성이 있다. 문득 서사시가 교육적인 효과가 없다고 평하며 철학의 우위를 주장하던 플라톤이 헤로도토스의 역사를 봤다면 어떤 평가를 했을지 몹시 궁금하다.

『삼국사기』와 김부식에 관한 신채호의 비판도 순수한 진실만 보자면 석연찮은 구석이 많이 보인다. 우선 신채호는 정작 자료 수집에 대해서는 김부식처럼 고생했으며, 그가 참고한 책 중 큰 비중을 차지하고 있는 책이 교차검증이 불가능하다는 한계 또한 있다. 게다가 일제강점기 특성상 일본을 몰아내고 독립을 이뤄내야 한다는 민족주의적 사고가 신채호의 서술에 은근슬쩍 드러난다.

외세와 주로 싸운 고구려를 높이 평가하는 것과 당나라와 결탁한 신라를 비난하는 것, 묘청의 난을 진압한 김부식을 비난하는 것 또한 신채호의 민족주의적 사고방식에서 비롯된 것일 가능성이 크다. 물론 신채호의 역사적 열정은 결코 거짓이 아니고 본인도 나름 진실을 쓰려고 노력한 부분은 많았으나, 위와 같은 부분을 감안하면서 읽는 지혜가 필요하다.

『역사』완역본을 읽으면서 가장 인상 깊은 것은 역사를 관통하는 메시지와 각 나라의 문화를 최대한 편견 없이 쓰려는 태도였다. 헤로도토스는 크로이소스와 솔론의 대화를 통해 인간의 운명은 끝이 나보기 전까지는 알 수 없으며, 신은 오만한 자에게는 언젠가 벌을 내리고, 그렇기에 인간은 오만하지 않기 위해 자신을 돌아봐야 한다는 메시지를 남겼다. 이는 신의 존재를 인정하면서도 그에 매달리기보다는 스스로 자신의 삶에 성실하고 겸손해야 한다는 교훈을 준다.

그가 각 나라의 문화를 최대한 편견 없이 쓰려는 태도는 가까운 지역은 직접 탐방하면서, 먼 지역은 남이 말하는 것을 최대한 들으면서 쓴 것에서도 드러나지만 이를 서술할 때 최대한 자기 가치 판단을 배제하고 사실대로 쓴 것에 드러난다. 그는 캄뷔세스가 이집트인의 축제를 무시하고 그걸 억압하거나, 전쟁에서 이겼다는 이유로 패배한 이집트 왕의 아버지 미라를 불태운 태도를 비판했다.

어떤 민족이든 간에 자기 풍습을 최우선시하는 것이 순리일 터인데, 전쟁에서 졌다고는 해도 그 민족의 풍습을 정면으로 모독하는 것은 결코 인간이 해서는 안 되는 일이라는 것이다. 그러면서도 캄뷔세스의 그런 만행의 원인을 저주라기보다는 그가 어릴 적부터 간질을 자주 앓았다는 사실에 기반해 나쁜 건강이 나쁜 정신상태를 만들었다는 합리적인 추측에 더 중점을 두는 태도를 보임으로써 그의 역사관이 진실을 향하고 있음을 보여주었다.

　헤로도토스의 『역사』에는 많은 의미가 있다. 헤로도토스는 처음으로 신화, 전설, 서사시에서 벗어나 실제 일어난 인간의 역사를 탐구한 역사가이다. 또한 단순히 사건만을 저술하지 않고 국가들의 문화, 종교 또한 분석하는 것으로 왜 그런 결정을 하게 됐는지도 고찰했다. 비록 신탁 같은 신화적 요소를 벗어나지 못했지만, 결국 중요한 결정을 내리는 것은 인간이라는 것을 강조해서 오만해서는 안 된다는 교훈을 주었다. 오죽하면 역사(History)라는 단어의 어원이 이 책의 제목인 히스토리아(Historia)이며, 유명한 역사가 플루타르코스 또한 헤로도토스의 이야기에는 거짓이 많다고 빈정대면서도 헤로도토스를 역사의 아버지로 인정했다. 이렇게 헤로도토스의 『역사』는 사실로서의 역사를 저술하고, 다른 국가의 역사와 풍습도 편견 없이 받아들이고, 최대한 자신이 확인한 정보를 쓰려고 하는 태도가 잘 녹아 있다. 역사를 전공하는 사람들이라면 반드시 이 책을 정독해봐야 할 것이다.

2. 플라톤의 『국가』

정치철학의 아버지, 철인을 통한 이상국가를 구상하다

플라톤의 저서 전반을 대화론이라고 하는데, 이 대화론은 전기, 중기, 후기로 나눌 수 있다. 전기 대화론은 스승인 소크라테스의 사상과 그의 산파술[2]을 통한 탐구가 그 중심이다. 소크라테스가 직접 남긴 저술이 거의 없으므로 전기 대화론은 소크라테스 탐구의 핵심 요소이다. 마치 공자를 탐구하려면 『논어』가 필수 요소이듯이. 중기 대화론부터는 드디어 플라톤 자신만의 철학과 사상이 서술되기 시작한다. 이데아(Idea)론, 그것도 전기 이데아론의 시작이다.

플라톤의 저서 중 『국가』는 전기 이데아론의 정수라 볼 수 있다. 스파르타 멸망 이후, 플라톤은 전기 이데아론에 회의를 갖게 되고 결국 현실을 어느 정도 수용하는 방향으로 후기 대화론이

---

2) 추가 질문을 계속해서 자신의 무지를 깨닫게 하는 방법.

시작된다. 이때의 플라톤 철학을 보통 후기 이데아론이라고 하는데, 아리스토텔레스의 철학은 이 후기 이데아론에 기반을 두고 있다.

후기 대화론의 마지막 권에서 플라톤은 더 이상 소크라테스를 화자로 쓰지 않고, 대신에 무명의 그리스인을 화자로 쓰는데, 정황상 플라톤 자신을 표현한 것이라고 볼 수 있다. 이상주의 철학의 대가인 플라톤이지만 결국 현실을 어느 정도 받아들임으로써 오히려 그의 철학은 완성됐다고 해석할 수 있다. 그의 철학이 소크라테스의 철학과는 차이가 있는데도 대화론 내내 화자를 소크라테스로 유지한 걸 생각하면 더더욱 두 사람의 철학은 완전히 분리하기 어려울 것이다.

『국가』의 정수인 전기 이데아론의 핵심 사상은 무엇일까? 만물에는 그것의 근원이 되는 개념인 이데아가 있고, 현실은 그저 이데아를 투영한 필연적으로 불완전한 존재이니 경험만으로는 절대 이데아에 도달할 수 없고, 이데아에 도달하기 위해서는 수학, 천문학 같은 이성적 학문과 철학만으로 가능하다는 것이다. 학문과 철학을 통해 단련된 이성으로 기개와 욕망을 통제하는 것이 철인의 경지이고 철학자는 그 경지를 추구해야 한다는 것이다.

소크라테스와 플라톤, 아리스토텔레스의 철학은 다르다. 소크라테스의 철학은 자신의 무지를 자각하고 남의 말을 경청하며 남에게 무언가를 가르치기보다 끊임없이 질문을 던지며 스스로 자신의 허점을 깨닫게 하는 철학이다. 플라톤의 이데아론은 전기와 후기의 차이는 있지만 만물에는 이데아라는 개념이 있으며, 이걸 파악하려면 이성과 철학이 필요하다는 것이다. 아리스토텔레스의 철학은 설령 이데아라는 것이 존재한다고 해도 우리는 경험이 없으면 그걸 인식하지 못하기에 이성과 경험, 철학이 병행되어야 한다는 것이다. 여기서 우리는 이 삼대 대가의 철학이 제자가 스승의 철학을 비판적으로 계승하고 있다는 걸 알 수 있다. 아리스토텔레스는『국가』에 나오는 구절을 인용하며 자기가 생각하는 플라톤 철학의 단점을 비판할 정도였다. '플라톤은 친구지만 진리는 그보다 더한 친구이다.'

먼저 대략적으로 플라톤의『국가』에 대한 전체 흐름을 살펴보자. 1권은 올바름에 대한 논의를 소크라테스식 산파술로 토론하는 초기 대화편의 양식을 따르고 있다. 이는 1권이 나머지 아홉 권보다도 먼저 쓰인 것이기 때문이다. 1권이 초기 대화편 말기라면 나머지 아홉 권은 중기 대화편 후반에 쓰인 것이기 때문에 초기 대화편과는 다른 양식을 따르고 있다. 그런데도 1권을『국가』에 포함한 이유는 국가의 주제의식이 근본적으로 올바름에 있어서 그런 것 같다.

2권부터 10권까지는 중기 대화편 후반에 쓰였기 때문에 소크라테스는 사실 무늬만 소크라테스이지 플라톤의 대변자다. 이 때문에 1권에서 산파술을 쓰면서 토론한 것과 달리 대화와 논설의 형식으로 자기주장을 적극적으로 말한다. 이런 부분에서 플라톤이 소크라테스의 제자이긴 해도 사상과 표현은 결국 스승과 달라졌다는 것을 보여준다.

2권에서는 올바름을 나라 전체로 확장하는 것이 중요 부분이다. 분업의 효용성 때문에 생긴 나라는 점점 커질 수밖에 없으며, 그렇기에 영토 확장의 필요성이 대두되고 다른 나라와의 전쟁을 대비하게 된다. 그래서 나라를 다스리고 지킬 수호자들이 필요한데, 이들을 키우기 위해서는 교육이 중요하다. 플라톤은 시가(詩歌) 교육은 내용이 무조건 바람직해야 하며, 설화에 등장하는 신들에 관해서 시인들은 특정한 규범을 지켜야 한다는 것이다.

3권의 내용은 2권에서 이어지는데, 죽음과 저승, 그리고 영웅에 대해서도 시인들은 규범을 지켜야 한다는 것이다. 또한 체육은 몸을 보살피기 위한 것이 아니라 혼을 위한 것이며, 시가와 병행되어 혼의 격정적인 면과 지혜로운 면을 조화롭게 만드는 게 일차적 목표이다. 식생활 또한 단순해야 하며, 성향을 무시한 신분 이동을 막기 위해 건국 신화를 통해 신분의 명분을 만들어야 한다. 그러나 수호자들은 특권적 생활이 아닌 통제된 공동생활을 해야 한다.

4권의 내용도 3권에서 바로 이어지는데, 아데이만토스는 결국 수호자들도 행복하지 않다고 지적한다. 그러나 플라톤은 나라 전체가 행복하기 위해서는 지혜를 담당하는 통치자, 용기를 담당하는 수호자, 절제를 담당하는 피지배자라는 세 부류의 사람들이 저마다 자신에게 맞는 자신의 역할을 다해야 한다고 강조한다. 더 나아가서 인간의 혼에도 이런 부분이 있다는 걸 확인한다.

5권에서는 플라톤이 4권의 내용을 이어서 하려고 하자, 다른 자들이 그보다 공유의 문제에 대한 해명을 요구한다. 이에 플라톤은 공유는 가족, 재산 등 수호계층의 모든 것을 포함하기에 성별과 상관없이 수호자 계층은 평등한 권리와 의무를 져야 한다고 했다. 공유의 문제에 답변한 뒤 플라톤은 가장 이상적인 정치를 하려면 통치자는 이상에 가장 근접한 존재인 철학자가 되어야 한다고 주장한다.

6권에서 플라톤은 자기주장이 현실적으로 이루기 힘든 것임을 인정한다. 현실적으로 철학에 대한 시선이 곱지 않고, 철학을 할 수 있는 훌륭한 자질을 가진 젊은이들은 주변 사람들이 여러 목적으로 이용하기 때문에 그들이 철학에서 멀어지게 된다는 것을 인정한다. 그리고 태양과 선분(시작과 끝이 정해져 있는 곧은 선)을 통해 좋음의 개념과 앎의 대상, 앎의 단계들에 대한 도식적인 설명을 시작한다.

7권에서는 그 유명한 동굴의 비유가 나타난다. 동굴 안의 사람들은 그림자밖에 보지 못하며, 그래서 그걸 진짜라고 믿는다. 동굴 바깥의 진짜를 알려면 동굴 바깥으로 나가야 하며, 처음에는 적응하지 못하다가 참된 것을 깨닫는다. 그러나 이 과정은 어둠 속에서 살다 갑자기 밝은 불빛을 보면 진짜를 알아보기 쉽지 않을 것이며, 그래서 이 과정에 적응하기 위한 예비 교육이 필요하다고 제시한다.

8권에서는 철인 정치보다 아래의 네 가지 정치에 관한 이야기가 나온다. 철인 정치가 타락해 명예 지배 정치가 되고, 명예 지배 정치가 타락해 과두 정치가 되며, 과두 정치가 타락해 민주 정치가 되고, 민주 정치가 타락해 참주 정치가 된다는 것이다. 이 과정에서 정치뿐만이 아닌 그것을 닮은 사람에 관한 언급도 하는데, 참주 정치를 닮은 사람에 대해서는 다음 권에서 이어진다.

9권에서는 참주 정치를 닮은 사람에 대한 언급으로 시작한다. 플라톤은 이 인물에 대해 앞의 사람들보다 더 자세하게 설명한다. 그렇게 올바름에 대한 응답은 세 갈래로 나뉘는데, 참주 정치를 닮은 사람이 가장 최악인 것과 최선인 철인 정치와 비교되는 게 첫째다. 어느 쪽이 가장 즐거운 삶을 살게 될 것인지 보여주는 게 둘째이며, 즐거움에 대한 철학적 논의를 통해 둘째 논의를 더 심화하는 것이 셋째다.

10권에서는 예술에 대한 정의와 혼의 불멸에 관한 이야기를 한다. 플라톤은 기본적으로 예술은 모방인데, 시는 이데아나 형상이 아닌 현상을 모방하기에 진실에서 더더욱 멀어진다. 그래서 이상적인 나라에서 시인의 활동은 제약을 받아야 한다고 주장했는데, 이는 시와 철학의 갈등에서 철학의 해명으로 보인다. 혼의 불멸에 대해서는 그리스 신화의 윤회전생에 대해서 다룬 에르 신화를 동원하는데, 결론적으로 올바름은 그 자체로도 좋지만 그것이 다음 생애에 좋은 결과를 부르기에 더 좋다는 것이다.

플라톤이 말한 이데아의 수련법은 무엇인가? 그것은 수학과 천문학 같은 이성적 학문과 철학을 토대로 꾸준히 공부해 이성을 갈고 닦아 이데아에 근접하는 것이다. 수학이야말로 가장 이데아에 가까운 학문 중 하나라고 생각해 기하학을 모르는 자는 자기 제자로 들어오지 말라고 할 정도였다. 그렇게 갈고 닦은 이성으로 욕망과 기개를 제어하는 게 철인이라 여겼다. 이데아와 유사점이 있는 도(道) 사상을 가진 노자의 수련법은 플라톤과 딴판이다. 만약 노자가 플라톤을 만났다면 그런 인위적 학습으로는 결코 진정한 도에 도달할 수 없다고 했을 것이다.

하지만 수학을 이데아에 가장 가까운 학문이라고 하는 건 신빙성이 있다. 수학은 옳고 그름이 명백하지만 과학의 바탕을 이루는 귀납법의 경우 반증 사례가 나오면 가설을 새로 짜야 하며, 철학이나 심리학, 법학 등은 인간과 사회를 다루는 학문인 만큼 인간이라는 것 자체가 불완전해서 필연적으로 불완전해질 수밖에 없었다. 전기 이데아론에서 플라톤은 완벽한 이데아를 추구했다는 걸 생각하면, 그나마 명백히 나누어떨어지는 수학이야말로 이데아에 가장 가까운 학문으로 보였을 것이다. 그러나 플라톤 이후 아카데미아에서 딱히 기하학으로 이름을 날린 사람이 없다는 것과 먼저 기하학을 연구했던 피타고라스학파가 무리수의 존재를 발견했지만 무리수의 존재를 부정하고 결국 그 이후 학문적 발전이 없어서 몰락했다는 점에서 결국 수학 또한 한계가 명백했다는 걸 알 수 있다.

노자의 수련법은 인위적인 앎을 조금씩 비우면서 내면의 앎에 도달하려 하고, 선악과 미추 같은 것은 인위적인 분별 때문에 생기니 지나치게 연연하지 않는다. 죽음 또한 자연의 자연스러운 과정이니 지나치게 연연해서는 안 된다는 것이다. 플라톤 또한 영혼이야말로 이데아를 잘 이해할 수 있는 존재라 죽음에 그리 연연하지 않는다는 점은 같으나, 그 이외 수련법은 매우 다르다. 오히려 그의 스승 소크라테스의 수행법이 노자와 더 유사하다. 또한 노자는 진정으로 도를 깨달은 자는 어리석게 보이고, 자신이 함부로 도를 안다고 자신하지 않기에 침묵한다며 플라톤이 생각하는 이상적 철인은 단지 인위일 뿐이라고 부정하는 사상을 갖고 있다. 근본은 유사하지만 그 이외는 천지 차이인 셈이다.

그 당시는 철학과 시학이 교육의 주도권을 누가 쥐느냐의 문제로 갈등하고 있었는데, 플라톤은 시학에 그다지 우호적이지 않았다. 더군다나 이성을 중시하는 그에게 감정적인 면이 주가 되는 신화나 전설도 그리 우호적으로 보이지 않았다. 그렇기에 교육을 위해 시편과 신화를 검열할 필요가 있다고 여겼다. 신화에서 신들이 인성적 결함을 보이는 부분이나 감정적인 부분은 가르치지 말아야 하며, 영웅들의 전설에서도 결함을 보이는 부분은 가르치면 안 된다고 주장했다. 신화나 전설은 교육에 도움이 되는 부분이 아니면 필요 없는 것이다. 시편에 대해서도 마찬가지다. 호메로스가 훌륭한 시인일지언정 훌륭한 교육자는 아니라며, 시편은 근본이 모방일 수밖에 없기에 교육적으로 도움이 되지 않는 시는 필요 없다고 했다.

현대의 철학자들과 르네상스 이후로부터의 예술가들은 이성과 교육만 중시하는 플라톤의 태도에 동의하지 않는 사람이 제법 많다. 인상파나 야수파 같은 단순한 모작을 넘어서 자신만의 색채를 강하게 드러내는 화풍은 물론이고, 살바르도 달리 같은 초현실주의 화가들이나 몬드리안 같은 추상화 화가들은 이런 플라톤의 사상에 반대되는 사례라 볼 수 있다. 음악 또한 20세기 이후 쏟아지는 다양한 팝의 장르만 봐도 플라톤의 사상에 반대되는 사례가 많다.

록 음악의 대부분은 사회비판이나 인간 감정을 솔직하게 드러내는 것이고, 펑크 록이나 헤비메탈처럼 대놓고 기존의 음악보다 거친 형태도 많다. 고리타분하게 느껴지는 클래식 음악조차 현대 클래식은 수많은 변화를 시도하며, 그중에서는 불협화음을 적극적으로 활용하는 음악도 있다. 소설가들과 시인들 또한 사회를 비판하거나 인간의 이성에 의문을 품는 경우가 많은 편이다. 희곡마저 셰익스피어의 희곡은 교육보다는 감정과 느낌을 중시하고, 부조리극의 경우 이성 자체에 회의감을 보여주며 기존의 희곡 형식과도 다른 모습을 보여준다.

예술가들도 이 정도인데 철학자들은 말할 것도 없다. 프리드리히 니체는 플라톤이 주장한 시학과 전설의 검열을 두고 편협한 도덕에 의한 구속이라고 강하게 비판했다. 하이데거 또한 플라톤이 존재에 대해 자연스럽게 받아들이지 못하고, 이데아라는 색안경을 끼게 했다고 비판했다. 이처럼 현대로 올수록 교육적 기준 자체가 논쟁의 여지가 되고 있으며, 이는 독재국가가 검열을 강화하는 데 악용하기도 한다. 우리나라조차 표현의 자유에 대해서 수많은 논쟁과 검열이 있었던 것을 생각하면 교육을 위한 검열은 뜨거운 감자다.

그러면 전기 이데아론에서 플라톤이 가장 이상적으로 생각한 국가는 무엇인가? 그것은 바로 철인 정치다. 앞서 말했듯이 이성으로 기개와 욕망을 억제하는 것이 플라톤식 철인이다. 플라톤은 이걸 통치자, 수호자, 피지배자에게 더욱 확장해서 통치자는 이성을 갈고 닦고, 수호자는 기개를 갈고 닦고, 피지배자는 절제를 갈고 닦아야 한다는 식으로 해석했다. 그걸 위해 통치자의 교육은 어릴 때부터 시작해서 부모도 재산도 공유해야 하며, 교육 또한 이성을 위한 교육과 철학 위주로 받아야 한다는 것이다.

이런 이상적 정치 와중에도 플라톤이 한 혁신적 사고가 있는데, 그것은 자격이 된다면 여성도 통치자 계급이 될 수 있다는 것이다. 그 당시 그리스의 여성 인권이 형편없이 낮았고(당장 그리스 신화만 봐도 문제의 원인을 여자에게 떠넘기는 게 부지기수다), 그의 제자이자 그보다 더 현실적인 아리스토텔레스조차 여성 인권에 대해서 딱히 나을 게 없었다는 것을 생각하면 이건 이상주의라서 가능한 혁신적 사고가 아닐까 하는 생각이 들 정도였다.

제자인 아리스토텔레스부터 시작해 많은 철학자가 비판했듯이, 철인 정치는 현실적으로 불가능에 가까운 이상이다. 오죽하면 전기 이데아론 시절의 플라톤조차 이게 현실에서 이루어질 가능성은 작다고 보았다. 『군주론』의 저자 마키아벨리도 나는 지금 상황에서 이상보다는 현실을 말하고 싶다고 은근슬쩍 비판했다. 가장 큰 문제는 변질 가능성이다. 영화까지 제작된 히어로 만화 『왓치맨』에서 내세우는 주제인 '감시자는 누가 감시하지?'처럼 통치자들이 타락한다면 오히려 막을 방법이 없어지기 때문이다.

플라톤도 그걸 우려해서 어릴 때부터 철저히 교육하고 규정에 맞지 않으면 도태시키는 걸 주장했다. 하지만 이 세상에서는 남을 속이는 위선자도 있는 법이고, 본성부터가 악인인 사람도 드물지만 있는 법이다. 어떤 악의를 가진 자가 교묘하게 자신이 철인인 것처럼 행세하다가 어느 순간 본색을 드러내지 말라는 법이 없다. 그를 견제할 수 있는 제도 같은 게 없는 상황에서 인간일 뿐인 통치자를 어디까지 믿어야 할지 의문이다.

플라톤은 이런 철인 정치를 이야기한 뒤 정치체제들의 차등을 이야기했다. 철인 정치가 후계자 이상으로 변질될 경우 귀족정치가 되고, 이런 귀족정치는 이상보다 기개를 강조할 문제가 있다고 했다. 귀족정치가 욕망 등의 문제로 더 변질되면 과두정치가 되고, 과두정치는 통치의 역할이 재능이나 능력이 아닌 재산의 유무로 분배되기 때문에 나쁜 편에 속하는 정치라고 보았다.

과두정치에 대한 불만이 폭발했을 때 나오는 게 민주정치고, 이런 민주정치는 사람의 재능이나 능력을 무시한 채 추첨 등으로 무작위로 배분하기 때문에 자유가 지나치다고 비판했다. 민주정치에서 사악한 악의를 가진 자가 민중을 선동하다 보면 참주에 올라 참주정치가 된다고 했다. 이런 참주정치야말로 최악의 정치이며, 이러면 참주를 몰아내지 않는 이상 나아질 방법이 없다고 했다.

아리스토텔레스와 플라톤이 가장 견해차를 보이는 부분이 바로 이 정치 체제 분류다. 플라톤은 왜 정치 체제에 이런 식의 차등을 두었을까? 이건 플라톤의 출신과 생애에서 비롯된다. 플라톤은 귀족 출신이다 보니 귀족정치에 우호적인 편이었다. 하지만 그의 친척 중 일부가 30인의 참주(독재자)에 참여하는 것을 보았고, 그들이 벌이는 패악과 그들이 민중의 반란으로 죽는 걸 보면서 참주정에 반감을 가졌다.

또한 선동가들이 지식이 없는 민중들을 선동해 소크라테스를 죽음으로 몰아넣는 것까지 보았다. 당시 민주주의의 부정적인 측면에 스승을 잃은 것으로 민주주의를 더욱 부정적으로 보게 된 것이다. 그렇게 혼란스러웠던 아테네와 달리 귀족정치를 중심으로 한 군사국가인 스파르타는 튼튼해 보였고, 그래서 귀족정치를 차선책으로 본 것이다. 특히 통신기술이 그렇게 발달하지 않은 당시 스파르타에 살아본 적이 없는 플라톤은 자신이 살았던 아테네의 부정적인 면모에 더 많은 영향을 받았을 것이다.

그러나 현실은 냉혹한 법. 스파르타는 동맹이 지나치게 비대해진 결과 작은 정치 특유의 인력 부족과 생산 대부분을 하층이 맡은 한계로 인해 몰락해버리고 말았다. 이는 귀족정치를 차선책으로 생각하고 있던 플라톤에게 큰 충격으로 다가왔다. 그렇기에 후기 대화편의 첫 책에서 플라톤은 전기 이데아론이 옳았는지 회의하기 시작하고, 이것을 계기로 어느 정도 현실을 수용하는 후기 이데아론으로 넘어가게 됐다.

플라톤은 이렇게 민주주의에 비판적이다. 민주주의가 가장 성공적인 정치 체제로 평가받는 현대에서는 다소 맞지 않는 시각으로 보일 수도 있다. 그러나 당시 아테네의 민주주의와 현대의 민주주의는 근대를 거치며 다른 점이 많아졌다는 것을 고려해야 한다. 먼저 시민들의 범위부터가 다르다. 아테네의 민주주의에서 시민은 자국민 성인 남성으로 한정했고, 그 이외는 투표권이 없었다.

소크라테스가 죽음을 맞았을 때 제자들이 큰 영향을 주지 못한 것도 단지 수가 적은 것뿐만 아니라, 상당수가 투표권이 없는 나이였기 때문이다. 반면에 현대 민주주의 국가에서는 대부분 성인이고 정식 체류자이기만 하면 투표권이 인정된다. 물론 이런 투표권을 인정받기까지는 수많은 인권 운동가들의 투쟁과 희생이 있었다는 것을 고려해야 하지만 말이다.

아테네의 민주주의는 공직자들을 뽑거나 국가적인 일을 결정할 때 시민들의 추첨이나 투표에 전부 의존했다. 플라톤이 말했듯이 대부분 시민은 철인이 아니기에 선동가들의 선동에 투표 결과가 크게 좌우될 가능성이 크다. 당장 소크라테스의 사례가 있었고, 살라미스 해전을 승리로 이끈 명장 테미스토클레스마저도 투표로 결정되는 도편제의 결과에 따라 추방됐다.

이에 반해 현대 민주주의는 통치를 맡을 사람들을 일정한 자격을 따져가며 고르고, 시민들은 그중에서 나은 사람을 투표로 뽑는다. 또한 정당의 틀 아래 최소 두 개 이상의 정당이 경쟁을 하기 때문에 한 정당이 잘못해도 다음 투표 때 다른 정당을 뽑는 식으로 만회할 수 있다. 또한 아테네와 달리 현대 민주주의에서 공직자 처벌은 도편제와 같은 투표가 아닌 사법부의 판결에 따른다.

플라톤은 '정치를 외면한 가장 큰 대가는 저질스러운 자들에게 지배당하는 것이다.'라는 명언을 남겼다. 따라서 플라톤의 민주주의에 대한 비판은 오늘날에도 어느 정도 들을 필요가 있다. 플라톤은 민주주의는 선동가들이 나타나 참주가 될 확률이 높다는 문제가 있다고 말했는데, 이는 더욱 현실주의적인 그의 제자 아리스토텔레스마저 민주주의는 빈민정으로 타락할 우려가 있고 그런 빈민정에는 민중을 선동하는 자가 득세한다고 주의를 줄 정도였다.

당장 나치 독일의 수장 히틀러가 있지 않은가. 히틀러는 1차 세계대전의 패배와 그 이후 찾아온 세계 대공황으로 열등감을 가지게 된 독일 국민의 정서와 그런데도 사라지지 않는 제국주의의 야망을 읽고 유대인과 집시에게 비난의 화살을 돌리는 선동으로 지지를 얻었다. 물밑에서 온갖 공작을 하면서도, 대외적으로는 합법적 조치에 따라 총통이 됐다.

플라톤은 국가의 마지막 권에서 에르 설화를 들며 그의 윤회관을 소개했다. 영혼들은 저승에 가서 운명의 여신 아난케와 과거, 현재, 미래를 맡는 그녀의 세 딸을 만나고 생전에 했던 일에 따라 다른 곳으로 보내졌지만, 에르만 다음 생애를 배정받지 못했다. 그곳에서의 시련이 끝난 후 영혼들은 다음 생을 고를 권리를 얻게 된다. 그 후 그들은 레테라는 강에 가서 물을 일정 이상 마시면 기억을 잃게 되는데, 에르는 물을 마시기 전 갑자기 정신이 들었다. 에르 주위의 사람들은 죽은 에르가 살아났다고 놀라는 것으로 에르 설화는 끝난다.

여기서는 운명의 여신과 저승의 영혼으로 그리스 신화의 온갖 영웅들이 나오는데, 그가 헤로도토스는 더욱 현실적으로 본 기게스 설화를 그대로 받아들인 것과 함께 보면 신화나 전설 자체는 부정하지 않았던 것 같다. 다만 이성을 중시했을 뿐. 물론 그가 신화에 대해 큰 관심이 없었기에 르네상스 이후 그의 사상이 기독교와 큰 충돌이 없이 잘 융합되어 유럽 전체에 잘 퍼진 것 또한 사실이다. 프랜시스 베이컨은 당시 기독교가 이데아를 유일신으로 치환해서 썼기 때문에 철학이 신학의 도구가 됐다고 한탄했다.

플라톤이 든 비유 중 아주 유명한 것은 동굴의 비유이다. 동굴에 죄수들이 입구를 등지고 묶여 있고 그들이 볼 수 있는 건 자신의 그림자며, 그들은 그림자를 진짜로 믿게 됐다는 말로 현실을 비유했다. 또한 그중 한 사람이 우연히 풀려나고 동굴 밖으로 나오다 잠시 눈부심을 겪고 진짜 세상을 바라보게 되는데, 이것으로 진리에 대한 적응을 설명했다. 그리고 다시 동굴로 돌아올 때는 어두움에 잘 적응하지 못해서 동굴 내 죄수들에게 기피당하게 되는데, 이는 진리를 타인에게 설명하는 것은 불가능에 가깝다는 것을 비유하고 있다. 이 모든 과정을 통해 경험을 초월해 이데아를 바라보라는 것, 그런 이데아를 받아들인 사람이 정작 대중들에게는 환영받지 못하는 것으로 비유했다. 따라서 현실은 단지 이데아의 투영이라서 경험보다는 이성이 더 중요하다고 생각했다.

동굴 비유와 이성 중심주의를 비판적으로 수용하거나 아예 비판한 철학자도 있다. 경험주의의 선구자 프랜시스 베이컨은 플라톤의 철학을 혁신이 없고 교회의 시녀 노릇을 했다고 비판했지만 동굴에 대한 비유는 비판적으로 수용해 각자마다 자기만의 동굴을 갖고 있고, 그 동굴은 개인이 가지고 있는 진리 탐구에 방해되는 선입견을 상징한다고 했다. 그리고 선입견을 벗어나 사실을 있는 그대로 받아들여야 경험이 의미가 있다고 주장했다.

현대 철학자인 프리드리히 니체와 하이데거는 플라톤의 이성론 자체에 회의적이었다. 니체는 플라톤의 이데아 사상이 우리가 살아가는 현실에서 딴 곳으로 눈을 돌리게 하고 허상에 매달려 자기 삶을 돌아보지 못하게 하고, 이성 또한 감정과 딱 잘라 분리할 수 있는 게 아니라고 비판했다. 하이데거는 이성만이 인간의 전부가 아니며, 이데아 사상은 사실을 그대로 받아들이지 못하게 한다고 비판했다.

이러니저러니 해도 플라톤이 서양 철학사에 큰 영향을 준 건 사실이다. 어떤 사람은 서양 철학 전부는 플라톤과 긴밀하게 연결되어 있다고 말할 정도다. 그의 제자 아리스토텔레스만 해도 플라톤의 철학을 비판적으로 계승하였고, 스토아학파3) 또한 이성론을 중시했다. 르네상스에서 근대까지만 해도 계몽주의와 연결해 플라톤의 철학은 당시 철학의 주류를 이루었다. 근대 철

---

3) 헬레니즘 시대에 발생해 전기 로마 시대까지 성행한 철학의 한 유파.
    로고스로 대표되는 보편적인 이성과 금욕적인 삶을 중시했으며, 후에 바뤼흐 스피노자를 비롯한 합리주의 철학에 영향을 미친다. 대표적인 스토아 철학자로는 스토아 학파의 창시자인 키티온의 제논, 노예였던 에픽테토스, 네로 황제의 스승이었던 루키우스 안나이우스 세네카, 로마의 오현제 중에 마지막 황제인 마르쿠스 아우렐리우스 등이 있다.

학자 중 유명한 칸트도 이성을 중시하는 사상을 갖고 있었다. 프랜시스 베이컨 또한 플라톤을 비판하면서도 그의 성과를 인정했다.

현대로 오면서 계몽주의에 회의적이거나 비판적인 시각이 늘어났고, 쇼펜하우어를 필두로 니체와 하이데거 등이 플라톤의 철학을 대놓고 비판하기 시작했다. 특히 두 차례의 세계대전과 제국주의 시절 문명의 이름 아래 벌어진 학살과 탄압은 이성의 절대성에 의문을 갖게 하는 큰 사건이었다. 이렇듯이 고대부터 근대까지의 철학은 플라톤을 계승하였지만 현대의 철학은 플라톤을 비판하는 데 앞장서는 것을 보면 그의 공과를 떠나서 존재 자체만으로 얼마나 철학사에 큰 발자국을 남겼는지 알 수 있다.

3. 아리스토텔레스의 『정치학』

이상국가와 현실정치의 조화를 본격적으로 탐구하다

아리스토텔레스는 플라톤의 제자이자 철학, 정치학, 자연과학, 천문학 전반에 손길을 끼친 팔방미인이자, 그 유명한 알렉산드로스 대왕의 스승이다. 어릴 때 왕의 주치의였던 아버지 밑에서 자라다 아테네로 가서 플라톤 밑에서 배웠으며, 플라톤이 죽자 아카데미아를 나와 알렉산드로스 대왕의 스승이 됐다. 아카데미아를 나온 이유는 두 가지 가설이 있는데, 아카데미아의 2대 학장이 되지 못한 것에 앙심을 품었다는 것과 더 이상 아카데미아의 학문이 자신과 맞지 않아서 나갔다는 것이다.

아카데미아 학장 조건이 아테네 시민일 것을 생각하면 애초에 아테네 시민이 아닌 그에게는 기회 자체가 없었고, 그의 철학이 플라톤과 달라진 것을 생각하면 후자일 가능성이 크다. 알렉산드로스 대왕의 은혜로 온갖 혜택을 받으며 아테네의 모든 문서를 열람할 수 있는 권한을 얻는데, 그렇게 모든 문서를 열람하면서 많은 분야의 학문에서 성취를 올릴 수 있었고 자신만의 학파인 소요학파4)도 만들었다. 또한 많은 사료를 접하면서 현실주의 사상 또한 완성도가 높아졌다.

그의 저술은 두 가지로 나뉘는데, 하나는 타인에게 자신의 사상을 알려주기 위한 대화편이다. 이 대화편은 로마의 키케로가 명저라고 칭송할 정도였지만 불행하게도 현재는 소실되어 전하지 않는다. 대화편이라 칭해진 것을 보면 스승의 대화편처럼 토론과 대화를 통해 자신의 사상을 설명하는 형태였을 것으로 추정되는데, 대화편의 화자가 궁금해진다. 앞에서 이야기했듯이 플라톤은 대화편의 화자로 자신이 아닌 소크라테스를 내세웠다. 그래서 초기 대화편의 소크라테스는 소크라테스 본인의 철학과 대화법을 쓰지만, 중기와 후기 대화편의 소크라테스는 말이 소크라테스지 사실상 플라톤의 대리인이었다.

본인 철학의 한계를 깨닫고 후기 이데아론으로 전환한 플라톤의 마지막 대화편은 더 이상 화자가 소크라테스가 아닌 무명의 그리스인인데, 과연 아리스토텔레스는 대화편의 화자로 누구를 내세웠을지 궁금하다. 그의 스승인 플라톤인가, 익명의 그리스인인가, 아니면 아리스토텔레스 본인인가? 불행하게도 대화편이 소실됐기에 이걸 알 방법은 영영 없다.

---

4) 학원 초기에 그는 리케이온으로 이어지는 산책로를 오가면서 학생들과 함께 철학을 논하곤 했는데, 이것으로 해서 '소요학파'라는 이름으로 불리게 됐다.

또 하나는 소요학파의 학생들을 가르치기 위한 저술로, 지금 이야기하고 있는 『정치학』이 이 교육용 저술 중 하나이다. 교육용이라 그런지 아리스토텔레스의 저술은 중복되는 내용은 되도록 빼려는 성향이 강하며, 그렇기에 플라톤의 저술보다 이해가 잘 안 된다는 반응도 많다. 현대로 치자면 대학교 교과서와 비슷한 셈이다. 대학교 교과서는 전공 학생들이 그 분야에 대해서 어느 정도 알고 있다는 것을 전제로 설명하는 것이기 때문에 문외한이라면 용어부터 이해하지 못할 수 있다는 걸 생각하면 플라톤의 저술보다 이해가 잘 안 된다는 반응도 이상하지는 않다.

현실주의 철학의 선구자인 아리스토텔레스답게 이상주의 철학의 선구자인 플라톤에 대해서도 비판적으로 계승하고 있다. 그저 비판 없이 플라톤의 사상을 수용했다면 그는 아카데미아에 계속 남아 있었을 것이고 알렉산드로스 대왕의 스승이 되지도 못했을 것이다. 만약 그랬다면 우리가 아는 정복왕 알렉산드로스 대왕은 없었을지도 모른다. 한 권을 통째로 플라톤의 정치학 비판과 당대의 정치체제 비판, 다른 철학자들의 정치론 비판에 할애했는데, 그것을 보면 학문에 대한 열정과 현실에 대한 배경지식이 얼마나 엄청났는지 이해할 수 있다.

플라톤의 정치학 전반에 제시된 부모와 자식의 공유제를 크게 비판했다. 부모와 자식이 공유될 경우 부모들은 자식들에게 애정을 갖기 힘들며, 잘못하면 근친상간 문제가 발생하기 쉬운 데다가 근친상간을 알아보기도 힘들어진다고 비판했다. 더군다나 동물들이 본능적으로 자식을 알아보듯 부모가 자식을 알아볼 수 있으며, 수호자 계급이나 농민 계급 중에서 재능을 가진 이가 있으면 철인 계급으로 키워야 한다는 것은 의도는 좋으나 그렇게 입양된 아이들이 소외감을 느끼며 통합을 저해 받을 수 있다고 지적했다. 즉 이상은 높지만 그게 실현되면 여러 문제가 생긴다는 것이다.

실제로 근친상간은 여러 유전병을 일으킬 우려가 있는데, 권력을 위해 근친혼을 반복한 합스부르크 왕가는 유전적 결함이 중첩되어 유전병을 앓는 후손들이 대거 태어났고, 외모적 특성인 합스부르크의 주걱턱이 계속 나타난다. 주걱턱의 별칭이 합스부르크 턱(Habsburg jaw or lip)인 게 괜한 말이 아닐 정도로 주걱턱이 가문의 상징이 된 것이다. 특히 카를로스 2세는 이러한 결함의 종합세트라고 할 수 있을 정도로 유전병을 심하게 앓았다.

어느 정도였냐면 턱뼈가 비정상적으로 크다 보니 입을 제대로 다물 수 없었으며, 침을 자주 흘리고 음식을 씹지 못했다. 혀도 너무 커서 일상적인 대화를 하는 데 지장이 있었다. 게다가 35세에 탈모가 와서 대머리가 됐고, 상체는 과하게 큰데, 하체는 가늘고 짧아서 다리가 상체의 하중을 견디지 못해서 제대로 걷지 못하게 됐다. 여기에 뇌전증까지 있었는데, 이런 와중에서도 지적 장애는 없었고 다른 형제보다 오래 살았다는 게 대단할 지경이다. 봉건시대에서는 양이 걸리는 광우병인 스크래피 또한 근친교배 때문에 더욱 빠르게 퍼졌고, 이는 인클로저 운동 와중에서도 양모값이 떨어지지 않는 원인 중 하나였다.

그뿐만 아니라 인간은 자기 자식에게 더 애착을 가지는 게 정상적이고, 그렇기에 자기 자식인지 모르는 상황에서는 애착이 줄어들 수밖에 없다. 당장 계모 가정의 경우, 계모와 자식의 관계가 소홀해지기 쉬운데 많은 동화에서도 계모와 자녀 사이의 관계가 좋은 경우가 되레 드물다. 동화가 당시 사회를 반영하는 걸 생각하면 계모와 자녀의 사이가 좋게 되는 것은 계모가 어지간히 선하지 않는 한 쉽지 않다는 것이다. 그래서 그런지 공유제를 긍정한 토머스 모어 또한 부모와 자식의 공유제에 대해서는 언급조차 하지 않을 정도이다. 그만큼 비현실적이라는 의미이다.

플라톤의 중기 대화편의 국가에서 나온 이상 국가를 정면으로 비판했다. 인간의 범죄는 사유재산보다는 인간 본연의 이기심 때문에 발생하고, 공유제 때 범죄가 적어 보이는 이유는 공유제를 채택하는 사례가 적어서이며, 이는 착시에 불과하다는 것이다. 도리어 인간은 자신과 관련이 작은 일에는 열심히 하지 않는 것이 본성이기에 공유제는 오히려 의욕만 떨어뜨릴 거라고 비판했다.

오죽하면 후대에 토머스 모어도 『유토피아』에서 공유제를 긍정하지만 그 전에 도덕심이 갖춰져야 한다는 한계를 지적했다. 공유제에 긍정적이었던 토머스 모어마저 도덕성이 부족한 공유제는 사유제보다 못하게 될 수 있다는 걸 인정한 것이다. 공유지의 비극이라는 말이 있다는 걸 생각하면 공유제가 실행되려면 구성원들의 엄청난 책임감이 뒷받침되어야 할 것이다.

다만 스파르타와 크레타의 공동식사 제도처럼 재산을 공동으로 사용하는 것은 옳다고 평가했다. 또한 플라톤은 농민 계급의 재산 공유 문제에 대해서는 언급이 전혀 없다며, 만약 농민 계급이 그대로 사유재산을 가지게 내버려 둔다면 철인과 수호자 계급, 농민 계급이 서로 다른 나라처럼 적대하게 될 우려가 있다고 했다. 거기에 모두가 행복한 국가라면서 부모와 자식을 공유시키고 사유재산을 인정하지 않는 등 수호자 계급의 행복은 고려하지 않는 것은 모순이라고 지적했다. 수호자 계급의 행복을 고려하지 않는다는 플라톤의 『국가』에서 나온 지적으로, 플라톤 또한 이를 인정했지만 대를 위한 소의 희생은 정당하다고 넘어갔다.

아리스토텔레스가 지적한 대로 이건 중요한 문제이다. 높으신 분들이 정책을 펼친다고 해서 백성들은 고분고분 따르지 않는다. 그렇기에 지도층에 대한 신뢰도는 정책이 효율적으로 작용하는 데 중요하다. 그렇기에 현실주의 정치학의 대가 마키아벨리는 백성들에게 공포의 대상이 될지언정 멸시와 증오의 대상이 되어서는 안 된다고 누누이 충고한 것이다. 또한 지도층과 백성의 제도가 다른 상황에서 그들이 적대하면 그만큼 외부의 침략에도 몹시 약해진다. 결국 전쟁은 군사의 수가 중요한데, 소수의 전사 계층만으로 전쟁에서 이기는 건 불가능하기 때문이다.

플라톤의 후기 대화편의 법률에 나온 이상 국가 또한 비판했다. 과두 정치와 민주 정치를 어떻게든 혼합해 그나마 현실에 근접하기는 했으나 재산의 공유를 논하면서 정작 인구의 증가는 고려하지 않고, 다른 나라들과의 관계는 전혀 고려하지 않았다고 비판했다. 실제로 플라톤은 이상 국가를 논할 때 외교 관계를 잘 언급하지 않고 나라 내부가 잘 통치된다면 외부도 문제없이 될 것이라고 속단하는 경향이 있긴 했다.

그러나 외교 관계는 국가의 운명을 좌우할 수 있는 중요한 요소이다. 훗날 제국주의가 수많은 재앙을 낳은 것과 현대에서도 외교에 관해 엄청난 노력과 갈등이 이어지는 걸 생각하면 아리스토텔레스의 지적처럼 외교를 고려하지 않는 것은 식견이 부족한 태도라고 볼 수 있다. 아리스토텔레스가 플라톤과 달리 외교에 대해 중요 문제로 바라본 것은 그리스에서도 변방 취급받던 마케도니아 출신이어서 아테네 명문 귀족 출신이었던 플라톤보다도 외교가 중요함을 많이 느껴서 그런 것 같다. 아리스토텔레스의 제자인 알렉산드로스 대왕도 무턱대고 힘으로만 몰아붙인 게 아닌 외교 관계를 신경 쓰며 이간질이나 회유를 시도한 걸 생각하면 알렉산드로스 대왕의 업적에는 아리스토텔레스의 현실주의 정치론의 영향도 충분히 있을 것이다.

아리스토텔레스는 자기 스승인 플라톤을 냉정하게 비판한 것처럼 다른 철학자들의 정치학이나 그 당시의 정치도 비판했다. 스파르타의 경우 수호자 계급의 선출은 나름 긍정적인 부분이 있으나 여자들의 경제활동을 보장하지 못한 데다, 공동식사 제도 또한 의도는 좋으나 재원이 참가자 부담이기에 빈곤층이 자연스럽게 소외됐다. 무엇보다 지나치게 군사 중심으로 운영되어 정작 시민 (당시 그리스 폴리스에서 시민은 지배 계층의 역할을 했다)의 수가 적어서 망했다고 비판했다. 실제로도 이 지적은 상당히 맞는 편이었다. 스파르타가 망한 근본적 이유는 권력과 피지배자는 늘었는데 그걸 통제할 시민은 적었고, 그렇기에 탄력적인 대처가 힘들었기 때문이었다.

크레타 또한 공동식사 제도는 참가자 부담이 아닌 세금을 통한 국고에서 부담하기에 스파르타의 공동식사 제도보다는 합리적이지만 수호자 선출이 특정 귀족 가문에서만 선출된다는 문제가 있다. 그런데도 크레타가 망하지 않는 이유는 섬이라 침공하기 까다로운 지형 덕분이라고 평했다. 실제로 크레타는 섬이라는 방어에 유리한 지형 때문에 버텼지 아리스토텔레스 시절에는 그 찬란한 문명을 잃고 변두리 취급당하고 있었다.

팔레아스라는 철학자에 대해서도 논박했다. 그는 아리스토텔레스가 평가한 것 외에는 자료가 그다지 남아 있지 않은 사람이기도 하다. 아리스토텔레스는 그가 최소한 현실을 기반으로 정치학을 구상했다고 전기 이데아론 당시 플라톤보다도 고평가했다. 아리스토텔레스는 그가 부를 재분배하려는 것은 좋으나 그것은 반드시 인구수 통제를 함께 해야 하고, 국가의 재산 또한 단순히 많을수록 좋은 게 아니라 방위 역량보다 많으면 괜히 분쟁의 씨앗만 된다고 주장했다. 그렇다고 방위 역량을 뒷받침할 수 없을 정도로 적어서도 안 되니, 주변 국가들과의 관계에 따라 국가 재산이 결정되어야 한다고 지적했다.

이 지적은 정확했는데 중국의 송나라는 정변으로 탄생한 나라이기에 무(武)보다 문(文)을 부각해 뛰어난 문화를 남기고 국가의 부 또한 뛰어났지만 정작 군사력에 부를 투자하지 않아서 거란이나 여진족의 침략을 스스로 막을 수 없었다. 이이제이(以夷制夷)5) 전술로 대응했지만 결국 전술이 금나라에 들키고 금나라에 당해 북송은 멸망하고 간신히 남송으로 분리돼 계속 저항했지만 끝내 멸망했다. 수호지의 양산박 호걸들이 북송 말기에 활동했는데, 이는 도적 떼를 오랫동안 잡지 못할 정도로 군사력이 형편없었다는 것이다.

반대로 방위 역량을 뒷받침할 수 없을 정도로 재산이 적은 예도 있으니 바로 러시아와 북한의 경우다. 러시아는 부정부패로 인해 대외적인 군사력에 비해 군인들과 병기에 돌아가는 예산이 턱없이 부족했고, 결국 이는 우크라이나 전쟁을 하면서 여실히 드러나게 됐다. 비록 서방이 지원하고 있다고는 하나 체급에서 크게 차이 나는 우크라이나에 압승하지 못하고 계속 대치 상태를 이어가고 있다는 점에서 군대의 규모와 달리 나라가 재정적

---

5) 중국의 고사성어. 말 그대로 오랑캐를 오랑캐로 제압한다는 뜻으로, 《후한서》의 『등우·구순열전(鄧禹·寇恂列傳)』의 『등훈전(鄧訓傳)』에 나오는 구절인 '이이벌이(以夷伐夷)'에서 비롯했다.

으로 감당하지 못하고 있는 것이다.

북한은 러시아보다 훨씬 더 심한데, 전차나 전투기를 운용할 기름조차 부족한 상황이다. 거기다 병사들에게 제대로 급료를 주지 못해서 병사들이 직접 밭을 운영해서 먹을 것을 구하는 상황이다. 평시만 해도 이 정도인데, 전쟁 때는 얼마나 심할지 뻔히 보인다. 북한이 핵무기에 주목하는 이유도 기존의 재래식 병기와 병력을 유지하려면 돈이 많이 필요하고 확보하기 힘든데, 핵무기는 일단 가지고만 있으면 함부로 건드리기 힘든 요인이 되기 때문이다.

아리스토텔레스는 민주주의 정체의 핵심 요소인 시민에 대해서도 정의했다. 시민은 재판받거나 재판할 수 있는 권리가 있으며, 국가를 위해 일할 수 있는 자라 정의했다. 부모 양쪽 다 시민이어야 시민이라는 주장에 대해서는 그렇다면 혁명이나 체제 개편으로 시민이 된 사람을 설명할 수 없다고 비판했다. 또한 시민은 지배하는 것도 지배당하는 것에도 미덕이 있어야 하며, 민주정에서 통치자가 시민들을 통치하는 것은 영구 통치가 아니라고 주장했다.

그는 올바른 정체 셋과 왜곡된 정체 셋을 제시했는데, 올바른 정체로는 군주정, 귀족정, 혼합정을 들었다. 여기서 혼합정은 정체라고만 표현되기도 하는데, 현대 기준으로는 민주정에 제일 가깝다. 그리고 그것들이 왜곡된 정체로 참주정, 과두정, 민주정을 들었다. 여기서 민주정은 현대 민주정이 아닌 아테네의 민주정을 의미하며, 판본에 따라서는 빈민정이라고 번역되기도 한다. 이를 보면 스승인 플라톤만큼은 아니더라도 아리스토텔레스 또한 민주정의 문제점을 예의주시한 것 같다.

또한 정체들의 순위를 들었는데, 올바른 정체 셋은 이상적으로는 혼합정이 좋지만 환경과 지형 상태에 따라 세 정체의 우선순위가 달라지며, 왜곡된 정체 셋은 민주정이 그나마 가장 낮고 그 다음이 과두정, 최악이 참주정이라고 평했다. 플라톤이 과두정이 그나마 낮고 민주정이 그다음, 참주정이 최악이라고 평가한 것과는 비슷하면서도 비판적으로 계승한 것으로 보인다.

아리스토텔레스는 기본 틀로 잡은 것이 어디까지나 올바른 정체 셋과 왜곡된 정체 셋이지 그 세부적인 유형은 크게 달라지고 다양화되어 있다며, 이 때문에 어느 것이 좋다고 일방적인 평가를 할 수 없다고 주장했다. 그는 철인 정치를 최고선으로 미리 정해놓고 그 이외의 정치들에도 절대적 차등을 매기는 그의 스승과는 정반대의 태도를 보인다.

정체들에 대해서도 정리했는데, 우선 과두정과 민주정은 단순히 통치자의 수에 따라서 정리되는 것이 아닌 통치권을 부자와 빈민 중 누가 쥐고 있느냐에 따라서 결정되는 것이며, 보통 부자가 소수이고 빈민이 다수인 경향을 띠고 있기에 통치자 수가 차이 나는 것이라고 주장했다. 민주정은 자유를 추구하지만 과두정은 차등을 추구한다고도 평가했다.

그리고 혼합정은 민주정과 귀족정의 장점을 혼합한 형태로, 검증된 엘리트들에서 통치자를 선발하되 민중들이 그들을 견제할 힘을 가지고 있는 형태로 정의했다. 이는 현대 민주주의에서 국회의원이나 대통령, 지방자치단체장을 미리 역량을 가지고 있는 사람 위주로 후보자를 정해 그들을 뽑을 권리는 국민에게 있고, 그들이 무능하거나 부패할 경우 견제할 수 있는 체제 또한 갖춰져 있는 것과 일맥상통한다.

정체 변혁에 대해서도 그는 자세하게 서술했다. 정체 변혁은 선동이나 외국과의 전쟁을 통해 한 계층의 입지 상승 등으로 일어날 수 있으며, 개별 정치들 또한 다양한 원인을 통해서 변혁이 일어난다. 대체로 서로 반대되는 형태로 변하기 마련이지만 예외의 사례 또한 얼마든지 있다고 정리했다. 우선 민주정의 경우 민중 선동가들이 부자들을 지나치게 자극하다가 이에 반발해 일어선 부자들이 들고 일어나 과두정이 되는 경우가 많다고 했다.

과두정 또한 부자들이 민중을 지나치게 억압하다가 이에 민중들이 단결해 부자들을 몰아내고 민주정이 되는 경우가 많다고 정의했다. 귀족정 또한 귀족들의 권위가 약해지면 변혁이 일어날 수 있으며, 참주정은 참주 자체가 원한을 사기 쉽기에 비교적 변혁이 일어나기 쉽다고 주장했다.

정체를 유지하기 위해 써야 하는 방법을 서술했는데, 플라톤의 정치론이 지나치게 사례를 단순하게 봐서 현실을 반영하지 못한다고 지적했다. 민주정의 경우 부자들의 권위를 존중하고 선동가들을 견제하는 식으로 유지할 수 있으며, 과두정의 경우에는 지나치게 민중들을 억압하지 않고 민중들의 기본 권익을 인정하는 식으로 유지해야 한다고 했다. 귀족정은 귀족의 고결함을 유지하기 위해 자신을 갈고 닦고 지나치게 민중과 거리가 멀어지지 않게 정치를 펼쳐야 하고, 혼합정은 중산층의 수가 일정하게 유지되고 그런 중산층이 부자와 민중 사이를 잘 조율하는 것으로 유지해야 한다고 주장했다.

참주정을 유지하는 방법으로 그는 두 가지를 제시하는데, 이 중 첫 번째에서 마키아벨리의『군주론』을 연상하는 사람도 많다. 첫 번째 방법은 민중들을 지치게 해 반란 역량을 없애고, 민중과 부자들끼리 서로 반목하게 해 통합하지 못하게 하고, 그들의 추이를 잘 감시하되 최대한 증오와 경멸을 피하는 것이다. 이는 르네상스 시대 군주들의 권모술수와 일맥상통하며, 아리스토텔레스가 현실주의 정치학의 거두라는 것을 잘 느끼게 해준다.

두 번째 방법은 조금씩 민중들의 환심을 사며 참주정을 서서히 군주정으로 바꾸는 방법이다. 이때 함부로 참주 지위를 포기해서는 안 되며, 환심을 살 때는 장기적으로 하라고 하는데, 이는 마키아벨리가 점령 이후 통치를 할 때 유의점으로 제시한 부분과 매우 비슷하다. 마키아벨리는『군주론』에서 이상주의 정치는 되도록 논하고 싶지 않다고 선언하고 최대한 현실에 치중한 정치를 주장했는데, 이 과정에서 현실주의 정치학의 거두인 아리스토텔레스를 많이 참고하게 된 것 같다.

아리스토텔레스는 플라톤이 정치 체제의 차등 순위는 고사하고 변혁 부분이 일관성 있지 못하고, 지나치게 단순하게 묘사했다고 비판했다. 철인 정치의 변혁 사유는 후계자들의 변질로 국가에서 서술하지만 그건 어느 정치 체제나 해당하는 문제이기에 철인 정치 고유의 변혁 사유로 볼 수 없으며, 귀족정이 명예를 잃고 돈을 추구하며 과두정이 된다는 것도 귀족정이 항상 과두정으로 변하는 것도 아닐뿐더러 돈을 추구하는 것이 과두정의 변모 원인 중 하나는 될 수 있지만 그것이 모든 원인이 될 수는 없다고 지적했다.

과두정의 민주정 변모 사유도 민중들이 불만을 품는 원인은 환경과 상황에 따라 달라질 수 있는데, 지나치게 재산 분배만 내세운다고 비판했다. 결정적으로 민주주의가 필연적으로 참주정으로 전환된다는 것도 민주주의가 항상 참주정으로 전환되는 것이 아니며, 참주정으로 바뀐 뒤 참주정이 다른 정체로 바뀌는지는 언급 자체가 전혀 없으며, 이건 이상에 맞지 않는 부분을 그냥 넘어가는 식으로 회피한 것에 불과하다고 혹평했다.

아리스토텔레스도 혼합 정치를 중점으로 한 이상 국가를 제시했다. 물론 현실주의 정치학의 거두인 아리스토텔레스답게 이는 모범 사례에 불과하며 시대, 상황, 환경마다 다르게 적용해야 한다고 경고하고 있다. 그에게 이상 국가는 플라톤의 철인 정치처럼 절대선이 아닌 그저 참고 순위가 높은 체제이다. 국가는 기본적으로 자신이 필요한 요소를 자급자족할 수 있되, 인구 통제만 제대로 할 수 있다면 해상 교류 또한 좋다고 했다.

또한 사유재산을 인정하되, 그 사용은 공공의 형태로 해야 하며 재산 배분은 인구 수를 고려해야 한다고 했다. 군대의 경우 경무장 보병과 해군은 민중 계급에서, 기병과 중무장 보병은 부자 계급에서 뽑아야 한다고 했다. 통치자의 경우 통치에 재능을 가진 자 중에서 뽑되, 문제가 있으면 민중이 재투표할 수 있게 해야 한다고 주장했다. 플라톤의 철인 정치보다 현실에 근접한 그다운 이상 국가라고 할 수 있다.

시민을 길러내는 공교육에도 주목했다. 공교육의 경우 전문적인 지식보다는 폭넓게 가르쳐야 하며, 신화와 전설은 상스럽다고 여겨지는 부분은 가르치지 말되 어른이 돼서 아는 것은 허용하라고 했다. 체육 수업은 무턱대고 아이들을 강하게 만들겠다고 가혹하게 가르쳐서는 나중에 성인이 되면 부작용이 뒤따르니, 어릴 때는 기초적인 체력 단련만 시키고 몸이 충분히 자랐을 때 그제야 식이요법 등을 병행하며 고강도 훈련을 해야 한다고 지적했다.

스파르타가 어릴 때부터 훈련해서 군사 강국이 됐다는 주장은 단지 군사들에게 고강도 훈련을 지속적으로 시킨 국가가 스파르타뿐이었다며 실제로 테베가 군사들에게 고강도 훈련을 시키자 스파르타는 더는 군사력에서 압도적으로 우위를 점하지 못하게 됐다고 평가했다. 그리고 올림피아 선수들도 어릴 때 성과를 보인 선수가 어른이 되어서도 성과를 유지하는 경우는 적었다며, 이는 어릴 때부터 과도하게 훈련을 시키면 어른이 되어서는 부작용이 생긴다는 자기주장을 정당화하는 근거라고 주장했다.

음악에 대해서는 정신 수양보다는 여가에 가까우니 지나치게 복잡한 악기는 오히려 다른 분야의 발전을 저해할 뿐이며, 음률 또한 어릴 때는 정적인 음률을 주로 가르쳐야 한다고 주장했다. 화려한 음률을 어릴 때부터 가르쳤다가는 다른 부분의 성장을 저해한다는 것이다. 교육에 다소 검열을 두어야 한다는 것은 스승 플라톤과 같지만 완벽주의를 추구하는 플라톤과 달리 아리스토텔레스는 그 나이에 필요한 것으로만 제한하면 충분하다는 현실주의 교육론을 보여준다. 실제로도 현대의 교육도 나이에 맞게 단계를 두며, 이를 무시한 선행학습은 성과는 다소 있을지언정 아이의 정서를 망친다는 평가를 받는 현실을 보면 아리스토텔레스의 교육론은 현대 교육론의 기초를 이루었다고 할 수 있다.

아리스토텔레스도 엄연한 인간이기에 오류가 없을 수는 없었다. 인권 의식은 그 시대상을 벗어나지 못했기 때문이다. 비그리스계 인종은 통치에 저항심이 약하기에 군주제를 용인한다고 하는 현대에서 인종차별에 해당하는 시각을 가지고 있었다. 그뿐만 아니라 노예에 적합한 자질을 가진 자가 있으며, 그런 자는 복종이 미덕이라고 평했다. 그 당시에는 노예제가 정당화됐다고는 하지만 절대 현대에 적용할 수 없는 사상이라는 것은 분명하다.

다만 노예제를 무턱대고 긍정한 것은 아니라서 전쟁 포로 출신 노예에 대해서는 그 전쟁의 명분이 올바르지 않다면 용인될 수 없다고 평가했다. 이 부분에 대해서 홉스, 로크, 루소 같은 사회계약론을 주장한 정치철학자들은 '인간은 태어날 때는 자유롭고 단지 제도를 통해 신분이 만들어진 것뿐'이라고 맹렬히 비판하였고, 현대에는 거의 모든 나라에서 노예제는 불법으로 되어 있다.

또한 여자라도 자질이 있으면 통치자가 되어도 된다는 스승 플라톤과 달리, 남편과 아내의 관계는 주인과 노예의 관계처럼 절대적인 상하관계는 아니지만 아내가 남편보다 반 계단 낮다는 시선을 가지고 있었다. 물론 그 당시에서는 노예 제도가 당연하고, 여성보다 남성이 우월하다고 생각했고, 페르시아의 침공이라는 상황 때문에 비그리스계에 그다지 우호적이지 않은 시각이 보편적이었다는 것을 고려해야 한다. 그럼에도 불구하고 이런 사상을 현대에 곧이곧대로 받아들이는 것 또한 옳지 않다.

아리스토텔레스의『정치학』은 이상주의를 원칙으로 하는 플라톤의 전기 이데아론에서의 정치학과는 그야말로 극단에 놓여 있지만 그 근본은 플라톤이 현실을 받아들이게 된 후기 이데아론의 정치학에서 시작됐다. 그야말로 청출어람의 고사를 떠올리게 하는 비판적 계승이라고 할 수 있다. 그래서 그의『정치학』은 후대에 큰 영향을 주었으며, 현실주의 정치학의 정수 그 자체라고 할 수 있는 마키아벨리의『군주론』이 아리스토텔레스의『정치학』에 영향을 받은 것을 생각하면 그의『정치학』은 그야말로 요즘도 주된 가치로 평가받는 현실주의 정치학의 선구자라는 평가가 아깝지 않다고 할 수 있다.

4. 마키아벨리의 『군주론』

강건한 통일조국을 위한 애국심이 권모술수로 폄하되다

서울대 선정 인문고전 학습 만화판으로 『군주론』을 읽어본 적이 있었다. 이제 완역본으로 읽어보니 글이 단도직입적이고 미사여구가 적어서 만화로 읽었을 때와 큰 차이가 나지는 않았다. 이 책은 군주에게 바치려고 쓴 것이라 의도적으로 미사여구를 빼고 요점만 적어서 그런 것 같다. 군주의 입장에서는 짧고 간결해야 읽기 쉽기 때문이다. 현대를 사는 우리만 해도 자기계발서가 지나치게 두꺼우면 읽을 엄두가 잘 안 나는 것처럼 말이다.

『군주론』은 전체적으로 군주가 다른 지방을 정복할 때 어떻게 처신해야 하는지, 타인의 도움으로 지방을 정복했을 경우 어떻게 처신하는 게 좋은지를 다룬다. 그뿐만 아니라 군주로서 교활함을 어떻게 발휘해야 하는지, 민주정에서 군주가 되면 귀족과 민중을 어떻게 대해야 하는지도 다룬다. 용병과 지원군에는 어떤 문제가 있고 그들의 문제점을 해결하기 위해서 어떻게 자국군을 육성해야 하는지, 그렇게 육성한 군대에 대해서 어떻게 그들의 기강을 유지하고 신뢰를 얻는지도 다룬다.

군주가 비난을 피할 수 없을 때 어떻게 행동하고 어떻게 증오를 사지 말아야 할지, 군주가 되려고 할 때와 군주가 되고 나서의 처신은 어떻게 다른지도 다룬다. 마지막으로는 군주가 어떤 경우에 단호해야 할지와 아첨꾼을 어떻게 피해야 할지, 운명이라는 것에 어떻게 처신해야 하는지까지 다루니 그야말로 현실주의 제왕학의 정수이다.

이런 정수들을 차례로 알아보자. 먼저 군주국은 세습국과 새 군주국으로 나뉘는데, 새 군주국은 새롭게 탄생한 나라와 세습 국가의 군주가 새로 획득해서 영토 일부로 획득한 나라가 있다. 그렇게 편입된 나라 중에서는 군주정에 익숙한 나라도 있고 공화정에 익숙한 나라도 있다. 마키아벨리는 세습 군주국은 군주가 선조의 질서를 위배하지 않으면서 우발적인 일에 적절히 대처하는 것만으로 충분히 유지할 수 있다고 했다. 설령 강한 힘을 가진 외부세력에 빼앗긴다고 해도 빼앗은 자에게 불행이 닥치면 자신을 본래 지지하는 자들의 도움으로 되찾을 수 있다고 보았다.

그러나 기존 국가를 빼앗아서 된 새 군주국은 어려움을 겪을 수밖에 없다. 점령당한 지역은 필연적으로 반발심을 가질 수밖에 없으며 그걸 제대로 대처하지 못하면 도로 탈환 당하기 때문이다. 마키아벨리는 이것에 대한 해결책을 이 책의 여러 곳에서 제시하는데, 맨 처음은 군주가 점령지에서 거주하는 것이다. 그러면 외부 세력도 함부로 공격을 못 하고 내부 상황도 잘 알 수 있기 때문이다.

또한 사람을 다룰 때는 달래거나 과감하게 억눌러야 한다고 말한다. 사람들은 가벼운 피해에는 반발하지만 큰 피해에는 겁먹기 때문에 피해를 줄 때는 크고 확실하게 해야 한다고 주장했다. 병력을 지속해서 주둔시키는 건 하책이다. 왜냐하면 병력을 주둔시키면 지속적으로 그 지역에 피해를 줄 수밖에 없으며 백성들은 군주에게 악감정만 가지게 되기 때문이다.

반란이나 외침 같은 사건은 조짐이 보이는 순간 바로 대처해야 한다. 사건이 가시화된 시점에서는 진압하기 어렵기 때문이다. 이에 해당하는 속담으로 '호미로 막을 것을 가래로 막는다'는 말이 있는데, 이러한 조짐을 발견하는 것도 좋은 대처 능력이라 볼 수 있다. 또한 전쟁을 막는다는 이유로 혼란의 불씨를 남겨두는 것도 마키아벨리는 비판적으로 바라봤다. 그런 전쟁이란 피할 수 있는 게 아니라 단지 자신에게 불리한 쪽으로 미뤄질 뿐이라는 것이다. 현실 국제 정세란 자신이 강하지 않으면 불리해지는 구조라서 타국을 강화시켜주는 쪽은 파멸한다고 마키아벨리는 결론을 내린다. 그만큼 국가 간의 관계에 영원한 아군은 없다는 의미이다.

점령한 국가가 공화정일 경우 통치권을 유지하는 법은 세 가지가 있다고 한다. 첫째는 기존 법률을 완전히 없애는 것이고, 둘째는 직접 그 지역에 거주하는 것이며, 셋째는 자치를 허용하되 조공을 받고, 통치자와 우호 관계인 소수가 과두정을 하게 하는 것이다. 공화정은 자치에 익숙해져 있어서 어중간하게 대처하면 반드시 반란을 일으킬 수 있으므로 마키아벨리는 공화국을 완전히 와해시키거나 거주하면서 직접 다스리는 게 안전하다고 했다.

또한 잔악한 방법으로 권력을 잡을 때는 주의할 점이 있다고 말한다. 잔악한 방법을 쓸 때는 한꺼번에 한 번으로 해결해야 한다는 것이다. 그래야 백성들이나 신하들이 반발할 시간이 없으며, 반대로 지속적으로 잔악한 방법을 쓴다면 백성들은 안심하지 못하고 반란을 일으킨다는 것이다. 반대로 혜택을 베풀 때는 한꺼번에 많이 베풀기보다는 조금씩 지속적으로 베풀어야 한다고 했다. 그래야 백성들이 그 혜택에 만족하고 불만이 생기지 않기 때문이다.

마키아벨리는 모든 군주국은 좋은 법률과 좋은 군대를 토대로 하고, 이 중 좋은 군대가 있어야만 좋은 법률이 갖춰질 수 있다고 한다. 그래서 법률보다 군대를 우선시하면서 군대의 종류를 용병, 지원군, 자국군, 혼성군으로 나누었다. 마키아벨리는 용병을 가장 신뢰도가 떨어지는 군대로 봤는데, 돈을 통한 계약이라서 이해관계가 틀어지면 배신할 위험이 크다는 것이다.

특히 이탈리아는 용병이 배신하거나 배신하기 전 먼저 숙청되는 경우가 잦았고, 서로마도 게르만 용병에 의존했다가 나라를 빼앗긴 적이 있어서 마키아벨리는 자연스럽게 용병을 불신하는 쪽으로 색안경을 낄 수밖에 없었다. 물론 스위스 용병처럼 교회가 믿음을 잃지 않을 정도로 신뢰 있는 용병도 있었지만 그런 용병은 비싸므로 예외 사항으로 두었다. 이런 시선은 토머스 모어도 가지고 있을 정도로 당대의 지식인들은 용병을 불신했다.

지원군 또한 용병보다는 덜하지만 위험하다고 보았다. 지원군은 근본적으로 타국의 병사인데, 타국의 병사에 안보를 맡긴다는 것은 유사시 얼마든지 침략군으로 돌변할 위험이 있다는 것이다. 그렇기 때문에 군대는 항상 자국군이어야 하며, 그렇지 않은 군대는 배신으로 몰락할 위험이 있다고 마키아벨리는 결론짓는다. 이런 자국군을 유지하기 위해서 군주는 병법이나 역사 등 군사 관련 기술을 부지런히 익혀야 하고 평시에 많이 훈련해야 한다. 그렇게 하는 것이 전시에 더 잘 대처할 수 있고 상대가 두려워하기 때문이다.

군주는 때로는 비도덕적 방법을 쓸 각오도 되어 있어야 한다고 마키아벨리는 주장했다. 모두를 만족시키는 건 불가능하므로 때때로 비난을 감수해야 하며, 군주는 사회를 보장할 책임이 있기 때문이다. 재산을 쓸 때도 인색하다는 오명에 신경 쓰지 말고 자신의 재산 상황을 정확히 파악한 후 써야 한다. 카이사르처럼 베풂을 실천한 군주들은 항상 타인의 돈을 끌어와 쓰거나 자기 재정 상황이 좋아서 베풀 수 있었다. 그런 군주들 같은 역량이 갖춰지지 않는 이상 함부로 오용해서는 안 된다는 것이다.

사랑과 적대에 대한 부분에서 군주는 타인의 선택에 일방적으로 휘둘려서는 안 된다고 보았다. 또한 사랑을 사지 못할 상황이면 공포의 대상이 되는 게 낫다고 보았다. 마키아벨리는 인간이란 자신이 사랑하는 대상보다 자신이 무서워하는 대상을 더 거스르지 못한다고 보았기 때문이다. 그러나 이것에도 넘지 말아야 할 경계선이 있다. 공포를 넘어서 혐오와 멸시가 되어서는 안 된다는 것이다. 그 순간부터 누구도 아군이 되어주지 않으며 몰락한다는 것이다. 역사상 폭군들도 그렇게 되어서 몰락의 길을 걸었다.

신의 관계에 대해서 마키아벨리는 사람의 방법과 짐승의 방법을 제시하는데, 거기에 추가로 교회만이 쓰는 방법도 있다. 마키아벨리는 이런 지혜를 상징하는 것으로 반인반마인 케이론[6]을 예로 들면서 군주와 영웅의 스승으로 묘사됐다고 강조했다. 사람의 방법은 법으로 싸우는 거지만 마키아벨리는 그보다 짐승의 방법을 상세하게 묘사했다. 짐승의 방법이란 사자의 사나움과 여우의 교활함이고, 이러한 부분을 잘 숨겨서 사용해야 한다.

6) 그리스 신화에 나오는 상반신이 인간이고 하반신이 말인 종족인 켄타우로스족의 현자. 반신
(半神)이자 영웅들의 스승이기도 하다. 활의 명수이기도 하다.

신의의 경우 지킬 수 없는 상황에서는 지키지 않는 쪽이 좋으나 그럴 때는 신의를 어길 명분을 만들어야 하며, 과정은 숨기되 결과는 잘 드러내야 한다고 보았다. 이런 방침에서 유래된 게 마키아벨리즘인데, 주의할 점은 마키아벨리는 이상적인 정치를 완전히 무시한 게 아니라는 것이다. 단지 당시의 현실이 가혹하기에 그것에 맞추어서 주장한 것이다. 그렇기에 루소는 언뜻 보면 이상주의를 주장하는 자신과 반대되는 주장을 한 마키아벨리를 현실주의에 기반을 두고 있지만 나름 이상을 품고 있었다고 인정했다.

중세 교회는 이런 권모술수를 잘 썼다. 역대 교황은 신의 대리인이라는 권위를 이용해서 조약을 맺었고, 어겨야 하는 순간에서는 자주 어겼다. 그렇다고 해서 상대가 이에 항의하기에는 교권을 함부로 무시할 수 없는 상황이었다. 마키아벨리가 권모술수의 고수로 묘사하는 체사레 보르자 또한 아버지가 교황인 것을 이용해서 상대를 속이는 등 실익을 취했으며, 최대한 자신만의 기반을 쌓으면서 아버지가 죽은 후도 대비하려고 했다. 그러나 불행하게도 아버지가 죽은 순간 그에게 병이 닥쳐왔고, 그렇기에 새로운 교황을 막을 힘이 없었다.

마키아벨리는 수성(修城)과 창성(創成)은 다른 문제라고 보았다. 특히 창성 군주는 사자의 사나움과 여우의 교활함 같은 권모술수를 잘 써야 하며, 수성 군주의 경우 신하와 백성을 잘 통제해 증오를 사지 말라고 했다. 아첨꾼 또한 조언자를 두어서 예방해야 하는데, 이때 조언자가 군주의 권위를 존중하면서도 군주가 자신을 해치지 않을 것이라고 확신하게 해야 하는 것이 중요한 조건이다. 이 중 하나라도 빠지면 조언자가 군주에게 충언하길 꺼리거나 군주를 무시하고 막말을 하는 불상사가 터질 수 있으므로 마키아벨리는 조언을 받아들이기 위해서는 군주 본인부터가 탁월하고 열린 마음을 가져야 한다고 강조했다.

이런 현실주의 제왕학에 해당하는 책이 동양에도 있다. 바로 『한비자』이다. 실제로 이 둘은 현실주의에 기반을 둔 제왕학을 서술했다는 점과 후대에 한동안 제대로 된 평가를 받지 못했던 점, 저자가 이것을 집필했을 때의 상황 등 유사점도 많지만 사람의 생각이 완전히 똑같을 수 없듯이 다소의 차이도 엿보인다. 이들의 집필 환경은 매우 비슷하다. 『군주론』의 저자 마키아벨리는 『군주론』에서 나오듯이 이 책을 집필할 때 매우 빈궁한 처지였고 이탈리아 또한 수많은 국가로 분열되어 약소국으로 전락한 상태였다. 체사레 보르자라는 걸출한 인물이 나타났지만 갑작스러운 불운 때문에 실패했다. 이런 상황에서 마키아벨리는 이탈리아가 강력한 통일 왕국으로 건설되기를 바라면서 최대한 현실주의에 따라서 『군주론』을 쓰게 됐다.

한비자 또한 비슷한 상황에 있었다. 한비자는 논리적인 글은 잘 쓰는 반면에 말더듬이라 웅변이 부족했고, 그 때문에 높은 관직에는 오르지 못했다. 조국인 한나라는 중국 한가운데에 있는 지정학적 위치 때문에 전국칠웅 중에 최약체 국가를 면하기 힘들었고 한비자는 한나라가 전국시대를 통일할 최강국이 되길 바라면서 『한비자』를 쓰게 됐다. 공통적으로 이들은 글을 쓸 때 본인들은 권력에서 멀리 떨어진 처지였고 본인의 국가가 약하고 분열된 상태에 놓여 있었다. 그 때문에 조국의 강성국가 건설을 향한 열망이 있었다.

사람 생각이 언제나 같을 수 없고 살아가는 환경도 다르듯이 같은 현실주의 기반이라도 『군주론』과 『한비자』는 공통점과 차이점이 공존한다. 비슷하면서도 다른 부분이 처세술이다. 둘 다 현실주의에 기반을 두어 주변 정세를 살피고 적을 강화해 주는 일을 피하며, 상과 벌을 통해 신하들을 제어하고, 군대를 육성하는 일을 중시해야 하는 점은 같다.

그러나 한비자는 신뢰를 지키기 위해 한번 한 약속은 반드시 지키는 게 좋다고 하지만 마키아벨리는 지키기 힘들거나 약속 대상이 없어진 약속은 안 지키되 신뢰를 살 명분을 찾고 그걸 내세우라고 했다. 대표 사례로 알렉산데르 6세는 교황의 권위를 살려 신의를 살 명분을 만들면서도 권모술수를 부릴 수 있었으며, 페란도 2세 또한 평화와 신의를 내세워 설교하지만 필요하다면 둘 다 어길 줄 아는 것을 들었다.

또한 상벌을 내릴 때도 한비자는 되도록 상벌을 내리는 건 군주가 전부 다 맡는 것이 좋고 이를 다른 사람에게 넘기면 안 된다고 했다. 하지만 마키아벨리는 상을 내릴 때는 군주의 이름으로 내리고 벌을 내릴 때는 방패막이를 만들어 그의 권위로 내리되 벌을 내리는 실권은 자신이 잡는 것이 좋다고 했다. 대표 사례로 체사레 보르자가 자기 부하를 내세워 도시를 개혁한 후 부하에 대한 원망이 커지자 부하를 공개 처형하는 것으로 명성을 얻은 것을 예로 들었다.

이들의 사상은 그들이 자란 환경과 사회, 문화 탓인지 결정적인 차이가 있다. 그 차이는 바로 한비자의 경우 법을 내세우고 법을 중심으로 하는 현실주의 제왕학이지만『군주론』은 법을 그다지 내세우지 않고 순수하게 현실주의를 주장하는 제왕학이다. 그렇기에 한비자의 경우 법을 통해 어떻게 군주가 통제하고 부국강병에 유리하게 짜느냐를 다루지만, 마키아벨리는 법은 군대와 같이 나라를 통치하는 수단 중 하나에 불과하므로 그에 연연하기보다는 그걸 다루는 군주의 역량을 어떻게 기르고 그것을 실행하는 신하를 어떻게 관리할지가 더 중요하다고 보았다.

또한 한비자의 경우 당시 중국은 전국시대 이전에 존재하던 통일국가가 은나라와 주나라뿐이었고 그에 대한 역사 자료나 통치제도도 그다지 남아 있지 않은 데다가 이 둘 또한 결국 봉건적 통치였기에 통일국가에 대한 선례 자료가 부족해 전국 통일 이후 수성에 대해서 제시할 논거가 부족했고 아첨꾼에 대한 대책 또한 미흡했다.

하지만 마키아벨리는 이미 로마 제국과 오스만 제국이라는 홀

룡한 통일국가에 대한 선례와 본인이 직접 로마의 역사와 제도를 정리해 로마사 논고라는 책으로 써본 경험이 있어서 창성 이후에 수성하려면 어떻게 해야 하는지, 아첨꾼을 피하려면 어떤 조치를 해야 하는지, 정복 이후 정복국들이 어떤 문화와 정치체제를 갖고 있느냐에 따라 어떤 정책을 써야 할지에 대해 상세히 다루고 있다.

이는 단순히 한비자가 낙관적이었다기보다는 르네상스 열풍에 따라 고대 국가에 대한 역사의 발굴과 참고할 실제 사례가 있었던 마키아벨리 쪽이 참고 자료가 더 많았기에 발생한 차이다. 만일 둘이 태어난 국가가 서로 정반대였다면 둘의 주장이 어떻게 달라졌을지 궁금하다.

시오노 나나미의 『로마인 이야기』를 1권부터 카이사르 암살을 다룬 5권까지 읽어본 적이 있다. 공교롭게도 시오노 나나미는 마키아벨리를 우호적으로 평가한 문호 중 한 명이며 동양에서 마키아벨리를 주목받게 한 인물 중 한 명이기도 하다. 『로마인 이야기』에 나오는 카이사르는 그가 살아있는 동안 시민들의 환심을 사고 적에게 관용을 베푸는 태도를 보였다.

마키아벨리는 카이사르가 이런 관용을 부릴 수 있는 건 권력을 잡을 때 남의 돈을 끌어와서 할 수 있는 조치라고 했다. 그렇지만 이미 권력을 잡은 상황에서 큰 지출까지 감수하면서 적에게 관용을 베풀면 오히려 적을 키워주는 불상사가 벌어질 수 있다고 했다. 이에 대한 다른 예시로 스피키오는 전시 상황에서 군대를 지휘하는 데에는 능했지만 평시에 군대를 통제하는 능력이 부족해서 이 단점을 원로원이 보완해 준 것을 들었다.

카이사르를 탁월한 관용주의자로 인정하고 마키아벨리에게 우호적인 시오노 나나미도 마키아벨리가 카이사르의 관용은 함부로 따라 할 수 없다고 평가한 것에 동의한다. 그녀는 카이사르가 관용주의 정책을 편 건 카이사르의 성격 때문이기도 하지만 제정이라는 공화정과는 반대되고 왕정과도 다른 새로운 정치 체제를 위해서는 최대한 우호적이고 적도 포용하는 조치를 할 필요성을 느꼈고, 또한 당시 카이사르의 나이는 50대였기에 최대한 제국의 토대를 만드는 창성에 집중해야 했다고 주장한다. 거기에 더 나아가서 카이사르가 3월 15일에 암살되지 않고 제정의 토대를 완성했다면 그의 정책은 크든 작든 제정의 유지를 위해 변화했을 것이라고 주장하기에 이른다. 역사에 만약은 없으니 확신할 수 없지만, 카이사르가 교본적 전술 외에도 임기응변식 전술에 능한 것과 키케로에 대해 일방적으로 비난하기보다는 저술로 논리정연하게 비판한 것을 보면 일리가 있는 이야기다.

『로마인 이야기』에서 시오노 나나미는 키케로를 지혜롭지만 선견지명은 부족했고, 공화정에 대한 충성심은 진심이었지만 그 공화정은 로마 본국, 그것도 귀족과 기사 계급에 한정된 공화정이라고 평가한다. 이 평가가 100% 맞다 할 수는 없지만 키케로의 편지 등에서 카이사르의 제정에 대해 잘 파악하지 못하고 그저 왕정으로 지레짐작하는 것과 민중을 단지 이끌어가야만 하는 존재들로 여긴 것과 기사 계급이라는 애매한 신분이었다는 점에서 이 평가가 아주 많이 틀렸다고도 볼 수 없다.

그러면 왜 키케로는 제국에 대해 파악하지 못했고 마키아벨리는 제국에 대해 잘 파악하면서 통일 이탈리아 군주정에 참고하고자 했을까? 단지 마키아벨리가 후대의 사람이라 미리 그 결과를 볼 수 있어서일까? 나는 그것뿐만이 아니라고 생각한다. 키케로가 생각한 로마는 수도에 가까운 본국에 한정되고 그 외에는 식민지에 불과하니 큰 신경을 쓸 필요가 적고, 민중은 크게 고려할 거리가 못 된다고 생각한 한계가 있었다.

키케로의 시대 때는 카이사르와 폼페이에 의해 적대적인 국가는 평정되고 우호적 국가와는 동맹을 맺어 주변 국가들은 큰 문제가 없는 상황이었지만 마키아벨리가 살던 당시 이탈리아는 수많은 도시국가 및 교황령으로 쪼개져 있었고, 스페인과 프랑스가 호시탐탐 이탈리아를 노리고 있었다.

각자 개인의 환경 또한 그들의 인식 차이에 깊은 영향을 미쳤다. 키케로는 기사 계급으로 태어나 원로원에도 발길을 들이며 여유 있고 지도층에 가까운 사고를 하게 됐지만 마키아벨리는 법률가의 아들로 태어나 서기장으로 일하면서 현실적인 권모술수를 많이 접했고, 권력투쟁에 밀려 살아가면서 민중은 어떻게 움직이는지를 구체적으로 볼 수 있게 됐다.

이는『군주론』본편에서도 '군중의 시선으로 봐야 왕의 본모습을 이해할 수 있으며, 왕의 시선으로 봐야 군중의 본모습을 이해할 수 있다'라는 말로 표현된다. 그래서 키케로와 마키아벨리는 둘 다 민중에 우호적이지 않으면서도 키케로는 엘리트를 중시하며 그런 엘리트들에 의해 정치가 움직인다고 보았지만 마키아벨리는 민중 또한 정치에 간접적으로 이바지하기에 어떻게 하면 그들이 통치에 이득이 되고 어떻게 하면 그들에게 증오를 사지 않을 수 있을지 연구했다.

마키아벨리는 현실주의 정치학자의 대표 중 한 명인데, 이상주의 정치학의 선구자인 플라톤과 대비된다. 역시 둘의 차이는 개인적 환경 요인이 큰 영향을 미쳤다. 플라톤은 귀족 출신으로 태어나 부족할 것 없이 살았으며 소크라테스의 제자로까지 들어간다. 거기에 투표 때문에 소크라테스가 죽는 것을 보면서 민주정에 대한 반감을 가지게 됐다.

아테네가 스파르타에 의해 무너지는 것을 보면서 스파르타에 초인정치의 환상을 보게 됐고, 이는 그의 전기 이데아론의 기초가 됐다. 반면 마키아벨리는 중급 관리의 아들로 태어나고 서기장으로 다니며 공화정과 왕정 곳곳을 탐방하게 됐고 거기서 주로 현실적인 권모술수를 많이 보게 됐으며, 그 때문에 이상보다는 현실을 우선시하게 됐다.

플라톤의 이상주의 정치학은 철학자, 군대, 민중의 세 가지로 나뉘며 철학자들은 공유제로 생활하며 철학을 열심히 공부해 오직 국가를 통치하고 민중과 군대를 조종하는 데 충실하고, 군대는 사리사욕을 탐하지 말고 나라를 수호하는 데 힘쓰고, 민중은 그 재산을 나라를 위해 쓰며 자신의 욕망을 절제해야 한다는 것이 원칙이다. 그래서 철인 정치를 최고의 정치 체제로 보고, 귀족정, 과두정, 민주정 순으로 평가했고 참주정을 최악으로 보았다. 이는 이데아라는 정신적 진리를 우선시하고 현실은 단지 이데아의 투영에 불과한 그의 전기 이데아론과도 일맥상통했다.

그러나 플라톤의 환상은 그만 깨지고 만다. 아테네가 민주 정치로 인한 내부단결 실패로 패망했듯이 스파르타 또한 통치층은 적은데 다스려야 할 영토가 늘어나자 국가의 역량이 한계에 부딪혔고, 결국 스파르타 또한 멸망했기 때문이다. 이로 인해 플라톤은 전기 이데아론이 과연 옳았을지 의문을 가지게 됐고, 결국 이데아가 중요하긴 하지만 이데아를 현실에 반영하도록 노력하는 것 또한 간과해서는 안 된다는 후기 이데아론을 정립하게 됐다. 그의 제자 아리스토텔레스는 이를 보다 현실주의와 결부해 자신의 정치철학을 완성하게 됐다.

반면 마키아벨리는 수많은 나라가 통합되지 못하고 정치계는 권모술수가 난무하는 현실을 보아오면서 이상대로 갈 수 있으면 좋으나 인간 세상에서 그건 불가능에 가깝고, 이상을 대외적으로 내세우되 거슬러야 하는 순간에서는 과감하게 어겨야 한다고 주장했다. 그리고 로마에서 이상을 내세우는 황제들을 제시하며 그들이 성공했을 때는 강력한 통치 기반을 바탕으로 상대방으로부터 증오나 멸시를 사지 않았을 때뿐이라며 군대와 시민 양쪽에서 존경을 받은 마르쿠스 아우렐리우스를 수성의 성공적인 사례로 제시했다. 즉 이상을 완전히 부정하지는 않되 현실이 갖추어져야 이상을 논할 수 있다고 한 것이다.

앞서 말한 『한비자』와 『군주론』의 예시로 부합하는 군주로는 각각 진시황과 체사레 보르자가 있는데, 둘은 냉혹한 현실주의를 기반으로 통치해 통일이나 그 직전까지 갔고, 군대와 법전을 보강해 부국강병을 이루었다. 아버지로부터 물려받은 국가를 기반으로 일을 시작했다는 점과 경쟁자를 제거하고 위험한 신하를 숙청하는 데 더러운 방법도 마다하지 않았다는 점이 같다.

그들은 공통적으로 한 번의 중요한 실수로부터 몰락한 점도 유사하다. 나는 그 실수에서 본인의 잘못이 더 큰 건 진시황이라고 생각한다. 체사레 보르자는 율리우스 2세를 미처 완전히 견제하지 못했다는 실수가 있었지만 그건 본인의 과실보다도 갑자기 닥친 병환으로 제대로 힘을 못 낸 것이 더 컸다. 마키아벨리조차 그가 갑작스럽게 중병을 앓지 않았다면 큰 실수가 되지 않았을 것이라고 옹호했을 정도이다.

그러나 진시황은 호해에 대한 편애와 장자 부소에 대한 악감정으로 인해 후계자 선정을 차일피일 미루다가 지방 원정 중에 죽기 직전이 되어서야 부소를 후계자로 선정했다. 때마침 그 자리에 있던 조고는 이 사항을 아는 자가 적음을 이용해서 승상 이사와 호해를 꼬드겨서 호해를 제위에 앉힌 뒤 이사가 방해되자 숙청하고 국정을 농단하게 됐다. 진시황이 건강이 나빠지게 된 이유도 불로불사에 집착하다 수은을 과다복용하게 된 것이라 자업자득이긴 하지만 그 당시 의학으로는 그걸 알 방법이 없으니 넘어가더라도 미리 세자를 선정하지 않아서 진이 무너질 빌미를 제공한 건 중대한 실수였다.

마키아벨리의 『군주론』은 그 당시 냉혹해 보이는 현실주의라 교황청에서 금서로 지정했다. 마키아벨리가 권모술수의 예시로 든 자 중 교황이 둘이나 있다는 것과 르네상스 시기 교회의 타락을 생각하면 똥 묻은 개가 겨 묻은 개 나무라는 격으로 보일 정도다. 그러나 진시황의 분서갱유 등 폭정과 무능한 호해 때문에 이미지가 나빠진 법가도 유가 등의 수단으로 쓰이는 식으로 살아남았던 것처럼 『군주론』도 권모술수가 난무하던 르네상스 환경상 다들 남몰래 읽게 됐고 결국 종교의 권위가 약해지는 근대에 와서 그 진가를 인정받게 됐다.

『군주론』을 어떻게 보아야 하는가? 삼국지의 두 영웅, 조조와 유비를 예시로 들어 설명해보자. 조조는 자신이 천하를 저버릴지언정 천하가 자신을 저버릴 수 없다는 말을 남길 정도로 간사한 영웅이었고, 현실주의에 기반한 정치로 위나라를 다스렸다. 반대로 유비는 인의를 내세우면서 무너진 한나라의 재부흥을 목표로 하였고, 이상주의에 기반한 정치로 촉나라를 다스렸다. 둘

다 천하를 안정시키자고 했으나 각자 그 방법이 달랐고, 둘이 살아있을 때 삼국은 팽팽하게 균형을 계속 유지했다. 이처럼 이상주의와 현실주의 중 어느 한 쪽이 일방적으로 옳기보다는 상황에 따라 강점과 약점이 다르니 상황을 파악하는 안목이 가장 중요하다.

이번에는 그 유명한 말인 유토피아의 어원이 된 토머스 모어의 『유토피아』에 관해 이야기하고자 한다. 이 책의 본래 제목은 『최상의 공화국 체제와 유토피아라는 새로운 섬에 관해』인데, 그걸 축약한 게 『유토피아』이다. 왜 이리 책 제목이 길까? 그건 르네상스부터 근세까지의 유럽에서는 문장을 길게 쓰는 것이 교양이었기 때문이다. 이렇듯 인문고전을 이해하기 위해서는 그것이 쓰일 때의 시대적 환경과 저자의 가치관이 어땠는지를 확인해야 한다. 특히 토머스 모어의 『유토피아』가 나올 때는 르네상스 시대였다는 것을 잘 이해하는 것이 중요하다.

먼저 시대적 배경에 대해 알아보자. 당시 영국은 그야말로 혼란기가 막 끝난 시기였다. 영국의 혼란기를 살펴보자면 먼저 프랑스와 100년 이상 싸운 백년전쟁이 있었다. 전쟁은 영국이 칼레 항구 이외에는 본토로 물러가는 패전으로 끝났고, 이후에 왕가가 왕 노릇을 못 한다는 대의명분을 내세우며 귀족들의 내전인 장미전쟁이 벌어진다. 그 이후로도 혼란은 계속됐다. 절대왕정의 가치를 내세우며 부국강병을 진행하던 과정에서 콘월 지방에서 세금 문제로 반란이 일어나고, 토머스 모어는 그걸 직접 경험하기까지 한다. 『유토피아』에서 라파엘 히틀로다이오가 영국에 들른 시기가 콘월 지방의 반란이 막 진압된 직후라는 것을 생각하면 이 반란은 모어에게 큰 영향을 준 것 같다.

당시 유럽의 부국강병의 이면에는 그 핑계로 왕들이 정복 전쟁을 원하고 귀족들은 거기에 편승하는 척하며 백성들의 고혈을 빨아먹는 일이 비일비재했다. 절대왕정과 결합하면서 부국강병은 나라를 위한 게 아닌 왕과 거기에 빌붙는 귀족들을 위한 것으로 변질되어 버린 것이다. 종교 또한 구교의 지나친 이권 추구에 반발해 신교가 생기게 됐고, 이 때문에 구교와 신교가 첨예하게 대립하게 됐다.

그 시대를 살아갔던 토머스 모어의 배경 사상은 무엇일까? 가장 큰 비중을 차지하는 것은 플라톤의 사상이었다. 『유토피아』만 봐도 알 수 있다. 『유토피아』는 실존하는 인물들이 서로 대화하는 형식으로 서술되는데, 이는 플라톤이 대화편을 서술하는 방식과 같다. 다만 플라톤은 화자로 소크라테스를 내세웠지만 모어는 화자로 실제 자신과 라파엘이라는 가공인물을 내세운 점이 다르다. 『유토피아』는 공유재산 제도를 중심으로 운영되는데, 플라톤 또한 이상적인 국가는 공유재산 제도로 운영되어야 한다고 보았다. 그러나 공유재산의 범위가 플라톤과 크게 다르며, 그 전에 선행되어야 하는 게 있다는 건 모어의 독창적인 부분이다.

모어는 르네상스의 전반적 경향인 고대 그리스와 로마로의 회귀에 영향을 받았는데, 모어에게 가장 큰 영향을 준 플라톤부터가 고대 그리스의 인물인 데다가 라파엘을 묘사할 때 고대 그리스어에 능숙하지만 라틴어에는 미숙하다고 표현했다. 당시 고대 그리스어와 라틴어는 학자들이라면 당연히 숙지해야 할 언어였고, 특히 모어는 고대 그리스의 학문을 더 마음에 들어 했다. 『유토피아』에서도 유토피아인들의 언어가 고대 그리스어와 페르시아어를 합친 느낌이라고 서술했고 라파엘 일행이 전파한 책도 고대 그리스 서적일 정도였다. 그만큼 모어는 고대 그리스 시기가 로마 시기보다 학문적으로 더 발전한 시기라고 생각한 것이다. 프랜시스 베이컨 또한 고대 그리스가 유일하게 자연철학을 중시하던 시대라고 호평하던 걸 생각하면 르네상스 지식인들은 대부분 고대 그리스를 로마보다 더 높게 친 것 같다.

이제 본격적으로 『유토피아』에 대해서 알아보자. 이 책의 서두는 서신 형태로 시작하는데, 서신을 받는 사람은 실제 인물로 나와 있다. 서신의 내용은 라파엘이 전한 말을 글로 쓴 것인데, 유토피아의 위치를 듣지 못했고 기억에 공백이 있어서 아쉽다는 내용이다. 이를 통해 뒤에 전달되는 이야기가 실제일 것 같은 현실감을 준다.

그 서신에서 모어는 라파엘이 자신과 대화를 한 후의 행방에 대해서는 모른다며 어떤 사람은 유토피아의 낙원을 잊지 못해서 유토피아로 돌아갔다던가 고향으로 돌아가던 도중 죽었다고 한다며 그의 행방을 의도적으로 모호하게 한다. 이는 라파엘이라는 인물이 뱃사람이라는 설정에 맞게 그의 행방을 모호하게 하는 장치라 할 수 있다.

『유토피아』는 1권과 2권으로 나뉘는데, 1권은 모어와 라파엘이 만나서 당시 정세를 토론하는 내용이며, 마지막에 자신이 말한 이상향이 실현되는 나라로 유토피아를 이야기한다. 거기서 모어는 영국의 외교 관련으로 파견되게 되는데, 지인의 소개를 통해 라파엘을 만나게 된다. 모어는 라파엘이 뛰어난 인간임을 알게 되자 그 재능을 정치에 써보는 게 어떠냐고 제안한다. 그러나 라파엘은 회의적인 태도를 보이며 정치하는 자들은 철학에 관심이 없으며 자신이 뭐라 한들 듣지 않을 것이라고 대답한다.

이처럼 라파엘은 정치 참여에 회의적인데 이는 모어와 비슷하면서도 다르다. 모어는 정치에 참여하기는 했지만 정치에 깊게 관여하는 것을 주저했기 때문이다. 모어 또한 현실이 어두운 건 인정하지만 바꾸려고 해야 한다는 태도였기 때문에 라파엘과 모어 중 뭐가 모어의 속마음에 가까운지에 대해서도 논쟁이 있다. 어쩌면 플라톤이 후기 대화편에서 자기 철학에 회의를 가진 것처럼 모어도 이상과 현실의 대립을 잘 알고 있었고, 라파엘과 자신의 의견이 무조건 일치하지 않게 묘사한 것인지도 모른다. 라파엘의 태도가 이상적이긴 하지만 그것이 실천되려면 현실을 수용해야 한다는 것이다.

곧바로 라파엘은 화제를 바꾸는데, 그 화제는 콘월 반란 이후 영국에 상륙해 어느 추기경과 만나게 된 것이다. 추기경과 면담할 때 어느 평신도 겸 재판관이 있었는데, 재판관은 절도죄는 사형으로 다스려야 한다고 주장하면서 그런데도 절도죄가 줄어들지 않으니 영문을 알 수 없다고 했다. 라파엘은 이를 듣고 범죄를 처벌해봐야 범죄를 저지르는 환경이 개선되지 않으니 당연하다고 했다. 궁핍하고 새로 일자리도 쉽게 구할 수 없는데 가장 쉬운 절도를 하는 게 당연하지 않겠냐는 것이다.

재판관은 범죄를 저지르지 않아도 살 방법은 있다고 변명하지만 라파엘은 한 계층에 관해 이야기한다. 귀족들은 시종을 부리며 사는데 이 시종들은 늙거나 병들면 쓸모가 없어지며 버려지는 것이 부지기수다. 거기에 농노보다 낫다는 자부심은 있지만 딱히 자립할 능력이 없어서 거지 내지는 범죄자가 되기 쉽다는 것이다. 이를 들은 재판관은 그들을 군인으로 육성하면 되지 않느냐고 하지만 라파엘은 상비군 자체가 꼭 필요한 것도 아닌 데다가 군인 자체가 얼마든지 범죄자로 돌변할 수 있다고 반박했다.

이야기하면서 라파엘은 계층적 문제가 아닌 본격적인 사회 문제로 파고들게 된다. 그 당시의 영국에서 벌어지는 인클로저 운동을 지적한 것이다. 영국의 귀족들은 양모 사업이 번창하게 되자 영지의 대부분을 양 농장으로 바꾸게 되는데 이 과정에서 소작농들이 대거 쫓겨나고 자작농들 또한 크게 몰락했다. 이들은 일자리를 얻기조차 쉽지 않았는데, 그렇게 넓어진 양 농장은 목동 하나면 충분했고 평생 농사만 해온 이들이 목축을 익히기도 쉽지 않았기 때문이다. 결국 이들은 부랑자가 되거나 도둑이 되는 상황으로 몰리게 된다.

인클로저 운동은 자본주의에도 영향을 주었는데, 일거리를 대거 잃은 농민들이 일자리를 얻으러 도시로 향했기 때문이다. 이는 대량생산 체제를 갖추려 하는 자본가들에게 안성맞춤이었고, 그렇게 도시는 폭발적으로 성장하게 된다. 이렇게 자본가와 노동자의 관계가 탄생하는 과정에서 자본가의 문제를 비판한 사람이 『자본론』을 쓴 카를 마르크스였다. 나름대로 공산주의라는 이상론을 이야기했지만 당시에는 현실 정치에서 실현하지 못했다. 둘 다 이상 국가를 꿈꾸었지만 종교를 보는 관점에서 종교를 나름 긍정한 모어와 달리 마르크스는 종교를 그저 현실도피의 위안거리에 불과하다는 시선을 가진 게 참 묘하게 대비된다.

인클로저 운동은 그야말로 연쇄적으로 문제를 일으켰다. 소작농이 줄어든 결과 곡물 가격이 폭등했고, 그에 따라서 곡물을 먹는 가축의 값도 폭등했다. 이에 따라 귀족들이 시종의 밥값으로 지급해야 할 돈이 늘어났으며, 그 때문에 시종들은 더 버려지기 쉽게 됐다. 그야말로 한 부분에서 시작된 문제가 퍼져나가게 된 것이다. 마치 도미노처럼 말이다.

그렇다고 양의 값이 싸진 것도 아니었다. 오히려 양 가격은 올랐고, 덕분에 양모 가공업에 종사하는 자들은 궁핍해졌다. 대표적인 이유는 양들 사이에 살이 썩는 전염병이 돌았기 때문이다. 이 병은 스크래피라는 광우병의 한 변종으로 추측되는데, 이 병이 대규모로 발병한 이유 또한 인클로저 운동과 관련되어 있다. 우선 좋은 양모를 얻기 위해 양들 사이에 근친교배가 자주 행해졌고, 이는 양들을 이 병에 취약하게 만들었다. 근친교배는 열성 유전자의 발현이나 유전병의 가능성을 높이기 때문이다.

앞서 말한 곡물 값이 오른 것 또한 이 병의 전파에 한몫했다. 가축은 풀을 먹을 때보다 곡물을 먹을 때 잘 자라는데, 인클로저 운동의 여파로 곡물값이 오른 것이다. 그러나 기껏 시작한 목축을 포기할 수 없으니 병든 양을 도축해 그 양의 사체를 먹이게 됐다. 이것을 통해 스크래피의 원인인 병원성 프리온이 전파되게 됐고, 그 결과 스크래피가 대규모로 전파된 것이다. 그야말로 탐욕으로 인해 오히려 잃게 된 사례이다.

라파엘은 설령 전염병이 없었다고 해도 양의 값이 눈에 띄게 떨어지는 일은 없었을 것이라고 확신했다. 왜냐하면 양을 판매하는 업자들은 독점적 지위를 악용해 원하는 값이 되기 전까지는 팔지 않기 때문에 가격은 올랐으면 올랐지 내려갈 리 없다는 것이다. 실제로 독점이나 담합을 통해 원자재의 본래 가치와 별개로 시장 가격을 올리는 현상은 흔하고, 원자재의 가격이 내려 갔다고 해도 이들은 쉽게 가격을 내려주지 않는다. 한 번 본 이 득을 쉽게 놓치려고 하지 않는 것은 본능이기 때문이다.

라파엘은 또 다른 사회 문제로 사치 풍조를 들었다. 당시 영국 은 주사위 놀이, 볼링 등의 도박이 성행하고 있었다. 헨리 7세와 헨리 8세 또한 그 문제를 인지하고 도박을 규제하려 했지만 큰 효과를 보지 못했다. 볼링핀이 10개가 된 이유도 이 규제 때문이 다. 본래 볼링핀은 9개가 원칙이었지만 볼링이 도박으로 규제받 자 눈 가리고 아웅식으로 볼링핀을 10개로 바꾸어서 볼링을 진 행한 것이다. 이 같은 도박 때문에 사람들은 더욱 쉽게 거지가 된다는 것이다. 돈을 불리려다 되레 잃고, 그런데도 미련을 못 버려서 계속 도박을 하려 들기 때문이다.

라파엘은 절도범이 발생하는 환경을 개선해야 근본적인 변화 가 있을 것이라고 단언했다. 나아가서 귀족들의 토지 독점을 막 고 노름과 도박을 규제하며, 사람들에게 마땅한 일자리를 주어 야 한다고 주장했다. 재판관은 이에 길고 긴 반박을 내놓으려 하 지만 추기경은 이를 제지하고, 도둑에 대한 사형이 효과가 없는 건 맞지만 그렇다고 봐주자니 범죄를 내버려 두는 격이 되니 이 를 어떻게 해결하면 되느냐고 물었다. 재판관이 길고 긴 반박을 내놓으려 한 것은 라파엘의 개혁 정책이 시행되려면 자신 같은 기득권층이 이득을 어느 정도 내려놓아야 하는데 그게 싫었던 것 같다. 추기경이 제지한 이유도 그러한 의도를 꿰뚫어 보고 라파엘은 과연 대책이 있는지 시험해보려 한 것 같다.

이에 라파엘은 자신 있게 해답이 있다고 단언했다. 우선 사형은 가혹하기만 할 뿐 아무 효과가 없고, 엄격했던 모세의 율법마저 절도죄는 사형이 아닌 벌금형으로 다스렸다고 했다. 거기다 기독교는 모세의 율법보다 자비로울 것을 약속했는데 이런 상황에서 절도죄를 사형으로 다스린다는 것은 신이 내린 율법을 어기는 것이나 다름없다고 보았다. 현실적으로도 도덕적으로도 아무 소용이 없다는 주장이다.

더 나아가 라파엘은 살인과 도둑질의 처벌이 같다면 어차피 사형이니 목격자를 죽여서 증거를 인멸하려는 발상에 도달할 수 있다고 추론했다. 그렇다면 도둑질의 억제는커녕 죄 없는 사람만 죽음으로 몰고 가는 격이기 때문에 도둑질에는 사형이 아닌 다른 형벌이 필요하다고 했다. 라파엘은 현실 역사의 예시로는 로마에서 죄수들을 강제노역형에 처한 것을 이야기했고, 가공의 나라(물론 이 책에서는 진짜 존재하는 나라라고 가정한다)에 대한 예시 또한 이야기했다.

이 나라에서 절도범들은 노역형에 처하는데, 같은 옷을 입고 귀를 살짝 잘라 범죄자라는 낙인을 찍는 것이다. 또한 다른 지역의 노역형 절도범들과 만날 수 없게 되어있고, 일을 성실하게 할 시 감형의 여지가 있다는 것이다. 물론 일을 거부하고 난동을 부리거나 다른 지역의 노역형 절도범과 만나면 사형에 처한다.

라파엘은 이렇게 절도범을 죽이는 것보다는 노역형에 처해 사람들에게 본보기가 되게 하고 사회에 도움이 되게 하는 것이 최선이라고 하자 재판관은 영국에 그런 제도는 불가능하다고 했고 주변의 사람들도 재판관의 의견에 동참했다. 그러나 추기경은 라파엘의 말을 듣고 교회에는 어느 정도 치외법권이 보장되어 있으니 이걸 먼저 교회에 시험하면 좋겠다고 했다.

가관인 건 라파엘이 말했을 때는 부정하던 주변 사람들이 추기경이 보증하니 바로 찬성했다는 점이다. 이를 통해 말의 진의보다는 말을 한 자의 권위에 아첨하는 인간군상들을 엿볼 수 있다. 자신들의 기득권을 잃고 싶지는 않지만 자신보다 높은 자를 거슬러서 피해를 보고 싶지 않다는 민낯을 보여주는 것이다.

라파엘은 부국강병의 이면을 꼬집고 비판한다. 먼저 왕들은 땅이 넓어질수록 세금도 많이 들어오기에 평화보다는 전쟁을 원하게 되고, 그 과정에서 전쟁에 이기기 위해 온갖 계책들이 행해진다고 한다. 그런 상황에서 영토를 점령하는 것보다는 있는 영토를 잘 다스리는 것에 몰두하라고 해봐야 그 의견은 받아들여지지 않는다는 것이다. 마키아벨리 또한 유럽에서 전쟁은 흔히 벌어지는 일이므로 피할 수 없는 전쟁은 받아들이고 준비해야 한다고 한 걸 보면 이는 당시 지식인들은 다 알고 있던 문제 같다.

왕의 재산을 늘리기 위해 온갖 부정한 방법이 행해진다고 지적하면서 다음과 같은 예시를 들었다. 국고를 채우기 위해 화폐 가치를 높이거나 낮춘다든가, 선전포고하는 척하며 전쟁을 위한 돈을 모으다가 돈이 충분히 모였다 싶으면 백성이 희생되는 건 옳지 않다는 명목으로 화친을 맺는 것이 있다.

또한 아주 오래전에 제정됐다가 지금은 잊혀서 백성들이 아무렇지 않게 어기고 있는 법을 부활시키는 방법이라든가, 그것을 확장해서 공공복리에 도움이 안 되는 행위에 큰 벌금을 물리고 한편으로는 그 행위에 비싼 면죄부를 부가하는 것이다. 심지어 재판관을 매수해서 무조건 왕에게 유리한 판결을 내게 해야 한다는 의견도 있었다.

이들은 왕의 부가 중대할수록 국가는 강해지며, 백성들이 가난하면 함부로 불만을 내뱉지 못한다는 등의 논리로 자신들의 수탈을 정당화한다. 이런 자들 앞에서 백성들이 가난한 나라는 발전하지 못하고, 왕의 재산이 많다고 해서 나라가 부강해지는 것은 절대 아니며, 국가는 결국 백성에 의해 지탱된다고 해봐야 듣지 않으리라는 것이다. 이에 모어 또한 동의했다.

결국 부국강병이라는 대의명분 아래 실제로는 왕과 그의 밑에 빌붙는 귀족들이 착취하고 있다는 것이며, 군대 또한 항상 있다고 결코 좋은 것이 아니라는 것이다. 이런 부분에서 모어와 마키아벨리의 주장은 다른데, 모어는 부국강병에 회의적이고 군대는 상비군이든 용병이든 다 위험하다고 보지만 마키아벨리는 부국강병은 필요하고 군대는 상비군이 최고라고 평가했다. 모어는 어느 정도 안정된 국가인 영국에서 살았지만, 마키아벨리는 혼란 그 자체였던 이탈리아에서 살고 있었기에 최고로 여기는 가치가 달랐던 것 같다.

토머스 모어는 현실이 별로 좋지는 않지만 바꾸어가야 하며, 그건 급진적인 방법으로는 불가능하고 점진적으로 해야 한다고 주장한다. 그러나 라파엘은 정치가들은 자신에게 찬동하는 자들만을 원하고 소극적인 자들은 숙청의 대상이 된다고 했다. 그래서 기껏해야 정치세력에 물들거나 그들의 방패막이가 되는 운명밖에 없다고 했다. 플라톤은 이를 비를 맞으며 돌아다니는 사람을 말리려고 해봐야 자신 또한 비에 젖으며 어차피 듣지 않을 것이라고 비유했다. 라파엘은 이 비유를 통해 현실 개혁에 대한 비관론을 이야기한다. 모어는 비관적이지만 한편으로는 희망을 버리지 않았음이 두 화자의 대화를 통해 잘 드러난다.

라파엘은 인간 사회의 근본적인 문제는 바로 사유재산 때문에 생긴다고 주장했다. 사유재산이 있어서 부자는 계속 더 가지려고 하고 사회에 정작 필요한 존재인 백성들이 고통받고, 왕은 나라의 재산과 자신의 재산을 구분하지 못한다는 것이다. 법을 통해 어느 정도 억제할 수는 있겠지만 이는 근본적인 대책이 되지 못한다고 했다.

완전한 대책은 공유재산 제도뿐이며, 이를 실시하는 나라인 유토피아가 있다고 했다. 모어는 이에 공유재산 제도는 개개인에게 직접적인 이득이나 손해가 오지 않아서 무기력해지기 쉬우며 오히려 혼란을 부를 수 있다고 한다. 라파엘은 이것에 대해 유토피아는 공유재산 제도에서도 도덕성을 교육과 제도를 통해 키움으로써 낙원이 됐다고 단언했고, 모어는 그 말에 흥미를 느끼며 유토피아에 대해 자세히 듣겠다고 했다.

이렇게 이 책에서는 플라톤의 사상처럼 공유재산 제도를 긍정하면서도 동시에 모어의 입으로 그 한계를 지적하고 있다. 이는 무슨 의미일까? 아마 공유재산 제도가 가장 이상적이지만 현실은 그걸 달성할 수 있을 정도로 사람들이 도덕적이고 선하지 않다는 의미일 것이다. 당장 공유지의 비극7)이라는 말이 있지 않은가.

유토피아의 제도만 봐도 철저하게 도덕성을 기르는 것이 전제되어 있지만 그런데도 범죄자가 나온다고 한다. 이걸 보면 유토피아를 낙원이라 할 수 있을까 하는 의문이 들 법도 하지만 16세기의 한계라고 생각하고 이해해주자. 아무리 모어라도 범죄자가 없는 세상은 상상하기 힘들었을 것이다.

이는 플라톤의 영향을 받은 것 같은데, 플라톤은 이상을 중시하고 현실을 부정했던 전기 이데아론 때조차 이상 정치가 현실

---

7) 모두에게 개방된 목초지가 있다면, 목동들이 자신의 사유지는 보전하고, 이 목초지에만 소를 방목해 곧 황폐해지고 말 것이라는 수필에서 비롯된 말로, 자신의 이익을 열심히 추구했는데 결과는 사회 전체의 이익 증대가 아닌 사회 이익의 축소와 파멸을 가져오는 상황이다.

에 구현되는 것은 불가능에 가깝다는 것을 인정했기 때문이다. 더 나아가 스파르타 멸망 이후로는 아예 자신의 이상이 옳았는 지부터 고뇌하고, 결국 현실을 일부 받아들였다. 아마 모어는 이상을 구현하면서도 그것이 불가능하다는 것을 알기에 고뇌했던 것이 아닐까?

2권부터 유토피아에 대해 본격적으로 다루게 된다. 유토피아는 섬이고 섬의 중간에 강이 있다. 유토피아는 튀르키에 국기의 초승달 마냥 양쪽이 굽어진 초승달 형태이며, 이 사이를 흐르는 급류는 복잡하기에 방어용으로도 적합하다고 한다. 유토피아는 본래는 섬이 아닌 반도였는데, 유토푸스라는 영웅적 인물이 이 반도를 분리해 섬으로 만들었다고 한다.

유토피아 내부를 흐르는 강을 묘사하는 것을 들어보면 템스강을 연상케 한다. 이는 토머스 모어가 유토피아를 구상하면서 영국이 내심 그런 이상 국가가 되길 바라는 마음을 담은 것 같다. 그래서 플라톤의 이상 국가보다도 더 현실성 있는 묘사를 보여주고 있는데 실제로 존재하는 국가를 참고했기 때문에 더 현실성을 가질 수 있는 셈이다.

유토피아의 도시는 농촌과 공존을 이루는 형태이다. 도시에서 농촌에 매년 200명씩을 보내고, 이들은 2년씩 머물렀다가 돌아오는 구조이다. 이렇게 도시와 농촌이 공존하는 구조인 것은 농촌을 박살내다시피 한 인클로저 운동 때문에 도시가 발전한 현실을 비꼬기 위한 부분으로 해석할 수 있다. 유토피아에서는 여러 도시가 있고 그 도시 중 수도에 해당하는 핵심 도시인 아마우로스가 유토피아의 중앙에 있다. 라파엘이 묘사하기를 그 도시에는 3층 건물이 흔하며 창문이 유리창으로 되어 있다 하는데, 당시 영국은 2층 건물조차 드물었으며 유리 창문은 그야말로 사치로 여겨지던 시절이다. 이 표현은 그만큼 유토피아가 엄청나게 발달한 낙원이라는 걸 나타낸다.

유토피아에서도 관리직은 당연히 존재하는데, 먼저 시포그란토르라는 가구 30개를 관리하는 관리직이 있다. 그리고 10명의 시포그란토르와 그들이 관리하는 가구를 총괄하는 트라니보라가 있다. 도시마다 200명의 시포그란토르로 구성된 의회가 있는데, 이들은 시장을 선출하기에 앞서 도시에 도움이 되는 사람을 뽑을 것이라 맹세하고 도시의 네 지구에서 각각 한 명씩 의회에 추천한 후보 네 명 중에서 한 명을 시장으로 선출한다. 이 시장은 독재하지 않는 이상 평생 유지되고, 트라니보라 또한 해마다 선출되긴 하나 교체는 드물다. 그러나 그 이외의 관직은 임기가 1년으로 제한되고, 중임 또한 할 수 없다.

트라니보라는 시장과 만나서 공무를 협의하는데, 이 안건은 협의회에서 3일간 3번에 걸쳐 논의되지 않고서는 결정을 내릴 수 없도록 명시되어 있다. 협의회나 시민총회 이외에서 공무를 논하는 사람은 사형으로 처벌할 수 있다. 이는 트라니보라와 시장이 시민의 눈길을 벗어나 독재하는 걸 못하게 하는 조치이다.

안건은 상정된 당일에는 논의할 수 없고, 다음 회의에만 의논할 수 있다. 이는 성급히 안건을 제시하는 것을 제지하고 불합리한 안건이 충분히 논의되지 않고 승인되는 것을 막기 위해서이다. 현재의 국회에서도 안건을 제의하는 데는 여러 제한을 두는 걸 보면 모어는 민주주의에 대해 잘 이해하고 있었던 것 같다.

직업은 기본이 농경인데 노동은 의무로 되어 있다. 이들은 오전 3시간, 오후 3시간으로 총 6시간을 노동하는데 인구 대다수가 노동하기 때문에 생산품이 충분히 만들어진다고 한다. 다만 이 노동이 면제되는 소수가 있긴 하다. 시포그란토르 이상의 통치자는 노동이 면제되지만 시포그란토르는 모범을 보이기 위해서 자진해서 노동한다.

노동 대신 연구 및 복잡한 일에 종사하는 학자 계급도 있는데, 이들 또한 성과를 보여야 하며, 성과가 없을 시 학자 지위가 박탈된다. 반면 학자 지위가 박탈된 자들이나 노동자들이 공개강좌 등의 시간을 활용해 좋은 성과를 내고 이를 통해 학자 계급으로 승급하는 때도 있다. 현재에서도 이름만 내세우는 사이비 학자가 종종 있는 걸 생각하면 유토피아가 학자 계급을 대하는 조치는 이상적이다.

이렇게 노동 인구가 모두 일을 하고 중간 관리직이 모범을 보이기 위해 솔선수범하는 것을 강조하는 건 당시 유럽의 실태를 비꼬는 것 같다. 당시 유럽의 노동 인구는 열심히 일하기는 했지만 그중 생필품을 제작하는 쪽은 그리 많지 않았고, 성직자, 귀족 등은 노동은 하지 않으면서 그 성과는 마구잡이로 갈취했다. 라파엘은 생산물이 고르게 유통되지 않으며, 이는 유럽의 병폐 중하나라고 지적했다. 아무리 개개인이 열심히 일해봐야 그게 전체로 이어지지 않으면 개인에 대한 혹사에 불과하기 때문이다.

이번에는 유토피아의 사회조직에 대해서 이야기해 보자. 유토피아의 사회조직은 물자가 풍족해 필요한 물자를 손쉽게 얻을 수 있는 데다가 공유재산 제도이기에 재산을 쌓으려고 다투는 일이 없다. 또한 각 도시의 시청은 공동식사 제도를 채택하는데 이때 음식을 자유롭게 가져갈 수 있으며 음식의 품질 또한 좋다고 한다. 음식 배급은 환자들이 우선시되고, 그다음으로는 연장자들이 우선시된다고 한다. 그리고 임산부를 위한 산모실도 있고, 5살 이하의 어린이들은 산모실에서 식사를 한다고 한다.

공동식사 제도는 플라톤의 철인 정치를 비판하던 아리스토텔레스가 공유재산을 사유재산과 크게 상충하지 않게 실현하는 방법으로 제시한 제도이며, 스파르타와 크레타에서 운용한 제도이기도 하다. 플라톤의 공유제가 아닌 아리스토텔레스의 공유제를 다루고 유토피아의 통치체제에서 노예나 사제를 제외한 신분에 큰 차이를 두지 않는 것으로 보아 모어는 플라톤보다는 아리스토텔레스의 정치론을 더 옳다고 생각하였으며 이상이 이뤄지지 않는 현실에 안타까워하면서도 포기하지 못하는 태도를 보인 것 같다.

물론 유토피아의 배려는 그 당시 시대인 16세기 유럽의 도덕과 가치관을 크게 벗어나지 못했다는 한계가 있다. 유토피아의 도시 인구가 넘쳐날 때 미개척지로 가서 그곳을 개척하는 것이 당연시되어 있는데, 이는 유럽에서 제국주의를 정당화할 근거로 쓰이는 주장과 비슷하다. 더군다나 5세를 넘은 미성년자들은 성인들이 식사할 때 시중을 들면서 성인들이 주는 음식을 받아먹어야 하는데, 청소년 인권이 중요 문제인 지금에 이런 식으로 공동식사가 된다면 논란이 크게 일 것이다. 또한 모어는 여성 인권을 어느 정도 인정하기는 했지만 유토피아의 가정이 가부장적인 것을 당연하게 여겼다. 천재라고 해서 시대를 완전히 넘어서기는 힘든 것 같다.

공유재산 제도를 채택한 유토피아는 생산물이 골고루 분배되고, 이러한 생산물은 반드시 미래를 대비해서 비축해두는 양이 있다. 비축하는 물품은 이뿐만이 아니다. 유토피아는 무역하면서 귀금속을 모아두는데, 이는 전쟁 시 용병을 고용하거나 뇌물로 적에게 내분을 일으켜서 전쟁을 예방하려는 데 주로 쓰인다. 유토피아인들에게 귀금속은 어디까지나 최악의 상황을 대비하기 위해서지 그 자체를 귀하게 여기지 않는다.

그들은 귀금속을 하찮게 여기는 풍조를 조성하기 위해서 죄수를 묶는 족쇄나 요강 같은 하찮은 물건을 귀금속으로 만들고 보석을 일개 장난감으로 쓰기도 한다. 그러면 백성들은 귀금속이나 보석을 망설임 없이 나라에 줄 것이고, 귀금속이나 보석을 모으기 위한 분쟁이나 빈부격차도 생기지 않을 것이기 때문이다. 라파엘은 이에 대해 일화를 언급한다. 유토피아와 교류가 없던 어느 나라가 유토피아와 외교를 하러 왔는데, 사절단의 대표들은 위엄있게 보이기 위해 귀금속과 보석으로 된 장신구를 착용했다.

그러나 유토피아 사람들은 사절단의 단원들은 존중했지만 사절단의 대표들은 광대 취급했다. 사절단 대표들은 어이없어했지만 뒤늦게 유토피아에서는 귀금속과 보석을 귀중한 걸로 여기지 않았다는 걸 깨닫게 됐다. 탈옥한 죄수는 아예 그들보다 더 많은 귀금속을 두르고 있었고, 이에 유토피아의 풍습을 모르고 되지도 않는 허영을 부렸다는 걸 깨달은 그들은 곧바로 장신구를 벗어 던졌다고 한다.

이렇게 모어는 귀금속이나 보석은 철과 같은 생활과 연관된 필수품도 아니고 물과 공기 같은 생존의 필수 요소조차 아닌데 인간의 허영과 희소성 때문에 과도하게 의미가 부여된 것이라고 여겼다. 거기에다 부자가 지나치게 존귀하게 대우받고 그 때문에 더더욱 재산을 모으려 하는 등 큰 도움이 안 된다고 보았다. 확실히 금이 안전 자산이고 귀중하기는 해도 거기에만 매달리는 것은 어리석다고 할 수 있다. 야생에 떨어져 보면 금보다는 물이 더 귀중하게 느껴지고, 금 그 자체로는 생존에 도움이 안 되기 때문이다.

유토피아는 학문을 추구하는 경향이 강하며, 앞서 말했듯이 그리스어로 된 책을 빠르게 학습할 정도로 학습에 대한 열의가 높다고 한다. 그들은 다양한 학문에서 성과를 보이지만 논리학만큼은 유럽보다 떨어진다고 한다. 천문학은 특히 조예가 깊은데 점성술에 대해서는 사기라고 여기며 꺼린다고 한다. 그리고 자연철학에 대해서도 노력하지만 그 성과는 우리와 비슷하면서도 다르다고 한다. 토머스 모어는 자연철학을 인문철학과 비교하면 불안정한 학문으로 본 듯하다. 아무래도 자연철학이 당시에는 본격적으로 탐구되지 않은 게 큰 이유 같다.

유토피아인들은 도덕을 중시하는데 미덕만이 인간 본성을 올바르게 이끌어준다는 생각은 스토아학파와 유사하며 쾌락은 지속적이고 정신적인 쾌락을 중시해야 한다는 것은 에피쿠로스학파와 같다고 본다. 유토피아에서 신체적 쾌락은 어디까지나 지속적인 건강을 유지해 주기 때문에 중요한 것이지 미식이나 음주를 지나치게 중시하지는 않는다고 한다.

유토피아인의 쾌락 중에서는 정신적인 쾌락이 우선시되기 때문에 도박이나 명예 같은 것은 사이비 쾌락으로 여긴다고 한다. 도박에 열중하며 재산을 탕진하는 사람과 명예를 얻기 위해 사기까지 치고 남을 헐뜯는 사람들은 이 부분을 좀 새겨들을 필요가 있을 것이다. 그것들이 지금 당장은 쾌락을 줄지 몰라도 장기적으로는 당신을 망칠지도 모르는 일이니까.

라파엘은 부질없는 명예의 예시로 여러 가지를 드는데, 먼저 옷에 대한 명예욕부터 든다. 사람들이 좋은 옷에 집착하며 좋은 옷을 입으면 자기 가치도 올라가는 줄 알지만 실제로는 옷의 가치와 사람의 가치는 별개이다. 유토피아 사람들의 옷에 대한 태도는 대비되는데, 그들은 작업 시 평상복에 가죽복을 걸쳐 입고 외출 시 모직 망토를 걸치는 정도에 그치며 쓸데없는 염색을 하지 않는다고 한다. 즉 옷은 편안하면 됐지 과시용 대상이 아니라는 것이다.

요즘 사람들이 패스트 패션이라는 말이 나올 정도로 유행에 민감하게 반응하며 유행이 지난 옷을 함부로 버리고, 버려진 옷들이 쓰레기 문제의 큰 축을 이루는 걸 생각하면 이 태도는 좀 생각해봐야 할 것 같다. 우리는 어쩌면 외양에 집착하느라 그 과정에서 희생되는 물건들이나 사람에 대해 무감각해지고 있지 않을까? 당장 보이지 않는다고 해서 일어나지 않는 일은 아니니 옷에 대한 문제는 생각해볼 만하다.

라파엘은 보석에 대한 탐욕에도 회의적이다. 보석이 선호되는 이유는 그 모양과 희소성 때문인데 굳이 진품을 찾으려 하지만 어차피 진품인지 위조품인지 모를 거면 진품의 의미가 없다는 것이다. 부를 과시하거나 부를 비밀리에 보관하는 것도 헛된 명예욕으로 보는데, 그것이 실제로 쓰이지 않고 사라진다 한들 본인이 모르면 어떤 의미가 있느냐는 것이다. 재산을 불리고 그것에 의한 명예에 집착하는 자들은 이 비판을 진지하게 받아들여야 할 것이다. 그 재산을 당신은 어떻게 쓸지는 생각해봤는가? 그냥 사람들의 평가와 자신의 욕망에 매달려 맹목적으로 재산을 늘리고 있는 건 아닐지 생각해봐야 할 일이다.

또한 주사위 놀이는 헛된 것이고 도박의 수단으로 종종 악용되니 의미가 없다고 보았다. 사냥 또한 생명을 죽이고 즐기는 잔인하고 실속 없는 쾌락으로 보았다. 사냥이 의미가 있을 때는 고기를 먹기 위한 도살뿐이며, 과시용으로 사냥을 하는 것은 사이비 쾌락에 불과하다는 것이다. 이 지적은 불교의 계율인 살생유택(殺生有擇), 즉 생존을 위한 식사 외에는 함부로 생명을 죽여서는 안 된다와 일맥상통한다. 실제로 과시용 내지는 그 동물에서만 나오는 특수 부위를 팔기 위해 밀렵이 행해지고 그것이 동물의 생존에 위협을 주는 것을 생각하면 이 지적은 결코 간과해서는 안 된다.

당장 흰코뿔소는 그 뿔이 건강에 좋다는 소문 때문에 멸종 일보 직전인 상태이며, 코끼리는 상아를 얻으려는 사람들에게 죽임을 많이 당해서 상아가 없는 개체가 생존하는 쪽으로 진화하고 있다. 인간의 탐욕을 위해 희생되는 것에 대해 진지하게 생각해볼 차례다. 더 나아가 한 집단의 문제가 한 집단 내에서 그친다는 사고는 버려야 할 것이다. 이제 지구는 한 집단의 문제가 다른 집단으로까지 퍼지는 공동운명체 신세가 됐다. 나 하나쯤이야 하는 생각과 행동이 얼마나 많은 민폐를 끼치는지 생각해보자.

이번에는 유토피아의 형법에 관해 이야기해 보자. 유토피아의 형법은 주로 노역형이고 노역형의 대상은 유토피아인 범죄자나 해외에서 온 범죄자로, 전자가 더 엄하게 처벌받는다고 한다. 이유는 올바른 교육을 받아온 유토피아인으로서 범죄를 저지르는 것은 수치이기 때문이다. 물론 이상향인 유토피아에서 범죄가 일어난다는 건 이상향이 아니라는 증거가 될 수 있다. 이 부분은 모어가 현실적 한계를 벗어나지 못한 것이라고 이해하자. 노역형의 경우 성실하게 임하고 반성할 경우 죄가 감형되지만 비협조적으로 나설 때는 사형이 떨어진다고 한다. 이는 엄격한 측면과 관용적인 측면이 공존하는 법인데, 비협조적일 때 사형한다는 건 엄격하지만 반성과 성실을 보이면 관용을 베푸는 부분이기 때문이다.

결혼에 대해서도 독특하다. 당시 조혼이 일반적이었던 유럽과 달리 성년이 된 때에 결혼할 것으로 못 박아두고 있으며, 결혼할 시 신랑과 신부는 서로에게 몸을 다 보여주어야 한다고 한다. 라파엘 일행이 이에 어이없어했더니 유토피아 측은 당신들은 말을 구매할 때는 꼼꼼히 확인하면서 결혼 시에는 옷 아래 감춰져 있는 결함이 불화의 씨앗이 될지도 모르는데 너무 안이하게 대한다고 반박했다. 확실히 결혼 시 사소한 것도 불화의 싹이 되기 쉬우니 틀린 말은 아니다.

당장 옷 아래의 결함은 물론이고 그보다 더 알아보기 힘든 요인인 성격부터가 결혼 후 불화의 가장 큰 원인을 차지하지 않는가? 거기다 조혼 풍습이 태어나는 아이의 육체적 결함을 부를 수 있고 플라톤과 아리스토텔레스 모두 결혼은 성년 때로 못 박아둬야 한다고 하니 모어 또한 이에 영향을 받은 것 같다. 조혼 풍습부터가 결혼의 정략적 측면이나 고대~중세의 사망률이 높은 환경 때문에 생긴 걸 생각하면 기본적으로 평등하고 사망률도 낮은 유토피아에서 이런 조혼 풍습이 없는 건 당연할지도 모른다.

유토피아에서 이혼은 둘이 합의해야 하며 시포그란토르가 심사 후 허가해야 가능하다. 일반적으로 허가는 잘 나지 않는데, 이유는 허가를 쉽게 해주면 결혼생활이 파탄 나기 때문이다. 툭하면 이혼이 빈번한 현대 연예계에서 좀 본받아야 할 풍습 같다는 생각도 든다. 또한 간통죄는 처벌 대상이며, 재범 시에는 사형까지 내릴 수 있다고 한다. 우리나라도 한때 간통죄가 있었지만 현재는 헌법에 어긋난다고 판단해서 폐지됐다. 모어가 간통을 범죄로 생각한 건 그리스도교에서 결혼은 신과 맺은 계약인데 간통은 그걸 어기는 행위라고 가르치는 것에 영향을 받은 것 같다. 간통죄 또한 결혼에 대한 위협이라서 지정된 걸 생각하면 예전과 비교하면 우리가 결혼에 대해 너무 가볍게 생각한다는 반증으로 보이기도 한다.

범죄의 처벌에 대해서는 미수의 경우도 기수와 같이 처벌하는데, 능력이 안 되어서 실패한 거지 스스로 멈춘 게 아닌데 어떻게 그자를 신뢰하냐는 것이다. 실제로 현대 형법에서도 미수는 스스로 포기한 형태의 미수가 아닌 이상 기수죄와 같은 처벌을 받는다. 결국 외부 요인이 없었다면 성공했을 범죄로 판단하기 때문이다.

라파엘은 법이 간단명료하면 변호사 같은 쓸데없는 자는 생기지 않는다고 말한다. 법이 쓸데없이 복잡해질수록 그것을 전문적으로 다루는 자만 출세하기 마련이며 정작 법의 보호가 필요한 자들은 소외된다는 것이다. 틀린 말은 아니지만 완전히 적용하기도 곤란한데, 사회가 고도화될수록 인간이 할 수 있는 범죄도 늘어나며, 그 때문에 새로운 법이 추가되는 건 필수불가결한 측면이 있다.

당장 인터넷 관련 범죄가 늘어나자 인터넷 관련 법이 생긴 것을 생각하자. 다만 판사 같은 법조계 인간들이 지나치게 편중되다 보니 대중에 대한 이해도가 떨어지고 그래서 종종 이해하기 힘든 판결이 나오는 것을 생각하면 모어의 지적이 아주 많이 틀린 것도 아니다. 결국 법은 인간을 위해서 존재해야지 법을 위한 것이 되면 사람들에게 멀어지니까.

이번에는 유토피아가 어떻게 전쟁을 하는지에 대해 알아보자. 유토피아가 싸우는 경우는 두 가지 상황인데, 하나는 우방국이 침공을 받을 때고, 또 하나는 유토피아 본국이 직접적인 피해를 보았을 때이다. 유토피아는 전쟁할 때 주로 용병을 고용하는데, 용병을 고용할 때는 반드시 보수를 잘 지급하지만 용병의 죽음은 애도하지 않는다고 한다. 오히려 돈을 받고 무력을 휘두르는 용병을 위험 분자로 여긴다고 한다.

이것은 당대 지식인이 용병을 못 믿을 자들로 여긴 것에서 파생된 편견이라고 볼 수 있다. 마키아벨리도 용병을 믿는 것은 바보짓이기에 최대한 병사는 자국의 병사를 육성해야 한다고 보았고, 에라스뮈스도 용병은 돈만 있으면 얼마든지 배신할 수 있는 위험 분자로 보았다. 분명히 그런 용병도 있었던 건 사실이지만 스위스 용병의 경우 스위스의 척박한 환경 때문에 일거리가 딱히 없었고 교황청에서도 고용할 정도로 신의를 철저하게 지켰다는 걸 생각해보면 이들의 편견은 가혹한 부분이 있다.

이렇게 유토피아는 되도록 용병이나 우방국의 도움을 받아 전쟁을 진행하지만 필요할 때는 자신들이 나선다고 한다. 유토피아가 전쟁에서 최우선시하는 것은 아군의 피해를 최소화하는 것이기 때문에 싸우지 않고 끝내는 것을 최선으로 여긴다고 한다. 금을 사용해 적 내부를 매수하고 내분을 일으키거나, 암살자를 보내 수뇌부를 암살하는 식으로 전쟁을 예방하는 것을 중요시한다. 그들은 전쟁은 수뇌부의 잘못이지 병사들의 잘못이 아니므로 이렇게 수뇌부를 집중 공격하는 것이 인도적이라 본다. 확실히 최근 우크라이나-러시아 전쟁 같은 경우 러시아 수뇌부의 이기심과 오판 때문에 전쟁이 일어나는 걸 생각하면 유토피아의 정책이 오히려 인도적일지도 모른다는 생각이 든다.

유토피아인들은 전투장비를 전쟁에 대비해 효율적으로 갖추고 있으며 전쟁에 이겼을 때 도망치는 자들은 함부로 쫓지 않는다. 그들은 조약에 연연해하지 않고 휴전 약속을 준수하는데, 이유는 문구에 얽매이면 오히려 평화와 멀어진다고 생각했다. 실제로 당시 유럽은 조약을 맺어놓고 일부러 허점을 만들어서 어기는 경우가 빈번했으며, 교회 또한 교회의 권위를 이용해서 종종 허위 조약을 맺는 경우가 많았다. 마키아벨리는 아예 거짓 조약 또한 전술 중 하나라고 분류했을 정도이다. 모어는 조약 문제에서 마키아벨리와 달리 인간에 대한 신뢰가 중요하다고 판단한 것이다. 이렇게 같은 정책을 봐도 현실과 이상 중 어느 쪽에 중점을 두느냐에 따라 의견이 달라지는 것 같다.

이번에는 유토피아인들의 종교에 대해 알아보자. 유토피아의 종교에서 믿는 대상은 해와 같은 자연물, 기독교 같은 존재, 위인 등 다양하지만 이들은 미트라스라는 하나의 말로 통일해서 부른다. 이들 종교는 영원불멸설이나 선의 권유 등 핵심적인 교리만 준수하면 관용이 허용된다. 강제 포교 활동은 소란죄로 분류돼 금지된다. 당시 유럽에선 구교가 권력의 맛을 보며 타락했고, 그에 반발해 신교가 일어나 첨예하게 대립했다는 것을 생각하면 모어의 말은 그야말로 혁신적이었다.

모어 사후 얼마 지나지 않아 루소가 종교의 관용을 주장하다 책이 금서가 된 것을 생각해봐도 알 수 있다. 루소뿐만 아니라 홉스나 마키아벨리의 저술 또한 교회의 부정적인 부분을 들추어

냈다고 해서 금서 취급을 받을 정도니 교회가 얼마나 떳떳하지 못한지 알 수 있다. 모어가 이 말을 자유롭게 할 수 있었던 건 당시 헨리 8세가 가톨릭의 간섭을 불쾌하게 여겨서 자신을 수장으로 하는 종교인 성공회를 만든 영향이 있었을 것 같다. 모어는 성공회의 탄생을 보고 종교의 관용을 더욱 중시하게 된 건지도 모른다. 라파엘은 유토피아인들이 기독교를 적극적으로 수용했다 하고, 우리 중 정식 수도사가 없어서 더 많은 것을 전하지 못한 게 아쉽다고 했다. 모어가 종교의 관용을 인정하지만 근본적으로 기독교 자체는 옳다고 믿은 부분이 보이는 대목이다.

유토피아의 죽음에 관해 이야기해 보자면, 유토피아에서는 병자가 고통을 동반하는 난치병을 앓고 있으면 의사의 허락하에 안락사가 허용된다. 토머스 모어의 이런 시선은 고대 그리스에서 계승 받은 것 같은데 고대 그리스의 철학자들은 불가피한 자살은 허용해주어야 한다는 의견이 강했기 때문이다. 지금 와서도 안락사는 논쟁거리이다. 불치병 환자에게 수면제를 투여해 숨을 거두는 적극적 안락사는 물론이고 보존치료를 중단하는 식의 소극적 안락사를 두고도 토론이 벌어지곤 한다.

영원불멸설을 기본 전제로 깔기에 유토피아인들은 선행이 다음 생에도 이어진다고 보았고, 타인에 대한 봉사를 숭고하게 여기는 삶을 산다고 한다. 유토피아의 공유제가 공유제의 비극 없이 돌아가는 것은 제도 자체의 특성도 있지만 타인에게 도움이 되는 선한 삶을 당연하게 여기는 그들의 윤리관도 한몫했다. 바꿔 말하자면 그 정도의 윤리관이 없으면 공유재산 제도가 현실에서 실현되기 힘들다는 것이니, 씁쓸하기도 하다.

죽음을 대하는 태도도 타당하면서도 특색이 있다. 그들은 죽음은 마땅히 찾아오는 이치로 보았고 죽음을 두려워하는 자는 생전에 죄를 지어서 저렇게 괴로워하는 것으로 여긴다고 한다. 그런 자가 죽을 때에는 신이 이 자의 나약함을 용서하길 바라며 시체를 땅에 매장한다. 반면 생전에 좋은 일을 많이 하고 죽음 앞에서 의연한 자는 화장을 하며, 그는 선행을 하며 당당히 살다 갔으니 애도 대신 축복을 한다고 한다.

윤회설을 주장했던 불교도 죽음 앞에서 의연할 것을 강조하는 것을 생각하면 때때로 위대한 성인들의 생각은 우연히 일치하는 경우가 많으니 신기하다. 노자나 장자, 에피쿠로스 또한 죽음을 자연스럽게 찾아오는 이치니 슬퍼하거나 두려워할 필요가 없다하니 기막힌 일치라는 생각까지 든다.

유토피아의 교회는 당시 유럽의 교회와 비슷하면서도 다른데, 신도를 많이 받아야 하니 크고 웅장하면서도 내부는 지나치게 화려하지 않고 다소 어둡다. 이렇게 한 이유는 지나치게 밝고 화려하면 집중이 잘 안 되고 오히려 살짝 어두워야 집중이 잘 된다는 것이다. 또한 남녀가 앉는 공간이 분리되어 있으며, 어린아이들이 모여 떠드는 것을 막기 위해 어린아이들은 어른들 사이에 배치한다고 한다. 당시 유럽에서 교회를 만드는 데 열을 올리며 내부 장식 또한 스테인드글라스로 장식하는 등 교회 고급화에 힘을 기울인 것을 생각하면 모어는 이러한 화려함이 신앙에 도움이 되기는커녕 해가 된다고 생각한 것 같다.

유토피아의 성직자들은 주로 성당마다 1명이 있고 도시마다 총 13명이 있는데, 전쟁이 날 시에는 7명이 파견되고 예비대로 있는 7명이 자리를 채운다고 한다. 전쟁 시 이들은 이번 전쟁에서 아군 피해가 적게 나길 기도하며 아군이 전의를 잃은 적을 죽이지 못하게 말리는 역을 한다. 그래서 이들은 주변 국가에서도 존경받는다. 그 이외에도 어린아이들의 교육을 담당하기 때문에 성직자들은 일이 면제되고 모든 유토피아인들이 그들을 존경한다고 한다. 일은 면제받는 대신 정신적 지주가 되는 셈이며, 현대에서 비슷한 걸 꼽자면 바티칸 교황과 입헌군주제의 왕을 꼽을 수 있다. 뒤집어 말하자면 당시 유럽의 성직자들이 정신적 지주 역할을 하지 못할 정도로 부패했다는 한탄으로 볼 수 있다.

성직자들은 고해성사를 한 달이나 해의 마지막에 하며, 고해성사를 집에서 하고 마음에 거리끼는 일이 있으면 그것이 풀릴 때까지 성당을 방문하지 않는다고 한다. 동물을 제물로 바치는 일 또한 하지 않는데, 신을 섬기는 데 희생이 필요하다고 생각하지 않기 때문이다. 또한 세상은 미트라스(유토피아에서 유일신의 호칭)의 이치에 따라 돌아가기 때문에 점성술 같은 건 헛된 미신으로 생각하고 믿지 않는다고 한다.

라파엘이 이야기한 유토피아는 여기서 끝났으며, 라파엘은 유토피아의 낙원은 공유재산 제도가 큰 역할을 하고 그다음은 서로를 신뢰할 수 있어서 가능하다고 했다. 반면 당대의 유럽은 신분이 엄격하게 나누어져 있어서 정작 생산적인 활동을 위해 힘쓰는 자들은 그다지 주목받지 못하고, 세상은 탐욕이 반복되는 공간으로 라파엘은 보았을 것이다. 크게 틀린 시각은 아니었고, 이런 문제는 아직도 생산직 노동자 차별에서 엿볼 수 있을 것 같다.

유토피아를 끝마치며 모어는 끝에 사실성 있는 시와 제작 과정에서 사람들과 나눈 서신을 싣는다. 서신은 발신자와 수신자가 공개되어 있는 형태라 유토피아의 현존 가능성을 높이려 한 것으로 보인다. 서신의 답변 중에는 유토피아를 믿는 답변과 믿지 않는 답변 둘 다 있다. 마지막 부분에는 가공의 유토피아어 알파벳이 있었고, 그것을 통한 시까지 있다. 내용의 사실성을 꾸며내기 위한 모어의 재치로 보인다.

『유토피아』를 읽으면서 느낀 점을 다른 고전과 연계하자면 하나는 플라톤의 대화편, 하나는『걸리버 여행기』와 연계할 수 있다. 유토피아는 앞서 말했듯이 섬인데, 이는 플라톤이 대화편에서 언급한 나라 아틀란티스와 같다. 토머스 모어가 고대 그리스계에 큰 영향을 받은 것을 보면 유토피아 또한 아틀란티스의 영향을 받은 것 같다.『유토피아』전반의 서술 방식 또한 플라톤의 대화편을 닮지 않았는가!

먼저 닮은 점을 이야기하자면, 둘 다 섬이며 당시 나라 중에서 가장 부강하고 가장 발전된 기술력을 가졌다는 것이다. 운하가 발전했다는 것 또한 일치한다. 그런 한편 많은 부분이 또한 다르다. 아틀란티스는 애초부터 섬이라는 설정이지만 유토피아는 반도를 섬으로 분리한 것이라는 설정이고, 전쟁의 영광에 취해 전쟁을 남발하다 결국 몰락한 아틀란티스와 달리 유토피아는 전쟁은 아군과 자신을 지키기 위해서만 하며 이를 통해 굳건히 버텨가는 것이 결정적 차이이다. 아틀란티스는 발달하였지만 결국 욕망을 이기지 못해 몰락하는 실패한 이상향이지만 유토피아는 발달하였고 공유재산 체제와 도덕심을 통해 보존되는 성공한 이상향인 셈이다.

유토피아의 제도는 공유제인데, 이는 플라톤이 대화편에서 가장 이상적인 제도로 쭉 여기던 제도이다. 다만 아리스토텔레스가 지적했듯이 막연한 이상에 의지해 근거가 부족했던 플라톤의 전기 이데아론과 달리, 모어는 이를 쓸 때 당대의 현실과 그 해결책까지 추가해 더욱 구체적으로 만들었다. 플라톤이 이를 보았다면 자신이 미완성한 것을 모어가 완성했다고 칭찬하고, 모어는 플라톤 덕에 시작할 수 있었다고 겸양의 미덕을 표했을 것 같다.

있을 법한 이야기를 꾸며낸다는 점과 가공의 섬 이야기가 중심인 점에서는 『걸리버 여행기』를 떠올리게 한다. 『걸리버 여행기』는 언뜻 보면 소인국과 거인국 이야기만 떠올리기 쉽지만 실제로는 고도의 풍자 소설이었다. 소인국 편은 당시 영국 의회의 파벌 다툼과 그 덧없음을 비판하였고, 거인국 편은 탐욕에 물든 거인들을 통해 그 당시 상류사회의 사치를 고발하고 비판했다. 라퓨타 편에서는 현실과 동떨어진 연구를 하는 학자들에 대해 멍청이라고 조롱한다.

특히 휴이넘 편은 걸리버가 표류해온 곳이 유토피아와 같은 낙원이라는 점에서 일치한다. 그 낙원은 모습은 말과 같지만 인간과 비슷하거나 더 뛰어난 고도의 지성을 가진 휴이넘들이 지배하며, 이들은 선하고 공존을 잘 실천하는 자들이었다. 그 나라에는 인간을 닮았지만 난폭하고 야만적인 종족인 야후도 있었다. 걸리버는 자기 주인 휴이넘에게 들려주는 이야기와 그 휴이넘이 그에 대해 토론하는 것으로써 그 당시 유럽 국가들이 논쟁하는 현실과 인간이 근본적으로 나아진 게 없다는 회의주의적인 시선을 보여준다.

휴이넘의 나라를 떠나게 된 걸리버는 인간을 혐오해 차라리 원주민들과 같이 살려고 할 정도였고, 간신히 인간에 대해서 받아들이게 된 후에도 휴이넘의 나라에 대한 미련이 강하게 남는 모습을 보여준다. 단적으로 돌아온 지 얼마 안 됐을 때는 그 전과 달리 아내를 멀리하며 말과 대화하는 걸 더 즐겼을 정도였다. 이 결말은 걸리버 여행기의 작가인 조너선 스위프트가 현실은 암울하고 엉망이지만 그럼에도 불구하고 우리가 살아가고 있는 세계이며, 이를 바꾸기 위해서 조금씩 노력해야 한다는 의견을 담은 것이라고 볼 수도 있다.

　이상은 현실을 이끄는 목표를 제시하고, 현실은 그런 이상이 과도해지지 않게 해주는 제동장치나 다름없다. 이상과 현실 중 한쪽만을 추구하는 게 아닌, 양쪽을 주의 깊게 살펴보며 삶을 바꾸려고 해보자. 이상이 우리에게 목표를 보여주는 나침반이라면, 현실은 우리가 나아가야 할 드넓은 바다니까.

6. 홉스의 『리바이어던』

절대권력의 존재 이유를 처음 제기하다

이번에 도전할 인문고전은 사회계약론의 시초인 홉스의 『리바이어던』이다. 리바이어던은 성경에 나오는 바다 괴물로, 최후의 전쟁에서 악역으로 나온다. 그렇다면 왜 홉스는 사회계약론의 시초인 이 책에 성경에서 부정적으로 그려지는 괴물인 리바이어던의 이름을 붙였을까? 그건 국가는 질서 유지를 위해서 괴물마냥 강한 힘을 가져야 한다는 의미로 붙인 것이다. 또한 국가 권력을 무시하는 당시 교회를 풍자하는 의미도 있었을 것이다.

인문고전은 당시의 시대와 저자의 삶이 크게 반영되어 만들어지는데, 이는 동서고금을 막론하고 적용된다. 그럼 홉스가 살았던 시대 상황과 그의 삶을 알아보자. 홉스가 태어난 시절은 튜더왕조 시기로, 당시 스페인의 무적함대가 영국을 침공한다는 공포가 팽배했고 홉스의 어머니는 그 때문에 홉스를 조산했다고한다. 홉스는 이를 두고 나는 공포와 쌍둥이로 태어났다고 표현했다. 홉스의 철학 전반에 인간은 공포 상태를 벗어나려 한다는 게 강하게 서술되어 있는 걸 보면 출생부터가 그의 철학에 영향을 주었다고 할 수 있다.

홉스는 어릴 때부터 외국어에 정통한 천재였지만 가정 사정은 그다지 좋지 못했다. 아버지는 신부였지만 성경을 읽을 줄 알았을 뿐 도박과 술에 빠져 있는 부패한 성직자였고, 결국 동료 성직자를 폭행한 뒤 도주했다. 홉스가 교회를 신랄하게 비판하는 부분은 어린 시절의 경험이 큰 영향을 준 것 같다. 다행히 홉스는 후견인이 생겨서 그리 궁핍한 삶을 보내지 않았고, 후에 후견인의 가문에 평생 진심으로 충성했다. 후견인 없이 고생하면서 살았던 루소와는 사뭇 다른 부분이다.

홉스는 프랜시스 베이컨의 비서로 근무한 적이 있는데, 『리바이어던』에 나오는 과학적 접근방식을 보면 과학적 방법론을 중시한 베이컨의 영향을 크게 받은 것 같다. 때마침 당시 영국의 스콜라 철학에 큰 흥미를 못 느끼던 홉스는 르네상스의 물결이 한창이던 이탈리아에서 기하학을 보고 큰 인상을 받았으며, 학문적 기초는 과학적 방법론이 됐다. 홉스가 스콜라 철학[8]에 느낀 실망감은 옛 철학을 비판할 때 플라톤보다도 아리스토텔레스를 더 많이 언급한 점에서 느낄 수 있다.

---

8) 스콜라 철학은 9~16세기 중세 유럽에서 성행한 기독교 신학에 중심을 둔 철학적 사상이다. 스콜라주의(Scholasticism)라고 일컫기도 한다. 일반적인 철학적 탐구와 인지, 인식의 문제를 신앙과 결부시켰으며 절대자 아래에서 인간의 이성을 이해했다.

유럽 대륙에 있으면서 데카르트의 철학에 반박하는 저술을 쓰기도 했다. 유물론자인 홉스는 데카르트의 물질과 정신이 따로라는 주장에 동의할 수 없었다. 실제로 데카르트는 엘리자베스가 성질이 다른 물질과 정신이 어떻게 조화를 이루어 움직일 수 있느냐는 질문을 했을 때 딱히 신통한 대답을 내놓지 못했고, 이런 부분에서 홉스의 통찰은 정확했다. 정작 후대에 데카르트의 철학이 스콜라 철학과 근대 철학의 과도기, 홉스의 사회계약론이 군주정과 근대 사회의 과도기로 평가받는 것을 생각하면 둘의 갈등이 참 아이러니하다는 생각이 든다.

갈릴레오 갈릴레이를 만나서는 천문학의 아버지라고 극찬했다. 교회의 잘못으로 갈릴레이를 탄압한 것을 언급할 정도였으며 베이컨 밑에서 과학적 방법론을 익힌 홉스에게 망원경을 통한 관찰로 새로운 천문학적 과학을 내놓은 갈릴레이는 대단하게 보일 만했다. 그래서 홉스가 쓴 저서에는 광학, 즉 렌즈를 통한 빛의 관찰에 관한 책도 있다.

영국으로 돌아온 뒤로는 나름 엘리트 코스를 밟았다. 후에 찰스 2세가 되는 왕태자의 교육을 맡기까지 했다. 유독 군주정에 우호적인 시선을 보였던 것은 아마 이 경험 때문에 그런 게 아닐까 싶다. 아무래도 자기 제자가 속한 정치 체제를 긍정적으로 바라보기 쉬우니까. 그러나 홉스에게 위기가 찾아오는데, 찰스 1세가 의회와의 대립 끝에 처형당한 것이다.

홉스는 해외로 잠시 도피하였고, 그 이후 자신이 받았던 충격과 자신의 철학을 정리해 그 유명한 저서 『리바이어던』을 썼다. 홉스는 살기 위해 크롬웰에게 항복했는데, 이 항복은 찰스 2세의 지지자들이 홉스를 눈엣가시로 보는 계기가 됐다. 크롬웰은 폭압 정치로 지지자들을 잃었으며, 결국 크롬웰이 죽자마자 찰스 2세가 다시 왕에 올랐다. 찰스 2세는 죽은 크롬웰을 부관참시하고 주요 연관자들도 처형했는데, 이 영향인지 『리바이어던』에는 반란에 대한 진압은 정당하다는 시선이 여러 번 나온다. 아무래도 자기 제자를 비판하기란 쉽지 않으니까.

홉스의 철학이 어떤 면에서는 혁명적이고, 어떤 면에는 구시대적이며, 교회에 몹시 비판적이었기에 찰스 2세의 비호를 받으면서도 저술 활동을 잘 할 수 없었다. 홉스의 책에 대놓고 반박문을 올리는 사람도 있었고, 교회 측은 홉스를 무신론자로 몰았다. 그러나 홉스는 유신론자이며, 『리바이어던』의 분량 절반을 그리스도교의 해석과 그리스도교를 악용하는 자들을 비판하는 데 할애했다. 교회 측은 홉스의 저술이 자신들의 병폐를 드러내는 것에 거부감을 가지고 무신론자로 몰아세운 것 같다.

홉스는 딱히 학문적 지지를 받지 못하다 93세의 고령에 자연사했다. 그의 사후에 흑사병 등 재해가 퍼지자 교회는 재해를 무신론자들의 탓으로 돌렸고, 홉스의 『리바이어던』은 금서가 됐다. 홉스의 주장을 옳다고 생각하는 자들 또한 홉스주의자라는 뜻의 호비스트라 불리며 탄압의 대상이 됐다. 그러나 홉스의 사상은 후에 재평가받게 됐으며, 사회계약론 또한 로크와 루소로 이어지며 점차 발전하게 됐다.

『리바이어던』은 총 4장으로 이루어져 있는데, 먼저 1장에 대해 알아보자. 1장은 인간에 대해라는 제목인데, 여기서 홉스는 감각, 상상, 언어에 대해서 먼저 이야기한다. 홉스는 과학적 방법론과 유물론에 따라 인간의 인식과 용어부터 재정립해야 한다고 했으며, 이를 통해 스콜라 철학이 쓸데없고 무의미한 용어만 만들며 실제 학문에서는 멀어지게 한다고 비판했다. 감각은 물체가 있고 몸이 그에 반응하는 것이지 물체가 감각을 전달하는 것이 아니며, 이 주장은 해부학적으로도 옳다고 했다. 당대의 스콜라 철학을 처음부터 비판한 것이며, 과학적 방법론을 기본으로 깔고 학문을 전개하고 있음이 드러난다.

또한 상상은 이미지가 그대로 잔류하는 것이지 영적인 신호나 실체가 아니며, 환각의 경우 잠시 잠에 빠져 꿈을 꾼 것을 잠을 잤다는 것을 잊어버리고 그 이미지만 남아서 그렇게 느껴지는 것이라고 설명했다. 환각에 대한 설명은 그리스도교 분석에서 이어지며, 당대의 교회와 신학 해석을 비판하는 것으로 확장된다. 홉스가 주장한 상상과 환상에 대한 견해는 먼 미래에 프로이트와 융으로 이어지는 무의식의 해석으로 연결된다고 볼 수 있을지도 모른다.

학문적 언어는 그 용례를 명백히 정해야 하며, 그렇지 않으면 단순한 말장난이 되기에 언어의 정리가 필요하다고 했다. 베이컨에게 영향을 받은 것으로 보이는데, 베이컨 또한 본인이 쓴 인문고전인『신논리학』에서 지나치게 포괄적인 설명은 자연철학에 해만 될 뿐이라고 단언했기 때문이다. 베이컨은 아리스토텔레스가 4 원소를 뜨거움, 차가움, 축축함, 마름으로 설명한 것을 못마땅하게 여겼고, 데카르트도 애매한 언어를 싫어했다. 홉스는 애매한 언어가 스콜라 철학에서 남용되며, 학문은 그것을 단속해야 하는데 더 부추기고 있다고 비판했다.

학문 또한 상세히 분류했는데, 대분류에 자연철학(자연과학)을 넣었으며, 자연철학 관련 학문 분류도 상세하게 해놓았다. 베이컨이 자연철학이야말로 학문의 기초이며, 자연철학을 그리스 시대 이후로는 천시했기에 진정한 학문적 발전이 오랫동안 미루어졌다고 비판한 태도와 일맥상통한다. 홉스가 과학적 방법론에 학문의 기초를 두고 있다는 중요한 증거다.

정념, 담론, 덕, 지식, 힘에 대해 다양한 이론들도 있지만, 책 전체에서 크게 중요하지 않으니 넘어가고자 한다. 이제 사회계약론을 내놓게 된 배경인 인간의 자연상태에 대해 알아보자. 홉스는 자연상태의 인간은 기본적으로 평등하다고 했다. 힘, 지식, 감성의 편차가 있을 수는 있지만 압도적이지 않고, 약자라고 해도 계략을 부리거나 수로 밀어붙이면 강자를 죽일 수 있기에 본질에서는 평등하다고 본 것이다.

그래서 절대적 우위가 없는 데다 인간의 본성은 이기적이기에 서로 다투고, 이를 중재할 사람도 없어서 자연상태는 곧 전쟁 상태라고 보았다. 이 주장에 대한 근거로 질서가 있는 지금도 타국으로 여행 갈 때는 호신용 무기를 준비하고 가는데 자연상태는 더할 거라고 했다. 자연상태는 곧 전쟁 상태이기에 미래를 준비하기는커녕 지금의 생존도 바빠 문화나 학문이 발전할 여지가 없으며, 그래서 인간이 사회를 이루어야 한다고 보았다.

자연상태에 대한 해석은 홉스, 로크, 루소의 사회계약론에서 크게 다르다. 홉스의 사회계약론은 자연상태를 전쟁 상태로 보았다. 반면 로크의 사회계약론은 자연상태를 기본적으로 자유롭지만 인간의 이기심 등으로 인해 전쟁 상태로 변모할 위험성 또한 가진 상태로 보았다. 마지막으로 루소의 사회계약론은 자연상태를 기본적으로 평등한 사회로 보았다. 루소가 홉스의 자연상태를 완전히 부정한 이유는 인디언 사회에서 자연상태가 평등할 수 있는 가능성을 엿봤기 때문인 것 같다.

사회계약의 이유도 각자 다르게 설명하고 있다. 홉스는 사회계약은 전쟁 상태에서 벗어나기 위한 것이며 절대적인 것으로 보았다. 반면 로크는 사회계약은 전쟁 상태를 방지하기 위한 것이지만 절대적이지 않은 것으로 보았다. 마지막으로 루소는 사회계약은 자연 상태에서보다 더 효과적으로 서로를 보호하기 위해 맺은 것으로 보았다. 그래서 권리의 양도 부분에 대한 해석이 다르다. 홉스는 생명권을 제외한 전부를 양도, 로크는 생명권과 재산권을 제외한 일부 양도, 루소는 합의가 있을 뿐 양도가 아니라고 보았다. 각자 지지했던 대상을 보면 그들의 사상이 잘 드러난다. 홉스는 왕당파 쪽에 가까웠고, 로크는 의회파의 협력자였고, 루소는 어느 파벌에 속하지도 않는 민중의 편이었다.

자연상태는 그대로 전쟁 상태일 수밖에 없는 것일까? 홉스는 아니라고 보았다. 인간은 이기적이지만 동시에 파멸을 두려워하고, 그래서 자연상태를 진정시킬 기본적인 도덕이 있는데 그게 바로 자연법이라는 것이다. 자연법의 원리를 요약하자면 '네가 당하고 싶지 않은 일은 타인에게도 하지 마라'이다. 홉스는 정념과 언어 편에서 타인의 불행을 즐거워하는 것은 머리 한 구석에 자신은 당하지 않을 거라는 어리석음이 있기 때문이며, 타인의 처지에 공감한다면 타인의 불행을 마냥 즐거워할 수 없을 거라고 했다. 자연법과 크게 연관되어 있으며, 맹자의 측은지심과도 일맥상통한다. 확실히 현대에서 남의 불행을 즐기는 사람들은 머리 한 구석에는 자신과 상관없는 일이라고 생각하는 것 같다. 당장 사형제도 논쟁만 해도 사형 찬성론자들은 자신도 처형될 수 있다고 생각하는 게 맞는데, 자신은 처형될 일이 없다고 생각하는 것마냥 주장한다.

자연법은 서로가 지킬 것을 전제로 하므로 타인이 지키지 않는데도 자신이 지키려고 하는 것은 어리석은 행위이며, 서로가 지켜야만 의미가 있다. 자연법으로는 은혜를 배신하지 않을 것, 타인을 함부로 해치지 말 것, 보복은 죄를 넘어서는 정도로 하지 말 것, 인간 사이의 분쟁은 공정하게 판정할 것 등이 있다. 하지만 인간의 이기적인 본성 때문에 자연법은 지켜지기 어렵다고 한다. 그럼 어떻게 해야 하는가? 자연상태에 대한 대책은 인간들의 합의로 만들어진 거대 권력, 즉 리바이어던이 필요한 것이다.

리바이어던은 어떻게 만들어질까? 홉스는 리바이어던을 인조 인간이라고도 비유하고 있으며, 국가의 운영을 위한 조직들을 신체의 기관으로 비유하기도 한다. 리바이어던, 즉 국가는 다수의 합의에 따라 만들어지는데, 백성들은 자신들의 권리를 주권자에게 양도하면 국가는 법을 집행해 타국으로부터 백성들을 보호하고 질서를 유지한다. 권리를 양도받은 주권자가 누구냐에 따라 국가의 체제는 군주정, 귀족정, 민주정으로 나뉜다.

주권자가 해야 할 일은 무엇일까? 우선 타국으로부터 백성을 보호하고, 자국의 질서를 지키며, 사람을 적재적소에 배치하며, 백성의 재산을 국가 유지를 위해 써야 한다. 교육을 통제해 사람들이 잘못된 생각을 갖지 못하게 해야 하며, 반란을 진압할 수 있다. 이렇게 주권자의 권력은 절대적이다. 절대 권력을 경계하는 의회 측에서 홉스를 달갑게 여기지 않을 만도 하다.

하지만 주권자의 권력도 태생적으로 한계가 있을 수밖에 없다. 주권자의 권력은 하늘에서 내려준 것이 아니라 사람들의 합의로 이루어진 것이기에 합의되지 않은 내용에는 휘두를 수 없고, 근본적인 생명권을 앗아가는 건 불가능하다. 죄인을 사형에 처하는 건 가능해도 죄인에게 자살하라는 명령을 내릴 시 죄인은 거부할 권리가 있다는 것이다. 마찬가지로 자백 또한 강요에 의한 것은 거부할 권리가 있다. 생명을 지키기 위해 주권자에게 권력을 준 것이지 생명을 앗아가는 권리는 준 적이 없다는 것이다.

왕당파에 홉스의 사회계약론은 혁명적일 수밖에 없다. 왕당파는 왕의 권력은 신이 내려준 것이며, 이는 부권(父權)과도 일치하니 무조건 따라야 하며, 영구불변하다고 주장한다. 그러나 홉스는 왕의 권력은 결국 백성으로부터 양도받은 것이기에 근본적인 권리는 해칠 수 없으며, 국가 또한 생명체이기 때문에 언젠가 끝이 오며, 그 순간 백성들은 새로운 국가를 만들 수 있다고 주장한다. 이렇게 홉스의 사회계약론은 군주정과 민주정 사이의 과도기적 측면이 강했다.

국가는 어떤 형태가 있으며 어떤 형태가 최선일까? 홉스는 국가의 형태를 군주정, 귀족정, 민주정으로 분류했다. 참주정, 과두정, 무정부 상태는 그저 해당 정치를 비방하기 위해 만든 표현에 불과하며, 참주 또한 본래는 군주의 호칭이었는데 군주를 부정적으로 여기는 민주주의가 그것을 비난하기 위해 지금처럼 변질시킨 것이라고 주장했다. 군주정을 참주정과 동일시하고 귀족정과 과두정을 분리한 플라톤과 참주정, 과두정, 중우정을 군주정, 귀족정, 민주정의 타락 형태라고 본 아리스토텔레스와는 사뭇 다른 의견이다. 이런 면에서 보면 정치철학계에서 홉스는 이질적인 존재인 셈이다.

팔은 안으로 굽는다고, 홉스는 역시 찰스 2세의 스승이라 군주정에 친숙했는지 국가의 형태 중 군주정이 최고라고 뽑았다. 군주정은 최대한 이해관계에 얽매이지 않고 조언자를 뽑을 수 있지만 귀족정과 민주정은 이해관계에 얽매여 조언자를 뽑기 쉬우며, 군주정은 주권이 한 사람에게 집중되어 있기에 과감하게 집행을 할 수 있다고 주장한다.

마키아벨리도 민주정이 좋은 것은 인정하나 이탈리아의 혼란한 상황은 민주정으로 바로 수습하기 힘들기에 군주정 위주의 책인『군주론』을 쓴 것을 생각하면 둘 다 성악설을 기반으로 한 정치학에 중점을 두었기 때문에 비슷한 부분이 생긴 건지도 모른다. 그러나 마키아벨리는 군주의 입장과 민중의 입장을 둘 다 알기에 민주정의 장점도 인정했지만 홉스는 군주 쪽의 입장에 치우쳐서 군주정을 더 좋게 보았다.

물론 홉스라고 해서 군주정의 문제점을 완전히 부정한 것은 아니다. 군주정은 한 사람이 주권을 휘두르기 때문에 간신에게 휘둘리기 쉬우며, 후계자가 어릴 때 혼란이 발생하기 쉽다는 등의 단점 또한 언급했다. 아무리 팔이 안으로 굽는다고 해도 근본적으로 현실주의자인 홉스가 현실을 완전히 무시할 수는 없는 셈이다. 그러나 홉스는 다른 체제도 정도만 약할 뿐이지 간신에게 휘둘릴 위험은 있으며, 후계자 혼란은 반란을 일으키는 자들이 더 문제이기에 그걸 막기 위해 미리 조처를 해 놨다면 큰 문제는 없다고 주장했다.

물론 근본적으로 이에 대한 비판이 있다. 권력자가 권력을 통제 없이 막 휘두르면 그 패악을 어떻게 막느냐는 것이다. 홉스는 그것도 전쟁 상태에 있는 자연상태보다는 나으며, 무질서보다는 질서가 낫기 때문에 국가는 존재해야만 한다고 했다. 이 변명은 홉스의 사회계약론에서 큰 결함이지만 나중에 홉스 사상의 근본적인 한계와 계승 부분에서 자세히 말하겠다.

홉스가 군주제를 옹호한 이상 군주제의 뜨거운 감자나 다름없는 후계자 문제에 대해서도 언급할 수밖에 없다. 홉스는 후계자는 주권자가 정해야 하며, 다른 인물은 조언 정도에 그쳐야지 아예 개입하려 해서는 안 된다고 보았다. 만약 주권자가 명확히 의사를 정하지 않았다면, 주권자와 가장 가까운 혈족으로 고르는 게 차선책이라고 주장했다.

그야말로 군주제에 대한 옹호인데, 홉스가 왕세자 시절의 찰스 2세의 스승이었다는 걸 생각하면 차마 자기 제자의 정통성을 부정할 수 없어서 그런 것 같다. 누가 자기 제자의 정통성을 부정하고 싶겠는가? 하지만 홉스는 근본적으로 현실주의자라서, 만일 주권자가 후계자 선정을 포기하면 백성들은 전쟁 상태를 막기 위해 새로운 주권자를 뽑아도 된다고 했다. 결국 주권자가 존재하는 이유는 전쟁 상태를 막기 위해서니까.

홉스는 어떤 형태로 주권이 잡혔든 일단 주권이 잡혔으면 다른 형태로 주권이 바뀌는 것은 절대적으로 금해야 한다고 보았다.

뒷받침하는 근거로는 하느님을 통해 주권을 받은 유대 민족이 자신들만의 왕을 세우자고 해서 하나님의 나라가 중단됐으며, 타국의 정치 체제가 자국의 정치 체제보다 낫다고 판단하는 것이 반란의 큰 동기 중 하나이기에 질서를 해칠 위험이 크다는 것을 제시했다. 따라서 한 번 정치 체제를 정했으면 바꾸지 말아야 한다고 하는 것이다. 홉스는 안정과 생명권 보장을 중시했고, 그래서 주권 변경을 경계했다.

홉스는 학문과 사상의 검열을 지지하고, 딴마음을 품은 자들을 적극적으로 견제해야 한다고 주장했다. 반란은 삼족을 멸해도 된다고 했는데 가장 큰 이유는 무질서의 배제다. 권력의 병폐는 무질서에 비하면 사소한 문제이기 때문이다. 권력자가 신하를 도리에 맞지 않게 처분한다고 해도 그건 도덕을 어긴 거지 시민법을 어긴 것이 아니라고 했다. 근거로 다윗이 밧세바의 전남편 우리아를 계략으로 죽였을 때 잘못을 밧세바가 아닌 하나님에게 빈 것을 들었다. 정작 『리바이어던』이 기득권층에 의해 금서로 몰린 것을 생각하면, 로크나 루소가 보기에 검열을 정당화하는 견해는 자승자박으로 보였을 것 같다는 생각이 든다.

시민법 또한 국가를 이끌기 위한 중요 요소다. 시민법은 질서를 지키기 위해 있으며, 시민법이 질서를 어기는 수단이 되지 않도록 제한이 있다. 먼저 시민법은 그걸 인지할 수 있는 사람에게만 효력이 있다. 정신적으로 미숙한 어린이나 미친 사람은 시민법을 어겨도 처벌할 수 없으며, 다만 보호자가 다소의 책임을 져야 한다고 주장했다. 현재의 법률도 12세 미만의 아이는 형법으로 처벌할 수 없으며 부모 또는 보호자가 책임을 지고, 12세 이상부터 14세 미만까지는 소년원에서 보호 및 지도처분을 받는다. 14세 이상부터는 형법으로 처벌할 수 있고, 정신이상자는 형법으로 처벌할 수 없는데, 홉스는 이걸 당시부터 생각하고 있었다. 괜히 홉스의 사회계약론이 로크, 루소로 계승됐으며, 민주주의의 중요한 근거가 된 게 아니다.

마찬가지로 법이 공표될 당시 시각장애인 등 개인적 사정으로 법을 알지 못한 사람 또한 법을 어겼을 때 처벌할 수 없으며, 어떤 행위가 위법이라고 지정되기 전까지는 그 행위는 위법이 아니기에 법 제정 전 위법 행위는 처벌할 수 없다. 공정성을 어기는 행위이기 때문이다. 그렇기에 타국에 갔을 때도 그 나라의 법을 전혀 모르는 상태라면 즉결 처벌은 불가능하다.

홉스는 엄벌주의자지만 처벌을 내릴 때도 주의사항이 있다고 보았다. 형벌은 죄에 대한 복수보다 질서를 유지하기 위한 것이기 때문에 형법에 정해진 것보다 더 큰 형벌을 내릴 수 없으며, 형법은 죄의 억제에 맞게 차등적으로 정해져야 한다고 했다. 실제로 중세 시대 때 절도죄는 사형으로 처벌받았지만 토머스 모어가 『유토피아』에서 지적했듯이 큰 효과가 없었다. 되레 절도범들이 목격자를 죽여 완전 범죄를 꿈꾸는 문제가 생길 뿐이었다. 이렇게 사회적 효과를 고려하지 않은 엄벌은 질서 유지에 소용이 없었으며, 오히려 처벌을 피하려는 노력만을 부추길 뿐이다.

국가는 질서를 위해 존재하기 때문에 홉스는 엄벌주의를 지지하되 그것이 도를 넘지 않게 한 것이다. 질서를 해치는 엄벌은 주객전도에 불과하기 때문이다.

계약에 대해서도 목숨을 위협받는 다급한 상태에서 한 계약이라도 생명을 지켜줄 것을 대가로 계약했으면 계약을 지켜야 한다고 주장했다. 다만 생명권을 포기하는 계약은 절대 승인될 수 없다. 생명권은 어떤 경우에도 침해할 수 없기 때문이다. 계약할 때는 가능한 줄 알았는데 사실 불가능한 계약도 계약을 이행하지 못하면 보상을 해야 한다. 계약에 관한 주장을 보면 홉스는 철저하게 질서를 중시하는 사상이 있었다는 것이 잘 느껴진다. 홉스는 생명권을 포기하는 계약만큼은 반대했는데, 애초에 인간이 국가와 제도를 만든 이유가 생명의 보존인 만큼 그걸 어기면 국가와 제도를 만들 이유가 없기 때문이다.

만약 전쟁에서 포로가 됐을 때, 항복하는 건 잘못이 아니다. 생명권은 절대적이기에 항복도 당연한 권리이다. 질서는 절대적이지만 그 기본은 생명권의 보호이기 때문이다. 그렇기에 잠시 크롬웰에게 항복한 홉스의 행동도 그의 사상과 모순되지 않는다. 하지만 홉스를 비판적으로 보는 사람은 그의 철학이 공포로부터 태어난 어린 시절의 트라우마를 정당화하려고 만든 거라 주장한다. 확실히 루소의 정치철학이 질서를 맹신하지 않았음을 생각하면 홉스의 정치철학은 비굴하게 보일 여지가 있다.

홉스는 정치적 단체가 별도로 만들어지는 것을 경계하고 금지해야 한다고 주장했다. 주권이 분열되는 계기로 이어질 수 있기 때문이다. 홉스는 아테네가 민중파와 귀족파로 다투었고, 로마가 민중파와 귀족파로 나뉘어서 다투다가 결국 카이사르가 제정으로 통일했다는 걸 근거로 들며 주권자 이외의 파벌이 생기면 이는 권력에 손상을 주며 반란이나 체제의 붕괴로 이어진다고 주장했다. 확실히 우리나라에서 붕당 정치가 지나치게 과열되다 왕권이 약해지니 세도 정치로 이어졌으며, 삼정의 문란까지 초래했다는 걸 생각하면 이 주장은 동서고금을 막론하고 통한다고 볼 수 있다.

홉스는 리바이어던은 인간을 능가한 존재지만 결국 인간이 만든 존재이기에 끝이 올 수밖에 없다고 지적했다. 리바이어던의 최후는 내분이나 반란, 외부에서의 침공으로 나누어지는데, 사실 외부에서의 침공은 빈틈이 있거나 국력 차가 압도적이지 않은 이상 잘 이루어지지 않기 때문에 대부분의 최후는 내분이나 반란에서 일어난다고 볼 수 있다. 우리나라 역사에서 보면 삼국통일 당시 고구려와 백제는 내분이 일어난 상황이었고, 신라가 그 상황을 노려서 삼국통일을 이룬 것을 예로 들 수 있다.

홉스가 정치적 단체를 억제하고, 사상을 검열하고, 반란 시 삼족을 멸하라는 것은 내분이나 반란을 막고 국가의 수명을 늘리기 위해서이다. 실제로 연좌제는 자손까지 죄가 있어서 처벌하는 게 아니라 경고를 하기 위해서 하는 것이었다. 즉 반란을 저지르면 이렇게 과잉처벌하니 죄 없는 자손까지 죽는 꼴을 보고 싶지 않다면 반란 같은 건 일으키지 말고 가만히 있으라는 협박이다. 그래서 반란에 권력자의 혈족이 포함되어 있으면 가담한 인물을 죽이기는 해도 그 인물의 삼족을 멸하는 경우는 거의 없었다. 연좌제가 처벌보다는 보여주기식 경고가 강하다는 증거이다.

현대에서 연좌제는 비인권적이라며 사라졌지만 사람들의 인식은 쉽게 바뀌지 않은 것 같다. 아직도 사회에서는 가해자의 자손이라면 일방적으로 범죄자 프레임을 씌우며 천대하는 문화가 남아 있으며, 이 때문에 발생한 낙인 효과로 가해자의 자손이 진짜 범죄를 저지르는 경우도 종종 발생한다. 중앙집권화가 상당히 늦게 이루어진 데다가 섬나라의 폐쇄성이 강한 일본은 연좌제 성향이 강해서, 범죄자의 가족이 자살하는 사건도 있을 정도였다. 다행히 인권 의식이 발전하면서 현대에 와서는 연좌제가 당연하다는 생각은 차차 사라지고 있다.

그리스도교 정치집단에 대해 알아보자. 홉스를 싫어한 자들이 그를 무신론자로 몬 것과 달리 홉스는 상당히 그리스도교에 정통했으며, 그 증거로 처음부터 위경과 정경의 범위를 지정하고 성경이 근본적으로 중심이 된 인물이 죽은 후에 쓰였음을 제시한다. 그리고 영혼 또한 실체를 가진다고 보고, 단지 하나님은 우리의 인식으로 제대로 파악할 수 없는 존재라 결론짓는 유물론적 사고를 기본적으로 깔고 있다. 이런 유물론적 사고는 고대

그리스 철학과 그리스도교가 결합한 당대의 스콜라 철학에 대해
반발하는 태도였다.

욥기에 대해서 홉스는 선한 사람도 고통을 받는 딜레마에 대한
나름의 철학적 분석이라고 주장했다. 확실히 기독교는 선한 유
일신을 믿는 이상 왜 악이 계속 존재하냐는 질문에 대답하기 힘
든 부분이 있고, 홉스는 이 부분이 욥기로 표현된 거라 지적한 것
이다. 이 책의 제목인 리바이어던도 욥기에 나오는 존재임을 보
면 홉스는 성경에 대한 이해가 깊었던 것 같다.

성령이나 천사, 성령 감응을 어떻게 해석해야 하는지 알아보
자. 성령은 성경에서는 바람이나 호흡, 특출난 능력, 특별한 은
총, 예언, 생명, 사자로 나타나며, 이는 결코 귀신 같은 헛된 것이
아니다. 천사 또한 별개의 인격체로 보기보다는 신의 사자로 봐
야 하며, 그 증거는 롯이 두 천사를 보았는데도 두 천사는 같은
신의 말을 했다는 것, 하나님이 때때로 떨기나무의 불같은 형태
로 나타났다는 것, 성경에서 천사의 이름이 언급된 것은 미카엘
과 가브리엘뿐이며 이들은 단지 하나님의 다른 측면을 나타낸
것뿐이라는 것이다.

실제로 홉스의 주장은 성경을 원칙적으로 본다면 아주 타당하
다. 성경에 이름이 나오는 천사는 미카엘과 가브리엘뿐이기 때
문이다. 에녹서 등에서 다양한 천사의 이름이 나타나긴 하지만
에녹서는 오컬트적 가치와 달리 그리스도교에서는 위경, 즉 정

식 성경에 포함되지 않는다. 카발라의 천사 같은 것은 후에 유대교가 그리스도교와 갈라지면서 독특하게 나타난 것이며, 천사의 계급 같은 것은 사실상 중세 때 수도사들의 무의미한 설정에 불과하다. 미카엘과 가브리엘이라는 이름은 끝이 엘로 끝나는데, 엘은 히브리어로 신적 존재를 뜻하는 말이다. 즉 천사가 신의 다른 측면을 나타낸 것뿐이라는 홉스의 주장은 나름 신빙성이 있으며, 종교에 정통하기에 할 수 있는 주장이다.

성령 감응의 경우 하나님의 영이 사람에게 퍼지는 게 아닌 하나님이 사람에게 은총을 주는 것을 다르게 표현한 것이며, 성경이 쓰일 당시에는 이 현상을 표현할 방법이 없어서 택한 것이다. 홉스는 성경이 당시의 시선으로 쓰였기에 지금 보면 미흡한 부분이 있다는 것을 인정하였다. 성경의 미흡성을 인정하는 견해는 현대의 신학 해석에서도 이어지고 있다.

하나님의 나라에 대해서 홉스는 자신의 종교적 지식을 바탕으로 교황청과 다르게 해석했다. 교황청에서는 하나님의 나라를 교회나 천국으로 주장했지만 홉스는 하나님의 나라는 맨 처음 아브라함에게 하나님이 맹세했던 것이 시작이며, 모세를 통해 확정됐다고 주장했다. 이후로는 최고 제사장이 하나님의 대리를 맡아 통치하였지만 히브리인들이 다른 지역처럼 자신들만의 왕을 세우겠다는 것으로 하나님의 나라는 중단됐다는 것이다.

예수가 오긴 했지만 예수가 한 것은 새로운 계약이고 예수는 자신의 제자들에게 사람들을 가르칠 권리만 줬지 지배할 권리는 주지 않았다. 자신이 재림할 때 하나님의 나라가 올 것이라고 약속하고 승천했다고 한다. 즉 하나님의 나라는 당시에는 오지 않았으며, 예수가 재림할 때라야 올 거라고 주장했다. 하늘로 승천한 건 오직 예수가 유일무이할 것이며, 영원한 삶의 경우도 그 몸을 온전히 살려준다는 것이지 영혼을 천국으로 인도하는 것이 아니라고 덧붙였다.

예언자에 대해서도 홉스는 통찰한다. 하나님은 말씀하실 때 환영이나 꿈 등으로 말씀하시며, 수많은 예언자가 꿈이나 환영의 형태를 통해 하나님의 말씀을 전해 들은 것으로 증명할 수 있다는 것이다. 예언자 중 상당수는 가짜이며, 근거를 400명의 예언자 중 느헤미야만 참된 예언을 한 사례로 들었다. 신약에서도 예수가 자신이 재림하기 이전에 자신을 사칭하는 예언자는 가짜이며, 그런 예언자는 거부하라고 한 구절이 있다는 것도 근거다.

홉스는 기적에 대해서 긍정하지만 기적을 여러 각도로 둘러보면서 해석한다. 기적은 말 그대로 이해할 수 없는 현상이 특정한 상황에만 나타나는 것이다. 예를 들어 노아의 홍수 직후의 무지개는 기적이지만 그 이후의 무지개는 기적이 아니며, 아이의 출산은 신비로운 일이지만 흔한 일이기에 기적이 되지 않는다. 또한 문외한에게는 기적으로 보이지만 자연철학에 정통한 사람의 시선에서는 기적으로 보이지 않는 일도 있다. 그래서 사기를 통해 기적인 마냥 사람을 속이거나 자연철학 지식을 통해 기적처럼 보이는 마술을 할 수 있고, 이 때문에 기적은 곧이곧대로 믿어서는 안 된다. 대표적 예시는 모세가 보인 기적을 이집트 주술사들이 어느 정도는 따라 했던 것이다. 이렇게 기적은 여러 각도로 보지 않으면 속기 쉽다.

성경에서 말하는 영원한 생명, 지옥, 구원, 내세, 속죄의 의미에 대해서도 홉스는 성경을 바탕으로 나름 자신의 소신을 다해 해석했다. 아담이 원죄를 저지르지 않았다면 아담은 생명의 열매를 먹으며 영생했을 것이고, 예수가 재림해 가져올 영생 또한 비슷한 것이라는 게 홉스의 주장이다. 영원한 죄의 판결을 받은 자들이 가는 지옥은 다른 신화와 달리 성경에 명시되지 않았으나 하나님이 사악한 자들을 땅속으로 삼켰다는 일화로 어렴풋이 추측해야 한다고 덧붙인다. 지옥불은 진짜 불이 아닌 무기한의 파멸로 해석해야 한다 보았고, 그래서 홉스는 연옥의 존재를 부정했다.

또한 사탄이나 마귀, 아바돈 같은 존재들은 결코 고유한 존재가 아닌 사악한 존재의 비유이며, 사탄은 적을 상징, 마귀는 고발자를 상징, 아바돈은 파괴자를 상징한다. 하지만 성경을 번역하면서 사악한 존재들의 이름을 원어 그대로 썼기에 사악한 존재들이 고유명사로 오인됐으며, 그래서 홉스는 사람들이 귀신 이야기에 현혹됐다고 한탄했다.

실제 신화학에서도 성경에서 이름이 명시되는 악마는 사탄, 레기온, 아바돈 정도이며, 그나마도 사탄과 레기온은 히브리어가 아닌 라틴어 이름이고, 아바돈 또한 황충을 비유한 것으로 의심되며, 레기온은 군대라는 뜻이다. 유명한 타락천사 루시퍼는 사실 밝게 빛나는 샛별을 상징하는 단어이며, 중세의 악마학과 결합해 지금의 이미지로 굳어진 것이다. 예수를 샛별로 묘사하는 구문이 있으며, 아바돈을 아폴리온, 즉 아폴론으로 표기한 것이 있던 걸 생각하면 악마들의 이름은 타 종교의 신을 악마 취급하는 교리의 연장선에 불과한 것이다.

7대 죄의 마왕, 클리포트의 나무에 대응되는 악마, 72 악마처럼 하위문화에서 유명한 악마들은 뭐냐는 의문이 들 것이다. 정답은 간단하다. 그런 악마들 또한 천사들과 같이 중세 시대 신비학이나 카발라에서 지어낸 존재들이다. 특히 72 악마는 성경에서 솔로몬이 72마리의 악마를 부렸다는 정도로 간략하게 묘사되지만 타 종교의 신을 악마로 취급하는 유대교와 기독교의 교리가 다른 종교의 신들과 합쳐져서 72 악마의 이름이 채워진 것이다. 그 증거로 제1위 바알은 본래는 바알 신앙의 주신 바알을 뜻하고, 제4위 아몬은 이집트의 태양신 아몬 라에서 따온 것이다. 홉스는 이방의 신을 따오면서까지 악마를 묘사할 필요가 없다고 생각해서 천사학과 악마학에 부정적이었다.

홉스는 재림할 하느님의 나라는 예루살렘을 중심으로 하지만 그곳을 중심으로 해 이방인인 우리도 구원받을 것이라고 했다. 예수 그리스도가 구원은 유대인에게서 시작한다고 확언한 게 그 증거이며, 홉스가 구약의 권위를 인정하고 있다는 증거이다. 불행하게도 유대교는 선민사상을 버리지 못하고 오직 유대인만이 선택받은 민족이며 메시아는 우리만을 구원해줄 것이라고 했다. 이 때문에 기독교와 이슬람교의 원한을 사게 되어서 유대인들은 떠돌아다니는 삶을 살아야 했다. 현대적인 관용의 시각으로 보면 과거에 다른 종교의 신들을 전부 거부하고 부수려는 태도가 가져온 업보라고 볼 수 있다는 생각이 든다. 물론 이건 어디까지나 유대교의 죄이지 유대인의 죄가 아니니 유대인 차별과 홀로코스트는 엄연히 악에 불과하다는 걸 잊지 말았으면 한다. 조상의 죄를 후손에게까지 무리하게 적용하는 건 연좌제에 불과하다.

홉스는 교회에 대해서 성경에서는 하느님의 집을 의미하며, 넓은 의미에서는 그리스도적 정치사회를 말하니 현세(現世)의 통치를 최대한 존중해야 한다고 주장했다. 르네상스 시기 교권과 왕권이 첨예하게 대립하고 있는 상황에서 왕권이 더 존중되어야 한다는 주장인데, 이는 교회가 『리바이어던』을 금서로 삼게 된 이유 중 하나일 것이다. 르네상스 시기 교회는 마키아벨리의 『군주론』에서 볼 수 있듯이 자신들의 권위를 이용해서 권력을 장악하고 있었고, 그래서 권위에 비판적인 홉스가 미워 보였을 것이다.

하나님 왕국의 주권적 권리는 유대 민족의 시조인 아브라함에서 시작됐고, 아브라함만이 자손들의 종교에 대해 명령할 권력이 있었다고 홉스는 주장한다. 아브라함은 당시 하나님 말씀에 대한 유일한 판정자이자 해석자이고, 허황한 주장을 할 때 처벌할 수 있었는데, 처벌권은 아브라함이 처음으로 하나님 왕국의 주권자이기에 가지는 권한이었다. 왕의 권위가 아담에서 시작된다고 주장하는 왕권신수설처럼 아브라함이 아담의 자손이어서 가지는 권한이 아니다.

주권적 권리는 모세로 이어진다. 하나님과의 계약을 갱신한 그때부터 이스라엘 왕국은 하나님의 특별한 나라가 됐다는 것이다. 그러나 모세는 아브라함의 직접 계승자가 아니기에 백성들이 그를 믿기 전까지는 그를 하나님의 대리자로 여겨야 할 의무는 없던 것으로 보이는데, 바꿔 말하자면 주권자를 믿기 전까지는 주권자의 말을 따를 의미가 없는 것이다. 모세가 하나님 왕국의 주권자로서의 권위를 가지게 된 것은 백성들이 모세의 기적을 보고 복종의 약속을 하였고, 백성들은 모세가 하나님의 말씀으로 전달하는 것에 복종할 의무가 생긴 것이다.

그러면 모세가 죽은 뒤는 하나님 나라의 주권은 어디에 있을까? 그건 바로 대제사장에게 있었다. 성경의 묘사를 보면 대제사장은 전쟁 결정과 사법권의 최종 결정권을 가지고 있었으며, 이는 사울 왕 이전까지는 정치적, 종교적 권력이 하나인 게 당연했다는 것이다. 여호수아와 사울 왕 사이에는 왕이 없었다고 하는데, 이건 진짜 왕이 없다기보다는 주권적 권력이 없었다는 뜻이다. 원칙적으로는 대제사장에게 있는 것이 당연했지만 여호수아 이후의 세대는 하나님의 기적을 보지 못했고, 타 종교의 신을 섬기기까지 했다. 그래서 유대인들은 예언자들에게 더 복종하였지만 예언자들은 대제사장에게 도전할 권한이 없었고, 그러지도 않았다. 당시 정치와 종교 모두를 규제할 수 있는 권리는 하나였다.

끝내 이스라엘 백성들은 자신들도 타국과 같은 방식으로 왕을 세워야 한다고 주장했다. 당시 예언자였던 사무엘의 후대들을 이스라엘 백성들이 신용할 수 없어서였다. 그렇다고 해서 이스라엘 백성들이 여호와에 대한 신앙을 버린 것은 아니었다. 사무엘의 아들들이 부정을 저지른 후라 그들 대신 왕이 재판하길 바란 것이었다. 그 뒤로 이스라엘 왕국이 세워졌고, 그때부터 주권은 왕의 손에 넘어갔다. 주권이 왕의 손에 있다는 것은 솔로몬이 대제사장을 처벌한 것으로 증명되고, 일단 나라가 세워졌으면 정치적 주권자가 절대적 주권자라는 것이다.

그러면 구세주 예수 그리스도의 직무는 무엇인가? 세 가지가 있다. 첫째는 속죄자며, 둘째는 조언자이며, 셋째는 언젠가 찾아올 하나님 나라의 왕이다. 속죄자는 예수의 죽음으로 당시 사람들의 죄악을 짊어지고 승천하는 직무이며, 조언자는 하나님 나라의 계약을 갱신하고 선택받은 자들이 그것을 받아들이도록 가르치는 것이다. 마지막으로 하나님 나라의 왕은 그가 재림한 후 세상을 다스리는 건데, 이때 죽은 자들의 육신을 부활시키고 그들에게 생명의 열매를 주며 영생을 보장할 것이라고 홉스는 주장한다.

예수는 하나님 나라의 왕이긴 하지만 결국 그 권위는 하나님 아래다. 모세도 그런 부분에서는 비슷한데 모세는 하나님 나라의 주권자지만 그 권위는 하나님 아래다. 그 이외에도 모세와 예수는 공통점이 많다. 모세가 12명의 두령을 선택해 십이지파를 다스린 것처럼 예수도 십이사도를 뽑아 최후의 심판 때 이들이 십이지파를 심판할 것이라 하였으며, 모세는 70명의 장로를 이끌었고 예수는 70명의 제자를 이끌었다.

결정적으로 모세와 예수는 하나님 나라로의 입국을 허락하는 일(할례, 세례의식)과 고난을 해방하는 것을 기념하는 일(유월절, 성찬)이라는 두 가지 성례를 확립했다. 예수 이후 할례에서 세례의식으로 바뀌었는데, 홉스는 이 세례의식의 유래를 모세율법에 나오는 나병 치료법으로 추측했다. 모세율법에서 나병 환자는 일정한 기간 이스라엘의 장막 바깥에 격리수용을 하게 되어 있었고, 그 기간이 끝난 후 제사장이 청결하다고 판단하면 물로 씻는 의식을 행한 뒤 다시 장막으로 들어올 수 있었다. 확실히 죄를 씻고 다시 공동체로 돌아온다는 점에서 비슷하다. 마찬가지로 성찬 또한 유월절에 양고기를 먹는 풍습과 비슷한 부분이 있다.

그렇다면 교권은 무엇인가? 홉스는 교권을 이야기하기 전에 삼위일체에 대해 먼저 정립한다. 삼위일체란 하나님의 세 인격으로, 모세로부터 대표된 인격이 성부, 예수로부터 대표된 인격이 성자, 사도들로부터 대표된 인격이 성령이다. 성부, 성자, 성령은 같은 하나님의 인격이며, 홉스는 그에 대한 근거로 성 요한의 말인 '증언하는 이가 셋이니, 성령과 물과 피라 또한 이 셋은 합해 하나이니라'를 제시한다.

성령에서 유래하는 권력이 교권인데, 교권은 구체적으로 어떤 권력인가? 홉스는 단지 가르치는 권력에 불과하다고 일축했다. 예수는 십이사도에게 사람들을 인도하고 가르칠 권한을 주었고, 그 증거가 예수 본인도 자신이 재림하기 전까지는 그저 인도자지 아직 유대인의 왕이 아니라고 말하는 것이다. 그래서 예수는 정치적 지도자들에 대해서도 존중했다. 가이사의 것은 가이사에게라는 말부터가 가이사, 즉 카이사르의 권한을 인정한다는 의미이다.

사도 바울은 신을 믿는 것도 중요하지만 기초적인 자연법을 지켜야 하며, 군주에게 복종하는 것도 자연법이니 따라야 한다고 말했다. 홉스는 이걸 근거로 그리스도교 신자라면 최소한 겉으로는 정치적 주권자를 따라야 한다고 주장했다. 그러면 주권자가 그리스도교를 탄압한다면 어떻게 해야 하는가? 홉스는 이때 겉으로나마 주권자를 따르면서도 마음속으로는 신앙심을 잃지 않으면 된다고 대답했다. 즉 질서를 준수하되 신을 믿는 마음을 가지라는 것이다.

그게 진짜 신앙심인지 의문이 들 수 있으나 홉스는 다음과 같은 예시로 반박했다. 그리스도교 국가에 사는 한 백성이 마음속으로 이슬람교를 믿고 있는데, 그의 주권자가 그리스도 교회의 예배에 출석하라고 명령하고 불복하면 사형에 처하겠다고 하는 경우, 어떻게 해야 하는가? 죽음을 각오해야 한다고 주장하면 누구든지 자신의 종교가 참인지 거짓인지 상관없이 군주를 거역할 수 있다는 것이 되고, 복종해야 한다고 하면 남에게는 금지된 것을 자기에게는 허용하는 것이다. 이건 예수의 가르침인 남에게 대접을 받고 싶으면 너희도 남을 대접하라는 것을 어기는 것이며, 자연법인 남이 너에게 하기를 원하지 않은 일은 너도 남에게 하지 말라는 것과 어긋난다.

확실히 종교의 관용 문제와 당시 종교가 지나치게 권력을 잡으려는 것을 생각하면 홉스가 주장하는 종교의 처신은 위선적으로 보일지 몰라도 나름의 관용적 태도라 볼 수 있다. 현대에서도 이슬람 극단주의자들이 다른 나라의 종교나 법은 존중하지 않고 자신들의 태도만 정답이라 박박 우기며 민폐를 부리지 않는가? 이런 시점에서 보면 홉스가 주장하는 종교의 처신은 오히려 소극적으로나마 관용을 보이는 것이나 다름없고, 사회계약론을 발전시킨 루소가 종교에 대한 관용을 적극적으로 지지한 것도 결코 이와 무관하지 않다고 생각한다.

그렇다면 순교자들은 개죽음이란 말인가? 홉스는 이 질문에 앞서 순교자에 대한 정의부터 확립한다. 순교자란 예수의 부활을 증언하는 자이고, 따라서 1차 순교자는 예수를 직접 만나고 부활까지 본 자들이다. 그들의 뜻을 따르고 순교하는 자들은 2차 순교자이다. 교리를 내세워서 국가의 권위에 도전하다 죽는 건 어리석은 죽음이며, 예수가 그리스도라는 신조를 위해 죽은 자만이 순교자이다. 그리스도교에 정통하기에 할 수 있는 지적과 관용이라 할 수 있다.

파문에 대해서도 그 용례를 한정한다. 파문은 정치 권력을 동반하지 않으면 단지 파문된 사람과 가까이하지 않는 것에 불과하고, 합의의 장소에 들어오지 못하는 건 주권자가 결정할 일이지 종교인이 결정할 일이 아니다. 파문은 주장의 오류를 교정하기 위한 것이 아니라서 신자가 불의를 저지르거나 문란하거나 하면 적용할 수 있지만 아무리 의견이 다르더라도 예수가 그리스도라는 핵심 교리를 믿는다면 파문할 수 없고 단지 그와 상종하려 들지 않는 것만 가능하다. 실제로 예수의 사도들과 직계 제자들은 서로 논쟁할지언정 서로를 교회 밖으로 추방하지 않았다. 중세 시대에 파문이 권력화된 것은 인간 본연의 권력을 탐하는 욕심 때문에 변질된 것이라는 명백한 증거이다.

파문에는 많은 조건이 있어야 한다. 파문의 대상이 그리스도 교회의 내부 구성원이어야 한다는 것이다. 즉 교회가 다른 교회를 파문하는 것은 불가능하다. 근본적으로 대등한 집단이기 때문이다. 확장해서 군주나 합의체는 종교 집단보다 크거나 대등한 존재이니 파문할 수 없다. 거기다 백성들이 주권자를 추방할 수도 없고, 나가려고 해도 주권자의 허락이 필요하니 군주에 대한 파문은 쓸모가 없다.

그리스도교 백성이 거주하는 나라의 주권자가 어떤 종교를 믿든지 그리스도교 백성이 그 법에 복종하고 있을 때, 파문은 효력이 없다. 사실상 예수가 그리스도라는 핵심만 지키고 있으면 파문에서 자유로운 셈이다. 교회가 정치적 목적으로 파문을 남발하는 것에 대한 적나라한 비판이며, 교회 처지에서는 자신들의 추한 민낯을 다 공개하는 셈이었다. 홉스와 마키아벨리의 처지에서 교회가 자신들의 책을 금서로 지정한 건 위선의 극치로 보였을 것이다.

홉스는 성경을 정하는 건 주권자가 그리스도교를 믿을 때 가능하며, 주권자가 법으로 정하기 전까지는 성경은 어디까지나 도덕이나 충고이지 강제력을 가진 율법이 아니라고 주장했다. 교회는 주권자에게 충고할지언정 강요를 할 수 없고, 사도 시대 때 새로운 사도들은 신도 합의체에 의해 사도로 선정된 것이지 구십이사도에 의해 사도로 선정된 것이 아니라며 교권과 주권은 별개라고 선을 그었다. 이러한 비판은 말 그대로 홉스가 신학에 정통하기에 가능한 것이며, 그런 의미에서 홉스가 무신론자라는 교회의 주장은 사실상 어불성설이다. 그만큼 홉스의 신랄한 비판이 교회에는 몹시 거슬렸다.

또한 십일조에 대해서도 모세 시대와 사도 시대를 예로 들며 본질을 말했다. 십일조는 대제사장을 배출하는 레위 지파를 위해 있던 제도이며, 이는 당시 유대인 국가에서 대제사장이 주권자이기에 용납됐던 거라고 했다. 사도들이 주권자가 아닌 사도시대에서 사도들은 자신들의 생업으로 자급자족하거나 신도들이 바치는 기부로 먹고살았으며, 이는 베드로가 아나니야에게 돈을 숨긴 걸 비판할 때 그대는 바치지 않았으면 될 걸 하나님을 속였다는 지적에서 증명된다고 보았다. 즉 기부는 자유였다.

주권자들만이 정치적 권한을 내놓을 수 있으며, 다른 목사들의 권한은 세속적 권리에 불과하다고 홉스는 주장했다. 목사의 권한이 신에게 있다는 것은 목사 자신들의 권력욕을 정당화하기 위한 어불성설에 불과하다는 것이다. 거기다 교황의 권위는 베드로부터 내려왔기에 교황은 다른 목사들보다 우월하다는 주장도 예수가 베드로에게 준 권한은 가르칠 권리이며, 베드로 또한 스승으로 임했지 왕으로 임하지 않았기에 교황은 목사들을 대표할 수는 있어도 목사들 위에 군림할 권한은 없다고 지적했다. 홉스는 교회가 노골적으로 정치적 권력을 탐하는 게 질서와 성경을 어기는 것이라 보았고, 책의 절반을 할애해 가면서 신랄하게 비판했다.

특히 교회의 타락에 반발해 신교가 탄생했지만 이들은 구교와 서로 대립하며 30년 전쟁이라는 전쟁까지 일어났다. 30년 전쟁은 진행되면서 종교적 목적이 아닌 서로의 권력을 위한 전쟁으로 변질된 걸 생각하면 홉스가 근본적 믿음만 같으면 파문할 수 없다는 건 구교와 신교의 싸움을 종교적으로 비판하고 있다는 것을 알 수 있다. 면죄부의 경우 신교가 구교를 비판할 때 항상 들어가는 말이었고, 종교 갈등을 못 이긴 신교도가 아메리카 대륙으로 떠나서 미국을 세운 것까지 생각하면 홉스의 이 지적은 종교 갈등의 원인이 인간의 탐욕이라는 것을 꼬집은 것이다.

최종 장에서는 아예 홉스는 권력에 타락한 종교인들과 교회는 어둠의 나라 그 자체라고 비판했다. 홉스는 교회가 곧 하느님의 나라, 연옥론, 천국론 같은 당대의 주장들은 말 그대로 권력을 위해 성경을 곡해하는 것에 지나지 않는다고 보았다. 면죄부 또한 사도도 아닌 일개 목사들이 면죄를 결정하는 시점에서 탐욕을 다른 이름으로 포장하는 것에 불과하다고 했다. 교회는 주권이 없으며, 주권을 주장하는 순간 한 나라에 주권이 둘인 건데 이는 분쟁을 부를 뿐이니 막아야 하는 병폐라고 단언했다.

홉스는 교회가 악마론, 정령론을 들고 와서 종교의 본래 가르침이 퇴색됐고, 세례와 의식에 쓸데없이 긴 주문을 붙이는 것으로 자신들의 권위를 세우려 하는 것을 이방 종교의 마술이나 다름없다고 비판했다. 나아가 부패한 종교인들의 행태가 요정 왕국 같은 허구의 존재와 다를 게 없다고 비유했을 정도이다. 본래 세례는 정갈하게 허례허식 없이 하는 것이고 성찬도 경건한 마음으로 하는 건데 성찬에 쓸데없는 의미를 붙이느라 우상숭배나 다를 바 없이 됐다고 비판했다.

종교적 신상을 세우는 건 사실상 다른 형태의 우상숭배나 다름 없다고 비판했다. 그럼 놋뱀이나 케루빔은 뭐냐는 반론에 대해서 홉스는 놋뱀과 케루빔은 하나님이 이것을 자신의 상징으로 여기라고 해서 된 것이고, 사람들이 놋뱀 자체를 믿게 되자 놋뱀을 때려 부순 것만 봐도 알 수 있듯이 우상숭배는 사람들이 형상을 신의 상징으로 여기며 그것 자체에 신이 깃들어 있다고 숭배하는 거라 정의했다. 우상숭배는 그리스와 이집트 등 다른 이교들이 숱하게 해오던 것인데, 이제는 성상이라는 등 이름만 바꿔어서 적용되고 이교의 신들을 악마의 이름으로 받아들이고 공포의 수단으로 삼는 점에서 타락이나 다를 게 없다고 지적했다.

목사들의 권력욕도 비판했다. 목사들이 법의 혜택은 누리면서 주권자에게 세금을 내지 않는 것은 위선이며, 목사가 결혼하지 않는 제도는 왕은 결혼하지 않으면 후사를 낼 수 없다는 점을 악용해 목사의 특별성을 과시하기 위한 허영이며, 종교인들의 행태는 결코 참된 종교가 아닌 단지 권력욕을 위해 성경을 팔고 이교의 특성을 더하는 것에 불과하다고 비판했다. 특히 교황의 칭호와 교회의 행사들은 그 이름과 형식에 로마 다신교의 흔적이 가득하며, 더 이상 이건 순수하다고 볼 수 없다고 비판했다.

검열 또한 주권자가 결정할 것이지 교회에는 그 권한이 없으며, 어떤 교리가 다를 경우 그 교리가 질서를 위협한다는 이유로 규제할 수 있지만 규제는 주권자가 정하는 것이니 교리가 다르다는 것 자체로는 규제할 수 없다고 지적했다. 홉스가 교회의 검열에 대한 지적을 한 것은 갈릴레이 등의 인재가 교회의 권력다툼에 희생된 것에 대한 분노로 보인다. 교회는 이러한 지적이 그야말로 자신들을 무시하는 것이라고 적반하장식 분노를 느꼈고, 『리바이어던』을 금서로 지정하는 것으로 보복했다. 참으로 안타까운 일이다.

이제 『리바이어던』의 한계점에 대해 느낀 점을 이야기하고자 한다. 홉스는 종교에 대한 높은 이해도를 바탕으로 교회를 신랄하게 비판했다. 실제로 그 당시 교회는 비판할 점이 많았으며, 지금도 문제가 남아 있다는 것을 보면 아직도 유효하다고 볼 수 있다. 아이러니한 점은 비판의 대상이던 가톨릭은 현재 주권을 바티칸으로 한정하며 교황은 바티칸의 주권자지만 다른 신도들에게는 상징일지언정 권력적으로 군림하지 않는 등 많이 개선됐다. 하지만 신교는 종교 간의 해석이 갈려 여러 분파로 쪼개지고 이 중에서는 사이비도 많이 생기는 등 이미지가 많이 나빠졌다는 것이다.

정치에 대해서는 여러모로 한계점이 뚜렷하다. 홉스는 자연상태보다 질서가 낫다고 했는데 홉스가 주장한 자연상태가 실제로 존재하는지는 확인되지 않았다. 2차 세계대전 당시 나치 독일의 홀로코스트나 제국주의 열강의 수탈 등 권력과 질서의 이름으로 자연에 일어난 어떤 학살보다 끔찍한 학살이 벌어졌다는 점에서 더는 질서가 자연상태보다 낫다는 논리에 동의하기는 힘들다. 물론 홉스가 살던 시기에는 사람을 대량으로 학살할 방법이 전쟁밖에 없었으며, 그마저도 한 번에 사람을 많이 죽이기는 힘들었다. 질서가 그런 전쟁을 억제한다는 관점을 가지고 있던 홉스의 신념을 생각하면 질서가 무질서보다 더한 학살을 부른 사례를 무턱대고 홉스만의 잘못으로 모는 건 힘들다.

홉스는 권력을 제한하긴 했지만 권력이 구실을 못 하면 어떻게 해야 하느냐에 대해서는 뚜렷한 답을 하지 못했다. 로크와 루소는 이러한 한계를 인지하고 백성이 권력자에게 양도한 권리는 일부이며, 권력자가 백성의 뜻을 거스르면 교체할 수 있다고 단언했다. 그러나 홉스는 그러지 못했으니 군주제에 몸을 담고 있던 한계로 볼 수 있다. 그뿐만 아니라 연좌제를 긍정한 것 또한 현대 인권의 면에서 보면 옹호할 수 없다. 검열 및 사상통제를 옹호한 것도 홉스 딴에는 질서가 최선이라 보았을지 모르지만 얼마든지 최악의 형태로 악용될 수 있다는 점에서 현대의 관점에서는 정말 용납하기 힘들다. 당장 나치 독일이라는 최악의 사례가 있고, 한국만 해도 군사독재 시절 독재 정권이 자신들의 권력 옹호를 위해 온갖 언론 탄압을 해댄 걸 생각하면 홉스는 결국 전근대적 사고의 한계를 넘지 못한 것이다.

이렇듯이 홉스의 사회계약론은 왕당파로서는 권력의 근원이 백성이고 인간은 기본적으로 평등하다는 주장은 지나치게 혁명적이고, 의회파로서는 군주제를 지나치게 옹호하고 권력의 집중만이 옳다고 보며, 검열이나 사상통제를 옹호한다는 점에서 지나치게 구체제적이었다. 홉스가 그렇게 배척당한 것은 그의 사상이 과도기적 사상임을 증명하는 것이라 볼 수 있다.

홉스의 학문에 한계가 있을지언정 그 의미는 적지 않다. 홉스는 처음으로 권력이 모두의 합의에서 얻어지며 인간은 기본적으로 평등하다고 주장했다. 이 주장은 로크와 루소에게로 계승되어 현대 민주주의와 인권사상의 기초를 이루었으며, 현재 수많은 나라가 사회계약론을 헌법에 적용하고 있다. 홉스의 사상은 미숙했지만 그 불씨는 현재로 이어져 더욱 화려하게 빛나고 있다는 것은 명백하다.

그래서 우리는 옛 사상가들의 사상을 답습만 할 게 아니라 계속 발전시켜 더 좋게 바꾸어나가야 한다고 생각한다. 그렇게 학문은 발전하는 것이기 때문이다. 앞으로도 모르는 걸 인정하며 새로운 걸 알려는 태도를 가지고 인문고전을 탐구할 것이다.

7. 루소의 『사회계약론』

현대 민주주의의 이론적 토대를 완성한 정치철학의 완결판

　루소의 사상을 한마디로 요약하면 '자연으로 돌아가라'이다. 자연 상태에서 지녔던 인간의 순수한 감성으로 돌아가라는 뜻이고, 문명은 분명 안전과 복지를 제공하지만 개인의 진실한 자유를 박탈한다는 것이다. 다만 이 말을 루소가 중점적으로 강조한 게 아니라 후세의 철학자들이 의미를 부여한 측면이 강하다. '자연으로 돌아가라'는 동양에서 노자가 주장한 무위자연, 즉 자연의 순리에 따르고 인위적인 것에서 벗어나라는 철학과 유사한 부분이 있다.

　이 사상 때문에 인간의 이성과 지성을 중시하던 계몽주의 사상가 볼테르와 반목하기도 했다. 루소는 인간은 선한 본성을 가졌지만 사회 제도로 인해 타락했고, 그 사회 제도는 지성을 대의명분으로 만들어진 게 아니냐고 지적했다. 계몽주의의 정점 볼테르는 이를 받아들일 수 없었고, 그렇기에 루소와 갈라섰다. 계몽

주의는 인간이 이성과 지성으로 발전해 나간다고 보기 때문이다. 그러나 정작 계몽주의의 대표자인 칸트는 나중에 루소의『에밀』을 읽고 나서 자신의 사상에 오만함이 없나 돌아보게 됐다는 것을 생각하면 참 묘하다. 루소는 올바른 제도와 올바른 인간은 무엇일까를 고민했고, 전자에 대한 자신만의 해답으로『사회계약론』을, 후자에 대한 자신만의 해답으로『에밀』을 내놓았다.

루소의 사상은 그의 생애로부터 근본을 찾을 수 있다. 그는 1712년 제네바에서 태어나 얼마 후 어머니를 잃었으며, 그래서 비교적 유약한 성품을 가졌다. 그러나 아버지를 통해 플루타르크코스 영웅전 같은 인문고전을 많이 읽었고, 이는 그의 사상적 기반이 됐다. 회고록에서 '나는 12살 전까지는 로마인이나 다름없었다'라고 말할 정도로 로마에 관한 인문고전은 그의 철학의 기둥 중 하나였다. 실제로『사회계약론』에서도 로마의 제도를 다루는 부분이 존재하고, 본편과 각주에서 로마의 역사에 대한 언급이 자주 나오는 것을 보면 그의 사상 형성에 로마가 큰 비중을 차지한다는 것을 알 수 있다.

그러나 도제 생활을 하면서 불행해졌고, 결국 탈주까지 한다. 비록 불행뿐인 도제 생활이었지만 사회와 정치에 있어서 계약이란 무슨 의미일까를 생각하게 되는 계기가 됐다. 그렇게 고생 가득한 젊은 시절을 보내던 루소는 프랑스에서 바랑 부인을 만난다. 바랑 부인은 그에게 드리워져 있었던 애정결핍을 채워주어 새로운 삶으로 전환하는 계기가 됐다. 루소는 바랑 부인의 도움으로 도서관에 가서 수많은 인문고전을 통해 사상가들과 대화하면서 정치철학은 물론 신학과 자연과학, 문학, 음악 등에도 상당한 교양을 쌓았다.

이때는 사실상 루소 인생 최고로 행복하던 시절이자, 그의 사상을 완성하기 위해 준비하던 시간이 됐다. 바랑 부인과 헤어진 후 『사회계약론』과 『에밀』을 완성한다. 그러나 그 당시 사회와 철학에 비판적인 입장이었던 『사회계약론』과 『에밀』은 금서가 됐다. 그래서 루소는 도피생활을 하며 힘들게 살기도 했다.

이제부터 본격적으로 『사회계약론』에 대해서 알아보자. 『사회계약론』의 시작은 '인간은 자유롭게 태어났으나 어디에서나 쇠사슬에 묶여 있다'라는 문장으로 시작하는데, 이는 인간의 자유라는 주제를 꺼내기 위한 서두이다. 이 표현은 인간은 본질적으로 자유롭지만 지금은 그 자유를 잃었다는 비유다. 루소는 인간은 자연에서 본래 자유롭지만 지금의 사회에서는 그 자유를 강제로 포기 당하는 상태라고 판단했고, 그렇기에 처음에는 자연상태의 자유에 대해서 논하기 시작했다. 초기사회는 가족에서 시작하고 그런 가족사회는 군주사회와 다르다고 단언한다.

또한 '인류의 체제는 피지배자를 기반으로 한다'는 흐로티우스의 주장과 '일단 군주를 위한 사회계약이 맺어졌으면 군주가 생명권을 침해하거나 군주가 더는 계약을 행사할 힘이 없지 않은 이상은 군주에게 절대 충성해야 한다'는 홉스의 주장에 대해 루소는 비판적이다. 결국 지배자들도 계약 체결 이전에는 피지배자와 같은 인간에 불과하기 때문에 함부로 할 권리가 없다는 것이다. 또한 아리스토텔레스의 노예가 될 인간은 처음부터 정해진다는 주장에서도 노예는 노예라는 신분에 묶여서 비굴해지는 것 자체는 맞지만 노예제의 시작은 자연적인 것이 아닌 강제적인 것이기에 원인과 결과를 혼동한 것과 같다고 지적했다. 그런데도 정작 현실 정치에 대해서는 아리스토텔레스와 거의 같은 결론을 내린 것도 재미있다. 결국 현실주의는 현실을 위한 결론으로 귀결하는 것인가?

루소는 강자의 권리에도 회의적이다. 흐로티우스는 승자는 패자의 생사여탈권이 있고 패자를 노예로 만들 수 있다고 하지만, 루소는 승자라도 패자를 마음대로 할 권리는 없다고 했다. 더 나아가 로마인들이 전쟁에 나서기 전에 패자를 함부로 죽이지 않는다는 선서를 했다는 것을 예로 들면서 흐로티우스를 비판했다. 노예제에 우호적이었던 아리스토텔레스조차 전쟁노예에 대해서는 부정적이었던 입장이었던 걸 생각해보면, 흐로티우스의 이런 주장은 봉건제를 정당화하려다가 생긴 오류로 보인다.

루소는 한 걸음 더 나아가 강자가 약자를 억압해 규칙을 세웠다고 해도 그것은 단지 명령에 불과하며 절대적인 규칙이 될 수 없다고 비판했다. 홉스가 혼란보다는 규칙이 낫다고 판단했지만 루소는 어떤 규칙도 인간의 근본적 자유와 인권을 함부로 침해할 수 없다는 태도라서 이렇게 갈린 것이다. 실제로도 이후 제국주의, 세계대전 등에서 규칙으로 인해 대학살이 벌어진 걸 생각하면 루소가 현실을 더 깊게 통찰했던 것 같다.

그렇다면 어떻게 사회가 인간을 통제할 권리를 얻었을까? 루소는 그 근거를 사회계약에서 제시한다. 이 계약은 모든 사람이 공동의 힘으로 서로를 보호하고, 각 개인이 다른 사람과 관계를 맺되 자신의 자유가 우선시되며, 자유롭게 동의할 수 있는 계약이다. 다만 이 사회계약은 모두의 합의를 얻어야 하며, 개인의 기본 권리는 지키되 공익을 위해서 불가피한 경우에는 자연적 자유 제한이 가능하다는 조건이 붙는다.

홉스가 전쟁 상태나 다름없는 자연 상태를 타파하기 위해 한 개인을 중심으로 사회계약을 맺었다면, 루소는 모두가 기본적 자유를 가진 상태에서 집단 전체의 자유를 위해 개인의 자유 일부를 양도한다는 식의 사회계약인 셈이다. 홉스와 비교하면 루소는 인간의 기본권을 좀 더 넓게 봤고, 자연 상태가 마냥 혼돈은 아니었을 것으로 생각한 것이다.

재산에 대해서도 자신의 사회계약을 이야기한다. 토지 획득권의 경우 그 전에 토지에 주인이 없을 것, 생존에 필요한 만큼만 할 것, 반드시 토지 획득을 위해서 직접 노동하는 것이 필요하다고 보았다. 이 중 하나라도 없으면 약탈이라고 본 것이다. 루소는 권력자들이 더 힘을 얻기 위해 토지를 약탈하였고, 많은 토지 소유권의 확보를 통해 지배권을 굳혔다고 평가하며 부정적인 시선으로 바라보았다.

루소가 주권 및 행정에 관한 이야기를 시작하며 강조한 것은 주권은 양도될 수 없으며, 모두를 위한 의지인 일반 의지를 위해서만 쓰여야 한다는 것이다. 일반 의지는 평등을 지향하며, 주권은 근본적으로 나눌 수 없으며, 입법권이나 행정권 같은 것은 필요에 따른 분류이지 근본적인 분할이 아니라는 것이다. 일반 의지는 개개인의 의지 총합과 같지 않다고 한다. 개개인은 이익을 바라지만 그 이익이 뭔지 항상 알지는 못한다. 그걸 틈타 당파가 생긴다면 당파의 의지는 당파 내의 의지의 총합이 되지만 일반 의지는 아니며, 당파들이 있으면 자기들의 의지를 일반 의지로 속여 당파 간에 대립할 수 있다.

그렇기에 당파가 최대한 생기지 못하게 해야 하며, 불가피하게 생겼을 때는 수를 늘려 서로 견제하게 하는 게 좋다고 루소는 주장한다. 마키아벨리 또한 당파는 없는 게 최선이라 주장하였고, 있으면 서로를 견제하게 해야 한다고 주장한 걸 보면 루소는 마키아벨리에 대해서도 잘 알고 있던 것 같다. 비록 방법은 다를지언정 현실을 위한 정치라는 그들의 생각은 같은 것 같다. 현대에서도 집단이 생기면 그 집단의 의지만이 중시되고 다른 집단이나 개개인의 의견이 무시되는 집단이기주의가 종종 나타나는 걸 생각하면 일반 의지가 개개인의 의지 총합과 같지 않다는 통찰은 아직까지도 통하는 것 같다.

우리나라는 당파싸움의 역사가 길다 하지만 서양에서도 당파의 해로움이 강조되는 것을 보면 인간이 정치하는 이상 당파 문제가 발생하지 않을 수 없는 모양이다. 당파싸움이 심화될 경우 내전까지 이어지는 경우가 있는데, 일본과 중국의 전국시대를 예로 들 수 있다. 우리나라도 당파싸움의 폐해가 두드러지기 시작한 것은 서로를 반드시 제거해야 할 적으로 인식하기 시작한 시기부터였다. 현대 여러 민주주의 국가들이 양당제 또는 다당제를 채택하되 이들에게 투표를 통한 기회를 공평하게 주는 것을 생각하면 마키아벨리와 루소가 내놓은 차선책은 아직도 통하고 있다고 봐야 한다.

주권의 경우 개인의 이익과 공공의 이익이 충돌하는 문제가 생길 수 있으며, 이럴 때는 공공의 이익을 우선시해야 하며 일반 의지는 시민 전체가 동등하게 권리와 의무에 참여하게 함으로써 두 사이의 간격을 줄여야 한다고 한다. 이런 경우를 다루는 것이 루소에게는 법률이며, 법률은 일반 의지를 실현하기 위한 사회적 약속이라 보았다.

루소는 살인은 다른 사람의 생존 보장권을 어긴 것이므로 더는 사회 구성원이 아니며, 그러면 합법적으로 사형을 구형할 수 있다고 보았다. 그러나 사형을 내릴 때는 죄가 사실인지 꼼꼼히 확인해야 하며, 사람마다 성품이 다르기 때문에 갱생 여부와 피해 여부를 확인해 판결해야 한다고 보았다.

루소는 사형제를 허용하되 그 무거움 때문에 함부로 남용되어서는 안 된다고 본 것이다. 루소는 올바르지 못한 국가일수록 형벌이 자주 남용되며, 올바른 국가는 형벌을 잘 적용해 사형이 적다고 보았다. 이러한 형벌에 대한 루소의 태도는 도가의 이상 사회와도 일맥상통한다. 도가에서도 죽음이 흔해지면 백성들은 죽음을 두려워하지 않기 때문에 인위적인 법과 제도에 의존해서는 결코 안 된다고 보았는데, 루소 또한 형벌은 남용되어서는 안 된다고 본 것이다. 이들은 인위적인 것을 배제하려 한 시점에서부터 닮은 것일지도 모른다. 루소와 노자가 서로 만났으면 어떤 토론을 나눴을지 궁금하다.

이러한 법을 만들기 위해서는 국민 개개인보다는 입법자가 필요한데, 입법자는 반드시 일반 의지에 해박해야 한다. 개개인은 선을 알면서도 행하지 않고, 다수는 선을 행하려고 하면서도 그걸 알지 못하기 때문이다. 그래서 입법자만큼은 선에 대해 명확히 알고 그것을 실행할 능력이 있어야 한다.

입법자의 권위를 살리기 위한 수단으로 쓰일 수 있는 것이 종교인데, 좋은 예시로는 모세의 십계명과 예수의 격언, 마호메트의 규율이 있다. 루소는 진리는 때로는 대중이 이해하기 힘든 부분이 있어서 그걸 이해시키기 위한 권위가 필요하다고 했다. 마키아벨리 또한 무기(타인을 따르게 할 수 있는 강제력)가 없는 예언자는 실패한다고 지적했다. 어떤 의미에서 루소는 마키아벨리의 현실주의 너머의 정의를 보았다고 할 수 있다.

국민 또한 중요하다. 아무리 법을 잘 만들어도 국민이 그걸 실행할 역량이 안 되면 소용이 없기 때문이다. 루소는 국민마다 성숙도가 다르기에 성숙도에 맞춰 정치를 시행해야 하며, 그렇지 못하면 표트르 대제 시절 근대화를 이루었지만 왕권을 강화하기 위해 백성과 귀족을 지나치게 압박했던 러시아처럼 문제가 생긴다고 보았다. 다소의 편견은 있지만 루소의 판단이 아주 많이 틀렸다고 볼 수는 없다.

러시아는 표트르 대제 이후 크게 발전했지만 그 과정에서 귀족과 백성을 지나치게 억눌러서 백성들과 귀족들은 개혁을 내심 받아들이지 못했다. 결국 개혁에 대한 불만은 니콜라이 2세 시절 혁명으로 러시아 황가가 몰락하는 것으로 표출됐다. 일본 또한 민주주의를 제대로 받아들이지 못한 결과, 구시대적 잔재가 여전히 남아있는 상태이다. 우리나라도 민주주의가 제대로 받아들여지기까지 수많은 투쟁이 있었던 걸 생각하면 결코 타국만의 문제가 아니다.

국가의 크기 또한 중요하다. 국가는 통치자가 통제할 수 있는 이상으로 커지면 그 크기를 이기지 못하고 붕괴할 위험이 크다는 것이다. 실제로 알렉산더의 대제국과 몽골 제국은 유능한 통치자가 사라지자 순식간에 내분 및 침공으로 인해 분열됐으며, 소련 또한 국가의 힘이 약해지자 해체된 것을 생각하면 이는 정확한 판단이다. 로마 제국 또한 제국을 유지할 역량이 사라지자 동로마와 서로마로 쪼개졌고, 중국 또한 주나라가 힘을 잃자 춘추전국시대로 분열됐다. 그래서 루소는 영토의 크기보다는 영토가 얼마나 잘 관리되는지가 강대국을 좌우한다고 평가했다.

이상적인 민주주의를 위해서는 선하고 성숙한 국민, 자급자족이 가능하면서도 지나치게 크지 않은 영토 등 여러 조건이 충족되어야 한다며, 이런 조건에 가장 부합하는 곳이 코르시카라 보았다. 코르시카가 유럽에 큰 변혁을 가져올 것이라 보았다. 실제로 후에 나폴레옹이 코르시카 출신으로서 큰 변혁을 가져왔다. 하지만 나폴레옹이 민주주의에 끼친 명과 암 중 뭐가 더 큰지에 대해서는 갑론을박이 심한 상태라 루소의 의도라고 보기에는 힘들다.

루소는 법은 근본적으로 자유와 평등을 중시하는 국민 다수의 행복을 위해서 존재하며, 그렇기에 국가의 지형과 국민의 생활양식을 고려해야 한다고 보았다. 그리고 법이 힘을 가지려면 주권과 국가의 관계, 구성원들 사이의 관계, 위법과 형벌의 관계를 고려해야 하며 이는 도덕, 관습, 여론에 좌우된다고 강조했다. 법은 사람을 위해 있다는 것은 지금까지도 유효한 지적이다. 그래서 사람 위에 군림하는 법과 정부에 대해서는 시민 불복종이나 혁명이 정당화될 근거가 되는 것이다.

루소에 따르면 국가가 만들어졌을 때 그걸 운용하기 위해 만들어진 기관이 바로 정부이다. 정부는 국가보다 아래에 있는 기관이며, 따라서 정부는 국가와 동일시되어서는 안 된다고 루소는 주장했다. 그런 의미에서 짐이 곧 국가라는 루이 14세의 말은 루소에게 있어서 최고 권력자의 오만 그 자체로 보였을 것이다. 실제로 루이 14세의 업적은 화려했지만 그 이면에는 실책도 만만치 않았고, 이는 루이 16세의 시대에서 제대로 곪아 터져서 프랑스 혁명으로 이어졌다. 그런 의미에서 정부는 국가와 동일시되어서 안 된다는 루소의 통찰은 정확했다. 그래서 혁명파가 루소를 정신적 지주로 여긴 것이다.

정부는 하나의 집단이기에 개별 구성원들이 가진 개인 의지, 이들 전체의 의지인 단체 의지, 그리고 국민의 공공선인 일반 의지가 고려되어야 하는데, 이상적인 정부에서는 일반 의지가 우선시되어야 한다. 정부에서 의사 결정권자의 수가 적을수록 개인 의지가 강조되고 단체 의지가 축소되는데, 이럴수록 정부의 강제력은 강화된다. 반면에 의사 결정권자의 수가 많을수록 개인 의지는 축소되고, 단체 의지는 일반 의지와 유사해지지만 정부의 강제력은 약화된다.

정부는 국민 대다수가 의사를 결정하는 민주정, 소수의 인재가 의사를 결정하는 귀족정, 한 명의 통치자가 의사를 결정하는 군주정으로 나뉜다. 이 중 완전한 민주정은 사실상 불가능에 가깝다. 완전한 민주정이 되려면 국민들이 의사결정을 해야 하는데, 그러려면 자급자족이 가능할 정도로 나라가 작고 국민의 성숙도가 높아야 한다. 실제로 민주정을 채택한 그리스 폴리스들의 크기는 소국이라 할 수 있을 정도로 작았다. 그래서 폴리스를 전제로 국가를 정한 플라톤은 폴리스의 문제는 폴리스 내부에만 국한된다고 생각해서 외교의 중요성을 간과하고, 지나치게 이상에 가까운 정치론을 내놓는 등 한계를 보인 건지도 모른다.

민주정은 변화에 민감하기에 자칫하면 무너질 위험이 있다고 하는데, 플라톤은 이 점 때문에 민주주의를 몹시 부정적으로 보았다. 아리스토텔레스도 민주주의가 나름대로 장점이 있다고 평가하면서도 선동가들의 위험성은 주의했다는 걸 생각하면 정치 철학자들의 생각은 공통되는 것 같다. 히틀러의 나치 또한 내부적으로는 공작이 있을지언정 국민을 선동해 겉으로는 합법적으로 자리에 올랐고, 그 후 온갖 패악을 부린 걸 생각하면 이들의 우려는 옳았다고 볼 수 있다.

귀족주의는 소수의 인재가 의사를 결정하는 체제인데, 연장자들의 의견을 중시하는 자연적 귀족정, 뛰어난 인재가 선거로 결정되는 귀족정, 귀족이라는 자리가 세습되는 귀족정으로 나뉜다. 첫 번째는 작은 사회에 적합하고, 세 번째는 부정적이지만 두 번째는 현실에서 그나마 가장 좋은 정치로 여겨졌다.

따지고 보면 지금의 민주주의는 엄선된 인재를 선거로 뽑는다는 점에서 두 번째 귀족정이며, 아리스토텔레스 또한 이 체제를 혼합정이라 부르며 현실적으로 가장 좋은 정치 체제로 꼽았다. 비록 세부적인 의견은 달랐지만 현실적으로 가장 좋은 체제를 혼합정으로 택한 면에서 같은 걸 보면 현실주의 정치학은 근본적으로 그 시대 현실에 가장 잘 작동할 수 있는 정치체제로 귀결되는 것 같다.

　군주정은 군주의 권위가 인정받을 때는 나름대로 장점이 있지만 군주가 왕위에 오른 수단이 민중 선동이거나 기존의 의사 결정권자를 강제로 몰아내고 오른 경우에는 참주라고 불리며 가장 부정적인 체제로 보았다. 현실주의의 대가인 아리스토텔레스와 마키아벨리는 물론이고, 이상주의의 거두인 플라톤마저 참주정을 최악의 체제로 여긴 것을 보면 정치의 입장에서 참주정은 이의 없는 최악이라 볼 수 있다. 그나마 홉스는 이러한 참주라도 없는 것보다는 낫다고 두둔하고, 참주정이라는 표현은 군주정을 부정적으로 본 자들이 지어낸 표현이라고 주장하지만 이는 잘 받아들여지지 않았다.

　루소는 정치 체제는 나라의 기후와 크기에 따라 달라진다고 주장했다. 우선 추운 지방에서는 정치 체제 자체가 세워지기 쉽지 않다고 보았다. 온대 지방에서는 귀족정이나 민주정이 적합하다고 보았다. 열대지방의 경우 생산물이 많이 나고 나라가 크다는 특징 때문에 군주정이 적합한 것으로 보았다. 군주에게 세금을 많이 바쳐도 국민이 충분히 자급자족할 수 있기 때문이다. 또한 나라가 커질수록 정부의 통제력이 중요한데, 보통 의사 결정권자의 수가 적을수록 정부의 통제력이 강해지기에 나라의 규모가 큰 경우에는 군주정이 필요하다고 여겼다.

현재는 미국과 같은 거대 국가마저 혼합정이기에 나라의 규모가 크면 군주정이 필요하다는 주장은 엉터리로 보인다. 하지만 미국이 건국된 때는 루소 사후였고, 그마저도 지금처럼 큰 국가가 되기 위해서는 철도가 뒷받침되어야 했다. 민주주의는 결국 투표를 통해 국가 방침이 결정되는데, 국민들의 투표가 정부에 전해지려면 그만큼 정보 전달의 속도가 빨라야 하기 때문이다. 거기다 미국은 국가가 있고 국민이 있는 게 아니라, 국민이 이주하고 나서 국가가 만들어진 경우라서 루소가 살던 시기의 국가와 동일시하기는 어렵다.

거대한 로마 제국에 의한 질서 '팍스 로마나'를 꿈꾸었던 카이사르가 통치자가 하나인 체제, 즉 제정을 택한 이유도 이것을 꿰뚫어본 것이 아닐까 한다. 카이사르는 로마가 본국이라면 몰라도 속주까지 완전히 장악하기 위해서는 강한 통제력이 필요하다본 것이고, 그렇기에 제정의 지도자는 하나여야 한다고 생각한것이다.

키케로가 카이사르를 단순히 왕이 되려 한다고 보고 비난한 것도, 로마의 범주에 대한 생각 차이가 원인 중 하나였다. 키케로가 생각한 로마는 본국에 한정됐지만 카이사르가 생각한 로마는 본국에 한정되지 않고 속주를 포함한 세계 질서, 즉 팍스 로마나였기 때문이다. 실제로 제정 이후 황제의 자질이 보통 이상 갖추어진 경우, 로마의 속주들에 대한 통제권은 크게 확보됐다.

정부가 타락하는 경우 또한 있는데, 그것은 정부가 커질 때 통제력이 강화되는 것과 국가가 쪼개질 경우로 나뉜다. 로마도 처음에는 왕국으로 시작됐지만 그 뒤 혼란스러운 귀족정으로 바뀌었고 이어 민주정으로 바뀌었다. 포에니 전쟁 이후로 신분 사이의 갈등이 심해지고 로마 국가가 비대해지면서 민주정은 점점 귀족정으로 바뀌었고, 카이사르에 의해 제정으로 바뀌었다. 키케로의 민주정 또한 귀족의 특권을 인정하는 등 귀족정의 한계를 벗어나지 못하는 모습을 보였고, 그렇기에 키케로는 시대의 흐름을 바꿀 수 없었다.

국가가 쪼개지는 경우 또한 대제국 로마에서 볼 수 있었다. 로마는 오현제 이후 평화시대가 이어지자, 군인들이 선임 황제를 배신하며 황제에 오르는 군인 황제 시대가 열렸다. 이를 디오클레아누스가 황제를 주 황제 둘, 보조 황제 둘을 두는 것으로 수습했다. 이후 콘스탄티누스가 기독교를 인정하고 수도를 콘스탄티노플(현재의 이스탄불)로 옮겼지만 이는 수도 로마 쪽 인물들에게 소외감을 주었고, 테오도시우스 황제가 죽자 로마는 동로마와 서로마로 쪼개지게 됐다. 그러나 중요 기반이 동로마에 모여 있었기 때문에 서로마는 군사력을 게르만족 용병에게만 의존해야 했고, 게르만족 용병들이 일제히 반란을 일으키자 반란을 막을 군사력이 없었던 서로마는 멸망했다.

국민이 주권을 유지하기 위해서는 세 가지가 마련되어야 한다고 루소는 생각했다. 첫 번째는 국민의 범위와 수에 대해 파악하고 있어야 하며, 두 번째는 인구가 지나치게 밀집되지 않고 분산되어야 하며, 세 번째는 대표자가 없거나 적어야 한다는 것이다. 루소는 대표자에게 국민의 뜻을 의탁하는 순간 크든 작든 자유는 억제되며, 그렇기에 이는 차선책에 불과하다고 했다. 실제로 선거인단이 대통령 투표를 하는 미국의 경우, 선거인단 선거에서 투표수에 뒤처져도 선거인단 수에 앞서서 이기는 경우가 가끔 발생한다. 이렇게 선거인단에게 투표를 위탁했는데 선거인단의 선택이 다수 국민의 의사와 다른 경우가 발생할 수가 있으며, 루소가 경계한 것도 이런 사례 같다.

루소는 일반 의지 자체는 절대적이고 깨질 수 없는 것으로 보았지만 일반 의지가 일반 의지로 위장된 특정 집단의 의지에 가려질 위협은 충분히 있다고 보았다. 따라서 그는 투표에 대해서 주의했다. 다수결 원칙을 용인하되 투표는 법에 따라 진행되어야 하며, 투표로 큰 규칙을 결정할 때는 만장일치에 가까워야 하며, 다급한 사항을 결정할 때는 반수만 넘으면 된다고 보았다. 우리나라만 해도 선거는 다수결이기만 하면 되지만 입법에서는 반수를 넘어야 하며, 헌법 개정은 국회의원의 3분의 2 이상이 동의하고 국민의 과반수가 동의해야 한다. 즉 크고 중요한 사항일수록 과반수에 가까워야 한다는 것은 현대 민주정치에도 받아들여지고 있다.

루소는 12살까지 자신이 로마인이나 다름없었다고 표현할 정도로 로마에 해박했다. 로마의 민주정은 처음에는 시행착오가 많았으나 다양한 집단을 받아들이면서 성장했다고 보았다. 그리고 그것의 정수가 로마의 민회라 보았지만 로마의 민회는 점점 귀족 계층 쪽으로 기울어지기 시작하였고, 이를 견제하기 위해 비밀투표 원칙을 만들었지만 늦었다고 루소는 여겼다. 그래서 비밀투표가 공화정을 망쳤다는 키케로의 주장에 동의하지 않았고, 오히려 로마의 공화정이 해체된 이유는 국가의 변화에 빠르게 따라가지 못해서라고 판단했다.

루소는 종교 위주의 국가체제 유지에 부정적이었다. 이것이 그의 저서들이 금서 취급받은 결정적인 이유일지도 모른다. 그는 다신교를 받아들인 국가들은 서로의 주권을 인정하였고, 유대교조차 자신보다 강하거나 같은 크기의 세력일 때는 타협을 했다고 서술했다. 그러나 종교의 힘이 세지면서 종교는 점점 배타적이고 불관용적이게 됐다고 비판했다.

기독교가 분명 선한 뜻을 내세우는 것은 맞지만 내세적 가치를 숭상하고 조건 없는 선행을 강조하는 기독교의 사상을 곧이곧대로 따르는 것은 국가로서는 한계가 많다고 했다. 종교는 반드시 관용이 전제되어야 하고, 관용이 전제되지 않은 종교는 변질될 가능성이 높다고 보았다. 당장 르네상스 시기에 마녀사냥이 유행하고 가톨릭과 개신교의 갈등이 심화되어 전쟁으로까지 번졌다는 것을 생각하면 루소의 말은 뜻깊다고 볼 수 있다.

보면 볼수록 루소의 사상은 이상주의와 현실주의의 교묘한 화합이자 정치론의 결정체 같다. 인간의 자유를 긍정하고 문명의 부작용에 우려하는 이상적인 측면이 있었는데도, 그것을 실행하는 데에는 현실을 반영해야 한다는 현실주의 측면 또한 가지고 있었다. 그래서 아리스토텔레스나 마키아벨리 같은 현실주의의 대가들과도 일맥상통하는 모습을 보인다. 특히 그는 마키아벨리의 『군주론』은 단지 군주만을 위한 것이 아니라, 민중들을 위해 권력자들이 쓰는 권모술수를 경고해주는 측면들도 있다고 보았다.

그래서 마키아벨리의 사상이 편협하게 전승되는 것을 안타까워하기도 했다. 실제로 마키아벨리는 다른 저술에서 나름 민주정을 우호적으로 평가했다. 더군다나 그가 『군주론』을 썼을 때 이탈리아는 통일되지 않으면 주변 국가들과 교황청에 계속 핍박받을 절체절명의 상황이었던 것을 보면 『군주론』은 마키아벨리가 타협해서 쓴 책이라 볼 수도 있다.

더군다나 마키아벨리가 『군주론』에서 교황청의 권모술수를 사실적으로 썼고, 그 때문에 『군주론』이 금서로 취급받은 것과 루소가 『사회계약론』에서 교회의 한계를 지적하고 『에밀』에서 관용을 적극적으로 주장한 탓에 금서 취급을 받은 것을 생각하면 루소는 현실주의의 대가인 마키아벨리 또한 나름대로 내면에는 이상을 갖고 있었다고 판단하는데 나는 그의 생각에 공감한다. 루소의 『사회계약론』에서 말하는 이상주의와 현실주의의 조화에 맞춰 우리나라의 정치가 국민 다수의 행복을 위해 펼쳐지기를 바란다.

8. 찰스 다윈의 『종의 기원』

진화론의 선구자, 생물학과 지질학의 패러다임을 바꾸다

『종의 기원』이 어떻게 세상에 나오게 됐는지 이해하기 위해 저자인 다윈에 대해 먼저 알아보자. 다윈의 가문은 대대로 의사 집안이었지만 다윈은 그 당시 마취도 없이 다짜고짜 수술하는 등 의료 환경이 마음에 들지 않아서 그의 할아버지가 생물학을 통해 진화론의 역사에 발을 들여놓았듯이 생물학을 전공했다. 초기 그의 생물학은 표본을 잡고 분류하는 기존의 생물학과 큰 차이가 없었다. 그러나 육종학을 접하며 조금씩 기존의 생물학에 의문을 가지기 시작했고, 어느 날 비글호의 박물학자를 맡게 되었다. 비글호를 타고 다니면서 영국 이외 지역에서의 생태계를 접했지만 일반적으로 알려진 사실과 달리 그는 그것을 여러 경험 중 하나로 여겼지 큰 의미를 두지는 않았다. 오히려 비글호 탐사가 끝난 뒤에야 그동안 새로 익힌 생물학 정리를 하기 시작했다. 핀치들이 환경에 따라 변이됐을 뿐이지 근본적으로 하나의 종에서 파생됐다는 것도 비글호 이후에야 깨달았다. 그에게 있어서 핀치들은 진화론을 증명하는 근거 중 하나이지 진화론의 계기가 된 것은 아니었다.

　다윈은 그렇게 새로 알게 된 사실을 정리하며 진화론이라는 가설을 떠올렸지만 이것이 사회에 미칠 파장에 대한 걱정과 근거의 확보 등으로 발표를 미루고 있었다. 그러다가 월리스로부터 진화에 대한 논문을 받아 보고 나서 자신감을 얻었다. 이 때문에 진화에 관한 내용을 월리스와 같이 발표하기로 한다. 처음에는 논문으로 내려 했지만 논문으로 내기에는 분량이 많아 책으로 냈다. 그렇게 『종의 기원』이 집필된 것이다. 다윈이 학계에 인맥이 있었기에 이런 공동 발표가 가능했다는 생각이 든다.

　『종의 기원』 첫 장은 육종에 대한 소개로 시작한다. 당시에는 육종학이 인기였기에 출판사는 첫 장을 주로 쓰고, 나머지는 요약해서 출판하면 인기가 좋을 것이라고 했다. 물론 지금에 와서는 육종에 대한 첫 장이 따분하게 느껴질 수 있지만 육종학을 서두로 꺼낸 다윈의 선택은 자신의 학문을 어떻게 하면 쉽게 전달할 수 있을지에 대한 고민이 담겨 있다고 봐도 무방하다. 또한 동물의 겉모습을 바꾸는 육종을 인간이 할 수 있으면, 자연도 역시 긴 세월에 걸쳐서 동물 자체를 변화시킬 수 있다는 암시를 독자들에게 주었다.

　『종의 기원』 이후로도 저술을 많이 했는데, 주로 그가 쓴 책은 자신의 경험을 바탕으로 한 새로운 생물학 저술이었다. 그렇기에 다윈의 자식들은 아버지를 박물학자보다는 생물학자로 알고 있을 정도였다. 특히 따개비와 식충식물에 관한 글이 주류를 이루었다. 다윈은『종의 기원』에서도 따개비의 유충은 갑각류의 유충과 흡사하다며 그렇기에 따개비와 거북손은 갑각류에서 파생됐을 가능성이 크다고 서술할 정도로 따개비에 대해 잘 알고 있었고, 그 사실 때문에 진화론에 더욱 확신을 가질 수 있었다.

이제 본격적으로 진화론에 대해 알아보자. 앞에서 말했듯이『종의 기원』의 서두는 육종학인데, 다윈은 육종학의 예시를 비둘기로 든다. 그때 전서구(통신용으로 쓰는 비둘기) 외에도 관상용 목적으로 각종 비둘기 품종이 나왔는데, 그 때문에 육종학은 당시 큰 인기를 끌었다. 다윈은 육종학 부문에서 육종학자들이 한 기반종으로부터 각종 돌연변이를 발견하고, 이를 의도적으로 키워 냄으로써 다양한 품종을 만드는 것을 세세하게 설명했다. 비둘기 중 꼬리가 발달한 개체를 발견해서 그걸 다른 품종과 교배하는 것으로 더욱 꼬리가 더 화려한 품종의 비둘기를 만드는 것이 다윈이 든 예시이다. 현재로 따지면 품종 개량을 통해 새로운 개(犬) 품종을 만드는 걸 들 수 있다.

다윈은 이것을 바탕으로 자신의 진화론을 설명한다. 인간도 이렇게 한 종의 외형을 변화시킬 수 있는데, 인간보다 더 위대한 자연이 환경과 시간이 따라 준다면 생물의 내부적 기능까지 변화시킬 수 있지 않겠느냐는 것이다. 이는 당시 사람들에게 쉽게 와 닿는 설명이 됐고, 그렇게 자기가 하고 싶었던 진짜 이야기를 펼쳐나간다. 다윈이 진화론을 어떻게 하면 사람들이 자연스럽게 받아들일 수 있게 할지 고민한 흔적이라고 볼 수 있다.

진화론의 아버지라고 불렸지만 정작 그는 진화라는 표현을 잘 쓰지 않았다. 진화론에서 대표적인 용어인 진화와 적자생존은 허버트 스펜서가 고안한 단어로, 다윈은 초판에는 그 용어들을 언급하지 않았다. 심지어 허버트 스펜서의 사회진화론을 듣고는 흥미는 있지만 과학적 가치는 없다고 단정했을 정도였다. 허버트 스펜서의 사회진화론이 다윈 진화론의 과학적 가치를 되레 떨어뜨렸음을 생각하면 다윈의 통찰은 정확했다.

그렇다면 『종의 기원』에서 진화와 적자생존을 무엇이라고 표현했을까? 각각 '변화를 동반하는 계승'과 '자연 선택'이라고 표현했다. 진화란 표현 자체가 진보라는 뜻을 내포하고 있기에 그저 목적성 없이 자연에 맞춰 변화하는 '변화를 동반하는 계승'과 맞지 않다고 본 것이다. 실제로 몬스터를 육성하는 닌텐도 게임인 포켓몬스터에서의 진화는 뭔가 더 강해지고 더 발달하는 느낌이다. 하지만 다윈의 입장에서 보면 이건 진화보다는 변태(곤충이 애벌레에서 번데기로, 번데기에서 성충으로 변하듯이 유체와 성체가 크게 달라지는 것)에 가깝다고 지적할 게 뻔하다. 또한 사회진화론에서도 가장 진화한 체제가 진보한 체제라는 뉘앙스로 사용되니 다윈의 우려는 적중한 셈이다.

다만 다윈은 적자생존에 대해서는 좀 더 직관적인 표현이라 생각했기에 적자생존이라는 용어를 알게 된 뒤에는 제법 많이 사용했다. 그러나 우생학 주장자들과 제국주의자들은 적자생존이라는 단어를 왜곡해서 사용했다는 점은 안타깝다. 물론 다윈도 생물이 점차 기능이 복잡해지는 쪽으로 변화하는 것을 고등, 초기의 기능이 상대적으로 단순한 형태를 하등이라 표현하긴 했다. 하지만 이는 딱히 표현할 단어가 없어서 그 당시에 흔한 표현을 쓴 것에 불과하다. 진화를 사다리가 아닌 나무의 형태로 표시한 것만 봐도, 다윈에게 진화란 발전이 아닌 그저 변화에 불과했다. 인간은 발전한 존재가 아닌 그저 상황에 적응한 존재 중 하나일 터인데, 그것이 왜곡된 것이다.

다윈은 이러한 진화에 환경이 미치는 영향을 분석했다. 변화를 동반하는 계승은 근본적으로 변화가 필요하기에 발생하는 것이다. 그런 변화는 곧바로 나타나지 않고 조금씩 나타나며, 자연에 적응하기에 적합한 변화가 살아남는 데 유리해진다는 것이다. 하지만 변화를 동반하는 계승은 육종과 달리 의도가 개입하지 않는다. 육종은 보이는 외관이 중요하지만 자연은 그저 살아남은 자가 번성하는 것뿐이니, 우리가 식량으로 쓰는 작물 대부분은 야생에 내던져지면 상당수가 도태될 것임을 생각하면 알 수 있다. 그래서 같은 환경에서도 다른 방향의 진화가 일어나는 경우도 존재한다. 어떤 방향이든 살아남으면 되기 때문이다.

다윈은 이걸 갈라파고스의 예시를 들어 설명했다. 주어진 환경에서 벗어나기 힘든 육지 종들은 각자의 환경에 특화되어 분화된 종이 됐지만 상대적으로 이동이 자유로운 해양 종들은 비교적 종의 수가 적고 그 근간이 된 타지의 종과 차이가 적은 것이다. 이렇게 변화를 동반하는 계승은 주어진 환경에 따라 차이가 생기며, 환경에서 벗어날 수 있는 수단이 적을수록 그 영향은 강해진다. 핀치새는 서식지의 먹이 특성에 따라 부리가 제각기 다른 게 그 예시이다.

용불용설에 대해서는 비판적으로 계승했다. 다윈은 사용하지 않는 부분의 퇴화를 인정했지만 그 퇴화는 유전적으로 계승되지 않고 단지 자연 선택에 따라 계승된다고 주장했다. 그 증거로 타조, 키위(뉴질랜드 토착종의 새)처럼 날개가 퇴화한 새들을 제시했다. 타조는 각력(다리의 힘)을 살린 발차기와 달리기로 자기를 보호할 수 있고, 키위는 자신을 위협할 수 있는 천적이 그다지 없어서 날개를 쓰지 않았다. 그렇다고 딱히 생존에 크게 문제되는 요소도 아니어서 점점 날개가 퇴화한 것이다. 다윈은 이런 흔적 기관으로 송아지의 윗니가 잇몸에 파묻혀 있는 것이나, 수컷 개체에도 젖꼭지가 흔적으로 남아있는 것을 예로 들었다. 이를 바탕으로 주로 쓰는 기관이 상대적으로 생존에 영향을 주고 거의 쓰지 않는 기관이 도태될 수는 있으나, 그것이 직접 생물의 진화에 변화를 주는 것은 아니라고 단정했다. 그야말로 용불용설에 대한 비판적 계승이었다. 사실 용불용설은 조금만 생각해도 틀렸음을 알 수 있다. 용불용설이 맞았다면 보디빌더의 아이들은 태어날 때부터 근육질이어야 하기 때문이다.

변화를 동반하는 계승이 어떻게 종에 영향을 끼치는지도 분석했다. 식물의 경우 잡종(두 종이 교배해 생긴 종)이 쉽게 발생하며, 특히 생식 문제에 동물보다 자유로운 것을 발견했다. 또한 식물들이 밀집되어 있을수록 잡종의 발생률은 높아졌다. 생물은 자연 선택을 위해 본질적으로 다양한 특성을 받아들이려고 하고, 특히 비교적 교배가 쉬운 식물은 그것이 강한 것이라고 말했다. 그러나 식물에 비해 같은 종이 교배를 위해 서로 경쟁하는 동물은 잡종이 발생하기 힘들다. 실제로도 라이거나 노새는 자연적 교배보다는 인간이 인위적으로 교배해서 생기는 경우가 많다.

또한 잡종의 생식성(자손을 낳는 능력)에 대해서도 의논했다. 당시 학자들은 잡종들의 생식성이 신이 창조한 종과 종이 섞이지 않게 하기 위해 있는 것이라 보았지만 창조론에 부정적이었던 다윈은 이 견해에 비판적이었다. 그는 과가 다를 경우 교배 자체가 안 되지만 속이 다를 경우 일단 교배 자체는 되긴 하며, 잡종이 불임이 되는 경우는 단순히 같은 종이 아닐 때 생식 체계가 미묘하게 달라 교배가 잘 안 되어서 잡종이 불임이 된다고 했다. 실제로 사자와 호랑이는 고양잇과지만 그 생태가 달라서 잡종인 라이거는 불임이다. 마찬가지로 말과 당나귀는 말과지만 생태와 종이 달라서 잡종인 노새는 불임이다.

변종끼리의 교배는 큰 영향을 주지 않는다고 했다. 예시로 잡종 개를 생각하면 쉽게 이해될 것이다. 잡종 개의 경우 품종을 알아보기 힘들다는 문제는 있지만 번식 문제는 없다. 이는 갯과가 작은 변화로도 변이가 잘 되는 특성 때문에 비교적 생식 체계는 같고, 상대적으로 불임의 문제에서 자유롭기 때문이다. 따라서 갯과는 유전적 차이가 적고, 그래서 공통 조상이 같다는 증거가 된다.

다윈은 이런 잡종 문제와 자연 선택에서 더 나아가서 종 대부분은 소규모의 문에서, 더 나아가서는 강에서 파생됐으며, 그렇게 생물은 큰 분류에서 조금씩 작은 분류로 파생되어 나가지만 그 과정은 상당히 미세하고 느리기에 관측하기 힘들다고 주장했다. 실제로 갯과의 경우 다양한 종이 있지만 근원은 늑대에 기원을 두고 있으며, 그렇기에 수많은 종이 나온다. 개만큼은 아니지만 고양이도 다양한 종이 존재하며, 이러한 특성은 인간이 기르는 종에서 더 발견되기 쉽다. 괜히 다윈이 육종학 이야기를 꺼낸 게 아니다.

사람만 해도 오스트랄로피테쿠스, 호모 에렉투스, 네안데르탈인 등 다양한 변종이 있었다. 그러나 피부색으로 인종을 나누는 건 닭의 꼬리 깃털 중 색 하나가 다르다고 다른 종이라고 하는 것처럼 무의미하다. 현재 과학자들은 현생 인류의 유전적 다양성은 침팬지보다도 적다고 보며, 인종이니 하는 건 다른 동물들과 비교하면 변종 측에 끼기도 힘들다고 한다. 정작 사회다윈주의는 백인종이 발달한 종이자 문명이라고 선동하며, 자신들의 유색 인종에 대한 착취를 정당화했던 것을 생각하면 참 오만한 행동이었다고 볼 수 있다. 마치 신자유주의자들이 애덤 스미스의 이름을 팔면서도, 그가 도덕 또한 강조한 것은 무시하는 것처럼 말이다.

또한 다윈은 진화학에 반대하는 근거인 생물의 복잡한 본능과 복잡한 기관도 진화론으로 설명할 수 있다고 확신했다. 그는 복잡한 기관인 눈도 처음에는 빛을 감지하는 단순한 기관이었을 것이며, 조금씩 자연 선택에 맞게 변화하다가 지금 같은 형태가 됐다고 주장했다. 사실 눈은 복잡한 기관임과 동시에 비합리적인 부분이 많다. 당장 착시 효과부터가 눈에서 본 것을 뇌에서 일일이 교정해야 하므로 생기는 오류이며, 원시나 근시 또한 눈에서 들어온 빛을 따로 수정체가 바로잡아야 하는데 그런 수정체에 이상이 있어 생기는 현상이다. 다윈의 말마따나 눈이 복잡해진 것은 어디까지나 진화의 결과이며, 눈의 비합리적 부분은 생존에 큰 지장이 없기에 넘어간 것이다. 자연은 딱히 객관적으로 더 나은 것을 추구하지 않고 살아남기만 하면 된다. 비합리적 부분이라고 해도 그것이 생존하며 대를 잇는 데 방해되지 않으면 아무 문제가 되지 않는 것이다.

꿀벌이 육각형 구조의 효율적인 집을 짓거나 동물들이 가르쳐 주지도 않은 행동을 해내는 것에 대해서도 진화론으로 설명했다. 땅벌의 예시를 들며 처음에는 단순히 원통형 여러 개를 모아 벌집을 지었다가 환경이 바뀌면서 집을 좀 더 효율적으로 짓는 게 생존 가능성이 커지고, 그것이 여러 중간단계를 거치다가 우리가 아는 꿀벌 집이 됐다는 것이다. 다윈은 가축화된 동물들은 야생성을 잃는 것을 예시로 본능 또한 지속적인 습성이 있으면 바뀔 수 있으며, 본능 또한 진화론의 범주에 포함된다고 확신했다. 정작 다윈과 친분을 맺은 파브르의 경우 본능을 진화론으로 설명할 수 있을지에 대해 회의적이었고, 철학자 베르그송도 본능에 대한 진화론의 설명을 완전히 긍정하지 않았다. 파브르는 본능의 복잡성을 진화로 표현하기 힘들다는 이유로, 베르그송은 생명을 기계적 과학론으로 설명하는 것에 반발하였기 때문이다.

이렇게 해서 분화된 종들은 한정된 자원을 두고 생존 투쟁을 벌이는데, 그 과정에서 멸종이 벌어진다. 다윈은 창조론자들이 주장한 노아의 대홍수로 한 번에 모든 멸종이 일어났다는 이론에 회의적이었다. 그는 멸종은 종들 간에 경쟁이 일어나면서 나타나는 자연스러운 현상이며, 지층마다 종이 다양한 것만 봐도 결코 멸종은 한 차례에 한꺼번에 일어났을 리 없다고 단언했다. 다윈의 이런 통찰은 정확했으며, 대멸종조차 일반적으로는 공룡 멸종만이 알려졌지만 실제로는 그 이전에도 대멸종이 몇 번 있었다. 특히 페름기 대멸종은 규모만 따지면 공룡 멸종보다도 컸다. 이러한 대멸종 이외에도 생물이 환경에 적응하지 못해 멸종한 경우가 많으며, 그 중에서는 인간의 남획이나 서식지 파괴로 멸종한 생물도 허다하다. 신생대 시기만 해도 매머드 등 자연환경이 변하는 상황에서 인간과의 생존경쟁이 치열해지면서 멸종한 생물들이 있었다. 인간에 의해 멸종한 종으로 유명한 도도새가 있는데, 도도새는 무분별한 사냥과 서식지에 인간들이 풀어놓은 돼지나 쥐 등이 알을 먹어치워서 번식을 제대로 못해서 수가 줄었고, 결국 멸종하고 말았다.

　경쟁은 비슷한 종류의 종이 더 치열하다. 그래서 외래종은 오히려 토착종과 생활 양식이 다를수록 생존율이 높다고 다윈은 주장했다. 실제로 비슷한 종류의 종일수록 원하는 자원도 같을 가능성이 크며, 그 때문에 더더욱 치열하게 경쟁한다. 당장 같은 고양잇과인 사자와 치타는 둘 다 육식을, 그것도 육상 동물을 잡아먹기 때문에 경쟁이 필연적이다. 반면에 같은 지역에서 살지만 물속에서 사냥하는 악어는 사자와 그다지 경쟁하지 않는다.

　화석 증거에서 중간단계가 발견되지 않는다는 근거를 들며 진화론에 반박한 자들도 있었다. 다윈은 그것에 대해서도 당당히 반박했다. 생물이 변화하는 것은 확실히 느린 시간이지만 지층이 쌓이고 굳어지는 시간은 그보다 더 느리다는 것이다. 따라서 중간단계가 상당수 생략될 수밖에 없으며, 그렇기에 화석으로 발견되는 건 대표적인 단계밖에 없다는 것이다. 실제로 지질 활동에 비해 생물이 자식을 낳고 자라는 시간은 월등히 빠를 수밖에 없으며, 중간단계가 생략되기가 더 쉬운 환경이다. 화석화 자체가 매우 낮은 확률로 이루어진다는 것도 지적했다. 애초에 살 같은 부드러운 부분은 금세 썩으며 뼈나 껍데기 같은 단단한 부분조차 퇴적물로 뒤덮이지 않으면 언젠가는 썩는다. 게다가 기껏 퇴적되어도 강한 고열과 압력에 노출되어 바스러져 사라지는 일도 있다. 즉 퇴적되지 않는 종도 많은 데다 화석으로 남는 동물 자체가 극히 소수다. 실제로 우리나라의 경우 발자국 화석은 많지만 뼈 화석은 적은 편이고, 반면 중국 고비사막에서는 화석이 그야말로 넘쳐난다. 둘 다 지질 시대를 거치고 동물이 살았지만 환경이 크게 다르고, 그에 따라 생물의 유해가 화석이 되는 확률도 다르기 때문이다.

또한 그는 지질학의 한계 또한 서술한다. 찰스 다윈이 『종의 기원』을 쓸 당시 체계적인 지질학 조사는 유럽과 미국에서만 이루어졌으며, 화석 또한 이 지역의 화석이 주를 이루었다. 그렇기에 다윈은 지질학 자체가 아직 완전히 다 밝혀지지 않는 불완전한 학문이며, 지금의 지질학으로는 필연적으로 한계가 있을 수밖에 없다고 했다. 실제로도 다윈의 지적은 정확하다. 당장 다윈이 이 말을 한 지 얼마 뒤 지질학의 발전과 함께 공룡이 새의 형태로 변화한 중간 단계로 추정되는 시조새가 발굴됐던 것을 생각해보자.

실제로 네이처 같은 전문 과학저널에서는 어린이들이 보는 공룡 백과와는 동떨어진 새로운 사실들이 속속 공개되기도 한다. 공룡의 복원도부터가 여러 번 변해 왔으며, 어떤 공룡은 신체 부위의 발견이 부족한 경우도 허다하다. 공룡 하나만 해도 아직 지금의 지질학으로 발견하지 못한 부분이 허다한데, 다른 고대 생물까지 포함하면 다윈 시대의 지질학은 그야말로 갓난아기라고 볼 수 있다. 공룡 하나 제대로 복원하지 못하는 지질학이 진화의 중간단계를 다 밝히는 게 되레 무리한 요구일 것이다.

이렇게 다윈은 자신이 경험한 것과 자신이 교류하고 있는 학자들과 주고받은 이야기를 토대로『종의 기원』을 쓸 수 있었다. 비글호 탐험은 그에게 있어서 경험 중 하나에 불과했으며, 다윈은『종의 기원』으로도 만족을 못 했는지 책의 서문에서『종의 기원』은 언젠가 쓸 책의 요약본 수준에 불과하게 될 것이라고 자신했다. 실제로『종의 기원』은 여러 번 수정을 반복해 판본이 무려 6판까지 이르렀다. 이 과정에서 진화와 적자생존이라는 용어 수용 및 진화론에 반박하는 가설들을 재반박하는 등 여러 내용이 추가됐다.

이러한 진화론에 반박하는 가설을 몇 가지 소개하자면, 그 중 하나는 지구의 역사가 진화가 일어나기에는 짧다는 것이다. 성경에 따르면 지구의 역사는 고작 수만 년에서 수천 년밖에 안 되기에 진화가 일어나기에는 부족하다는 것이다. 그러나 성경 또한 학문이 발달하지 않은 고대인들이 쓴 것이기에 완전할 수 없으며, 당시 지식인들도 성경은 과학을 위한 책이 아니라고 반박했다. 어떤 반박 가설은 상당히 예리한데, 변화가 생긴다고 한들 그것이 유전되지 않으면 의미가 없다는 것이다. 결국 이것은 그레고어 멘델이 유전자 이론을 내놓고 나서야 완전히 해소됐다.

다윈의 진화론은 그야말로 천지개벽 그 자체였다. 코페르니쿠스가 지구를 우주의 중심에서 끌어내리고, 프로이트는 인간의 의식을 절대성에서 끌어내린 것처럼 다윈은 인간을 생물의 중심에서 끌어내렸다고 평가될 정도이다. 어떤 학자는『종의 기원』을 마르크스의 자본론, 프로이트의 꿈의 해석만큼 사회에 큰 영향을 준 거대한 책이며, 상당 부분이 부정되어 가고 있는 자본론이나 꿈의 해석과는 달리『종의 기원』은 세부 사항이 업데이트되어 갈 뿐 큰 틀이 유지된다고 극찬했을 정도이다. 이는 똑같이 과학에 큰 영향을 준 책인 갈릴레오 갈릴레이의『두 우주 체계에 대한 대화』도 지금의 시선에서 보면 오류가 넘쳐나는 책인 것과 비교해 보면 바로 알 수 있다. 그 오류는 아이작 뉴턴 때부터 근본적으로 수정해야 할 정도로 컸다. 특히 밀물과 썰물의 원인은 완전히 틀렸을 정도이다. 반면『종의 기원』은 세부적인 사실이 보강될지언정 큰 틀은 전부 맞다. 이는 갈릴레이보다 다윈이 더 후세대 사람인 것도 있지만 갈릴레이가 다소 과격하고 타협을 잘 하지 않는 성격에 비해 다윈은 워낙 신중한 성격인 점도 있다. 물론 다윈이 생물학적 자료를 폭넓게 수집하며 분석한 것과 달리, 갈릴레이는 그의 자료를 검증할 수학과 망원경 기술이 발전하지 않았다는 것을 고려해 주어야 할 것이다.

그러나 불행하게도 다윈의 진화론은 허버트 스펜서의 사회진화론에 악용되고 말았다. 다윈은 진화와 적자생존이라는 용어를 받아들이면서도 사회진화론 자체는 학문적 가치가 없다고 일축했다. 결국 그 우려대로 사회진화론은 제국주의나 인종차별과 결합하며 비극을 만들고 말았다. 다윈의 진화론은 모든 생물은 그저 자신에게 맞게 변이한 결과이며 으뜸가는 변이 따위는 없다고 했지만 사회진화론은 서구 백인이 우월하고 제국주의 체제야말로 가장 발달한 체제라며 자기 기준에서 발전하지 못한 것으로 보이는 집단을 무단으로 지배해도 된다는 식으로 남용했다.

애덤 스미스는 자본주의의 시초이지만 근본적으로는 도덕을 강조했는데, 위정자들은 그걸 무시하고 자기 입맛에 맞는 부분만 가져온 것처럼 다윈도 위정자들에게 유리한 부분만을 빼내어 악용당한 셈이다. 제국주의가 끝나고 발전한 과학과 함께 진화론은 다시 학문으로서 탐구됐고, 그제야 진화론은 제대로 된 학문으로 연구될 수 있었다. 과학이 진정으로 빛나려면 정치적 이해에 악용되어서는 안 된다는 것을 증명하는 게 바로 진화론이라고 볼 수 있다.

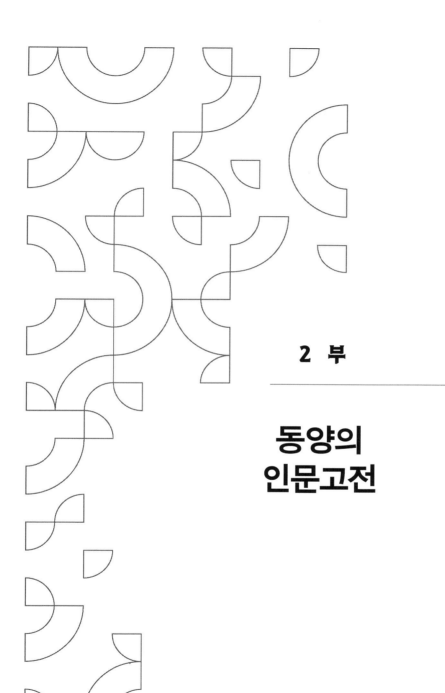

2 부

동양의
인문고전

9. 노자의 『도덕경』

나를 내세우지 않고 자연의 순리를 따른다

노자의 『도덕경』은 도(道)와 덕(德)에 관해 쓴 책으로, 판본에 따라 도경과 덕경의 순서가 다르므로 그냥 노자라고 불리기도 한다. 『도덕경』에서 도는 뭐라 표현할 수 없는 만물의 이치이고, 덕은 그것을 우리가 실행하기 위해 어떻게 노력해야 하는가를 말하는 것이다. 『도덕경』의 내용은 분량 자체는 그리 많지 않아서 읽기에는 부담이 적어 보이지만 그 뜻을 해석하고 이해하기란 몹시 어렵다.

『도덕경』에서 말하는 도라는 개념 자체가 가까이에 있으면서도 먼 개념이기 때문이다. 오죽하면 노자조차 '도를 무엇이라고 정의하면 그건 도가 아니다'라고 했다. 또한 도에 관해 이야기를 하면 현자는 듣고, 어중간한 자는 반신반의하며, 어리석은 자는 무시한다고 말할 정도다. 그렇지만 노자는 도와 덕을 위해 매번 자신을 돌아봐야 한다고 강조한다. 어렵다고 해서 포기한다는 것은 옳지 않기 때문이다.

노자의 도란, 그리스도교의 하나님 같은 신이 아니다. 이 세상의 무엇으로도 정의할 수 없지만 동시에 모든 것과 연관되는 개념이다. 서양 철학에서 그나마 비슷한 개념을 찾자면 플라톤의 이데아가 있다. 그러나 이데아는 이상의 존재지만 도보다 현실과 연결성이 적은 편이라 완전히 유사하지는 않다. 특히 이데아는 이성적 사고를 반복해 찾는 것이지만 도는 인위적인 노력을 버리고 내면에서 찾는 것이 다르다. 이는 플라톤과 노자의 생각이 다르다는 것을 단적으로 보여준다.

『도덕경』은 총 81장으로 구성되어 있다. 『도덕경』의 내용은 같은 가르침을 다른 비유를 통해 여러 장에 걸쳐 나타내는 경우도 많다. 일반인들에게 가장 많이 알려진 내용이 담긴 1장, 5장, 8장, 66장을 먼저 살펴보고자 한다.

먼저 1장은 다음 문장으로 시작한다. '도라고 할 수 있는 도는 영원한 도가 아니다. 이름 지을 수 있는 이름은 영원한 이름이 아니다.' 도에 대해서 기본적인 것을 말해주는 장이지만 1장만 잘 이해해도 『도덕경』의 반 이상을 이해했다고 할 수 있을 정도로 이해하기 힘들다. 해설하자면 『도덕경』에서 말하는 도는 근본적이고 형이상학적이며, 우주적인 의미의 존재라서 직관과 체험의 영역이지 분석과 정의의 대상이 될 수 없다는 뜻이다. 절대적인 존재에 이름이나 속성을 붙이면 그것은 이름이나 속성의 제한을 받기에 절대적일 수가 없기 때문이다.

5장은 다음 문장으로 시작한다. '하늘과 땅은 인하지 않다(天地不仁).' 이 구절은 현대에서도 사자성어로 많이 쓰인다. 보통 인(仁)하다는 좋은 의미로 쓰이는데 왜 노자는 천지불인, 즉 하늘과 땅은 인하지 않다는 말을 했을까? 그 뜻을 알기 위해서는 유교에서 강조하는 인의 의미를 알아야 한다. 유교에서 인은 군신, 부자 간의 서열과 친함에 따른 예우이며, 따라서 사람을 대함에 차등이 있을 수밖에 없다. 그러나 노자는 그런 인을 인위적인 질서로 여겨서, 자연은 서열을 정하지 않는다는 뜻으로 천지불인이라는 말을 한 것이다. 즉 서열을 정하지 말고 모든 것을 똑같이 예우하란 뜻으로, 이는 세상의 모든 사람을 평등하게 사랑하면 분쟁이 없어진다는 묵가의 겸애설과 일맥상통한다.

이어서 8장의 구절 중 다음 문장이 있다. '가장 훌륭한 것은 물처럼 되는 것이다(上善若水). 물은 온갖 것을 위해 섬길 뿐, 그것과 겨루는 일이 없고, 모두가 싫어하는 곳을 향해서 흐를 뿐이다.', '그러기에 물은 도에 가장 가깝다.' 이 구절 또한 현대에서 사자성어로 많이 쓰이고 있다. 보통 큰물은 바다나 강으로 비유된다. 그렇다면 바다나 강이 왜 큰물일까? 그건 가장 낮은 곳에서 모든 물을 받아들이기 때문이다.

이걸 정치와 연관시킨 비유가 66장에 있다. '강과 바다가 모든 골짜기의 왕이 될 수 있는 까닭은 스스로 낮추기를 잘하기 때문

이다. 그래서 모든 골짜기의 왕이 되는 것이다.', '백성 위에 있고
자 하면 스스로를 낮추어야 하고, 백성 앞에 서고자 하면 스스로
몸을 뒤에 두어야 한다.' 이 구절은 진정으로 인정받고 싶으면 스
스로를 낮추어 타인을 받아들여야 한다는 의미이다. 예나 지금
이나 정치인들은 자신을 과시하고 싶어하는데, 그럴 때마다 『도
덕경』에서의 조언인 '진정으로 군림하고 싶으면 자신을 낮춰라'
를 떠올려야 할 것이다.

노자는 외부의 사색만으로는 도를 발견할 수 없다고 단정했다.
그는 도를 비유할 때 주로 통나무나 물을 예로 든다. 도는 통나
무처럼 그 자체로는 아무것도 아니지만 어떤 것이든 될 수 있고,
물처럼 모든 것을 보살피지만 그 은혜를 요구하지는 않으며, 모
든 것이 가기를 거부하는 낮은 곳에 망설임 없이 내려간다. 장자
는 이런 도를 더욱 확장해서 모든 것이 도의 일부이니 자연스럽
게 받아들이는 것이 좋다고 한다. 이러한 장자의 일화로 장자의
아내가 죽자, 장자는 슬퍼하고 애도하는 게 아닌 평소처럼 여유
롭게 지냈다. 이에 장자의 친구는 너무 매정하지 않느냐고 비판
을 하자 장자는 다음과 같이 해명했다. 처음에는 슬퍼했지만 아
내는 본래 기가 뭉쳐져서 생긴 건데, 지금은 기가 흩어져서 다시
자연으로 돌아왔으니 본래대로 돌아온 걸 축하해 주어야 하는
거 아니냐고 했다. 유교적 장례문화에 익숙해진 우리에게는 매
정한 것으로 보일지도 모른다.

하지만 토머스 모어의 『유토피아』에서 묘사된 우울하기보다는

축복해주는 장례문화나 현실에서도 고인이 죽었을 때 고인이 웃으면서 떠날 수 있게 흥겨운 장례식을 하는 문화가 있음을 생각하면 장례 풍습 자체가 문화권마다 부여한 인위성일지도 모른다. 애초에 문화마다 장례의 방식은 다르며, 노자가 살던 시기인 전국시대에는 아직 순장의 풍습이 남아 있기까지 했다. 이를 조금 더 확장하면 결국 모든 존재는 기의 순환으로 이루어져 있기에 근본적으로 평등하다고 할 수 있다.

그렇다면 이런 도를 실현하기 위해 어떻게 해야 할까? 노자는 이에 대해 파격적인 답을 제시한다. 외부에서 온 지식을 무턱대고 채우려 하기보다는 내면의 지혜를 터득하기 위해 자신을 돌아보라. 무턱대고 자신을 내세우려 하기보다는 진정으로 겸손하게 남의 말과 지혜를 터득하며, 자신이 알았다고 확신하지 않고 끊임없이 생각하라는 것이다. 일반적으로는 강하고 웅변력 있으며 지식이 많고 적극적인 사람이 지도자의 자리에 서야 한다고 생각한다. 플라톤조차 철저하게 단련을 받은 철인들이 수호자와 민중을 통제하며 서는 것이 가장 이상적인 정치라고 했다.

그러나 노자는 이것들은 다 인위적인 것이고 순리에 반하는 것이기에 결국 이들로는 진정한 도에 도달하지 못한다고 단정했다. 오죽하면 후대의 서술 중 노자가 공자를 만났을 때 공자가 예시로 드는 것은 다 인위적인 것이라며, 공자를 비판하는 서술도 있을 정도이다. 물론 한비자가 공자를 비판하기 위해 도가를 내세운 걸 생각하면 후대에 어느 정도 위조된 것도 있을 수 있다. 하지만 끝없이 배움을 추구하고 설령 그 배움의 대상이 자기와 생각이 다르다고 해도 경청할 줄 아는 공자의 특성을 생각하면, 노자와 공자가 한 번 만나 서로의 사상을 토론한 적이 있을 가능성은 크다.

노자의 도 실현법, 즉 덕은 자기 성찰과 자기 비움에서 비롯된다. 노자는 남이 자신을 조롱할 때 성내는 용기는 혈기에 불과하며, 그걸 참고 남을 용서할 줄 아는 게 참된 용기라고 한다. 그런데 이것을 실제로 실현한 성인이 서양과 동양에 각각 한 명씩 있다. 바로 예수와 석가모니다. 예수의 가르침 중 하나가 한쪽 뺨을 맞으면 다른 쪽 뺨도 내주고, 원수를 용서할 줄 아는 게 진정한 관용이라고 하지 않았던가! 동양의 석가모니 또한 관용을 강조했다. 어느 날 석가모니에게 제자가 남이 자신에게 욕을 했을 때 어떻게 대응하면 좋겠느냐고 물었다. 석가모니는 이 질문에 주인이 음식을 손님에게 대접했는데, 손님이 먹지 않으면 그 음식은 주인이 먹을 수밖에 없다고 대답했다. 이 고사는 남이 자신을 원망하고 멸시한다고 해도 그것을 똑같이 원망과 멸시로 대응하기보다는 그냥 흘려 보내면 나에게는 아무런 영향이 없다는 의미이다. 오히려 원망과 멸시의 말을 한 사람이 그 말을 주워 담아야 한다. 한신이 쓸데없는 분쟁을 피하고자 무뢰배의 가랑이 사이를 기어간 고사도 있다. 다만 한신의 고사는 후일을 위해 자신을 굽힌 것이기에 노자의 도 실현법이라 보기에는 다소 애매한 구석이 있다. 노자는 인위를 배격한 사상이기 때문이다.

노자의 도는 있으면서도 없고, 없으면서도 있고, 지혜로운 듯하면서도 어리석게 보인다는 점에서 모순적이다. 그러나 그렇기에 도가 진리라고 볼 수도 있다. 현대 과학에서조차 빛의 이중성을 받아들이고, 관측에 따라 결과가 달라질 수 있는 불확정성 원리를 받아들였지 않은가. 인간은 자신을 최우선으로 여기는 이기심을 가졌는데도, 자신과 다른 자의 처지에 공감할 수 있는 이타심을 가진 존재이다. 이리 보면 성악설과 성선설 둘 다 각자 맞는 부분이 있으면서도 틀린 부분이 있는 셈이다. 그렇기에 인간을 이끄는 진리인 도가 모순적인 모습을 보이는 건 이상한 게 아니라 오히려 타당하다고 볼 수 있다.

앞서 예수가 플라톤보다도 노자의 가르침에 가깝다고 했는데, 이는 후대 신학자 중에서도 보인다. 성 토마스 아퀴나스는 우리가 신에 대해 확실히 알 수 있는 건 모른다는 것 하나뿐이며 신은 말로 표현하는 게 아닌 그저 느끼는 존재라고 말했는데, 이는 도와 일맥상통한다. 플라톤 또한 이데아가 물질계에 있는 존재로서는 명확하게 확신하기 힘든 존재라는 것을 인정했다.

그러나 이들이 그걸 터득하는 법은 아주 달랐다. 플라톤은 통치자는 철학을 집중적으로 익히고 수학 등 논리적이고 이성적인 지식을 익혀서 백성들과 군사를 통제해야 한다고 주장했으나, 노자는 이와 정반대의 주장을 내세운다. 노자는 아는 지식은 어설픈 지식에 불과하며 끊임없이 자신을 돌아보고 섣불리 확신하지 말라고 한다. 백성들을 통제하려 하는 건 중하급에 불과하다고 말했다. 진짜 상급은 백성들이 통치자들의 존재를 명확하게 인식하지 못하고, 그저 잘 살아가는 것이라고 주장한다. 마치 물고기가 물을 인지하지 못하고, 우리가 공기를 잘 인식하지 못하듯이 말이다.

이처럼 지혜를 위해 자기 무지를 자각하고 끊임없이 사색하며, 인위적인 것을 멀리하는 노자의 사상은 플라톤보다 오히려 그의 스승인 소크라테스에 더 가깝다. 소크라테스는 무지의 자각에서부터 진정한 앎이 시작되며, 남을 일일이 가르치기보다는 계속 질문을 던져가며 스스로 무지를 깨닫게 하는 산파술을 쓴다.

이런 소크라테스의 산파술은 플라톤의 초기 대화록에 잘 나타나 있다. 중기 대화록부터 나타나는 소크라테스는 소크라테스 본인의 철학이 아닌 플라톤의 철학을 대신 표현하는 존재라고 할 정도로 그 철학이 다르다. 만약 노자와 플라톤, 소크라테스가 서로 만나서 철학을 토론한다면 어떤 일이 일어날지 궁금할 정도이다.

『도덕경』은 직접 가르치기보다는 은유와 비유를 통해 도와 덕에 대해 묘사한다. 이는 후에 법가 등이 처세학으로 해석할 여지를 만들었다. 우선 한비자부터가 노자와 공자의 토론을 소개함으로써 유교를 간접적으로 비판했다. 『도덕경』에서 백성을 지나치게 지혜롭게 하지 말라는 말을 백성을 어리석게 만들어 통치에 도움이 되게 하라는 우민 정치로 해석하는 부류들까지 있다.

그러나『도덕경』의 다른 부분을 읽어보면, 이건 그야말로 자기 입맛에 맞는 부분만 뽑아 쓰는 아전인수식 해석이다. 노자는 그 외에도 진정으로 가장 뛰어난 정치는 백성이 통치자를 인식하지 못하고 자연스럽게 평화를 누리는 것이라고 하고, 백성들을 법으로 통치하고 두려움을 사는 군주는 중하에 불과하다고 했다. 딱 하나 법가와 같은 부분이 있는데, 그것은 바로 백성들에게 멸시를 초래하는 군주는 하급 군주라는 것이다. 마키아벨리도 민중들에게 공포의 대상이 될지언정 증오와 멸시를 사면 안 된다는 것을 강조하고 있다.

　　이는 당연한데 사람들은 공포의 대상은 꺼릴 수 있을지언정 증오하고 멸시하는 대상은 상대적으로 망설임 없이 공격할 수 있기 때문이다. 노자 또한 죽음이 너무 흔해지면 백성들은 죽음을 두려워하지 않기에 죽음은 함부로 써서는 안 된다고 표현했다. 그러나 노자는 이에 그치지 않고 칭송이나 공포, 멸시를 넘어 지도자의 존재를 느끼지 못하면서도 백성들이 행복한 정치야말로 가장 이상적인 정치라고 했다. 노자의 사상이 권모술수와는 거리가 있다는 걸 증명하는 부분은 또 있다. 노자는 군주가 용맹함을 떨치기 좋아하면 백성들이 고달파지고, 전쟁이 잦아지며, 죽음이 흔해지면 백성들은 죽음을 두려워하지 않고 군주에게 반드시 저항한다고 말했다. 전쟁을 피하되 방어를 위한 전쟁은 어쩔 수 없는 경우에만 하며, 이 또한 방어에만 만족하고 전쟁이 끝나고 나서 승리를 축하하는 것이 아닌 죽은 자들을 애도해야 한다고 서술한다.

그러나 철학자들이 그럴듯한 사상을 만들면 그걸 악용하는 게 위정자들 아니던가. 애덤 스미스가 정립한 자본주의가 도덕심이 빠진 상태로 운용되어 일부 자본가들이 산업시대를 노동자들의 지옥으로 만들었듯이, 법가 사상가들은 때로는 양보할 줄도 알아야 한다는 노자의 말을 위대한 뜻을 위해서는 자신을 낮출 줄도 알아야 한다는 처세술로 받아들였으며, 무기는 숨겨야 한다는 말을 힘을 최대한 숨겨야 한다는 허허실실 전략으로 해석했다.

하지만 노자가 말한 양보할 줄도 알아야 한다는 것은 채우기만 하면 정작 도에는 도달할 수 없다는 뜻이며, 무기는 숨겨야 한다는 것은 백성들이 전쟁과는 거리가 멀게 살아야 하고 무기는 방어를 위해서만 써야 한다는 노자의 평화주의에서 비롯된다. 물론 앞서 말했듯이 노자는 전쟁의 필요성을 부정하지는 않는다. 다만 전쟁은 어디까지나 지키기 위한 수단이지 남을 해치고 전공을 더 얻어 나아가려는 수단이 되어서는 안 되며, 설령 방어전에 그쳤다고 해도 그걸 기뻐하는 게 아니라 전쟁에 희생된 자들을 애도하고 다시 전쟁이 오지 않기를 바라야 한다는 것이다. 노자는 기본적으로 도를 인간을 위해 쓰기를 바랐던 사람이다.

노자의 이런 도 사상은 도교의 신선 사상과는 크게 다르다. 도교의 신선 사상은 속세와 동떨어진 신선이 되고, 불로불사를 추구하며 기를 다루기를 원한다. 최근 중국에서 유행하는 선협물 (신선이 되어 그 힘을 통해 마구잡이로 날뛰는 것을 추구하는 웹소설 장르)은 도교의 불로불사 추구가 각박한 사회와 결합하며 변질된 것으로, 신선이 되는 것은 자연의 섭리에 반하는 것이며 신선에게 속세의 존재는 벌레 같은 필멸자이니 마음대로 해도 상관없고, 강해지는 방법조차 수행보다는 영약이나 기연 같은 것이 더 우선시된다. 요즘 한국의 웹소설의 사이다가 너무 강해서 장르적 완성도가 떨어진다는 비판이 나오지만 이들조차 선협물에 비하면 윤리적이라는 소리가 나올 정도이다.

그러나 도교는 『도덕경』을 경전으로 모시고 홀연히 사라진 노자를 신선 중 제일로 모실 정도지만 정작 노자의 도가는 이와 딴판이다. 노자는 사람은 자연의 일부이니 이를 받아들이고 도를 깨우치려 노력한다면, 이미 자연과 동화된 것과 다름없어 죽어도 진정으로 죽은 것이 아니라고 했다. 그러나 이는 도교에서 말하는 불로불사가 아닌 노자의 계승자 장자가 말하듯이 흩어져서 자연으로 회귀하고, 언젠가 또 다른 자연이 된다는 뜻이다. 덧붙여 노자는 자연을 조종하려 하는 것은 인위이니 진정으로 도를 탐구하는 자라면 따라 해서는 안 된다고 하기까지 했다. 자연을 마음대로 조종하려는 도교와 선협물의 신선들과는 그야말로 정반대의 사상이다.

노자의 사상은 노자가 홀연히 『도덕경』만을 남기고 조용히 사라져 한동안 끊겼다. 그러나 이 사상을 부활시켜 자신만의 방향으로 발전시킨 자가 있으니, 바로 장자이다. 장자는 노자가 말한 '도를 정의하면 도가 아니다'를 더 나아가서 모든 의견은 결국 각자의 관점에서 나오는 것이므로, 이른바 보편타당한 객관적 기준이 있을 수 없다는 것이다. '모장이나 여희 같은 미녀를 두고 남자들은 모두 아름답다고 하지만 물고기는 그녀들을 보자마자 물속 깊이 들어가 숨는다'는 장자의 말처럼, 우리의 판단은 모두 각자의 처지에 따른 것이므로 자신의 견해를 절대화할 수는 없다. 오리발이 짧은지 학의 목이 긴지, 그 기준은 어디까지나 서로 다른 사물 간의 비교를 통해 이루어진다.

따라서 '내 관점'에만 집착하지 말고 '상대의 관점', 심지어 '사물의 관점'에서도 사건을 살펴보자는 것이 장자의 주장이다. 노자 또한 『도덕경』에서 분별하기에 미추가 있고, 선을 강조하기에 악이 생기고, 법이 있기에 불법이 생긴다. 인위적으로 의와 예를 만들기에 그걸 어기는 자들이 필연적으로 탄생한다고 말했으니, 공자-맹자의 사례와 같이 노자-장자의 사례도 훌륭한 보완적 계승이라 볼 수 있다.

공교롭게도 공자를 계승한 자가 맹자이고, 맹자가 성선설을 주장하였지만 순자는 성악설을 주장했다. 순자로부터 한비자나 이사 같은 후기 법가가 나왔다는 것을 생각하면 유가와 법가, 도가의 관계는 참 묘하다. 도가는 유가의 인위와 편협함을 비판했지만 유가는 성선설과 성악설로 나뉘고, 성악설에서 나온 후기 법가는 도가를 이용해서 유가의 비현실성을 비판했다. 정작 그러면서도 도가가 비판한 유가의 요소인 인위와 편협함을 후기 법가는 형태만 달라졌을 뿐이지, 여전히 갖고 있다는 게 아이러니

하다.

특히 성선설과 성악설 둘 다 도가의 처지에서 보면 도를 한쪽으로만 편협하게 해석한 것에 불과하고, 결국 선과 악은 상대적인 비교에서 이루어지니 결코 도가 될 수 없다. 분별하기에 선악이 생기고, 인위에 집착하다 보니 되레 혼란이 생기니 말이다. 그리고 둘 다 지식을 쌓는 식으로 선에 도달하려 하니 잘못되면 도를 잃을 수도 있다.

유가의 경우는 모르는 것을 알아보려 하고 왕권을 교체할 수 있다는 암시 또한 주니, 오히려 법가보다 더 도가에 친화적이라고 볼 수도 있다. 되레 법가의 경우 부국강병의 방법 자체는 제시할 수 있으나 부국강병이 끝난 후의 비전은 전혀 제시할 수 없으며, 목적으로서의 학문인 도가와 달리 방법으로서의 학문 이상이 될 수 없다는 한계가 있다. 물론 난세였던 당시라면 부국강병 자체가 목표가 될 수 있었지만 결국 목표 달성 후의 세계를 대비하지 못했다는 건 어쩔 수 없다.

물론 법가라고 해서 이 문제점을 인지하지 않은 것은 아닌지라 필요하면 법을 바꾸라고 한다. 하지만 그 필요한 순간이 언제인가? 거기다 법을 만드는 건 신하라고 해도 그걸 받아들이고 실행하는 것은 결국 왕이다. 따라서 왕이 법을 거부하고 실행하지 않으면 어떤 법을 만들어도 소용이 없다. 거기다 도가는 실천하는 게 어려울 뿐이지, 모든 사람이 할 수 있는데 법가는 필연적으로 신하와 임금으로 실행자가 한정된다. 노자는 한비자가 도가를 유가에 대한 비판의 수단으로 곡해해서 쓴 걸 보면, 인위를 부정하기 위해서 더한 인위를 썼다고 혹평하기만 할 것 같다. 그래서 사마천은 도가를 유가를 부정하기 위한 처세술로 악용한 한비자를 비판하기 위해서 자신이 쓴 역사서인 『사기』의 '열전' 편에서 노자 열전을 한비자 열전의 바로 앞에 놓았을지도 모른다. 노자의 진짜 가르침은 한비자가 주장하는 것과 다르다는 것을 보여주기 위해서 말이다.

이런 가르침을 생활 속에서 실천하기 위해 우리는 어떻게 해야 하는가? 우선 아는 체하는 걸 삼가고 남의 말을 최대한 경청하려 해보자. 그럴수록 잡념은 비워질 것이다. 또한 남이 알아주고 남이 평가하는 것에 그렇게 연연해하지 말자. 평가를 잘 받기 위해 선행과 고행을 하지 말고, 자연스럽게 선행을 하자. 남이 알아준다고 해서 당장 강해지는 것도 아니며, 남이 비난한다고 해서 내가 죽는 것도 아니다.

남과 소통을 한다고 해서 나의 존재를 오직 남이 평가하는 말에 맡기는 게 옳은 것인가? 공자가 입신양명을 말하긴 했으나, 그건 남의 시선에도 떳떳한 인간이 되라는 것이지 남의 시선을 종일 신경 쓰며 이름 날리기에만 애쓰라는 말이 아니다. 뻔하면서도 어려운 말이다. 그래서 꾸준히 실천해야 한다. 노자가 말했듯이 진정한 도는 내면에 있다. 타인의 평가보다는 자신을 돌아보며 나를 바로 세우자.

10.『대학』

자기수양에서 출발하여 화평한 세상으로 이르는 길

　『대학』은 사서 중 한 권으로, 성리학 입문의 중요한 책이기도 하다. 여기서 사서란 유교에서 중시하는 4개의 책으로『대학』, 『논어』,『맹자』,『중용』이다.『대학』은 증자,『논어』는 공자와 그의 제자들,『맹자』는 맹자 본인,『중용』은 자사가 쓴 것으로 여겨지지만『대학』의 원본인『예기』부터가 통일성 없이 글을 모은 책인 데다가 증자가 남긴 저작이 많지 않다 보니,『대학』의 저자는 지금 학계에서는 불명으로 보고 있다.

　사서 중『논어』와『맹자』는 독립된 책으로 있지만『대학』과『중용』은 본래『예기』라는 책에서 다루고 있는 내용 중 하나였다. 이 중『중용』은 위진남북조 때 빠르게 그 가치를 인정받아 분리됐지만『대학』은 어디까지나『예기』의 한 부분으로만 간주해 오랫동안 주목받지 않았다. 그러던『대학』이 드디어『예기』에 분리되어 사서 중 하나로 중시 받던 시기가 찾아왔는데, 그 때가 바로 남송 시기이다.

남송 시기는 불교와 도교가 지배하는 분위기였는데, 유학은 문헌 해석에만 열중하고 있었다. 이에 반발심을 품고 유학의 최적화에 열을 올리는 학풍이 형성됐는데, 그중 하나가 후에 주자로 불리는 주희가 주도한 주자학이다. 주희는 유학이 다시 주도권을 잡으려면 기존의 해석에만 머무를 것이 아닌 도교와 불교에 대항할 주제의식과 형이상학적 이론이 필요하다고 여겼고, 이기론과 수신, 격물치지를 중시하는 주자학을 만든 것이다.

주희는 주자학의 이론적 배경을 『대학』에서 발견하였고, 『대학』을 본격적으로 『예기』에서 분리해 사서 중 하나로 만들었다. 『대학』이 자신이 말하고 싶은 주자학의 기초를 담고 있다고 여기고, 『논어』, 『맹자』, 『중용』보다도 더 집중적으로 관심을 기울였다고 한다. 『대학』의 분량은 본래 『예기』의 한 부분에 불과해서 『논어』나 『맹자』보다도 분량이 아주 적다. 그나마 분량이 비슷한 책이 같은 『예기』의 한 부분이었던 『중용』이라는 것을 생각하면, 주희가 왜 그런 분량도 적은 내용에 관심을 기울였는지 의아해할 수도 있을 것이다.

그러나 분량과 중요성을 동일시할 수는 없다. 도가의 기본서인 『도덕경』도 그 분량은 적지만 도가 사상의 정수를 담고 있어 중요하듯이 『대학』은 주자학에서 중요한 위치라고 볼 수 있다. 실제로 『대학』은 자신을 수양하고 그것을 개인에서 가정으로, 가정에서 나라로 확장하며, 수양 시 어떻게 해야 하는지를 다루고 있기에 성리학의 기초로는 안성맞춤이었을 것이다.

이처럼 주희가『예기』의 일부로 묻혔을『대학』을 사서의 반열로 올린 것은 사실이지만 주희의『대학』이 원문을 올바르게 해석했는지에 대해서는 논쟁이 많다. 본래『대학』은『예기』의 일부였기에 내용 배열이 일관되지 않은 부분이 있었는데, 주희는 이를 핵심 내용의 해석을 통해 순서를 변경하였기 때문이다. 또한『대학』의 몇 구절을 변경한 부분도 있고, 격물치지에 관해서는 아예 자신이 내용을 추가했을 정도이다. 그렇지만 주희의 권위 때문인지『대학』은 오랫동안『대학장구』의 해석이 주류가 됐다.

명나라 시대 주희의 해석에 반박하는 자가 나타났다. 그의 이름은 왕수인, 후에 양명학의 시조라고 불리는 사람이다. 왕양명은『대학』에 대해서 이미『예기』의『대학』부분도 문장적으로 완성되어 있고 나름대로 내용을 잘 담고 있는데, 그걸 멋대로 순서를 바꾸는 것이 옳지 않다고 주장했다. 더군다나 사상도 주희와 달랐다. 주희의 격물치지는 외부의 이(理)를 탐구해 이를 바탕으로 내부의 이를 갈고 닦는 것인데, 양명은 이(理)는 근본적으로 자기 내부에 있으며, 그렇기에 외부의 이는 참고 정도에 불과하다고 생각했다. 그래서『대학』에 대한 해석이 주희와 달랐다.

『대학』은 본래는『예기』의 한 부분에 지나지 않고 분량도 많지 않은 책이지만 추상적인 내용과 중요성 때문에 온갖 해석이 나왔다. 책 내용의 해석 방향에 따라 주자학과 양명학이 갈렸을 정도로 중요한 책이다. 이와 비슷한 제자백가의 책을 뽑는다면『도덕경』밖에 없을 것이다.『도덕경』은 해석의 차이만 있지 내용 자체는 큰 변함이 없었지만『대학』은 원문과 주자가 장구를 단 판본이 크게 다르기에 어떤 내용을 주로 사용해 해설할지 고민했다. 결국 원문을 우선시하기로 했다는 것을 양해하길 바란다.

『대학』원문과『대학장구』는 글의 분류조차 크게 다르다.『대학』원문은 원론과 각론으로만 나눠지지만『대학장구』는 하나의 경과 10개의 전으로 나누어져 있다. 경과 원론은 대체로 유사하지만 각론과 전은 순서가 다르며, 특히 격물치지 부분은 주희가 추가하였기에 사실상 둘은 크게 다르다고 볼 수 있다. 괜히 양명이 주희가 바꾼 부분이 자신과 맞지 않다며, 원문으로 회귀할 것을 주장한 게 아니다.

『대학』의 원론은 다음과 같다. 대학의 도는 밝은 덕을 밝힘에 있으며, 백성을 친근히 함에 있으며, 지극한 선에 처신함에 있다. 처신을 제대로 할 줄 안 뒤에야 안정됨이 있게 되고, 안정된 뒤에야 고요할 수 있게 된다. 고요한 뒤에야 편안할 수 있게 되고, 편안한 뒤에야 생각할 수 있게 되며, 생각한 뒤에야 얻을 수 있게 되는 것이다. 이것이『대학』의 시작인데, 여기서부터 주희와 왕명의 해석이 갈린다. 밝은 덕을 밝히는 것과 학문의 순서에는 둘 다 동의하지만 주희는 백성을 친근히 해야 함을 백성을 새롭게 해야 함으로 바꾸었다. 이는 백성을 위에서부터 교화해야 할 존재로 보는 주희와 백성도 스스로 깨달아야만 하는 존재로 보는 왕명의 차이라고 볼 수 있다.

어쩌면 왕명이 원점 회귀를 주장한 이유도 신민이라는 변경에 동의하지 못해서일 수도 있다. 실제로 성리학이 지나치게 굳어진 조선 후기에 점점 제도가 굳어지고, 이를 틈타 부패가 일어난 것을 생각하면 백성을 새롭게 해야 한다는 부분은 어쩌면 기본적으로 지도층이 백성보다 우월하다는 선민사상으로 발달할 우려가 있다고 볼 수 있다. 그렇기에 왕명은 백성을 친근히 함을 중요시한 것 같다.

다음에는 처신을 제대로 할 줄 안 뒤에야 안정됨이 있게 되고, 안정된 뒤에야 고요할 수 있게 되며, 고요한 뒤에야 편안할 수 있게 되고, 편안한 뒤에야 생각할 수 있게 되며, 생각한 뒤에야 얻을 수 있게 된다는 글이 온다. 이는 주희와 양명의 해석 또한 일치하며, 실제로 사고를 할 때 감정에 휩싸이면 오판을 하게 된다는 것을 생각하면 이는 자기 수양과 조직 통치 때 여전히 새겨들어야 할 말이다.

다음으로는 물건에는 근본과 종말이 있고 일에는 끝과 시작이 있으니, 먼저 하고 나중 할 바를 알면 곧 도에 가까운 것이라는 글이 나온다. 이는 일에는 순서가 있으며, 그 순서를 숙지하고 행동해야 한다는 의미이다. 이는 초기『예기』의 해석인 통치자가 가져야 할 태도나, 주희의 해석인 군자가 가져야 할 태도나, 양명

의 해석인 모든 인간이 학문을 위해 가져야 할 태도에 전부 일맥
상통한다. 앞으로도 이 말은 언제나 들어맞을 것 같다.

이제부터는 글은 같되 해석이 달라지는 구문이다. 천하를 밝
히려는 자는 나라를 다스려야 하며, 나라를 다스리려는 자는 그
집안을 다스려야 한다. 또 그 집안을 다스리려는 자는 그 몸을
닦아야 하며, 그 몸을 닦으려는 자는 먼저 그 마음을 바르게 해
야 한다. 또한 그 마음을 바르게 하려는 자는 그 뜻을 정성 되게
해야 하며, 그 뜻을 정성 되게 하려는 자는 먼저 그 앎에 이르러
야 하는데, 이 앎을 이르게 하려면 사물을 연구해야 한다는 구문
이다.

이 구문에서 주희는 앎에 이르게 하려면 사물을 연구해 그 이
(理)에 정통하게 되어 자신의 이(理)를 갈고 닦아야 한다고 보았
다. 하지만 양명은 근본적인 깨달음은 자신에게 있기에 사물에
관한 연구는 부수적이라 보았다. 전통적인『예기』해석에서는 이
구문이 그야말로 통치자가 갖춰야 할 자세를 말하는 것이라 해
석한다.

그 뒤에는 이를 반대로 뒤집은 구문이 나오는데, 이유는 강조
형식 때문인 것으로 보인다. 그 다음에는 모든 인간은 자신의 몸
을 닦는 것으로 근본을 삼아야 하며, 근본이 어지러운 이상 말단
도 필연적으로 어지럽기 마련이다. 근본을 알면 두텁게 대해야
할 사람에게 박하고, 박하게 대해야 할 사람에게 두텁게 대할 일

은 없고, 이것이야말로 앎의 지극함이라는 구문이 나온다. 이는 배우고 익히는 것이 근본을 닦는 방법이며, 주자는 이 앎을 위해 외부로부터의 탐구를, 양명은 내부로부터의 성찰을 우선시하고 있다.

이렇게 1장은 친민 부분을 제외하면 원본이나 주희가 장구를 단 판본이나 같다. 그러나 이 1장에서 자기 수양의 중요성과 대략적인 방법이 제시되는 것을 보아 주희는 이 부분에서 주자학의 기초를 발견한 것 같고, 그렇기에 『대학』을 별도의 책으로 분리할 생각을 한 것 같다. 어쩌면 이 1장은 그야말로 주자학의 시작이자 양명학의 시작이라 볼 수 있으니 분량은 비록 적지만 그 중요성은 막중하다.

원문 2장은 1장에 대한 각론인데, 주희는 중요성에 따라 각론의 순서를 바꿨으며 더러는 없는 내용을 채워 넣기도 했다. 여기서는 원문 위주로 다루기로 한다.

첫 번째 각론은 성의다. 성의에서 강조하는 것은 위선에 대한 금지이다. 소인의 경우 자신의 사악을 감추려 하지만 결국 그 실체는 드러나기 마련이라고 지적한다. 그래서 홀로 있으면서도 남이 있는 것처럼 선을 갈고 닦아야 한다는 것이다. 이 각론은 주희 판본에서는 여섯 번째 각론으로 미루어졌는데, 주희는 덕을 밝히는 것이 우선으로 보았지만 『예기』는 어디까지나 예의 집합이기에 예의 필요 사항인 위선 금지를 우선시한 것 같다. 양명은 근본적인 선은 내면에 있다고 보아서 원론이 성의를 처음으로 내세운 것을 좋게 보는 것 같다.

두 번째 각론은 지선이다. 주희 판본에서는 지어지선이라 번역되기도 한다. 지선의 내용은 선함을 일관되게 유지하면 자신을 홍보하지 않아도 사람들이 저절로 인정하고 기억한다는 내용이다. 『예기』가 본래 예의에 관한 내용이고, 『예기』의 첫 해석이 통치자를 위한 예임을 생각하면 이 내용은 통치자가 선함을 유지하면 굳이 이름을 떨치려 하지 않아도 그 이름이 퍼질 것이라는 뜻으로 볼 수 있다. 주희는 이를 군자로 보았고, 양명은 이를 수행하는 자로 보았다는 점이 차이다.

세 번째 각론은 명덕이다. 주희 판본에서는 명명덕이라 번역되기도 한다. 이 각론에서는 은나라 탕왕이 진실로 날마다 새로워지면 나날이 새로워진다는 글을 세숫대야에 새겨 자신을 단련했다고 강조했다. 주나라는 천명을 늘 갈고 닦았기에 새롭고, 군자는 그 때문에 최선을 다해야 한다고 했다. 또 다른 사례로는 공자가 사람이라면 처신할 곳을 알아야 하며, 시경에서 문왕이 끝없이 밝고 공경스럽게 처신했다는 칭송구를 들었다. 그리고 임금이 되어서는 인에 처신하고, 신하가 되어서는 경에 처신하며, 자식이 되어서는 효에 처신하고, 아버지로서는 자에 처신하며, 나라 사람들과의 사귐에는 신에 처신해야 한다는 내용으로 끝난다.

주희는 이 명덕을 제일 먼저로 놓았는데, 아마 주희는 나라를 통치하려면 자신부터 밝혀야 하고 지위에 맞는 처신을 해야 한다는 점이 그의 주자학에 잘 맞았기에 이를 강조하기 위해 제일 먼저로 놓은 것 같다. 여기서 은나라 탕왕과 주나라 문왕이 처신을 잘한 사례로 나오는데, 이처럼 유교는 하·은·주 시대를 이상적인 세상으로 제시했다.

또한 주희는 명덕을 반으로 나누어 나머지 절반을 신민으로 두었는데, 아마 탕왕의 세숫대야에 쓰인 말이 백성을 새롭게 만들라는 말과 연계된 것으로 본 것 같다. 그렇기에 새로워지는 것이 중요하며, 자신을 새롭게 하는 것을 넘어서 백성들까지 새롭게 해야 한다고 주장했다. 반면 양명은 백성은 억지로 이끌어야 하는 존재가 아닌 존중하며 친해야 하는 존재로 보았고, 그렇기에 이를 억지로 분리해서 보아서는 안 되고 원문대로 붙여서 보아야 한다고 주장한 것 같다.

네 번째 각주는 본말이다. 본말은 공자의 말로 시작하는데, 공자는 소송을 처리할 때는 남과 같이 공정히 해야 하지만 소송이 필요 없는 사회를 만드는 게 최선이라 말한다. 그렇게 위선자들이 말을 함부로 하지 못하게 하고, 백성들의 뜻이 퍼지는 것이 근본이라는 것이다. 이는 유교에서 중요하게 여기는 가치로, 유교는 단순히 죄를 처벌하는 게 아니라 죄가 일어나지 않는 환경을 만드는 것을 중요하게 여겼기 때문이다. 이 본말 부분은 원본과 주희 판본이 순서가 일치하기도 한다. 이를 보면 『예기』 원본이나 주희나 양명이나 이 부분은 유학자답게 중시한 것 같다.

다섯 번째 각주는 정심수기다. 그 내용은 몸을 닦는 것은 마음을 바르게 함에 있는데, 마음이 지나치게 감정으로 요동치면 그 바름은 얻을 수 없다는 것이다. 마음이 바르지 않으면 몸이 어떤 일이 있든 반응하지 못하기에 몸을 닦는 것은 그 마음을 바르게 함에 근본이 있다는 것이다. 근본적으로 마음이 올바르게 되어야 몸도 올바르다는 뜻이다. 실제로도 마음에 병이 있으면 그게 몸에 나타나기도 한다는 것을 보아 정확한 통찰이라 볼 수 있다. 주희 판본에서는 정심수신으로 표현되고, 일곱 번째 장으로 놓여 있다.

여섯 번째 각주는 수신제가이다. 몸을 닦는 것은 집안을 다스리는 것과 관련이 있다는 것이다. 이때 사람은 친하고 사랑하는 대상이나 천하게 여기고 미워하는 대상 등 긍정적이든 부정적이든 마음이 편중되면 객관적으로 판단할 수 없다는 것을 근거로 든다. 그렇기에 좋아하는 사람의 단점을 아는 사람과 미워하는 사람의 장점을 아는 사람은 드물며, 자식의 악함을 아는 사람은 거의 없다고 한다. 그렇기에 몸을 닦아야 집안을 바르게 할 수 있다고 한다.

이는 주희 판본에서 여덟 번째 장으로 미뤄지지만 전 장인 정심수기와 연계되어 있다. 아무래도 마음을 바로잡는 점에서 둘은 일치하기 때문에 그런 것 같다. 수신제가의 내용은 현대에서도 여전히 통용되는데, 비리의 동기 대부분이 친한 사람이라는 이유로 봐주려다가 각종 비리가 터지는 것이 대부분이기 때문이다. 사람을 좋아하면 그 단점이 가려져 보이는 것도, 사람을 미워하면 그 장점이 가려져 보이는 것도 사실이다. 괜히 눈에 콩깍지가 쓰인다는 표현이 있는 게 아니다.

일곱 번째 각주는 제가치국이다. 제가치국은 여러 문단으로 나뉘어져 있는데, 우선 첫 번째 문단은 나라를 다스리려면 먼저 그 집안부터 다스려야 한다는 것이다. 집안을 다스리지 못하는 자가 나라를 다스릴 능력이 있을 수는 없으며, 효도는 임금을 섬기는 데 적용될 수 있고, 공경이란 어른을 섬기는 법도 되며, 자애로움이란 백성을 부리는 법도 된다는 것이다. 동서고금을 막론하고 왕가의 불화가 국난으로 이어지는 것을 생각하면 당시에 이 말은 잘 들어맞았고, 지금도 가정의 불화가 조직의 불화 및 비리로 이어지는 일이 종종 있는 것을 생각하면 아직도 유효한 말 같다.

두 번째 문단에서는 요임금과 순임금은 천하를 인으로 다스렸고, 걸왕과 주왕은 천하를 폭력으로 다스렸다고 했다. 그러나 명령하는 것이 그 자신이 좋아하는 것과 반대라면 백성들은 따르지 않게 된다는 것이다. 그렇기에 군자는 남에게 무언가를 요구하기 전에 자신에게 그것을 갖추며, 남에게 무언가를 비판하기 전에 자신에게 그것이 없는지 돌아봐야 한다고 한다. 그렇기에 나라를 다스리려면 먼저 집안부터 다스려야 한다는 것이다.

실제로 역사에 성군으로 남은 자들은 대부분 자신을 철저히 관리하고 폭압적인 수단을 자제했으며, 역사에 폭군으로 남은 자들은 자기관리를 게을리하고 폭압적인 수단을 남용한 사례가 많다. 가정을 다스릴 때 폭압적인 수단만 쓰고 모범을 보이지 않는다면, 가족이 따르기는커녕 반발하기 때문에 가정을 통해 나라를 다스리는 것을 강조한 것이다.

세 번째 문단은 시를 통해 집안사람의 화목함, 형과 아우의 우애, 부자와 형제의 관계를 강조한 후, 이를 잘 다스릴 수 있어야 나라를 잘 다스릴 수 있다는 것이다. 이는 유교의 기본적인 가르침이었으며, 예시를 시경으로 든 것만 봐도, 시는 정신 수양의 목적도 있었음을 알려준다.

마지막 각주는 치국평천하다. 사실상 유교의 근본 목적이 세상을 평화롭게 만드는 것임을 생각하면, 그야말로 마지막 각주에 어울린다고 볼 수 있다. 주희 판본에서도 마찬가지이다. 이 치국평천하는 네 문단으로 나누어져 있는데, 첫 번째 문단은 다음과 같다. 천하를 화평하는 일은 나라를 다스리는 일에 달려 있으며, 윗사람이 노인을 노인으로 대접하면 효도가 자연스러워지며, 윗사람이 어른을 어른으로 대접하면 공경이 자연스러워지며, 위에서 외로운 이들을 불쌍히 여기면 배반은 일어나지 않는 것이다.

윗사람들은 자신들이 싫어하는 일을 아랫사람에게 시켜서는 안 되고, 아랫사람들이 싫어하는 것으로 윗사람을 섬겨서는 안 되며, 자신이 할 일을 남에게 떠넘겨서는 안 된다는 것이다. 따라서 좋은 통치자는 백성들이 좋아하는 것을 좋아하며, 백성들이 싫어하는 것을 싫어해야 한다. 그런 통치자는 백성들의 부모라고 불리지만 그렇지 않고 편향된 통치자는 천하의 적이 된다고 한다.

쉽게 말해서 윗사람은 모범을 보여야 하며, 그렇지 않고 일방적으로 강요만 하면 백성들은 따르지 않는다는 것이다. 심할 경우 오히려 반란을 일으키고 혁명으로 이어질 수 있다. 이는 조직생활은 물론이고 대인관계에까지 적용할 수 있는 말이기도 하다. 실제로 남에게 무언가를 강요하면서 정작 자신은 모범을 보이지 않는 인간은 전혀 신뢰받지 못하기 때문이다. 한비자가 유가를 부정하면서도 정작 신뢰에 대해서는 괜히 중요한 태도를 보인 것이 아니다. 신뢰 관계라는 건 인간관계에서 필수이기 때문이다.

두 번째 문단에서는 시경을 통해 은나라가 민심을 얻었을 때는 하늘이 따랐지만 민심을 잃었을 때는 하늘이 저버렸음을 말하고, 이를 통해 민심을 얻으면 나라가 흥하지만 민심을 잃으면 나라가 망하는 것을 말한다. 그렇기에 군자는 먼저 덕을 얻어야 한다. 덕이 있으면 사람이 모이고, 사람이 모이면 땅이 있으며, 땅이 있으면 재물이 있고, 재물이 있으면 쓰임이 있기 때문이다.

덕은 근본이고 재물은 말단이기에 덕을 천시하고 재물만을 중시하면 혼란이 일어난다. 이를 역설적으로 표현하자면 재물을 모으면 백성이 흩어지고, 재물을 흩어지게 하면 백성들이 모인 다는 것이다. 그래서 말이 이치에 어긋나면 나가게 되고(사람들에 게 유언비어처럼 퍼지게 된다), 재물 또한 이치에 어긋나게 획득하면 이치에 어긋나게 빠져나가게 된다고『대학』에서는 말한다.

민심을 얻어야 한다는 것은 이해가 가지만 재물을 모으면 백성 이 흩어지고, 재물을 흩어지게 하면 백성이 모인다는 말은 역설 적이며 모순적으로 보인다. 하지만 지금도 재물이 한 곳으로 고 일 때 그것을 가지고 다툼이 벌어지는 것을 생각하면 아주 많이 틀린 말은 아니다. 거기다 덕이 중요한 것도 맞다. 그러나 세상 을 살아가는 데에는 결국 재물이 필요하니, 결국 이상과 현실의 조화가 필요하다고 볼 수 있다.

세 번째 문단에서는 국가에는 현명하고 선한 신하야말로 진정 한 보배이고, 그런 신하를 잘 쓰는 것이야말로 나라를 이끄는 방 법이라 한다. 현명한 이를 쓰지 못하는 것은 태만이고, 사악한 이 를 물리치지 못하는 것은 잘못이라고 한다. 남이 싫어하는 것을 좋아하고 남이 좋아하는 것을 싫어하는 것은 본성을 어기는 것이 니, 그 재앙은 반드시 자신에게 미친다고 한다. 그렇기에 군자는 충실함과 믿음으로 도를 지켜야 하며, 교만과 건방짐은 도를 잃게 한다고 한다.

확실히 나라를 통치함에 있어 신하를 쓰는 것은 중요하다. 충신을 제때 쓰지 못해서 멸망한 나라가 많으며, 간신을 제때 물리치지 못해서 멸망한 나라도 많다. 민주주의가 선거제를 택하고 탄핵 등의 제도를 넣는 것도 관리가 부패할 경우 교체하기 쉽게 하기 위해서임을 생각하면, 관리의 등용은 예나 지금이나 어렵다고 할 수 있다. 어느 정도 집단이 커지기만 해도 부하들을 관리하는 건 금세 어려워진다. 유교는 그것을 덕으로 해야 하며, 법가는 이를 제왕학을 통해 걸러야 한다고 보는 것이다.

네 번째 문단은 재물을 생산할 때 생산자가 많고 소비자가 적으며, 생산 속도가 빠르고 소비 속도가 느리다면 재물은 충분하기 마련이다. 어진 사람은 재물을 지배하지만 어리석은 사람은 재물에 지배당한다고 말한다. 윗사람이 모범을 보이면 아랫사람은 따르지 않을 수가 있으며, 관리가 사사로이 이득을 채우면 나라가 위태로워진다고 한다. 그렇기에 세금을 지나치게 많이 거두는 신하보다는 차라리 도둑질하는 신하가 낫다고 하며, 국가를 통치하는 데는 재물보다는 의로움을 중시해야 한다고 마무리한다.

확실히 관리가 사사로이 이득을 채운다면 그것은 곧바로 부정부패로 이어지기 마련이다. 조선 시대 삼정의 문란만 해도 세금은 가혹하게 거두면서 중간에 횡령이 많아 정작 중앙으로 모이는 세금은 적었다. 그래서 중간 관리들은 부유해지면서도 정작 국고는 텅 비는 상황이 생기고 말았다. 대원군이 제도 개혁 때 세금 관련 업무를 국가가 직접 관리하는 것으로 바꾼 이유도 그 때문이고, 민씨 정권이 욕먹은 이유도 지나친 국고 낭비 때문이라는 걸 생각하면 와닿는 말이다. 현대에서도 청탁이니 뇌물이니 관련된 이슈가 보도되는 일이 많다.

이렇게 『대학』 원문은 끝나지만 주희는 5장을 격물치지라 하며 내용을 추가한다. 아는 것의 지극함을 일컫는다는 글에 자신만의 해석을 덧붙인다. 격물치지를 위해 반드시 배우는 자들이 모든 천하의 사물과 부딪쳐 자신이 이미 알고 있는 이치를 통해 더욱 그것을 끝까지 파고듦으로써 지극한 곳에 도달할 것을 추구해야 한다고 말했다. 이렇게 오랫동안 집중하다 트이게 되면 모든 이치가 눈에 들어오고 나 자신이 똑바로 보일 것이니, 이것이야말로 앎의 지극함이라 말하는 것이다.

주희가 2장의 배열을 바꾸고 이 내용을 추가한 이유는 뭘까? 주희는 격물치지를 위해 주변을 통찰하고 그것을 통해 자신의 이(理)를 키우는 것이야말로 진정한 깨달음이라 보고 해당 내용을 추가한 것이다. 그러나 양명은 이에 회의적이었기 때문에 주희가 추가한 이 내용을 거부하고 원문을 추구한 것이라고 볼 수 있다.

『대학』은 정치와 자기수양에 대해 다루는 책으로, 주자학의 기반인 공자의 유교를 형이상학적으로 해석하는 것으로부터 시작이 됐다고 해도 과언이 아니다. 본래는 통치에 대해서 다루는 것으로 평가받았지만 그러기 위해서 자신을 갈고 닦아야 한다는 말은 정치 쪽을 꿈꾸거나 리더 자리를 원하는 사람들은 명심해야 할 교훈이다. 그래서 주희는 『대학』을 자기수양의 시작으로, 『중용』을 자기수양의 끝으로 정한 것 같다.

이렇게 『대학』은 분량도 짧고 사서로 분류된 시기도 가장 늦었으나, 그만큼 유학의 해석에 크게 좌우되는 책이자 형이상학적 내용을 다루기 시작하는 책이기도 하다. 특히 똑같이 후대에 사서로 분류되고 『예기』에서 분류된 『중용』과는 비슷한 주제를 다루며 분량이 짧은 것도 같다. 그러나 『대학』은 국가를 운영하는 쪽에 중점을 두고 있으며, 『중용』은 개인을 수양하는 쪽에 중점을 두고 있다. 나는 이 『대학』을 시작으로 사서에 차례로 도전해 보고자 한다.

『논어』는 사서 중 제일 먼저 쓰인 책이자 가장 먼저 주목받은 책이다. 수많은 인문고전이 그렇듯이 『논어』는 당시 시대의 상황이 그대로 녹아있는 책이기도 하다. 그럼 먼저 공자가 활동했던 시대부터 알아보자. 공자가 이상적으로 여기는 나라는 하, 은, 주인데, 이 중 춘추시대와 가장 가까운 주나라부터 이야기해 보자. 일반적인 기록에서는 은나라 말기 주왕이 부패하였고, 그 불만을 감지한 문왕이 강태공을 등용해 나라를 부강하게 만든 뒤 그의 아들 무왕이 주왕에 대해 역성혁명을 일으켜 주나라를 건국했다고 한다. 하지만 근대에서는 프랑스 혁명 당시 직접적인 잘못은 적었는데도 국가의 대표이기에 그동안 쌓여온 부패에 대한 책임을 지고 처형당한 프랑스 왕실처럼 주왕에게만 문제가 있던 게 아니라 은나라가 지나친 인신공양을 하였고 그 때문에 피지배층의 불만이 고조되어 반란이 일어났다는 가설도 나오고 있다.

공자의 제자 자공도 주왕에 대한 악평이 엄청난데 과연 이게 전부 사실이었을까라며 의심하는 말을 남겼다. 이 가설과 유사한 사례로 지나치게 인신공양 및 식인을 자주 해서 주변 국가들에 원성을 샀고, 그래서 주변 국가들이 스페인 침략자들에게 가담해 무너진 아스테카 제국이 있으므로 이 가설은 나름대로 신빙성이 있다고 볼 수 있다.

무왕이 건국한 주나라는 확실히 기존 은나라보다 나아진 모습을 보였지만 결국 왕정 국가 특유의 한계는 어쩔 수 없었다. 주 여왕(왕의 칭호, 성별을 지칭하는 것이 아님)이 정치를 잘못해 쫓겨난 뒤 두 대신이 나라를 다스리던 시기가 있었는데, 이때를 공화 시기라고 했으며, 공화제라는 말은 이 공화 시기에서 따온 것이다. 뒤를 이은 주 선왕은 부국강병 정책을 시행하였으나 오랑캐 정책에 대한 갈등과 포사에 대한 예언 때문에 신하를 죽인 사실 등으로 그리 고평가받지 못한다.

뒤를 이은 주 유왕은 향락에 빠지는 등 폭군이자 암군이었다. 포사를 들이고 나서 향락은 더욱 심해졌는데, 봉화를 고작 포사를 웃게 하는 용도로 피우기까지 했다. 나중에 오랑캐가 침략했을 때 진짜로 봉화가 필요해서 올렸는데도 영주들은 또 시시한데 쓰냐며 나서지 않았는데, 결국 이 때문에 지원군이 소수밖에 오지 않아서 주 유왕은 죽고 만다.

여기서 포사가 자신을 웃게 하려고 봉화를 쓴 것은 고작 예언 때문에 자신을 죽이려고 한 주나라 왕실에 대한 복수가 아니냐는 해석과 그래도 봉화를 피웠으면 형식적으로나마 오는 것이 정상적인데 이미 그 시점에서 왕권이 상당히 약해진 거 아니냐는 해석이 있다. 특히 후자의 경우 유왕이 폭군이었다는 점과 수습 이후 주나라의 힘이 추락한 것을 생각하면 신빙성이 높다.

결국 유왕은 신하가 부른 오랑캐들의 침략에 죽었지만 그 신하는 정작 오랑캐들이 유왕보다 더하다며 그들을 몰아내기 위한 제후 연합을 구상하였고, 그렇게 오랑캐들은 토벌됐다. 이 사건 이후 주나라는 낙읍으로 수도를 옮겼는데, 이 시기를 동주 시기라 분류하는 학자도 있다. 그러나 이미 떨어진 왕권은 되돌아오지 않았고, 약해진 왕권을 본 제후들은 이걸 기회 삼아 자신들의 세력을 늘리기 시작했다. 그렇게 춘추시대가 시작된 것이다.

춘추시대에서는 주나라의 통제력이 약해지고 수많은 나라가 생기며 먹고 먹히기를 반복했지만 전국시대와 대비되는 점이 뚜렷이 있었다. 첫 번째, 주나라에 대한 형식적인 예가 있었으며, 오랑캐를 배격한다는 가치를 공유했다. 이 첫 번째 가치에서 생긴 것이 바로 춘추오패이며, 제나라 환공과 진나라 문공은 이 춘추오패를 대표하는 패왕이다. 형식적으로나마 예를 존중해 패왕이 용인되는 것이다.

반면 전국시대는 그런 형식적인 예조차 없었으며, 철저하게 부국강병만이 중요시 됐다. 그래서 전국시대에는 패왕이라는 것이 허용될 수 없었다. 통일이냐, 아니냐만이 있었을 뿐이다. 두 번째, 춘추시대에는 새로운 나라가 생기고 먹히는 일이 흔히 발생했지만 전국시대에는 전국 7웅이라는 형태로 틀이 잡혔다. 이렇게 적이 구체화 됐는데 합종연행과 같은 외교 계책은 이를 바탕으로 나온 것이다.

이러한 춘추시대에 공자는 노나라에서 태어났다. 노나라는 주나라 시절 주공 단이 기틀을 잡은 제후국으로서 예를 중시하는 풍조가 있었다. 국력 자체는 강하지 않아서 공자가 살던 시대에는 3개의 세도가에게 왕권이 휘둘리고 끝내는 왕이 쫓겨나서 타국에서 죽을 정도로 상황이 어지럽던 상황이었다. 공자는 노나라에서 관직까지 지내기도 했는데, 그래서 더욱 더 노나라의 현실에 한탄했을 것이다.

그래서 공자는 초기 봉건주의 시대의 질서를 옳게 생각하였고, 『논어』에서 다루는 이상적인 정치와 인용하는 인물도 주로 하은주의 창업 군주 내지는 공신들이다. 공자가 최고 이상적인 군자로 여긴 주공 단은 주 무왕의 충신이자 주 무왕의 태자를 잘 보필해 예를 가다듬은 인물이다.

『논어』는 공자가 직접 쓴 책은 아니다. 이 때문에 『논어』의 구체적인 편찬자가 누구냐 하는 것은 한동안 논쟁의 대상이었다. 전체적으로 공자의 제자들이 공자의 말을 모아서 쓴 것이라는 것에 대해서는 견해가 일치하였지만 그중 누가 주필인가에 대해서는 해석이 갈렸다. 현재는 대체로 유약과 증삼의 제자들이 주축이 되어서 편찬했다는 주장이 주류로 받아들여지고 있다. 이유는 공자의 제자 중 유약과 증삼만이 자(子)를 붙인 유자, 증자로 불리고 있기 때문이다. 고대 중국에서 자(子)라는 표현은 스승을 높일 때 쓰인 표현인데, 그래서 유약과 증삼의 제자들이 주축이 됐을 것이라고 본다. 증자의 제자 중에는 공자의 손자인 자사도 있었음을 생각하면 현재로서는 가장 타당한 추측이다.

『논어』의 제목에서도 여러 논의가 있었다. 먼저 논(論) 자를 륜(倫)으로 표현해 이는 차례에 해당하니 세상의 예를 차례대로 표현한 것이라는 주장과 륜이 이치에 해당하므로 이는 이치를 담은 것이라는 주장이 있었다. 그리고 논 자를 륜(綸)으로 표현하되 륜이 경륜에 해당되니 과거부터 현재까지 경륜함을 말하는 주장과 륜(輪)이 수레바퀴에 해당하니 모든 것이 수레바퀴와 같이 무궁하다는 주장이 있어 왔다. 논 자를 논(論)으로 표현해 세상의 이치를 논한다는 주장도 있었다.

이러한 주장들이 쓸데없이 번잡하기는 하지만 동시에 이러한 주장을 하는 사람들이『논어』에서 무엇을 중시하였는지 알 수 있게 해준다는 순기능도 있다고 할 수 있다. 우리가 아는 일반적인 해석인 공자의 말을 논한 책이라는 해설은 송나라에서 나오게 됐다. 송나라에서『논어』는 공자의 말을 제자들이 논한 것이라고 규정한 뒤 주희를 통해 대중화됐고, 주자학에 반발해 양명학을 창시한 왕양명조차 이에 동의했다.

『논어』는 여러 사람의 손으로 써진 책이자 시황제의 분서갱유에 휘말린 책, 그렇기에 수많은 판본이 있었다. 현재까지 가장 오래된 『논어』의 형태는 한서 예문지에 나오는 노론, 제론, 고론이 있다. 노론은 노나라에 전해지던 『논어』로 현재의 『논어』와 가장 가까운 판본이다. 제론은 제나라에 전해지던 『논어』로 노론에 비해 문왕과 지도라는 두 편이 있었다고 한다. 마지막으로 공자의 집 담벼락에 숨겨져 있던 고론이 있었는데 현재는 판본이 남아있지 않아 어떤 내용인지는 알 수 없다.

『논어』는 주석 또한 많았다. 현재 알려진 주석 중 가장 오래된 것은 위나라의 하안이 쓴 『논어집해』다. 『논어집해』는 한나라의 주석과 고론을 참고해 쓴 것으로, 지금은 사라진 주석들을 참고한 데다가 현존하는 가장 오래된 주석이기에 『논어』를 연구하는 학자들로부터 많이 주목받고 있다. 송나라까지는 『논어집해』 위주의 주석서가 유행했지만 송나라 이후에는 『논어집해』 기반 주석은 자취를 감추기 시작했다.

이는 주희가 주석한 『논어집주』가 주류가 되기 시작했기 때문이다. 주희의 『논어집주』는 『논어집해』와 달리 노론을 중시해 주석을 달았고, 거기에 사서의 형태를 갖추기 위해 『맹자집주』, 『대학집주』, 『중용집주』를 쓰며 사서의 틀을 완성하게 됐다. 그 뒤로는 대부분의 『논어』는 이 『논어집주』의 틀을 따르게 된 것이다.

사서 중 최초로 인정받은 『논어』이지만 처음에는 지금처럼 주목받는 책은 아니었다, 유교가 막 부활하기 시작할 때,『논어』는 중요 도서보다는 참고도서 취급을 받았다. 초기 유교는『논어』보다는『시경』,『춘추』,『주역』,『서경』,『예기』의 오경을 더 중시했으며,『논어』는 공자의 말이 기록되어 있기에 참고서이긴 했지만 주경전까지는 아니었다. 하지만『논어』에 대한 여러 주석서가 나오면서『논어』의 입지는 점점 커지기 시작했다. 그 다음으로 주목받기 시작한 사서는 공자를 뒤를 잇는 아성이라고까지 평가받던 맹자의 저서『맹자』였다.

『중용』도 본래는『예기』의 한 부분이었지만 공자의 손자 자사가 쓴 부분이라 평가받으며 학문적으로 주목받기 시작했다. 마지막으로 주희가 자신의 학문인 성리학의 입문으로 적합하다고 판단해 분리한『대학』과 함께 사서로 분류됐고, 이때부터 오경은 심화서로 분류되고 유학의 주요 경전은 사서로 넘어갔다. 특히『논어』는 유학의 시작인 공자의 말씀을 모은 책이기에 가장 많이 주목받게 됐고, 양명학을 창시한 왕양명조차『대학』에 대한 해석은 주자와 다를지언정『논어』에 대해서는 큰 차이가 없었다.

우리나라는『논어』를 어떻게 받아들이게 됐을까? 우리나라가『논어』를 받아들이게 된 시기는 삼국시대다. 고구려의 태학, 신라의 국자감 등에서 나라를 통치하기 위한 사상으로 유교를 지정했고, 유교의 중요 서적인『논어』는 당연히 받아들여졌다. 고려 시대에서도 유교는 이어졌다. 태조 왕건이 유언을 남길 때 유교를 중시하라는 구절이 있었고, 광종 때 과거제를 시행하였는데 과거제는 유교 경전에 대한 이해능력을 시험해 문신을 뽑았던 만큼 『논어』는 소홀히 하려야 소홀히 할 수 없었을 것이다. 특히『논어』 연구에 대해서는 오히려 조선 시대보다 나은 점이 있었는데, 지금 은 비주류로 밀려난『논어집해』까지 연구됐다는 점이다. 어쩌면 이념이 아닌 통치수단이었기에 오히려 더 활발하게 학문적 연구 가 가능했을지도 모른다.

유학이 통치이념으로까지 확장된 조선 시대에서는 그야말로 『논어』는 필독서 그 자체였다. 사대부 중 유식하다 싶은 사대부 들은『논어』에 대한 주석서를 쓰는 것이 당연했으며, 실학자인 정약용마저 자신이 유배지에서 한 가장 중요한 일은 유교 경전 에 대한 주석서를 쓰는 일이었다고 단언했을 정도였다. 그러나 조선 시대의『논어』연구는 명백한 한계점을 가지는데, 주자학이 너무 신성시된 나머지 대부분 주석서는『논어집주』를 기반으로 하는 것을 당연하게 여겨졌으며, 주자와 다른 해석을 내는 것은 잘 용납되지 않았다. 그나마 정약용 정도가『논어』에 대해 다른 해석을 내놓은 정도이다.

일본에서는 어땠을까? 일본은 백제를 통해 유교 경전을 접하게 됐고, 유교를 통치에 필요한 학문 중 하나로 여기고 열심히 공부 했다. 비록 조선처럼 유교를 공식적인 통치이념으로 정하지는 않 았지만 학문으로서는 충실했으며,『논어집해』까지 구해가며 연구 한 결과 주자학과는 다른 독자적인 주석과 연구가 많이 나오게 됐 다. 이를 보면 학문이 너무 틀에 갇히면 발전하기 힘들어지는 것은 진리 같다.

『논어』의 핵심 저자인 공자에 관해 이야기해 보자. 공자는 어떻게 태어났을까? 사마천의 사기에 따르면 공자의 아버지 숙량흘은 하급 무인이었으며 체격은 건장했다고 한다. 그런 아버지의 피를 물려받아서 그런지 공자는 제법 체격이 큰 편이었다고 한다. 사기에서 숙량흘이 공자를 낳은 과정을 야합이라 표현한 것을 보면 공자는 정식으로 혼인해서 낳은 자식이 아닌 듯하며, 공자는 추후 아버지의 무덤을 찾지 못해 고생했다고 한다.

이러한 환경에서 태어난 공자는 어떻게 성장했을까? 어린 시절이 변변찮지 못한 것을 보면 공자는 정식으로 스승에게 사사 받아 학문을 익힌 것은 아닐 것이다. 그러나 자신을 소개할 때 열다섯에 학문에 뜻을 두었다고 단언할 정도로 학문 익히기에 열심이었는데, 어떻게 학문을 익혔을까? 『논어』에서 나오는 구절인 세 사람이 함께 길을 가면 그중에 배울 스승이 있다는 말을 보아 그는 학문에 조예가 깊은 사람들을 찾아다니며 학문을 익혀 갔을 것으로 보인다.

실제로 어떤 사람이 예법을 안다고 하자 그 사람을 바로 찾아가서 예법에 대해 직접 물어봤을 정도였고, 도에 대해 알기 위해 노자를 찾아가다가 노자에게 쓴소리를 들었음에도 좌절하기보다는 좋은 깨달음을 전수 받았다고 기뻐했을 정도이다. 『논어』의 첫 문장이 '배우고 때때로 익히면 또한 즐겁지 아니하겠는가'로 시작하는 것을 보면 알 수 있다.

그렇게 열다섯에 학문에 뜻을 두고 공부를 하다가 서른 살 때쯤, 공자는 슬슬 자신의 학문이 토대가 잡혔음을 느끼고 제자를 들이기 시작하였을 정도로 나름대로 학문에 기틀을 잡았다. 그러나 노나라는 더욱 어지러워지고 있었는데 세 세도가가 왕권마저 위협할 정도로 커진 상태였고, 공자는 그것을 못마땅하게 여겼다.

하루는 세도가 중 하나가 천자만이 할 수 있는 안무인 팔일무를 거행하자 그런 짓을 허용한다면 이 세상에 허용되지 않는 일은 없을 것이라고 분개할 정도였다. 거기다 공자가 중년이 됐을 때는 더 큰 일이 터지고 말았다. 세도가의 횡포를 참지 못한 왕이 세도가를 무찌르기 위해 각개격파를 하려고 했지만 세도가 셋이 힘을 합쳐 대항해 오히려 왕이 나라 밖으로 쫓겨 나간 사태까지 벌어진 것이다.

이 사태를 본 공자는 노나라에서는 자신의 학문이 뜻을 펼칠 방법이 없다고 생각해 제나라로 떠났다. 공자의 논변을 들은 제나라 왕은 공자를 등용하려 했지만 신하들은 예를 중시하는 공자는 현실적인 국가경영에 맞지 않는다고 반대했고, 그중에는 제나라의 명재상 안영도 있었다. 공자는 제나라에 등용되지 못했지만 딱히 실망은 하지 않았다고 전해진다. 왜냐하면 공자는 예를 중시하는 자신의 사상과 안영의 실용을 중시하는 사상은 맞지 않았다는 것을 인정한 것이다.

오히려 공자는 안영이 사람을 보는 안목이 있는 훌륭한 재상이었다고 높이 평가했을 정도였고, 안영 또한 공자가 훌륭하다는 것은 인정했다고 한다. 유학의 이단아 순자의 제자였지만 그로부터 독립해 법가의 대가가 된 한비자가 자기 저서 내내 유학을 비판하면서도 정작 공자의 말을 인용하고 도가의 대가 노자의 말을 자기 뜻대로 해석해 쓴 것과 똑같이 순자의 제자였다가 그로부터 독립해 법가의 대가가 된 이사가 스승의 가르침에 반발하고 법가 이외의 사상은 위축시켜야 한다고 분서갱유를 저지른 것을 생각하면 묘하다고 볼 수 있다. 공자는 다른 자의 생각을 이해할 줄 알았지만 정작 두 천재는 자신이 옳다고 확과신한 나머지 부러지고 만 거라고 볼 수 있지 않을까?

열국을 돌아다니다 고국으로 돌아와 보니 노나라는 더 악화된 상태였다. 쫓겨난 노나라의 왕은 자기 나라로 돌아오지도 못하고 다른 나라에서 홀로 쓸쓸히 죽었고, 세자가 왕위에 올랐지만 여전히 꼭두각시인 상태였다. 세 세도가 중 하나인 계씨마저 질서가 어지러워져 계씨의 신하인 양호가 실권을 차지하고 있었다. 양호는 실권을 바탕으로 온갖 악행을 일삼은 데다가 그 얼굴이 공자와 비슷하기까지 해서 후에 공자가 중국을 떠돌며 유랑할 때 양호로 오인되어 곤혹을 치르는 일까지 있었다. 공자는 그런 상황에서도 학문을 열심히 갈고닦았는데, 사십이 되어서는 의혹이 생기지 않게 됐다고 자신한 것만큼 학문 또한 충분히 다

져진 것 같다. 공자는 사십, 오십이 되어서도 명성이 없다면 군자로서 부끄러운 일이라고까지 말하기도 했다.

그러나 영원한 세도는 없는 법인지 양호는 계씨의 후계자에 의해 축출됐고, 새 왕은 이를 기회로 삼아 당대에도 명성이 알려져 있던 공자를 개혁을 실행할 수 있을 정도의 지위에 등용했다. 공자는 자신의 학문을 노나라에 실행할 수 있는 절호의 기회라 보았고, 곧바로 개혁에 착수했다. 한비자는 유가를 비판하면서도 종종 공자의 말을 인용했고, 맹자가 공자를 본받고 싶다고 말했다는 것이 보여주듯이 공자는 나름대로 정치와 현실에 대해 잘 파악하고 있는 인물이었다.

임명된 지 얼마 안 지나서 부패한 관리였던 소정묘를 축출했다. 이에 자공이 놀라자 나라를 망치는 다섯 간신의 유형을 들며 대놓고 도둑질하는 신하보다 이들이 나라에 더 해악이라 말했다. 법을 중시하던 한비자마저 간신에 대한 대비책은 법보다는 술에 중점을 둔 것을 생각하면 결국 정치를 하려는 학자들의 간신 대처는 비슷하게 되는 것 같다. 나아가 세 세도가를 약화시키기 위해 각개격파를 제안했으며, 실제로 두 세도가의 세력을 약화시키는 성과를 보이기까지 했지만 불행하게도 공자의 개혁은 끝까지 가지 못했다. 이대로 개혁이 성공하면 노나라가 자신들을 위협할 정도로 강성해질까 두려웠던 초나라가 노나라 왕과 세도가에게 수많은 미녀와 제물을 보낸 것이다. 노나라 왕과 세도가는 그야말로 환장했고, 제사의 예법마저 잊을 정도로 방탕

하고 나태해졌다.

이에 공자는 더는 노나라에는 가망이 없다 여기고, 제자들을 데리고 자신의 학문이 통할 곳을 찾아 전국을 유랑하기 시작했다. 그 과정에서 양호가 횡포를 부린 나라에 방문하자 그 땅의 주민들이 공자를 양호로 착각해 고초를 겪고, 어떤 나라는 공자를 묶어두려 해서 간신히 제자들과 도망치기도 했다. 공자에게 자신은 형법을 중시한다고 뻐기는 관리에게 자신은 다르게 생각한다고 말하는 등 공자는 수많은 나라를 방문하고 정치적 이상을 설파했지만 어디에서도 공자에게 자문을 구할지언정 관리로 받아들여 주지는 않았다.

고초가 많았던 유랑과정에서 많은 것을 경험하고 배운 것은 큰 성과였다. 각 나라의 예에 대해 상세히 물어보며 알아보기도 했고, 좋은 음악을 듣고 나서는 감동을 해서 고기 맛조차 잊을 정도였다고 한다. 노자와 만난 일도 이때로 추정된다. 노자는 공자의 예에 쓴소리했지만 공자는 그런 노자에게서 도가 삶과 일치됐다고 판단해 경의를 표했다고 한다. 이런 다양한 유랑 시절의 경험이 공자가 오십 세 때 하늘의 뜻을 알게 됐다는 지천명의 경지에 오르는 밑바탕이 된 것 같다.

결국 공자는 자신의 생전에서는 자신이 원하던 학문의 실현이 거의 불가능할 것이라 확신하고 제자들을 키우는 데에만 집중하기로 했다. 제자들은 전기 제자들과 후기 제자들이 다른 양상을 떤다. 전기 제자들은 안회, 자공 등 실천에 능숙한 인물이 많았고, 후기 제자들은 이론에 능숙한 인물이 많게 됐다. 공자는 60세 때 자신을 이순, 즉 귀가 순해져 분별력 있게 정보를 받아들일 수 있는 경지로 표현하였고, 이때 『시경』, 『서경』, 『역경』, 『주역』 (본래는 점에 관한 책이지만 공자가 주석을 달아 경전으로 승격함), 『춘추』, 『악경』의 6경을 쓰게 된다. 이 중 『악경』은 소실되어 지금은 내용을 알 수 없고, 송나라 이전까지는 6경에서 『악경』을 뺀 오경이 유교 경전 중에서 제일 중시됐다고 한다.

공자의 불행은 말년에 겹쳐서 일어났다. 아들 공리가 죽고, 제자 중 최고로 뽑았던 안회가 죽었고, 자로가 난에 휘말려 죽었다. 안회가 죽었을 때 공자는 하늘이 나를 망친다고 한탄했으며, 자로가 죽었을 때는 자로가 젓갈형을 당했다고 하자 집에 있는 젓갈을 모두 엎으라고 할 정도였다. 이를 왜곡 해석해 공자가 사람으로 만든 젓갈을 먹었다는 낭설이 있는데, 젓갈형은 어디까지나 형벌이지 그렇게 해서 만든 젓갈을 시중에 판매한 미친 짓은 없었으니 그야말로 낭설에 불과하다.

이런 불행을 겪으면서도 공자가 말하기를, 자신은 70세에는 마음이 가는 대로 해도 그것이 하늘에 어긋나지 않게 됐다고 했다. 자신의 죽음마저 예측했으며, 죽기 며칠 전에 태산이 무너지는데 이를 어찌 할 수 있겠냐고 말했다. 그렇게 공자는 편안한 죽음을 맞이하였고, 제자들은 공자의 장례를 삼년상으로 치렀다. 하지만 공자의 수제자 중 하나인 자공은 거기에 3년을 더 했다고 한다.

이번에는 공자의 제자들에 대해 알아보자. 공자의 제자는 많지만 그 중에서도 특출나던 제자인 공문십철과 그 이외에도 주목받던 제자들을 주로 다룰 것이다. 이들은 앞서 말했듯이 전기 제자와 후기 제자들의 스타일이 다르다. 이런 것을 우리가 알 수 있는 이유는 공자는 『논어』에서 이들의 성격과 풍모를 생생하게 묘사하기 때문이다. 『논어』에서는 아예 10명의 제자를 특기별로 분류했는데, 덕행으로는 안회, 민자건, 염백우, 중궁을 뽑았으며, 언변으로는 재여와 자공을 뽑았다. 정치로는 염유와 자로를 뽑았으며, 시문학에는 자유와 자하를 뽑았다.

먼저 공자가 최고의 수제자이자 그의 죽음에 유독 탄식했던 제자인 안회부터 다루어보자. 공자는 그의 학문 태도에 대해 들을 때는 어리석게 보일 정도로 집중해서 듣고 실행할 때는 현명하게 실천했다고 표현했다. 공자가 선행에 깊게 고민하되 실행할 때에는 과감할 것을 중시하는 것을 보면 과연 안회를 수제자로 여길 만하다고 볼 수 있다. 안회는 석 달을 내버려두어도 인을 어기지 않는다며 안회에 대해 유독 극찬했다. 똑같이 공문십철에 들어가는 제자인 자공마저 나는 하나를 배우면 둘을 알지만 안회는 하나를 배우면 열을 안다고 평가했을 수준이니 그가 장수해 공자의 사상을 이어받았다면 증자의 자리는 안회가 차지했을지도 모르는 일이다.

다음으로는 민자건이 있다. 민자건은『논어』에서 공자가 대놓고 효행이 뛰어난 인물이라 고평가하는 제자로, 이로 인해 후대에서는 증자와 같이 효자의 상징으로 여겨지고 있다. 민자건은 계모에게 박해를 받았지만 늘 계모와 이복동생을 옹호해주었다고 한다. 그 외에도 덕행이 많았는데, 세도가가 한 고을의 수령이 되기를 권유하였지만 단호히 거절하고 차라리 조용히 묻혀 살겠다고 말하는 등 효행 말고도 의기 또한 넘치는 것을 알 수 있다.

다음으로는 염백우가 있다. 염백우는 그의 아들 또한 공자의 제자였을 정도로 제법 나이 있는 사람이었는데, 공자는 그를 의로운 사람으로 본 것 같다. 그가 문둥병으로 추정되는 중병에 걸리자 공자가 문병을 가서는 이러한 사람에게 이런 병이 왜 걸리는 거냐고 탄식을 할 정도였다. 그의 아들이자 공자의 제자였던 중궁에 대해 공자는 '얼룩소 새끼라도 털이 붉고 뿔이 반듯하다면 비록 제물로 쓰지 않으려 해도 산천의 신이 버려두겠느냐'라는 평을 남겼다. 털이 붉고 뿔이 반듯한 소는 큰 제사의 제물로 쓰일 정도로 가치 있는 소였는데, 얼룩소 새끼라는 말은 그의 아버지 염백우가 병을 앓아서 주목받지 못한 것을 빗댄 것 같다. 동시에 이 말은 연좌제를 부정하는 뜻으로도 될 수 있다.

거기다 공자는 중궁은 왕 노릇을 할 정도라며 칭찬했다. 그만큼 중궁의 덕망이 뛰어났던 것이다. 그러나 누군가가 공자에게 중궁은 인하지만 요령이 없다고 말하는데, 공자는 그 말을 부정하지 않았다. 실제로도 중궁은 세도가 밑에서 지역 수령을 맡아 봤지만 딱히 뚜렷한 성과가 없었다. 제자의 공과 과를 확실하게 나누는 공자의 엄격함이 엿보이는 평가이다.

다음으로는 재여가 있다. 공자가 언변으로는 자공보다 먼저 꼽을 정도였지만 정작 자공과 달리 행실이 많이 모자란다고 공자에게 혹평을 많이 들었다. 재여가 옛 제사를 논하며 백성들에게 경외심을 심어야 한다고 하자 공자는 지난 일은 탓하지 말아야 한다며 못마땅해했다. 거기다 재여가 공부는 안 하고 낮잠만 자는 걸 보고 썩은 나무는 조각할 수 없고, 썩은 흙담은 손질할 수 없으니 재여 같은 놈에게 뭐라 할 수 있겠느냐고 구제 불능을 선언했다. 이어서 나는 예전에는 사람이 하는 말만 듣고 사람을 평가했지만 재여 이후로는 그 사람의 행실까지 보아야 하는 것을 깨달았다는 말까지 남겼다. 거기다 재여는 삼년상이 너무 기니 일년상으로 그쳐야 한다는 말에 네가 그게 편하다면 그렇게 하라고 하였지만 곧바로 재여는 인하지 못하다고 비난할 정도였으니 재여가 얼마나 공자에게 밉상이었는지 짐작할 수 있다.

다음으로는 자공이 있다. 자공은 특히 외교와 처신에 뛰어났으며, 『논어』에서 자로 다음으로 많이 나오는 수제자다. 그 능력을 통해 노나라가 제, 오, 월, 진의 전쟁에 휘말리지 않게 하였을 정도니 뛰어난 인물이었음은 확실하다. 공자도 안회는 도에 거의 근접했지만 가난했고, 자공은 도에 그리 가깝지는 못했지만 통찰력과 부가 뛰어났다고 평했을 정도이다. 자공 본인이 안회는 하나를 알면 열을 알지만 나는 하나를 알면 둘을 아는 정도라 평했다는 것을 보면 재미있다. 자공이 언변 부분에 들어 있는 건 말이라는 것이 외교에서 가장 중요하기 때문일 것이다. 자공은 이리 실무에 몹시 능했기에 오히려 공자보다도 높게 평가받기도 했다. 그러나 자공은 스승의 도는 너무 높기에 모두가 진가를 파악하지 못하는 것이고, 나는 그들이 파악할 수 있을 정도의 도이기에 오히려 그들이 주목하는 것이라고 겸손해했다. 이 부분에서 자공이 얼마나 스승을 존경했는지와 얼마나 겸손한 태도를 보였는지를 알 수 있다. 이러한 자공의 저술이 남아있다면 어땠을까 하는 생각마저 든다.

다음으로는 염유가 있다. 염유는 정치 부분에서 공자에게 높은 평가를 받는 제자로, 공자는 그는 재능이 많으니 정치를 하는 데 문제가 없다고 평가했을 정도이다. 그는 세도가 밑에 들어간 이후 전쟁에서 승리를 이끌어 냈고, 이 때문에 세도가 공자를 주목하게 됐을 정도였다. 그러나 공자는 염유의 능력을 인정하면서도 그가 세도가 밑으로 들어간 이후로는 그를 못마땅해하는 기색을 보였다. 어느 날 염유가 모시던 세도가가 대부의 직권을 넘어서는 제사를 저지를 때 염유에게 막으라고 했지만 못 막겠다고 하자 염유를 책망했다. 어떤 때는 염유가 세도가를 위해 세금을 많이 거두자 염유는 더 이상 내 제자가 아니니 그를 공격해도 좋다고 제자들에게 말할 정도로 분개했다. 염유가 스승의 도를 좋아하지 않는 건 아니나 실천할 힘이 부족하다고 변명하자, 공자는 힘이 모자라는 자는 중간에 포기하는데, 너는 지금 그러고 있다고 핀잔을 주었다. 공자는 세도가의 횡포를 바로잡지 못한 염유가 불만스러웠던 것 같다.

다음으로는 자로가 있다. 자로는 과감하고 거칠면서도 정직하고 곧아서, 공자는 그를 걱정하면서도 사랑했다. 공자는 도가 행해지지 않아서 세상을 떠돌 때, 자신을 따를 자는 자로라고까지 했을 정도였다. 그러나 동시에 지나치게 과감한 면이 있다고 여러 번 주의하라고 하였지만 결국 자로는 내란에 휩쓸려서 죽고 말았다. 공자는 자로 같은 사람은 제 명에 죽지 못한다고 그의 죽음을 예측하면서도 안타깝게 여겼다.

다음으로는 자유가 있다. 자유는 공문십철 중 후배 기수이며 학문에 뛰어났다고 한다. 고을의 수령이 됐을 때 공평무사한 사람을 등용하고 예악을 존중하는 등 공자의 정치관을 실천하려고 노력했다고 한다. 『예기』 단궁 편에서는 자유, 자하, 유약과 증자 사이에 예의 해석에 대해 차이가 보이는데, 이는 객관적 학문과 형식을 중요시하는 후기 기수들과 내면적 수양과 성찰을 중요시하는 전기 기수들의 차이라고 볼 수 있다.

다음으로는 자하가 있다. 자하는 공자가 말년에 고대문화 연구와 그를 바탕으로 한 육경을 쓸 때 동참했으며, 공자 사후에는 그걸 해석하고 또 후세에 전했다고 한다. 그렇기에 자하는 유가 경전의 전수자로 여겨지지만 이 기록은 한나라 대의 것이라 신뢰하기 힘들다. 그러나 자하가 학문적 연구에 뛰어났다는 것은 의

심할 여지가 없는 사실로, 『논어』에서도 자하의 말이 적지 않게 인용될 정도이다. 『논어』의 제작자들이 유약과 증삼의 제자들이 중심이었을 것으로 추정되는데도 자하의 말이 많이 인용된 것을 보면 후대 유학자들에게 자하의 학문적 성취가 인정받은 것으로 볼 수 있다.

지금까지 소개한 공문십철 외에도 주목받은 제자로는 증삼, 유약, 자장이 있다. 특히 증자는 공자의 계승자로까지 여겨지며, 『대학』의 저자마저 증자로 여겨지고 있을 정도이다. 유약은 유자라고 불릴 정도로 존경받았으며, 그의 제자들이 『논어』 편찬에 참여했을 정도이다.

이 중 먼저 유약부터 다루어보자. 『논어』를 보면 첫머리에 공자의 말에 이어 유약과 증삼의 말이 보이며, 『논어』에서 다른 제자들은 그대로 이름이 쓰이지만 유약과 증삼만큼은 유자, 증자라고 불린다. 그만큼 『논어』 집필 당시 유약이 크게 존경받았다는 증거라 볼 수 있다. 실제로 공자 사후 자장, 자하 등이 유약이 공자와 닮고 학문도 충분하기에 유약을 유학의 거두로 모시자고 했다는 말까지 있는 걸 보면 유약은 공문십철에 들지 못했을지언정 위상이 높았던 것 같다.

다음으로 증삼은 이름보다도 증자라는 호칭으로 많이 불릴 정도로 후대 유학자들에게 존경받았으며, 공자의 손자인 자사를 교육하였을 정도인 데다 효자로 이름이 높았다고 한다. 송나라의 주희는 사서를 집필하면서 공자로부터 시작된 유학이 증자로 이어지고, 그것이 자사, 맹자로 이어졌다며 이 넷이야말로 유교의 정통 계승자이며 사서는 이들 각각이 쓴 책이므로 중시해야 한다고 강조할 정도였다.

공자가 공문십철의 예시로 증자를 들지 않은 것을 보면 공자에게 증자는 그리 특출나 보이지 않았던 것 같다. 그런 증자가 후에 유학의 거두로 칭송받은 것을 보면 증자는 우직하게 배운 것을 스스로 완전히 터득할 때까지 곱씹은 것으로 보인다. 그렇기에그래서 증자가 제자들을 이끌고 공자의 손자인 자사까지 가르칠 수 있었던 것으로 보인다.

마지막으로 자장은 여러모로 성격이 과격했던 것으로 보인다. 공자가 자장과 자하를 비유할 때 자장은 지나치고 자하는 모자란다고 하자 자공이 그럼 둘 중 누가 낫냐고 물었고, 이에 공자는 지나친 것은 모자란 것과 같다고 말했다. 과유불급이라는 말에 적용될 정도면 그의 과격함이 얼마였는지 짐작이 간다. 그의 친구이자 똑같이 공자의 제자인 자유도 그에 대해서 뛰어나지만 인하지 못하다고 말했다. 그러나 그의 과격한 성향은 한편으로 유학의 해석에 폭넓은 여지를 남겼고, 공자의 자료를 정리할 때 참여했다고 한다. 그의 저술이 궁금해질 정도이다.

이러한 자장의 이야기를 듣고 문득 순자가 떠올랐다. 순자 또한 성악설을 제시하며 기존의 주류인 맹자와는 다른 해석을 내놓았지만 오히려 선을 강조하고 교육을 중시해야 한다는 말을 내놓는 등 유학을 다른 시선으로 바라보면서도 비판적으로 계승한 것이 잘 느껴진다. 정작 그의 두 제자인 한비자와 이사는 유가 자체를 거부하려 했고 그런데도 유가를 완전히 떨쳐내지 못한 것을 보면 청출어람의 쉽지 않음이 느껴져서 씁쓸할 정도이다.

이제『논어』의 대략적인 특징에 대해 이야기해 보자.『논어』의 장별 제목은 단어로 되어있는데, 사실 이 단어는 딱히 장 전체에 관련된 내용이 아니다. 그냥 단순히 첫 문장의 핵심 단어만 가져온 것이다. 그래서 제목이 해당 장의 내용과 크게 관련 없는 경우도 종종 발생한다. 예를 들어 첫 장의 제목인 학이는 그 장 전체에서 배움에 관해 이야기하고 있으니 얼추 들어맞지만 다섯째 장의 제목인 공야장은 그저 공자의 제자 이름이고 그 장 전체는 옛 인물에 대한 평이 많다. 이렇게『논어』는 각 장의 제목만으로는 그 장의 주요 내용을 파악하기 힘들기에 일일이 읽어야만 한다.

『논어』는 대개 상편 10편, 하편 10편으로 나누어서 부르는 경우가 많다. 왜 그리 분류될까? 이는『논어』상편과 하편의 특징이 다르기 때문이다.『논어』상편은 앞서 말했듯이 공자의 제자들이 바로 제작에 착수한 것으로 보이며, 실제로 상편은 공자의 말이 대화의 형식으로 많이 인용되는 데다가 언급되는 일화도 춘추시대 이전이 많으며, 공자 제자들의 말도 즉각 즉각 드러난다. 거기다 대화의 내용도 이론보다는 실전이 많다. 그렇기에 대부분 학자들은 공자의 참모습은 주로 상편에 드러난다고 평가한다.

반면 하편은 상편보다 늦은 시기, 일반적으로는 전국시대 때 만들어진 것으로 추정된다. 이유는 공자의 말이 대화체가 아닌 형식으로 표현되는 경우도 나타나고, 공자의 말을 표기하는 방식이 바뀌기도 하는 등 다른 특징이 있기 때문이다. 또한 전국시대의 일화가 인용된다든가 다루는 내용도 이론 위주인 데다가 공자와 관계가 없다고 할 수 있는 글이 많은 등 명백히 공자와는 다른 특징이 드러난다. 이건『논어』가 다른 사서와 달리 여러 사람의 글을 모아서 만든 책이기에 발생한 고유의 특징이라고도 볼 수 있다. 상편의 편집자들과 하편의 편집자들이 유학에서 무엇을 중시했는지 비교분석을 해볼 수도 있다.

이제 본격적으로『논어』에 들어가 보자. 앞서 말했듯이 각 장의 주제들이 일관적이지 않기에『논어』에서 크게 중시하는 가치인 배움, 인의예지, 정치, 군자로 분류해볼 것이다. 이 중『논어』에서 먼저 다루는 것은 배움인데, 이것이야말로 학문에서 얼마나 중요한 부분인지, 공자가 인간 수양을 매우 중시했다는 것을 알 수 있게 된다.

배움에 관해 이야기해 보자면『논어』의 첫 시작은 이렇게 시작된다. '배우고 때때로 익히면 즐겁지 아니한가?' 배움이 그야말로 학문의 모든 시작임을 알려준다. 증자는 이어서 이렇게 말했다.

'나는 매일 자신에 대해 세 가지를 반성하는데, 남을 위해 일을 함에 불성실하지 않았는가? 친구들과 사귐에 있어 신의를 잃은 일은 없는가? 스승에게서 배운 것을 익히지 않은 것은 없는가?' 그렇게 증자는 매일 배움에 대해 생각했다. 그래서 공자에게 주목받지 않았음에도 공자의 사상을 훌륭히 계승 받고 공자의 손자인 자사마저 교육할 수 있었던 것이다.

특히 이 독후감을 일주일째 끝내지 못하고 어느덧 기말고사 시험 기간도 다가왔기에 그러한 증자의 말이 더욱 와닿았다. 이 독후감을 계획한 시간 내에 마무리하지 못한 것은 그야말로 불성실함이며, 독후감을 빨리 끝내겠다고 약속했는데도 그걸 못 지키고 늘어진 것 또한 신의를 잃은 것이며, 작년 수업시간에 배운 것에 소홀해서 학점을 망친 것은 배운 것을 익히지 않은 것이라고 볼 수 있다. 배움이라는 것은 근본적으로 자기 발전을 위한 것임을 잊지 말아야 할 것 같다.

공자에게 배움의 최우선적인 원칙은 바로 인격 수양이었다. '젊은이들은 들어와서는 효도를 다 하고 나가서는 윗사람에게 공손해야 하며, 근신하고 신의를 지키며, 널리 사람들을 사랑하고 인자를 친근히 해야 하고, 이렇게 행하고 남는 힘이 있다면 곧 글을 배워야 한다'라고 공자가 말했듯이, 교육의 가장 큰 목표는 올바른 인간을 양성하는 것이며, 지식은 그 다음이다.

다만 오늘날 현실에서 이 말이 잘 지켜지지 않아서 슬프다. 중,

고등학교의 경우 교육열이 지나치게 과열된 지 오래이며, 보다 심층적이고 학술적인 공부를 해야 하는 대학조차 요즘에 와서는 스펙 쌓기용으로 전락한 지 오래다. 특히 1970~80년대 대학생들이 학문에 대해서 철저히 독학하였고 그렇기에 민주화 운동의 시작이 대학이었음을 생각해보면 지금의 대학은 안타깝기 짝이 없다. 오죽하면 대학 주식회사라는 말이 나올 정도이다.

역사만 봐도 이 말이 지켜지는 적이 적었다는 것을 알 수 있다. 조선만 해도 유교의 가르침을 따른다는 사대부들이 정작 출세만을 위한 공부에 매달리고 민생을 도외시한 경우가 많았으며, 친일파들의 경우 당대에 지식인이었음에도 불구하고 자기 안위만을 챙기고 국가와 백성들을 팔아먹기까지 했다. 배움의 근본적 목적은 자기 수양이지만 지식만을 익히고 양심은 익히려고 하지도 않는 행태가 예나 지금이나 반복되기에 슬프다.

공자의 제자인 자하도 '호색하는 마음을 바꾸어 어진 사람을 어질게 여기며, 부모를 섬김에 제힘을 다할 줄 알며, 임금을 섬김에 제 몸을 바칠 줄 알며, 벗들과 사귐에 그의 말에 신의가 있다면, 비록 그가 공부하지 않았다 하더라도, 나는 반드시 그를 가리켜 공부한 사람이라 할 것이다"라는 말을 했다. 이렇게 자하 또한 배움의 근본적 목적이 자기 수양임을 명심하고 있었다.

공자는 배움의 참모습이 잊히는 것을 경계하는 말을 남겼다. 바로 '남들이 자기를 알아주지 않는 것을 걱정하지 말고, 내가 남을 알지 못하는 것을 걱정해야 한다'라는 말인데, 배움은 근본적으로 남이 자신을 알아주기 위한 수단이 아니며, 오히려 자신이 진정으로 아는 것이 얼마나 되는지 돌아봐야 한다는 것이다. 그래서 공자는 '아침에 도를 들으면 저녁에 죽어도 좋다'라고까지 말했으며, 자신에 대해 비판하는 노자의 사상마저 예의를 갖추어 들은 것이다. 이러한 태도 덕에 공자는 진정으로 성인이 된 게 아닐까 한다.

배움이 근본적으로 학문의 수양이기 이전에 인성의 수양이기에, 공자는 시와 음악 또한 좋은 교육 수단으로 여겼다. 그래서 공자는 시경과 악경을 남겼고, 성악설을 제시해 유교의 이단아로 불린 순자마저 악한 본성을 적극적으로 교화해야 한다며 시와 음악을 강조했다. 그러나 이사와 한비자는 그래 봐야 백날 소용없기에 법만이 답이라며 순자를 떠났고, 그렇게 법가를 세우게 됐다. 하지만 그들이 망한 이유 또한 법이었으니 이 둘은 스승을 부정하면서도 끝내 벗어나지 못했다고 볼 수 있다.

공자는 유랑 시절 예와 악에 관해 물어보기를 멈추지 않았으며, 좋은 음악을 얻었을 때는 감탄하며 음식 맛조차 잊을 정도였다. 지금도 좋은 시는 사람을 감동하게 하고, 독서 등 집중해야 할 때는 잔잔한 음악을 듣는 것과 클래식 음악이 아직도 고평가를 받는 것을 생각하면 공자의 이 생각은 아직도 유용하다고 봐야 한다.

공자는 '옛것을 잘 익혀 새로운 것을 알게 되면, 스승이 될 만하다'라고 했다. 이는 온고지신(溫故知新)의 정신을 잘 표현한 것인데, 최근 들어 옛 학문에만 집착해 세상에 뒤떨어지거나 지나치게 새로운 것만을 중시해 정작 중요한 가치를 망각하게 되는 사태를 생각해보면 이는 참 이루기 쉽지 않으면서도 어떻게든 이루어야 하는 과제 같다.

배운다는 것만이 전부가 아니었다. 공자는 배우기만 하고 사색하지 않으면 멍청해지고, 사색만 하고 배우지 않으면 정신이 위태로워진다는 말을 남겼다. 이는 단순히 익히기만 하면 지식만 늘어나지 그걸 쓸 줄은 모르게 되며, 생각하기만 한다면 제대로 판단하는 능력이 길러지지 않아 위태로워진다는 의미이다.

인문고전 읽기 또한 마찬가지이다. 인문고전을 읽고 그 내용만을 아는 것에 그치지 않고, 그것에 대해 여러모로 생각해 온전히 자신의 것으로 만들어야 한다. 현실에서도 단순히 지식만 알고 그것을 제대로 쓰지 못해 쓸모없다는 소리를 듣는 자들이 얼마나 많고, 지식을 익히지 않고 사색만 한 나머지 거짓 선동에 쉽게 넘어가는 인간군상이 얼마나 되는가?

그렇다면 공자는 어떻게 제자들을 가르쳤는가? 공자는 무작정 지식을 가르치지 않았다. 공자는 제자들이 질문하면 거기에 맞는 대답을 하는 것으로 제자들에게 깨달음을 주었다. 효도라는 하나의 주제만 해도 대답이 달랐다. 세도가인 맹의자에게는 어기지 않는 것이라고 대답하였고, 맹의자의 아들인 맹무백에게는 부모가 자식을 걱정하지 않게 하는 것이라 대답하였으며, 자유에게는 부양만으로는 개나 말에게 부양하는 것과 같기에 공경해야 한다고 대답했다.

이렇게 공자는 정해진 지식을 가르치는 게 아니라 그 사람이 가장 깨달아야 하는 가치를 언급하며 질문에 대답하는 방식으로 사람들을 가르쳤다. 서양에서 이와 비슷한 방법으로 제자들을 가르친 인물이 있으니, 바로 소크라테스이다. 소크라테스 또한 자신은 자신이 모른다는 것을 알고 그렇기에 남을 대놓고 가르치기보다는 자신의 무지를 깨닫게 하는 식으로 사람을 가르쳤는데, 공자 또한 모르는 것을 아는 척하는 것은 병폐이며 사람마다 필요한 가르침이 다르다는 것을 알고 비슷한 방법의 가르침을 쓴 것이다. 동서양의 아주 위대한 성인들의 가르침이 똑같다니 참 성인들끼리는 통하는 것이 있다는 생각과 함께 요즘 세대에 그런 식으로 가르침을 행하는 사람이 얼마나 될까 하는 아쉬움이 동시에 든다.

앞서 여러 번 말했듯이 공자는 배움을 위해 남에게 묻기를 마다하지 않았다. 공자는 길거리에 세 사람이 있으면 그중 한 명 정도는 배울 점이 있는 사람이라 했으며, 타국에 갈 때도 질문하기를 즐겼다. 이에 어떤 사람이 예의 전문가라며 왜 묻기만 하냐고 하자, 배움은 원래 받아들이는 거라고 대답했을 정도이다. 그런 공자가 자신보다 못한 사람과는 함께 해봐야 좋을 것이 없다고 말한 것은 뜻밖이지만 이는 배움을 시작하는 자가 주의해야 할 점을 명시한 거지 이걸 무턱대고 따르라는 말은 결코 아니다.

공자의 제자들 또한 배움에 대해 일화를 남겼다. 안회의 경우 온종일 스승의 말을 들으며 그걸 곱씹고 나중에는 적극적으로 실천했다. 그렇기에 공자는 안회를 최고의 수제자로 여겼다. 자로는 우직하지만 과격하였고, 그렇기에그래서 공자는 자로에게 안다는 것은 아는 것을 안다고 하고, 모르는 것을 모른다고 하는 것이라고 말했다. 자로가 날뛰기 잘하는 것을 지적하는 말이지만 공자가 하는 이 말을 지키지 못하는 사례가 자로 혼자만은 아니다.

거기다 안회의 일화는 더 강조되는데, 후에 노 애공이 "제자 중에 누가 배우기를 좋아합니까?"라고 묻자, 공자는 안회가 배우기를 좋아해서, 노여움을 남에게 옮기지 않고, 같은 잘못을 거듭 저지르지 않았는데, 불행하게도 단명했다 말했다. 그리고 지금의 제자 중에서는 안회처럼 배우기를 좋아하는 자가 없다고까지 말했다. 공자의 배움이 실천을 근본으로 두고 있음을 말하는 일화이기도 하다.

하지만 나는 이 구문 중 노여움을 남에게 옮기지 않고, 같은 잘못을 거듭 저지르지 않았다는 구문 또한 중요하게 봐야겠다는 생각이 들었다. 세상에 역사에서 교훈을 배우지 못하고 잘못을 반복하는 경우가 얼마나 많으며, 노여움을 남에게 그대로 표출한 결과로 증오가 반복되며 비극을 부르는 경우가 얼마나 많은가? 이런 지혜를 볼 때 안회가 글 하나 남기지 않은 채 단명한 것이 아쉽기만 하다.

요즘 현실에서도 아무것도 모른 채 유사과학이나 음모론을 맹목적으로 믿고, 그것이 왜 잘못됐는지는 알아볼 생각도 없는 인간이 제법 있지 않은가. 또한 자신도 제대로 알지 못하면서 자기 위신과 체면 때문에 아는 척하다가 망신당하는 인간이 얼마나 많은가. 노자는 한술 더 떠서 알면서도 모르는 척하고, 내면을 더욱 돌아보라고 할 정도니 자신을 객관적으로 보는 것이 얼마나 어려운 일인지 알 수 있다.

이제 인의예지에 대해서 다루어보자. 다만 지에 대해서는 배움에 대한 설명과 같아서 따로 다루지 않겠다. 공자에게 인은 그야말로 모든 것을 총괄하는 도이며, 그렇지만 사람마다 그것에 대한 답변도 달랐다. 일단 확실히 인에서 중요한 것은 솔직하라는 것이다. 의는 옳은 행동이며, 그것을 실행하기 위해서는 목숨을 버려야 할 때가 있다고 보았다. 지는 배우고 사색하는 것이며, 지혜와 가장 비슷하다. 예는 사람들이 지켜야 하는 질서이며, 공자는 이러한 예로 하, 은, 주나라의 고대 질서를 예시로 들었다. 그러면서도 예는 사람을 위해 있어야지 형식에만 지나치게 얽매여서는 안 된다는 융통성 있는 모습도 보인다.

공자는 인에서 진실함을 중요시했다. '듣기 좋게 말이나 잘하

고 보기 좋은 얼굴빛이나 꾸미는 자 중에서는 인한 이가 드물다'
라는 말이 있는데, 이는 재여가 실천이 부족한 모습을 보고 인하
지 못하다고 비판하는 것과 사람은 행동을 보고 판단해야 한다
는 말과 일맥상통한다. 인은 단순히 말이나 떠들어대는 것으로
는 아무짝에도 쓸모없고 행동이 뒤따라야 한다는 것이다. 이를
강조하는 말로 '그의 하는 짓을 보고, 그의 의도를 살피고, 그의
습관을 관찰한다면 사람이 어찌 자기를 숨길 수 있겠는가?'라는
걸 남겼을 정도이다.

공자는 인에 대해 이런 말도 남겼다. '인하지 않은 사람은 오래
곤궁하게 지내지도 못하고, 언제까지나 안락하게 지내지도 못한
다. 인한 사람은 인에 안주하고, 지혜로운 사람은 인을 이롭게
여기는 것이다.' 이 말은 인하지 못한 사람은 자신이 곤궁한 상황
에 부딪히면 어떤 방법을 써서라도 그 상황을 벗어나려고 애쓰
지만 막상 안락한 처지가 되면 교만해져서 그 안락을 제대로 지
키지 못한다는 것이다. 반면에 인한 사람은 자신의 처지가 어떻
든 그것에 흔들리지 않고 자신의 이상을 추구한다는 것이다. 비
록 그런 인간은 되지 못할지라도 우리 내면의 인을 살펴보려고
끊임없이 돌아봐야 할 것이다.

공자는 부귀 자체를 부정하지는 않았다. 그러나 부귀가 정도
(正導)로 얻은 것이 아니면 없는 것만 못하며, 빈천한 건 모두가
싫어하는 것이지만 억지로 피하려고 해서는 안 된다고 보았다.
군자는 그렇게 인을 지키는 사람으로 본 것이다. 현실에서 돈을

벌려고 온갖 사기를 치다가 결국 덜미가 잡혀 패가망신하는 사람들이 있는 걸 생각하면 이 말은 어느 시대에서든 유효할 것 같다. 그걸 강조하기 위해 공자는 '이익을 따라서 행동하면 원망이 많아진다'라는 말까지 남겼다. 실제로 이익을 위해 수단 방법을 가리지 않다가 적을 많이 만들게 되는 사태는 흔하니 당연하다 볼 수 있지만 그걸 실천하고 있는지 살펴봐야 할 것이다.

공자는 이인 편의 첫 장에서 '마을이 인하다는 것은 아름다운 것이다. 스스로 골라 인한 곳에서 살지 않는다면 어찌 지혜롭다 하겠는가?'라고 말한다. 이는 근묵자흑(近墨者黑)이라는 고사와 관계있다. 인한 사람과 어울릴수록 자신도 인해진다는 것이다. 공자의 뒤를 잇는 맹자 또한 어머니가 맹자를 교육하기 위해 거주지를 3번이나 옮겼다. 부모들이 예나 지금이나 나쁜 아이들과 어울리지 말라고 말하는 것도 같은 의미일 것이다.

'사람들이 저지르는 잘못은 각기 그의 부류를 따른다. 잘못을 보면 곧 그의 인한 정도를 알게 된다'라는 문장인데, 군자들과 어울리게 되면 마음이 착해지고 지나치게 인자해 잘못에 지나치게 관용적이게 되고, 소인들과 어울리다 보면 마음이 악해져서 잘못을 저지르게 된다는 뜻이다. 사람의 성격에 따라 과실의 성격도 서로 다르다는 의미이다. 언뜻 보면 모순되어 보이지만 이것은 사람들은 기본적으로 실수를 저지를 수밖에 없지만 어느 집단에 속하느냐에 따라 실수의 성격이 다르다는 의미이다.

공자는 인에 대해 다양한 시각을 가지고 있었다. 어떤 때는 사람을 사랑하는 것이라고 대답하기도 하고, 자신을 극복하고 예로 돌아가는 것이 인이라고 대답하기도 하고, 자신이 바라지 않는 것을 남에게 강요하지 않는 서(序)의 정신이 인이라고 대답하기도 하고, 공손과 관대, 신의, 민첩, 은혜를 천하에 실천하는 것이 인이라 하기도 한다. 이처럼 공자에게 인은 그야말로 포괄적인 개념으로, 성리학에서는 인이야말로 공자 사상의 근원이라고 평가한다.

이런 인을 실행하기 위해서는 어떻게 해야 할까? 공자는 먼저 사람을 대하는 것이 우선이라고 본다. 앞서 공자는 인은 사람을 사랑하는 것이라 보았지만 이는 묵가 마냥 모든 사람을 차별 없이 사랑하는 것은 절대 아니다. 공자는 인에 대해 사람에 따라 대하는 것이 다르며, 은혜는 은혜로, 잘못은 합당한 처벌로 갚아야 하는 게 당연하다고 했다. 그렇기에 모든 사랑에 대한 차별 없는 사랑을 강조하는 묵가는 공자를 위선이라 본 것이다.

공자는 인을 실천하기 위해서는 자신이 하기 싫은 것을 남에게 강요하지 않아야 하지만 그것에 도달하기는 쉽지 않다고 자공에게 말했다. 덧붙여서 진정한 인의 경지에 오르면 의식하지 않아도 인에 따라 움직이게 된다고 말했다. 이는 노자가 말한 도와 일치하는 부분이 있는데, 노자도 남에게 자신이 싫어하는 것을 강요하지 말라 하였고, 진정으로 도를 깨달은 자는 어리석게 보이며 그래서 인위를 배격했다. 순자의 제자였던 한비자는 유교는 부정하였지만 도가를 인용한 걸 생각하면 과연 한비자와 공자 중 누가 더 도가의 참모습을 알고 있었을지 궁금하다.

공자는 인 외에도 의와 예에 관해서도 이야기하고 있다. 사람이란 우선 인해야 하지만 인을 세상에 실천하기 위해서는 의라는 원칙이 필요한 것이다. 사람의 구분 없이 아무나 위하고 아무나 도와줘서는 곤란하다고 본 것이다. 그렇기에 공자는 묵가의 범애를 받아들이지 않은 것이고, 군자는 의를 가장 으뜸으로 삼아야 하며, 의를 위해서는 목숨까지 바칠 줄 알아야 한다고 말했다.

공자의 계승자로 유명한 맹자는 이러한 의에 주목하였으며, 의의 근거로 사람이 처음부터 타고나는 네 개의 선한 감정인 사단을 제시하였고, 이를 바탕으로 성선설을 주장했다. 나아가 이를 근거로 사람 내부에 의가 내장되어 있으니 그걸 갈고 닦아 의를 구현해야 한다고 주장했다. 의를 지키는 것을 확장해 의를 지키지 않는 군주는 물러나야 한다는 역성혁명을 주장한 것이다. 사람들의 생각과 달리 성선설은 마냥 순수하지 않으며 오히려 자기단련을 중시해야 한다고 말하는 것이다.

예에 대해서도 말하지만 공자에게 예는 인, 의보다는 우선도가 떨어진다. 공자는 예는 기본적으로 지켜야 할 것이며, 각 나라의 문화와 직결된다고 보아서 나라를 유랑할 때마다 그 나라의 예에 대해 주의 깊게 물었다고 한다. 공자는 예에 담긴 정신은 중시하되, 단순히 형식에 맞게 예를 지키는 허례허식은 안 하느니만 못하다고 경계했다. 예는 어디까지나 인의를 실천하기 위한 도구여야 하지, 결코 그것이 주가 되는 주객전도가 일어나서는 안 된다고 보았다.

그래서 그런 걸까? 공자는 인과 의는 절대적으로 준수해야 한다고 보았지만 예는 근본적인 정신만 바뀌지 않는다면 제사를 지내는 사람이 머리에 쓰는 관이 삼베에서 명주로 바뀌는 등 다소의 절차 변경은 문제없다고 보았다. 공자가 삼년상을 강조한 이유도 아이가 부모에게서 독립하는 데 삼 년이 걸리기에 그걸 기린다는 의미로 한 것이지, 제사의 자잘한 형식이나 음식 배치는 공자가 중시할 사항이 아니었다.

공자의 제자 중 하나인 재여가 삼년상은 너무 기니 일 년으로 하자고 하자 공자는 삼년상의 배경을 말해주며 일 년으로 해도 네 마음이 편하면 그렇게 하라고 말하지만 재여가 물러나자 재여는 인하지 못하다고 비판했다. 그만큼 공자에게 있어서 예는 어디까지나 인의의 실현 수단이며, 존중받을 대상이긴 하되 그 뜻이 아닌 형식만 쫓으면 위태롭다고 본 것이다.

그런 의미에서 조선 시대 후기 성리학의 교조화를 봤다면 공자가 탄식했을지도 모른다는 생각이 들었다. 공자가 유교를 창시한 이유는 결국 세상을 위해서인데, 조선 시대 후기의 유교는 반대로 형식만을 중시한 나머지 유교의 본뜻인 세상을 위한 학문에서 멀어진 부분이 많기 때문이다. 그나마 실학이 있긴 했지만 실학자들은 자신의 의견을 현실 세상에 반영하지 못했다. 제사상의 형식만 해도 공자는 딱히 말한 것이 없으며, 오히려 제사상의 형식은 후에 사대부의 위신을 위해 지어낸 것이 아니냐는 의견도 있을 정도이다. 이처럼 예의라는 것이 근본적으로 무엇을 위해 있는지 우리는 돌아봐야 한다.

『논어』는 정치에 대해서도 다룬다. 공자가 유교를 창시한 이유가 세상을 바꾸기 위해서였고, 실제로도 정치에 참여해 개혁을 주도했음을 생각하면 공자의 정치 참여는 필연적이었다고 볼 수 있다.『논어』에서 우선하는 정치는 결코 권모술수와는 거리가 멀었다. 정치는 먼저 인의예지를 실천하는 것이며, 가정을 똑바로 잡아야 비로소 정치를 제대로 말할 수 있다고 보았다.

실제로 동서고금을 막론하고 정치인의 친인척 비리가 자주 일어나는 것을 생각하면 공자의 이 생각이 비현실적이라고만 할 수는 없다. 그렇다고 해서 공자가 정치의 현실적 부분을 완전히 도외시한 것은 아니다. 공자가 정치의 3요소로 백성들이 통치자를 믿을 수 있게 하고, 백성을 배부르게 하고 국고를 든든히 하며, 군대를 강하게 하는 것을 들었을 정도로 공자는 현실을 인지하고 있었다. 다만 우선순위에서 최고로 치는 것이 백성들이 통치자를 믿는 것이고 최저로 치는 것이 군대를 강하게 하는 것임을 보아 결국 공자는 백성을 위한 정치가 근본이라고 생각한 것이다.

부국강병에서도 최선은 바로 백성이 부유해지고 나라를 따르게 되는 것이며, 그게 이루어지지 않으면 아무리 국고가 든든해지고 군대가 강해져도 소용없다고 보았다. 반면 한비자는 부국강병을 중시하였는데, 나라들이 먹고 먹히는 게 일상인 춘추전국시대에는 부국강병의 가치가 중시됐다. 이런 풍조를 본 공자는 자신이 정치를 하는 것은 더는 불가능하다고 보고 후진 양성을 중시하게 된 것이다.

그러나 막상 전국 통일이 이루어지자 부국강병책의 허점이 드러나게 됐다. 더는 싸우게 될 이유가 없어지자 군대는 쓸 데가 없어졌지만 백성들의 불만은 서서히 드러나게 된 것이다. 진시황이 만리장성을 쌓은 이유도 쓸 데가 없어진 군대를 오랑캐와의 싸움에 돌리기 위해서라는 가설이 나올 정도이다. 결국 안 그래도 불만이 쌓인 정복된 타국들은 뛰어난 능력으로 나라를 유지하던 시황제가 죽자 즉시 곳곳에서 반란을 일으켰다. 이를 보아 공자는 이상적인 통일국가를 미리 염두에 두고 있었기에 부국강병보다 백성이 중요하다는 말을 한 것이고, 철저하게 춘추전국시대를 생각한 한비자는 부국강병을 중시한 것 같다.

공자는 정치에 있어서 최선은 형벌이 아닌 교화라 보았다. 단순히 형벌만 강하게 하면 백성들은 겉으로만 따르지만 교화하면 백성들은 진정으로 따른다고 한 것에서 볼 수 있듯이, 백성의 믿음을 위해서는 법에만 의존해서는 안 된다고 본 것이다. 공자는 그렇기에 송사를 잘 처리하는 것보다 송사가 없게 하는 것이 최선이라고 말했다.

공자가 이런 교화의 수단으로 꼽은 것이 있으니, 바로 시이다. 좋은 시는 마음을 다스리고 올바른 것을 알려준다고 보았고, 말년에 시경을 중시했다. 자기 자식인 공리에게도 시경을 익히지 않으면 의를 논할 수 없다고 말하였고, 자공이 시경에 관해서 이야기하자 이제야 너와 의를 논할 수 있게 됐다며 기뻐했다. 맹자와 순자 또한 성선설과 성악설로 근본은 나뉘었지만 인간을 교화하기 위해서는 시가 필수이며, 시를 열심히 공부해야 한다고 강조했다. 정작 순자의 제자인 한비자와 이사는 시를 부정하고 법을 강조했다는 것이 아이러니하다.

한비자는 어떤 일이 있어도 법을 집행하는 것이 정직이라 보았지만 공자는 법은 결코 근본적인 인의예지를 침해해서는 안 되며 부모가 자식을 감싸는 것에 대해 정직은 그 사이에 있다고 보았다. 비록 노자처럼 인위적인 가르침 자체가 잘못됐다고 생각한 것은 아니지만 공자는 사람에게 강요하기보다는 잘못된 것을 스스로 깨닫는 게 진정으로 올바른 것이라고 보았다.

공자는 정치를 올바르게 하기 위해서는 지배층과 선비도 모범을 보여야 의미 있다고 생각했다. 지도층은 항상 아랫사람을 생각하며 행동을 할 때마다 정중해야 한다고 주장하였고, 결코 자신을 일방적으로 내세워서 강요해서는 안 되며, 지도층이 올바르지 않은 상태에서 법만 엄격하게 해봐야 백성들은 겉으로만 따르고 속으로는 안 들키면 된다고 생각한다고 경고했다.

공자는 선비의 처신에 대해서도 말했다. 선비는 기본적으로 인의예지의 실현을 위해 힘써야 하지만 세상이 자신과 맞지 않으면 은거하는 것도 하나의 방법이라 여겨서 백이와 숙제가 존경할 만하다고 보았다. 한비자가 군주에게 도움이 되지 않는 선비는 쓸모없다고 단언한 것과는 차이가 나는 태도로, 두 태도 중 무엇이 맞는지는 깊게 생각해볼 문제라고 본다. 그렇지만 공자는 자기 뜻과 맞지 않음에도 벼슬을 하는 태도는 못마땅하게 보았다.

실제로 공자는 민자건에게 벼슬을 권유했다가 그가 거부하자 몹시 기뻐했으며, 민자건 또한 세도가로부터 고을을 다스리는 벼슬을 제안받자 자신의 분수와 뜻에 맞지 않는다며 거부했다. 공자는 세상을 위해 적극적으로 나서기로 했지만 그렇다고 무리하게 세상과 타협해 정치의 초심을 잃는 것은 아주 위험하다고 여겼다.

공자가 현실적으로 가장 올바르다고 본 인간상은 바로 군자이다. 군자에게는 지배층이라는 의미도 있다. 무슨 뜻일까? 공자가 세상을 바꾸려면 어느 정도 높은 자리에 오르는 것은 필요하다고 본 것도 있지만 공자 본인조차 삶이 그리 유복한 편이 아니었고 공자는 제자들의 출신을 구별하지 않고 받아들였다. 실제로 공자가 말하는 군자는 통치자로서의 면모보다는 수양적 면모를 강조하고 있다.

　물론 성인이나 인인(仁人) 같은 군자보다 높은 경지도 있다. 그러나 성인과 인인은 자질과 능력을 타고난 상태에서 노력을 기울여야 하니 모든 사람에게 기대할 수 없다고 본 것이다. 실제로 공자의 인생을 소개한 말에서 공자가 자기 뜻대로 해도 하늘을 거스르지 않게 됐다는 경지인 종심소욕불유구(從心所欲不踰矩)에 도달한 때는 공자 말년인 70세였으니, 공자는 본인도 말년에야 도달한 경지를 사람들에게 강요할 수 없다고 생각했을 것이다. 군자는 어떤 사람이든 일정 이상의 노력과 수양만 기울이면 될 수 있는 인간상이고, 공자는 그것을 강조한 것이다.

　그래서 『논어』 곳곳에는 군자에 도달하기 위한 격언이 많고, 그 격언은 대부분 덕과 인의와 관계있다. '겉 차림과 바탕이 아름답게 어울려야만 군자다'라는 말은 올바른 뜻이라는 바탕을 가지고 그것을 실천하는 태도라는 겉 차림이 조화되어야 군자라는 것이다. 그래서 공자가 겉 차림만 그럴듯하고 바탕은 올바르지 못한 허례허식과 위선을 경계한 것이다. 모두를 사랑하라고 말한 예수조차 부정부패와 위선에는 엄격한 것을 보면, 결국 모든 성인은 위선이야말로 배격해야 할 요소로 본 것이다.

　'군자는 덕을 생각하되, 소인은 안주할 곳을 생각한다.' 자신이 살기 힘들어도 덕을 잊지 말아야 한다는 것을 강조한다. 공자는 이를 군자로서 인을 떠나는 순간 더는 군자가 아니기에 절대 인을 떠나지 말아야 하며, 모든 순간에 지녀야 하는 가치라 보았다. 덕은 인의 큰 틀 안에 들어가는 개념이라는 것이다.

공자는 이런 덕을 갖추되 실천하지 못하면 의미가 없다고 보아서 실천과 관련된 말을 여럿 남겼다. '군자는 말한 바를 먼저 행하고, 뒤에 이를 따라 말한다.' 그만큼 말보다는 행동이 선을 이루는 데 중요하다는 것이다. '군자는 그의 말이 그의 행동보다 지나침을 부끄러이 여긴다.' 이 말은 언행 불일치를 경계하는 뜻으로, 특히 자신의 말이 허풍이 심할 경우 안 하느니만 못하다고 본 것이다. 이 말로 보아 공자가 재여를 유독 박하게 평가한 것은 재여의 언행이 불일치하는 경우가 많았기 때문이고, 안회를 아낀 것은 안회의 언행이 항상 일치했기에 그런 것이라고 유추해 볼 수 있다.

'군자는 말은 더듬지만 행동은 민첩하고자 한다.' 즉 지키지 못할 말은 삼가되 행동은 확실하고 신속하게 해야 한다고 본 것이다. 공교롭게도 유교를 부정한 한비자조차 반드시 행동은 신뢰를 지켜야 한다며 그래야 사람들은 법을 따른다고 말했다. 그만큼 사람의 행동에서 신뢰가 없으면 어떤 수단을 쓰든 사람들은 따르지 않는다는 걸 강조하는 것이다. 요즘 정치인들이 그럴듯한 공약을 내세우지만 막상 당선 후에는 지키지 않는 것을 보면 신뢰의 정신에 대해 깊게 생각해봐야 한다고 본다.

군자는 사람들이 자신을 알아주지 않는 것보다는 자신이 남을 알지 못할까 봐 근심해야 한다고 보았다. 요즘이 자기 PR(홍보)의 시대라고 해도, 사람들이 관종짓 등을 하며 남의 관심을 받으려고 애쓰면서도 정작 자신은 자신만의 생각에 빠져 남을 이해하려 하지 않는 경우가 종종 발생하는 세태를 생각하면, 무턱대고 자신만 내세우기보다는 자신 또한 남을 알려 하는 태도가 필요하다고 본다. 대화를 통한 상호이해는 서로가 이해할 생각이 있어야만 성립하기 때문이다.

공자의 이상 사회는 불행하게도 춘추전국시대에는 구현되지 못했다. 왜냐하면 당시 국가들은 인의보다는 부국강병을 중시했기 때문에 부국강병에 도움이 되는 법가 사상이 우대받았기 때문이다. 그러나 법가 사상은 통일 이후의 통치 이념을 제시하지 못한다는 한계가 있었고, 결국 전국 통일을 이룬 진나라는 반란에 멸망하고 초나라와 한나라로 쪼개진다. 그 뒤 한나라가 다시 전국을 통일하게 되고, 한나라에서는 진나라의 멸망을 반면교사 삼아 유교를 국가경영의 원리로 도입했다. 결국 공자의 사상은 후대에서야 인정받은 셈이다. 공자의 사상은 신분제를 부정하지 않되 왕이 왕다우려면 그 지위에 책임을 져야 한다고 주장했는데, 이 사상은 폭군을 견제할 근거가 되었다.

공자는 조화롭고 화평한 세상을 위해서는 각자의 위치에 맞는 인의예지를 잘 알고 행동으로 실천하는 것이 중요하다고 강조하였다. 하지만 유교 사상은 조선시대와 일제강점기를 거치며 지나치게 교조화되었다는 문제점이 있다. 특히 조선 후기 통치이념으로 성리학이 강조된 결과 유교는 현실에서 너무 멀어졌고, 일제강점기 시절 일본의 차별 문화와 합쳐지면서 유교는 서로 존중하는 예의가 아닌 한 쪽이 일방적으로 희생하는 예의로 변질되고 말았다.

하지만 유교의 근본은 모르는 것을 모른다고 인정하고 최선의 답을 찾아가는 과정이므로 끊임없이 나를 돌아보며 하루하루를 살아가야 한다. 또한 『논어』에서 강조하는 예의는 인의를 위한 수단이지 그 자체가 목적이 아니며 어느 한 쪽이 일방적으로 희생하는 것이 아니라 서로의 자리에서 최선을 다하며 상대방을 존중하는 것이다. 이러한 유교의 이상을 잊지 말고 현실에 맞게 실천한다면 공자도 응원해주실 것이다.

12. 『맹자』

민심을 천심으로 받드는 왕도정치를 꿈꾸다

맹자는 책의 이름이자 저자의 이름이기도 하다. 『한비자』, 『장자』처럼 중국 제자백가의 고전은 저자의 이름을 붙이는 것이 주류였다. 그래서 『도덕경』도 『노자』라고 불리기도 한다. 『논어』의 제목이 공자가 아닌 건 『논어』는 공자가 쓴 게 아니라 공자의 제자들이 공자가 남긴 말을 의논해가며 쓴 책이기 때문이다.

공자의 『논어』가 구체적으로 누가 주축이 되어서 쓴 것인지 논쟁이 있었던 것처럼, 『맹자』도 정말로 맹자 본인이 쓴 것이냐는 의문이 있다. 후반부의 두 편이 전반부에서는 토론 형식의 대화체인 것과 달리 일방적으로 맹자가 주장을 나열하는 형태이기 때문이다. 그래서 이 책은 순수 맹자 본인의 저술이라기보다는 몇몇 부분은 제자들이 저술했을 거라는 의견이 많다.

그렇다면 맹자가 이 책을 쓰게 된 배경은 무엇일까? 우선 시대

상황부터 알아보자. 춘추시대가 끝나고 전국시대로 접어들면서 춘추시대 때는 춘추오패의 형식으로나마 지켜지던 주 왕실에 대한 예의도 사라졌고 나라의 수도 많이 줄어들어서 전쟁은 춘추시대보다 더욱 치열해진 상황이었다. 제자백가는 여전히 융성하였고, 공자 때와 달리 유세객들이 힘을 얻기 시작했다.

이런 전쟁의 현장에서 맹자는 인간성의 회복, 즉 왕도정치를 제시했다. 인간은 본래 선한데 환경에 의해 오염되니, 교육을 통해 되찾아야 한다는 것이다. 왕도정치를 위해 인의를 제시했다. 인의는 먼저 자신의 가족을 사랑하는 것에서 시작해서 국가까지 발전시켜 나가야 한다고 했는데 이러한 사상 때문에 맹자는 공자의 계승자로 분류된다.

그렇다면 맹자는 어떤 인물이었을까? 맹자는 몰락 귀족 출신이었다. 그의 어머니는 맹모삼천(孟母三遷)이라는 고사성어가 있을 정도로 자녀 양육에서 교육을 제일 우선시했다. 처음에 묘지 근처에 사니 장사 장례 지내는 흉내를, 시장 근처에서 사니 장사 흉내를 내는 놀이를 한다고 결국 최종 거주지를 서당 근처로 이사했다는 게 맹모삼천의 일화인데, 맹자 또한 교육은 교육자 외에도 환경이 중요하다고 동의할 정도로 어머니의 정성은 맹자에게 큰 영향을 주었다.

교육에 대한 일화가 하나 더 있다. 맹자가 스승 밑에서 배우다가 도중에 서당을 나와 집에 돌아왔다. 맹자의 어머니는 그때 베를 짜고 있었는데 맹자가 공부가 완성되지 못했음에도 돌아왔다고 하자 짜고 있던 베를 칼로 끊으며 공부를 중간에 그만두는 것은 이와 같다고 말했다. 즉 칼로 끊긴 베는 처음부터 다시 짜야 하는 것처럼 공부를 중단하면 그동안의 공부를 무의미하게 하는 것과 같다고 충고해 다시 학업에 집중하게 했다.

종종 학부모들이 이 일화에 주목하며 아이를 학원에 많이 보내는데, 유교의 공부는 근본적으로는 자기 수양에 있다는 것을 망각하고 그저 남보다 뛰어나길 바라는 마음으로 아이에게 학습을 강요하는 게 과연 옳은 일인지 생각해볼 필요가 있다. 장사는 빠르게 부유해지는 길임에도 불구하고 맹자의 어머니는 그것이 옳지 않다고 여겨 학교 근처로 이사를 하였고, 맹자 또한 교육의 진정한 목적으로 인성 수양을 강조했다. 맹모삼천과 교육의 진정한 의미에 대해 생각해봐야 할 필요가 있지 않을까?

잠시나마 높은 관직에 올라 개혁 정책까지 추진하였지만 뜻을 이루지 못하고 현실 정치에서 떠난 공자와 달리, 맹자는 아예 관직을 가져 본 적이 없다. 거기다 맹자가 강조하는 사상은 인의였기에 부국강병이 중시되던 제후들에게는 크게 관심의 대상이 되지 못했다. 다만 공자의 시대는 유세 자체가 생소한 개념이라 문전박대는 물론이고 목숨의 위협까지 받은 적이 있었지만 맹자 때는 소진이나 장의 등 유세객들이 인기를 끌던 시기였기 때문에 맹자는 그 주장이 받아들여지지 않을지언정 목숨이 위협받는 일은 없었다.

맹자는 여러 차례 유세를 하고 다녔지만 자신의 이상이 실현되지 않는 것이 너무 실망스러웠을 것이다. 그래서 맹자는 자신과 비슷한 삶을 살았지만 개혁할 기회가 있었던 공자를 동경했고, 공자처럼 제자 육성에도 노력을 기울였다. 공자와 비교하면 거느린 제자의 수와 수제자는 적지만 그래도 맹자 또한 제자를 나름 수십 명은 넘게 거느렸고, 수제자도 있었다고 한다. 특히 그 중 하나인 악정자는 맹자 본편에서도 많이 언급되는데, 맹자는 그를 실수가 더러 있으나 반성하고 선함을 좋아한다고 평가했다. 자로에 대한 공자의 평가와는 저술에서 가장 많이 언급된다는 점이 비슷하면서도 공자는 자로의 용감함을, 맹자는 악정자의 반성을 칭찬했다는 점에서 다르다.

『맹자』의 기본 사상을 정리해보자. 먼저 하늘에 대한 중시가 있다. 맹자에게 있어서 하늘은 단순한 자연이 아닌 사람에게 기회를 주는 인격적 존재이자 의리와 도덕의 원천으로 보았다. 비록 하늘이 기회를 주지만 그것을 그저 기다리기만 하는 게 아니라 하늘의 뜻을 추구하는 것이 선행이라는 것이다. 다음으로는 성선설이 있다. 맹자는 사람의 본성은 원래 선한데 단지 잘못된 환경과 교육으로 인해 악을 저지르는 것이라 보았다. 그것의 단서가 남을 불쌍히 여기는 마음, 현대로 치면 공감 능력에서 나타나며, 측은지심이 바로 인의 시작이라 보았다.

또한 자기 수양도 중시했다. 맹자는 자기 수양은 잘못의 원인을 남이 아닌 자신에게서 찾는 데 있으며, 부끄러움을 느끼는 것이야말로 의(義)의 시작이라 보았다. 심신이 안정된 상태가 아니면 올바른 본성을 발휘할 수 없으며, 일상생활을 할 때도 윤리적인 행동을 할 수 있는 직업을 가지는 것이 올바른 본성을 발휘하기에 좋다고 보았다. 이 생각은 정치관에도 반영됐는데, 백성은 안정된 직업과 소득이 있어야 양심을 발휘할 수 있으니 생업을 보장해야 한다는 것이다.

『맹자』의 전개 형식은 전반적으로 공자의『논어』를 계승했다고 볼 수 있다.『한비자』나『묵가』,『도덕경』같은 다른 제자백가들의 저술들이 자신들의 의견을 직접 주장하는 형태라면,『맹자』는『논어』처럼 대화하는 형식으로 되어 있다. 그러나『논어』와 달리 상당 부분을 맹자 본인이 쓴 책이라서 그런지『논어』의 대화체는 몇 마디 정도의 짧은 대화이지만『맹자』의 대화체는 한 주제를 두고 두 사람이 진지하게 대화하는, 오늘날로 따지면 토론과 같은 대화법이다.

제목에 일관성이 없는『논어』와 달리『맹자』는 주요 토론 내용을 제목에 반영하였으며, 그걸 통해 대략적인 내용을 유추할 수 있다. 이것은 다른 제자백가의 서술들과 일맥상통하는 부분이 있다. 어찌 보면 그기에 맹자가 단순히 공자의 아류가 아닌 또 다른 성인으로 인정받는 것일지도 모른다는 생각이 든다.

맹자는 특히 수양과 교화를 중시했다. 먼저 수양부터 이야기하자면 맹자의 수양은 자신이 무엇이 부족한지 돌아보고 주변 환경을 되도록 평온하게 하되 그렇지 않은 상황에서도 자신의 선한 마음을 유지할 수 있게 하는 것이다. 맹자는 끊임없이 자신을 돌아보고 문제가 있을 시 그 원인을 남이 아닌 자신에게서 찾으려고 하고, 자신을 속이는 짓을 결코 해서 안 된다고 보았다. 공자가 허례허식, 즉 마음 없이 형식만을 지키는 사례를 경계했듯이, 맹자 또한 마음 없이 겉으로만 하는 수양을 경계한 것이다. 조선의 유교가 후대에 갈수록 형식 위주가 되는 걸 생각하면 통렬한 지적이라 볼 수 있다.

교화 또한 중요시했다. 교화의 수단으로 맹자는 법이 아닌 교육을 제시하면서 아무리 좋은 법을 만들어도 교육을 제대로 하지 않으면 그건 반쪽짜리라고 했다. 나아가 교육을 위해서는 단순히 가르치는 게 아닌 모범을 보여 따를 수 있게 해야 한다고 했다. 그래서 맹자는 백성을 교화하려면 백성에게 여유를 주어야 한다고 주장했는데 이는 백성의 상태를 고려하지 않고 부국강병에만 몰두하던 당시 세태에 대한 비판이었다. 재미있게도 도덕을 위해서 생업을 보장해야 한다고 주장한 건 관중이었지만 맹자는 관중이 패도정치가 아닌 왕도정치를 했다면 더한 성과가 있었을 거라고 아쉬워했다.

이제 맹자의 성선설에 대해 자세히 알아보자. 맹자는 인간의 본성이 선하다고 보았고, 그것의 근거로 인간이 본래 타고난 네 가지 선한 감정인 사단을 들었고, 이것이 발현된 것이 사덕이라 보았다. 사단으로는 남을 불쌍히 여기는 측은지심(惻隱之心), 잘못된 것을 부끄러워하고 악을 미워하는 수오지심(羞惡之心), 예의에 어긋나는 것을 사양하는 사양지심(辭讓之心), 옳고 그름을 판단하는 시비지심(是非之心)이 있다. 다만 맹자는 이것을 어디까지나 주요 예시로 삼았지 선한 감정이 이들 넷뿐이라고는 말하지 않았지만 딱 맞아떨어지는 숫자 때문인지 후대 유가에서는 엄청 중요시하게 됐다.

맹자는 이 중 측은지심이 선의 시작이라고 보았다. 측은지심에 대해 어린아이가 우물에 빠질 위기에 처하면 일반적인 사람은 반드시 어린아이를 구하려 든다는 것으로 자세하게 설명한다. 이런 측은지심이 덕의 형태로 발현된 것이 인이라고까지 표현했다. 공자가 인에 대해 다양한 표현을 하면서 인을 몹시 중요시한 것과 맹자가 공자를 계승하려 했다는 것을 생각하면, 맹자는 성선설에서 덕의 근거를 찾는 것에 진심이었다고 볼 수 있다.

이러한 사단에 대응되는 덕이 있는데, 후대 유가에서는 이를 더 중시하였을 정도이다. 수오지심의 경우 올바른 뜻인 의에 대응된다고 보았고, 예의에 어긋나는 것을 사양하는 사양지심은 예에 대응된다고 보았고, 옳고 그름을 판별하는 시비지심은 지에 대응된다고 보았다. 맹자는 이는 인간이 기본적으로 가지는 특성이기 때문에 덕은 인간 내부에 있다고 강조하였고, 이는 때로는 목숨보다 우선시되어야 한다고 주장했다.

그렇다고 해서 맹자가 인간은 선하니 무조건 관용을 베풀거나 교육을 하지 않아도 된다고 본 것은 결코 아니다. 오히려 환경과 이기심 때문에 선한 것이 제대로 발현되지 않아 세상이 엉망이라며, 선한 본성을 찾고 키우기 위해서는 교육이 선행되어야 한다고 강조했다. 맹모삼천의 일화에도 알 수 있듯이, 이는 어머니로부터 자연스럽게 물려받은 생각이라고 볼 수 있다.

맹자는 교육에 스승보다 두 가지를 더 중요시했는데, 바로 환경과 의지이다. 환경의 중요성을 언어교육의 비유를 들어 설명하는 구절도 있다. 맹자는 어떤 사람에게 제나라 말을 가르치려면 어떻게 할 거냐고 묻자, 제나라 출신 스승에게 가르치게 할 것이라 대답했다. 이에 맹자는 아무리 스승이 제나라 출신이라도 주변에 초나라 말을 하는 사람이 많으면, 스승이 매질까지 한다고 해도 성과가 없을 것이라고 말했다. 반대로 주변에 제나라 말을 하는 사람이 많으면, 매질하며 초나라 말을 하라고 강요해도 제나라 말을 할 것이라고 강조했다. 그만큼 환경은 교육에 큰 영향을 끼친다는 것이다.

근본적으로 정신 수양을 중시하는 유교의 사상가답게, 맹자는 이걸 결코 학문에만 적용하지 않았다. 자식이 올바르길 바라면 부모부터 올바르게 행동해야 하며, 백성이 선해지길 바라면 왕부터 선하게 행동해야 한다는 식으로 자식 교육과 국가 통치로 확장해 적용했다. 실제로도 가정폭력을 당한 아이들은 그것에 내면적으로 익숙해져서 사회에서 제대로 적응하지 못하거나 자식을 낳으면 가정폭력을 대물림하는 경우가 허다하다. 그래서 서양 사회에서는 아동 학대를 제일 나쁜 범죄로 인식할 정도이다.

맹모삼천의 일화를 자주 인용하는 부모들이 망각하기 쉬운 부분이 이 부분이라 할 수 있다. 아무리 교육을 잘 시키려고 하고 좋은 친구들을 사귀게 하려고 해도 자식의 사회관계는 근본적으로 부모로부터 시작한다. 괜히 공자가 가정의 도리가 도덕의 시작이라 표현한 것이 아니다. 우리나라에서는 부모가 자식을 자신이 좌지우지할 수 있는 대상이라 생각하는 풍조가 은근히 있다. 이것이 자식이 출세하기를 바라는 마음과 결합하면 부모 마음에서는 자식 잘되라고 하는 행동이 정작 자식에게는 상처가 되는 경우가 종종 발생한다. 이럴 때일수록 교육이 근본적으로 어디서 시작하는지, 교육의 근본적 목적이 뭔지부터 생각하고 나서 자식 교육을 해야 한다고 생각한다.

환경이 갖춰지면 교육이야 쉬워지지만 교육이 제대로 완성되려면 결국 본인의 의지가 있어야 한다. 아무리 좋은 환경을 가지고 좋은 교사를 붙여봐야 교육을 받는 사람이 한 귀로 듣고 한 귀로 흘려버리면 아무 소용이 없는 것이다. 그래서 맹자는 교육하는 사람의 태도뿐만 아니라 교육을 받는 사람의 태도 또한 강조하고 있다.

교육을 받는 사람은 우선 타인의 말을 경청할 줄 알아야 한다. 자기 생각만 고집하면 타인의 생각이 잘 들어오지 않기 때문이다. 또한 자신이 한 행동을 돌아보며 자신이 배움에 맞게 행동했는지, 혹시 자신을 속이지 않았는지 돌아봐야 한다. 맹자는 자신을 속이는 사람을 싫어했으며, 점잖은 체하며 사람들의 지지를 얻는 사람을 사이비(似而非)라고 칭하기까지 했다. 사이비 종교라고 할 때 사이비는 맹자에서 유래된 셈인데, 사이비 종교 또한 자신을 구세주라 자처하면서 실제로는 교주의 현실적 이익만 취한다는 점에서 이 사이비의 정의에 정확히 부합하는 셈이다.

맹자의 후대 유학자인 순자는 인간의 본성이 악하다는 성악설을 내놓았는데, 인간은 이기적이기 때문에 본성이 악하고, 그래서 선이 필요하다고 했다. 맹자는 성무선악(性無善惡)설을 주장하던 고자와 열띤 토론을 벌였는데, 순자와 만났으면 어떨지 궁금하기도 하다. 맹자는 인간의 본성은 선하지만 환경에 오염되니 선한 것을 확충해야 한다고 보았다. 하지만 순자는 인간의 본성은 악하지만 선함이 필요하므로 교육을 통해서 선하게 바꾸어야 한다고 본 점에서 차이가 있다.

하지만 둘 다 그 수단으로 교육을 택했다는 점에서 같다. 둘은 시를 좋은 교육 수단으로 여겼다. 흔히 맹자의 성선설을 사람은 선하니까 그냥 내버려 둬도 된다, 순자의 성악설은 인간은 어차피 악하니 선은 결국 위선에 불과하다고 이해하는 사람이 있는데, 두 분이 그 소리를 듣는다면 사이비라고 분개할 것이다. 둘은 인간 본성에 대한 견해는 달랐지만 인간의 본성을 선하게 하기 위해서는 교육이 필요하다는 것에는 동의했기 때문이다. 특히 성악설은 인간은 악하니 선은 위선이라고 주장하면 순자는 오히려 그래서 더욱 더 선이 필요하다고 화를 낼 것이다.

다만 순자의 제자인 이사와 한비자는 결국 인간의 악한 본성은 쉽게 교화가 되지 않으니 법으로 제재하는 것이 더 빠르고 확실하다고 보았다. 한비자가 유교와 옛 제도를 부정적으로 보고 이사가 분서갱유를 권장한 것을 보면 이들은 스승의 사상을 부정하고 싶었던 것인지도 모른다. 그러나 한비자는 유교를 부정하면서도 정작 공자의 말을 인용한 데다가 노자의 도가를 자기식으로 왜곡해 인용했다. 이사도 결국 법가의 허점을 찌른 조고의 음모에 죽은 걸 생각하면 결국 이들은 스승이 지적했던 법의 한계를 벗어나지 못했다고도 볼 수 있다. 순자가 이걸 봤다면 극단주의는 끝이 좋지 않다고 한탄했을지도 모른다.

인의를 강조한 맹자는 그걸 실천하기 위한 정치로 무엇을 생각했을까? 바로 왕도정치이다. 왕과의 토론에서 맹자는 왕도정치에 대해 자주 이야기하는데, 먼저 자기 나라부터 시작해 인의를 갖추는 정치를 해야 한다고 강조한다. 맹자는 당대에 논해진 패도정치에 대해 결국 힘으로 하는 통치에 불과하다고 하며 비판적이었으며, 이를 나타내는 비유가 바로 연목구어(緣木求魚)[9]이다. 그만큼 헛되다는 비유다.

---

9)　나무 위에서 물고기를 구한다. 『맹자』의 '양혜왕편'에서 유래한 고사성어. 도저히 불가능한 일을 굳이 하려 한다는 뜻.

『맹자』에는 어느 왕과 토론을 하는 장면이 나온다. 맹자는 왕이 원하는 바를 물어보게 되고 왕은 모호하게 대답했다. 그러자 맹자는 왕께서는 전쟁으로 설욕하고 영토를 넓히기를 원하는 것이냐고 단도직입적으로 물어보고, 왕이 마지못해 긍정하자 맹자는 그것은 연목구어와 비교될 만할 행동이라고 했다. 왕이 그만큼 심하냐고 하자 맹자는 오히려 더 하다고 했다. 나무 위에서 물고기를 구하지 못한다 하더라도 후환은 없지만 보복 전쟁 및 영토 확장이 성공하면 언젠가는 반드시 그에 대한 보복이 따라올 것이라고 한 것이다.

맹자는 왕도정치를 통해 국가의 근본적인 목적인 백성을 지켜야 하고, 전쟁은 어디까지나 자국의 영토를 방어할 정도로 충분하고 보복이나 확장을 위한 전쟁은 옳지 않다고 보았다. 이는 당대의 유세객들이 주장한 부국강병과는 반대되는 주장인 데다가 전국칠웅들의 목표가 전국 통일이었음을 생각하면 맹자의 주장이 왜 받아들여지지 않았을지 이해할 수 있다. 다만 정작 전국 통일이 되자 맹자의 유가가 재평가받게 된 것을 생각하면 참 묘한 생각도 든다. 통일 후에는 나라를 유지하는 게 우선이 되기 때문이다.

왕도정치에 대한 또 다른 토론도 있다. 한번은 왕이 자신은 나름대로 최선을 다하는데 왜 백성들은 시큰둥하냐고 하자 맹자는 왕이 전쟁을 좋아하니 전쟁을 예로 들어 이야기한다. 어떤 두 병사가 전쟁 중에 도망쳤는데 한 병사는 50보, 한 병사는 100보를 도망쳤고 50보 도망친 병사가 100보 도망친 병사에게 겁쟁이라 하는 것이 옳으냐고 역으로 질문했다. 그 유명한 속담 오십보백보(五十步百步)는 맹자의 이 질문에서 유래됐다. 이에 왕은 오십 보 도망친 거나 백 보 도망친 거나 정도의 문제일 뿐 결국 도망쳤다는 건 같은데 어찌 겁쟁이라 비난할 자격이 있겠느냐고 대답했다. 그러자 맹자는 백성들이 시큰둥한 이유도 그것이라며, 백성들 처지에서 백성들을 괴롭히는 근본적인 원인이 그대로인데 그 강도만 줄여봐야 큰 도움이 안 되기 때문에 시큰둥한 거라고 말했다. 이를 해결하려면 근본적으로 왕도정치를 해야 한다고 강조했다.

왕과의 토론으로는 이것도 있다. 탕왕은 넓게 정원을 세웠는데도 백성이 칭송했고 자신은 좁게 정원을 세웠는데도 백성이 불평한다고 하자 맹자는 탕왕은 정원을 만들었지만 그것을 백성들과 함께 즐겼기에 백성들은 좁다고 하였고, 왕께서는 정원을 만들었지만 사람들이 들어가는 것을 엄금하고 본인만 즐겼기 때문에 백성들은 넓다 하며 불평하는 것이라고 답변했다. 이는 지도층이 백성과 함께하면 얼마든지 재산을 늘려도 백성은 불평하지 않고 오히려 좋아하지만, 지도층이 백성과 함께하지 않고 자기 소유를 독점한다면 재산을 늘릴 때마다 백성들은 불평한다는 의미이다. 즉 백성을 위한 왕도정치만이 근본적으로 백성의 지지를 얻을 수 있으며 왕도정치 없이 부국강병만 시행한다면 오히려 백성들의 원성만 살 거라는 것이다.

맹자는 왕과의 토론에서 민심의 중요성을 다음과 같이 표현했다. 인리(人理)가 지리(地理)만 못하고 지리가 천리(天理)만도 못하다. 병사 개개인의 강함은 인리고, 좋은 성벽과 좋은 요충지는 지리고, 하늘의 뜻은 천리인데, 하늘은 선을 추구하고 이는 민심과 직결된다. 즉 민심이 천심이라는 것으로, 백성의 지지가 없으면 결국 언젠가는 전쟁에서 지기 때문에 민심을 외면한 부국강병은 결국 패망을 부르리라는 것이다. 법가 또한 사람이 법을 신뢰할 수 있어야 법이 효력이 있다고 한 것을 보면, 결국 법이든 교화든 신뢰의 중요성은 부정할 수 없는 것 같다. 실제로 진나라는 천하 통일 후 병합된 다른 국가에도 엄격한 진나라의 법을 강요했을 때, 상앙 때부터 이어졌기 때문에 법에 익숙한 진나라 지역과 달리 다른 지역은 진나라의 엄격한 법을 쉽게 받아들이기 힘들었다. 특히 진나라와 가장 오래 대립한 초나라 지역은 이를 갈 정도였고, 결국 진시황이 죽자 곧바로 반란이 일어났다.

이제 왕도정치의 조건에 대해 알아보자. 맹자가 왕도정치는 백성을 위한 정치가 되어야 한다고 한 만큼, 우선 왕도정치는 백성이 여유가 있어야 한다. 맹자는 선비는 재산에 여유가 없어도 마음을 유지할 수 있어야 하지만 백성은 재산에 여유가 있어야 도덕에 신경 쓸 수 있으므로 백성의 생업을 필수적으로 보장해야 한다고 보았다. 그래야 교육이든 교화든 해볼 수 있다는 것이다. 실제로도 하층민들은 교육을 받기 어려운 환경인 걸 생각하면 맹자의 이 생각은 어느 시대든 맞는 것 같다. 빈부격차가 심한 미국은 충분한 교육을 받지 못한 하층민 범죄가 많은 것처럼.

맹자는 선비가 가져야 할 가치 또한 언급했다. 우선 선비는 청렴해야 하는데, 이 청렴에도 다양한 유형이 있다고 한다. 백이 같은 유형은 세상이 자신과 맞지 않으면 상종조차 하지 않는 유형으로, 이는 너무 깨끗해 본받기 힘들다고 보았다. 이윤과 같은 유형은 세상이 자신과 맞지 않으면 맞게 바꾸면 된다는 유형으로, 이는 이윤처럼 뛰어난 인물이 아닌 이상 타락하기 쉽기에 조심해야 한다고 보았다. 공자처럼 세상에 따라 행동의 처우를 정하는 인물이야말로 중용에 들어맞으니 가장 본받을 만한 유형이라 보았다. 맹자는 공자의 후계를 자처하며, 백이를 무턱대고 옹호하기보다는 그 한계를 지적했다. 후에 한비자가 백이 같은 유형은 쓸모없다고 단언한 것과 어느 정도 일맥상통하는 부분이 있는 것 같다.

유하혜처럼 은거하면서도 세상에 자신이 필요하다면 언제든지 다시 나온다는 점은 자신이 세상에 필요하다는 오만함으로 볼 수 있어서 본받을 만하지 않으며, 진중자처럼 부정하다고 생각하는 재물은 무조건 받지 않으려는 것도 도리가 아니라고 보았다. 그럼 맹자의 청렴은 무엇인가? 맹자는 예에 맞는 것은 그 규모가 어떻든 간에 받되, 예에 맞지 않는 것은 그 규모가 어떻든 받지 말아야 한다고 했다. 즉, 선물의 규모보다는 선물의 예가 더 중요하다는 것이다. 그래서 맹자는 권세에 빌붙어 호의호식하는 것을 경멸해 다음과 같이 비유할 정도였다.

어떤 남자가 늘 술과 고기를 배불리 먹고 지내는데 부인과 첩이 그걸 이상하게 여겨 물어보면 명망가에서 먹었다고 둘러대며 넘어가려 했다. 어느 날 남편이 딱히 뛰어나지 않음에도 명망가에 간다는 점을 너무 수상하게 여긴 부인과 첩이 남편의 뒤를 따라가보니 남편은 무덤가에 가서 제사하고 남은 음식을 얻어먹는 것이었다. 부인과 첩은 이를 알게 되자 몹시 수치스럽게 여기며 울었는데, 그걸 모르는 남자는 여느 때처럼 돌아온다는 이야기다. 즉, 권세에 빌붙어 호의호식하는 것은 선비에게는 남의 제사상을 얻어먹는 것처럼 수치스러운 행위라는 것이다.

선비는 생활이 궁핍하더라도 선한 본성을 유지해야 하며, 그래야 백성들이 그걸 보고 본받을 수 있다는 게 맹자의 생각이었다. 그래서 선비는 항상 자신을 돌아보는 시간을 가지며, 열린 마음으로 새로운 것을 배우려고 하고, 자연의 이치를 깨달으려고 노력해야 한다고 보았다. 이 수양은 자신을 갈고닦아 군자의 도에 이르게 하는 것이 현실적이며, 성인 같은 경우는 너무 힘든지라 권장하지 않았다고 한다.

『맹자』에는 다른 학자들의 주장에 반박하는 토론이 있다. 성무선악(性無善惡)설을 주장한 고자와의 토론이 가장 큰 비중을 차지한다. 성무선악설은 인간의 본래 성질은 아무것도 정해진 게 없지만, 환경과 교육에 따라 달라진다는 주장이다. 그러나 인간의 본성에 선이 있기에 선을 실천할 근거가 되며, 선은 하늘이 내려주는 것으로 생각한 맹자는 이 주장에 동의할 수 없었고, 그래서 열띤 토론을 벌였다고 한다. 고자는 성품을 물에 비유하며 평지에 물은 아무 방향성이 없어서 동쪽으로 트면 동쪽으로, 서쪽으로 트면 서쪽으로 가는 것처럼 성품의 자유로움을 말했다. 그러나 맹자는 물에 동서는 없어도 위아래는 있다며, 인간의 본성이 선한 것은 물이 위에서 아래로 떨어지는 것처럼 자연스러우며, 억지로 아래에서 위로 향하게 하는 것은 인위적인 변화라 하며 성선설을 강하게 주장했다. 고자는 또한 인의도덕은 바깥에서 정하고 학습하는 것이라고 하였지만 맹자는 인의도덕은 인간 마음 속의 선함에서 시작되는 것이며, 따라서 인위적으로 익히는 것이 아닌 자신 속에 있는 것을 발현하는 것이라고 주장했다.

현대 심리학에서 고자와 맹자의 주장은 각자 타당성이 있지만 틀린 부분도 있다. 일단 인간 대부분에게 공감 능력이 있는 건 맞지만 자신을 주로 생각하는 이기심도 있으며, 더러는 공감 능력에 문제가 있다는 사이코패스도 있다. 즉 공감 능력은 인간 본성의 선한 부분에 해당하나, 인간 본성에는 악한 부분도 엄연히 있으므로 맹자의 주장은 반쯤 틀린 것이다. 반면 고자의 주장도 인간은 어느 정도 타고나는 성향이 있기에 완전히 들어맞는 것은 아니다. 이처럼 현대 심리학의 관점에서 본 인간의 본성은 워낙 복잡해서 옛 성현들의 인간 본성에 대한 논의가 전부 들어맞지는 않는다. 그래서 일방적으로 한쪽이 맞기만 한 철학은 없다고 생각한다.

맹자는 묵가와 열띤 논박을 벌였다. 묵가는 묵자가 창안한 제자백가로, 차별을 가지고 사람을 대하기 때문에 세상이 어지러운 것이라며, 차별 없는 사랑으로 세상을 대해야 세상이 평화로 워진다는 사상이다. 문득 기독교에서 네 이웃을 사랑하라는 가르침과 비슷해 보이는 부분도 있는데, 묵자나 예수나 소탈한 삶을 살았다는 걸 생각하면 이 점이 우연만은 아닌 것 같다. 묵가는 부모의 장례에 정성스럽게 임하는 것보다 다른 사람을 돕는 것이 더 우선이라며 장례식을 조촐하게 치렀는데, 맹자는 이를 부모에 대한 자식의 예의가 아니라고 반박했다. 또한 모두를 차별 없이 사랑하라는 묵가의 사상 자체가 불가능에 가까울뿐더러, 그렇게 해봐야 질서가 무너지는 일이 발생할 뿐이라고 비판했다.

맹자는 언뜻 보기에는 좋아 보이는 묵가의 사상에 왜 반대했을까? 이유는 유교의 도리는 가정에서 시작해 사회로 확대해나간다는 것인데, 가족이나 사회나 무게가 같다는 묵가의 사상에 동의할 수 없었다. 맹자로 따지면 가족을 우선시하는 마음을 가진 후 그 생각을 조금씩 바깥으로 뻗어가야 하는데 가족을 우선시하는 마음과 사회를 우선시하는 마음을 같게 하면 우선순위를 정하기 힘들어 갈팡질팡할 뿐이라는 것이다.

공자 때부터 제사는 죽은 자에 대한 예의이며 삼년상을 차리는 이유도 아이가 부모 품을 벗어나는 데 3년이 걸리므로 자식은 부모를 3년 동안 추모해야 한다는 가르침이 유교 장례의식의 근본이었다. 그런데 남에게 베푸는 걸 중시하느라 정작 부모 장례를 소홀히 하는 묵가의 가르침은 그야말로 유교와 양립할 수 없었다. 그러나 유교적 질서가 은근슬쩍 신분제를 긍정하는 부분이 전혀 없지 않다는 걸 생각하면, 지금 시점에서는 오히려 묵가가 시대를 앞서갔다는 비극으로 볼 수도 있다. 물론 묵가의 사상이 극단적으로 되면 우선순위를 정하기 힘들어진다는 점에서 맹자가 완전히 틀렸다고 볼 수도 없다.

유교에 대해 체계적으로 정리를 해 유교의 아성(亞聖)이라고까지 불리는 맹자지만 이 세상에 완벽한 사람은 없는 것처럼 그의 철학에도 한계는 있다. 우선 지나친 경직성이 있다. 맹자는 정치도 중시했지만 그보다는 자기 수양을 강조했고, 정치 또한 왕도정치를 특히 강조했다. 이는 좋긴 하나 이상주의를 강조하는 경향으로 나아갔고, 그 결과 성리학이 지나치게 이상주의적인 흐름으로 향하는 데 어느 정도 이바지하게 됐다. 정작 공자는 과감한 개혁책을 쓰고 한비자조차 그 말을 인용할 정도로 현실을 인정했다는 것을 생각하면 묘하다.

맹자는 수양을 강조했지만 수양을 어떻게 실천할지에 대해서는 묘사가 적은 편이었다. 이 수양 풍조는 처음으로 사서의 틀을 정한 성리학에서 심화되는데, 성리학은 지나치게 자기 수양을 강조한 나머지 정작 실천에서 멀어지게 됐다. 조선시대 사림파가 조선 초기에는 지나치게 이상적으로 나가는 경향과 조선 후기에서는 나라가 엉망인데도 마땅한 실천안을 내놓지 못하는 것으로 나아간 것처럼. 물론 이를 순전히 맹자의 잘못으로 돌리는 건 비약이지만 그 근거가 맹자에서 시작됐다는 건 다소 아쉽다고 볼 수 있다.

대부분의 철학은 그 시대의 환경을 짙게 반영하므로 시대를 뛰어넘는 사고를 한다는 것은 쉬운 일이 아닌데 맹자 또한 예외는 아니었다. 우선 선비와 백성을 분리하고 역성혁명이 가능하다고 주장했지만, 역성혁명의 주체는 백성 전체가 아닌 왕 바로 밑에 있는 신하로 보았다는 점에서 맹자는 신분제를 완전히 벗어나지 못했다고 할 수 있다. 물론 이건 어쩔 수 없는 시대의 한계라 볼 수 있다. 중화권을 비롯한 동아시아사는 왕정 체제가 당연하게 여겨져 왔고, 이에 대한 반박을 내놓는다는 건 결코 쉬운 일이 아니었다. 오히려 유교를 지나치게 이상적이라고 비판한 법가의 한비자가 정작 왕이 법가의 뜻에 따라 행동하지 않으면 어떻게 하느냐에 대해서는 뾰족한 답을 내놓지 못했고, 처세술이 있긴 하나 이는 왕을 설득하기보다는 신하의 처세에 더 중점을 두었다. 그래서 조고는 왕만 조종하면 나라를 조종할 수 있다는 것을 노리고 진시황이 죽자 호해를 교묘하게 농락해 자신이 실세가 됐고, 이사가 견제하려 하자 호해를 조종해 이사까지 제거했다. 그러나 권력을 잡는 것만 생각한 나머지 조고도 호해도 그걸 어떻게 국가경영에 사용해야 하는지는 몰랐다. 그래서 조고와 호해는 진시황이 죽기를 기다리다 때가 되자 터진 전국적 반란에 제대로 대응하지 못했다. 자영이 조고를 제거하고 왕위에 올랐을 때는 이미 손을 쓰기에는 너무 늦은 상태였고, 결국 자영도 죽고 진나라가 처참하게 무너지게 됐다. 그런 의미에서 왕이 하늘의 뜻을 따르지 않으면 일개 남자이니 쫓아낼 수 있다는 역성혁명을 주장한 맹자가 오히려 법가보다 더 급진적이었다고 해석할 수도 있다.

　현대를 사는 우리에게『맹자』는 무슨 의미가 될까? 우선『맹자』의 의의는 공자 사후 자사로 계승됐지만 그 뒤에는 딱히 큰 힘이 없던 유교를 제자백가 중 하나에서 강력한 사상으로 만들었다. 사단을 주장함으로써 인간의 선을 알기 쉽게 표현했다는 의의가 있다. 또한 왕이 잘못했으면 갈아치울 수 있다는 역성혁명은 법가와 달리 유가가 군주를 견제할 수 있게 해주는 명분이 되어주었으며, 그 때문에 조선 시대 때 폭군이었던 연산군을 몰아낼 수 있는 근거가 되기도 했다.

　또한 백성의 생업을 보장해야 윤리관이 보장된다거나 교육의 중요성을 강조한 것은 어느 시대 어느 사회에서나 통할 사상이다. 실제로 양극화가 심한 미국은 하층민들이 생활도 힘들고 교육을 받지 못해 마약 등 범죄에 빠져드는 사회 문제가 대두되고 있다. 중국도 문화대혁명을 통해 국민의 교육을 통제하였고 하층민들의 생업 보장이 힘들어서 젊은이들이 국가의 선동에 쉽게 휘둘리는 등의 문제가 있다. 우리나라 또한 교육에 대한 열의는 높지만 학교폭력 문제와 교권과 학생 인권 사이의 갈등이 일어나고 사교육은 성행하고 있다. 이렇게 교육이 눈에 보이는 성과만을 중시한 나머지 인성을 키우지 못하는 등 교육의 본질적인 목적이 잊히는 문제가 있다.『맹자』의 가르침은 현대를 살아가는 우리에게 여전히 통하는 셈이다.

13. 『중용』

모자람도 지나침도 없는 삶의 중심을 잡아라

『중용』은 사서의 4번째 책으로『대학』다음으로 분량이 적지만 마지막 사서인 만큼 개인 수양과 하늘의 이치에 모든 것이 집중된 책이다. 이렇게 분량은 적지만 내용이 심오하고 개인 수양을 강조하는 점은『도덕경』과 비슷한데, 자사의 할아버지인 공자가 노자와 토론을 한 것과 공자가 노자를 개인 수양의 정점으로 인정한 것을 생각하면 묘한 인연이다.

다른 사서와 달리『중용』의 저자는 자사로 만장일치 되고 있으며, 그나마 후대에 덧붙은 부분이 있지 않을까 하는 논쟁만 있는 정도다. 그러나 사서의 저자 중 자사에 대한 사료는 많지 않아서 증자의 제자이자 공자의 손자라는 것과, 공자를 계승한 문파 중 하나라는 점만 전해지는 정도이다. 그래서 자사의 저술인『중용』은 독자성을 인정받지 못했고, 공자의 저술인『예기』의 일부로 여겨지기도 했다.

현재까지 전해지는 자사의 유일한 책인『중용』은 책 제목이 중용인 것과 공자의 말이 직접 언급되는 것을 보면, 자사는 자기 할아버지의 사상을 압축해서 정리할 겸 자기 수양의 핵심을『중용』으로 축약해서 저술한 것 같다. 그래서『중용』은『예기』의 일부 중 하나로 전승됐지만『대학』보다도 먼저 주목을 받을 수 있었다고 생각한다.

　『중용』을 사서로 편입하고 마지막에 배치한 주희에 대해서 알아보자. 주희는 송나라 시대, 유교가 너무 고전의 해석에만 몰두할 때 옛 유교를 바탕으로 새로운 형이상학적 계승을 하려고 시도했다. 그런 입장에서 형이상학적인 다른 학문과 경쟁하기 위해서는 형이상학적인 특성을 띠는『대학』과『중용』을 독립적인 책으로 다루어야 할 필요가 있었다. 또한 공자 사상의 새로운 계승을 목표로 하였기에, 공자의 손자가 쓴 저술인『중용』을 부각하는 것은 더더욱 필요했다.

　『중용』의 시작은 무엇일까?『중용』의 중요한 세 가지 가치인 성(性), 도(道), 교(敎)를 꺼내며 시작된다. 성은 말 그대로 하늘에서 부여받은 본성을 의미한다.『중용』에서 하늘은 단순히 자연이 아닌 인간과 연계되어 세상을 운영하는 이치 그 자체로, 이는 하늘과 인간이 연계된다는 성리학의 구미에 딱 맞는 내용이었다. 주희는 그 때문에『중용』을 사서의 마지막으로 놓았다. 그러나 성리학의 하늘과 인간에 대한 관점은 조선 성종 시기 사림파들이 세 발 달린 닭이 나타나는 기상천외한 일이 일어나자 이를 왕의 탓으로 돌리며 비난하는 데[10] 쓰이는 등 한계 또한 있었다.

도는 사람이 본성에 따라 마땅히 가야 할 길로, 수양하는 마음속에 갖춰져 있고 일을 할 때마다 따라야 할 것이다. 이를『중용』에서는 도는 잠시라도 떠날 수 없으니, 떠날 수 있으면 도가 아니라고 표현했다.『도덕경』의 구절인 '도는 표현할 수 있으면 도가 아니다'는 것과 비슷하면서도 다른 느낌이 든다. 공자가 노자와 사상이 다름에도 노자를 인정한 것과『중용』의 내용이『도덕경』처럼 자기 수양을 강조하는 것을 생각하면 묘하게 대비된다. 노자가 도에 대해 겸손하고 겸허히 받아들이라고 하는 것처럼,『중용』에서도 자신이 도를 어겼는지 끝없이 돌아보라고 했고, 이 과정을 교라 칭한다. 이런 교를 실행하면 도와 일치하게 되고, 결국 이는 하늘과 일치하게 될 것이라 했다. 이를 보충 설명하기 위해 중(中)과 화(和)라는 개념을 제시하는데, 희로애락을 아직 드러내지 않는 것이 중, 드러내더라도 절도에 들어맞는 게 화이다. 중이란 천하의 큰 본질이자 도의 본체이고, 화는 천하에 통하는 도라고 한다.

하지만 중용을 실천하기란 쉽지 않다. 공자도 중용에 능한 자는 보기 드물며, 사람들은 자신들이 지혜롭다고 자처하지만 중용을 한 달도 채 지키지 못하는 사람이 대부분이라고 한탄했다.

---

10) 성종 말년에 다리 셋 달린 닭이 태어나자 "요물이 태어나는 것은 왕이 여자의 말을 들어 정치를 한 탓이라고 옛말에 있으니, 왕이 여자의 말을 들었구나!"라고 몰려와서 왕에게 반성을 요구하는 대간들이 있었다.

공자가 중용을 지켰다고 평가하는 인물이 안회인데, 안회의 중용에 대해 하나의 선을 얻으면 정성스러운 모습으로 가슴속에 잘 담아두어서 그것을 잃지 않았다고 칭찬했다.

『대학』에서도 강조하고 있듯이 성리학에서는 개인의 도를 천하로 확충하는 것을 중요하게 여겼다. 성리학의 경전인『중용』에서도 그런 내용이 안 들어갈 수는 없다. 그래서『중용』에서는 순임금, 문왕, 무왕 등 옛 군주 중 도로 유명했던 인물들이 언급된다. 공자는 순임금이 중용의 도로 세상을 다스렸다며 묻기를 부끄러워하지 않았고, 백성들을 살필 줄 알았으며, 극단에 치우치지 않고 중심을 백성에게 적용했기에 지혜로웠다고 평한다. 문왕과 무왕에 대해서는 어떻게 평가했을까? 공자는 문왕에 대해서 근심이 없는 사람이었고, 좋은 자식인 무왕을 두었기에 문왕이 시작한 일이 미완으로 끝나지 않고 무왕이 완성할 수 있었다고 평가했다. 무왕은 선대의 일을 계승해 깔끔하게 완성하였고, 이것이야말로 진정한 효라고 평가했다. 백이와 숙제가 아버지 상이 끝나지 않았는데 군주를 치는 건 불효이자 불충이라며 무왕을 막았던 것을 생각하면 공자는 백이와 숙제가 충성스러운 자라는 걸 인정하면서도 동시에 그들의 충성은 천하에 큰 영향을 주지 못했다고 한계를 지적했다. 성리학도 그 시작은 세상을 위한 학문이라는 것을 잘 보여주는 지적이다.

중용을 실천하는 방법으로 셋이 있는데, 바로 지(智), 인(仁), 용(勇)이다. 지는 깨닫는 것이고, 인은 중용을 지키는 것이고, 용은 그 중용을 행동으로 보여주는 것이다. 이 셋을 하나하나 실천한다고 해도 중용을 완성하기는 어렵다고 보았다. 공자는 이를 천하와 국가를 다스리고(지) 직위와 봉록을 사양하고(인) 흰 칼날을 밟을 수 있으나(용) 중용을 이룰 수 없다고 말했는데, 그만큼 중용이 어려운 경지라는 것이다.

지(智), 인(仁), 용(勇)은 구체적으로 무엇을 뜻하는가? 우선 용(勇)에 대해 알아보자. 자로는 공자에게 강함이란 무엇이냐고 물어보았는데, 공자는 이에 남방의 강함, 북방의 강함, 자로 본인의 강함인지 되묻는다. 대답이 없자 공자는 이어서 말하는데 너그러움과 부드러움이 남방의 강함인데 군자는 거기에 머무르며, 죽을지라도 도망치지 않는 것이 북방의 강함인데 강한 자는 거기에 머무른다고 대답한다. 나아가서는 군자는 조화로우나 세상에 마냥 순응하지 않고 소신 있고, 중립해 치우치지 않으니 이것이 용기의 중용이니 자로 너는 그런 강함을 실천해야 한다고 말했다.

지(智)는 깨닫는 것이다. 매번 자신을 돌아봐야 하며, 군자는 중용에 힘쓰지만 소인은 자신이 아는 것을 뽐내고 중용을 경시한다고 지적했다. 그래서 문제점을 자신에게 찾는 것이 지의 시작이기에 활쏘기야말로 군자가 갖춰야 할 기예라고 했다. 활을 쏠 때는 자신이 조준하고 직접 활시위를 당겨야 하며, 화살이 빗나갔다면 문제는 활에 있는 게 아니라 자신에게 있기 때문이다. 이처럼 문제점을 스스로 찾아가며 자신을 깨닫는 것이 지이다.

인(仁)은 중용을 체감하는 것인데, 공자는 이를 먼저 가까운 어버이부터 시작해야 한다고 했다. 작은 관계에서 시작해 하늘까지 확충하는 것이 진정한 인이고, 이는 묵가의 모든 이웃을 평등하게 사랑해야 한다는 주장을 부정한다. 따라서 인은 유가가 인간관계에 차등을 둔다는 의미이다. 즉 자신의 아버지와 남의 아버지는 차등이 있을 수밖에 없으니, 가족에서 시작하는 것이 인(仁)이요, 사회로 퍼져나가는 것이 의(義)라고 본 것이다. 공자는 이러한 인(仁)으로 자신을 수양할 것을 생각하면 어버이를 섬기지 않을 수 없고, 어버이를 섬길 것을 생각하면 사람을 알지 않을 수 없을 것이며, 사람에 대해 알 것을 생각하면 하늘을 알지 않으면 안 될 것이라고 표현했다.

지(智), 인(仁), 용(勇)의 바탕을 공자는 다음과 같이 정리했다. 배우기를 좋아하면 지혜로움에 가까워지고, 힘써 행하면 인에 가까워지고, 치욕을 알면 용기에 가까워진다. 이 세 가지를 알면 자신을 수양하는 방법을 아는 것이고, 자신을 수양하는 방법을 알게 되면 곧 사람을 다스리는 방법을 알게 되고, 사람을 다스리는 방법을 알면 곧 천하와 국가를 다스리는 방법을 알게 된다. 지, 인, 용을 터득하는 것이 유교에서 하늘과 인간의 도이자 중용에 맞는 통치이다.

중용의 도는 어디서부터 실천해야 하는가? 자사는 중용의 도는 부부에서부터 실현된다고 했다. 부부의 지극함은 성인이라도 쉽게 알지 못하는 부분이 있으며, 부부가 능히 행할 수 있지만 성인이라도 능하지 못한 부분이 있으며, 그래서 군자의 도는 부부에서 단서를 만들어야 한다. 백성은 어리석지만 결국 도의 근본이라는 뜻으로, 백성과 성인의 격차를 인정하면서도 결코 아래를 무시하지는 않는 유교의 특성을 보여준다.

다음 도리로는 충서(忠恕)가 있다. 충서는 단순히 군신 관계가 아닌, 인간관계의 윤리이기도 하다. 공자는 충서를 다음과 같이 말했다. 충(忠)과 서(恕)는 도에서 멀리 떨어진 것이 아니니, 자신에게 베풀어지기를 원하지 않으면 남에게 베풀지 말라. 충서는 아랫사람이 단순히 윗사람을 따르는 게 아니라 윗사람도 아랫사람에게 신용을 주어야 한다는 의미이다. 요즘 갑질이나 아동 학대 문제를 보면 본래 이건 유교의 참된 정신이 아닌데 왜 전통이라는 핑계로 미화되고 있을까 하는 생각도 든다. 언제부터 충서가 상호 간에 성실하게 존중하는 것이 아닌 한쪽이 일방적으로 희생하는 쪽이 됐을까?

군자의 도는 4가지인데, 공자는 자신은 이 중 한 가지도 능히 할 수 없었다고 겸손한 태도를 보였다. 군자의 도는 효도, 충성, 우애, 우정인데, 이 중 효도, 충성, 우정은 삼강오륜에 해당하는 덕목이기도 하다. 공자는 군자의 도를 제대로 하고 있는지 돌아봐야 하며, 그래야 독실한 군자라고 단언한다. 남에게 도를 강요하기 이전에 자신부터 확인해야 한다는 것은 자기주장을 먼저 내세우는 게 만연한 현대에 더욱 와닿는다는 생각이 든다.

공자와 자사에게는 귀신 또한 덕이었다. 유교에서 귀신은 한 낱 망령이 아니며, 음기가 귀며, 양기가 신이니, 두 기는 조화하는 하나의 존재라는 것이다. 그래서 귀신을 숭배하지는 않되 존중해주어야 한다고 보며, 제사는 중요한 의식이라 본 것이다. 따라서 제사를 본격적으로 정립한 주공은 무왕의 일을 잘 이었다고 평가받으며, 신은 감히 예측할 수 없으니 함부로 배척할 수 없고, 정성스럽게 대해야 한다는 것이다. 유학자였던 김시습이 금오신화를 쓰면서 귀신 이야기를 종종 다루었던 것도 유교가 귀신을 보는 관점과 관계있다. 김시습에게는 귀신 또한 당연한 이치이고, 오히려 이를 통해 비극적인 이별과 유교적 도리를 이야기했다.

이제 성실함과 그것이 정치에 어떻게 연관되는지 이야기해 보자. 공자는 애공과의 문답에서 정치는 근본적으로 사람에 달려 있으니 좋은 신하를 얻으려면 자신부터 갈고닦고, 자신을 갈고 닦을 때는 도로써 하고, 도를 닦을 때는 인을 통해서 해야 한다고 대답한다. 인(仁)이라는 건 사람을 위하는 것이니 아버지부터 친히 여겨야 하고, 의(義)라는 것은 마땅함이니 어진 사람을 높이는 것부터 해야 한다고 대답했다. 아랫사람은 윗사람의 신뢰를 얻어야 하며, 그렇지 않으면 자신보다 아래인 사람을 결코 다스릴 수 없다고 했다. 즉 윗사람에게 신뢰받지 못하는 사람은 다른 사람 위에 설 수 없다는 말이다.

천하와 국가를 위해 아홉 가지 준칙이 있으니, 자신을 수양하는 것, 어진 사람을 존중하는 것, 친한 사람을 가까이 여기는 것, 대신을 존경하는 것, 여러 신하를 살피는 것, 서민을 사랑하는 것, 모든 장인을 오게 하는 것, 먼 곳에 있는 사람을 달래는 것, 제후를 포용하는 것이다. 유교에서 모든 준칙은 도로 귀결되고, 도를 위해 자기 수양을 해야 한다.

정치에서 중요한 건 결국 믿음이다. 윗사람의 믿음을 얻지 못하면 백성을 다스릴 수 없다. 믿음은 도에서 비롯되니 벗에게서 믿음을 얻을 수 없으면 윗사람에게 신임을 얻지 못하고, 마찬가지로 어버이에게 순종하지 않으면 벗에게 믿음을 얻을 수 없다. 자신을 돌이켜보아 성실하지 않으면 어버이에게 순종할 수 없고, 마지막으로 선을 확실시하지 않으면 자신에게 성실할 수 없다. 내가 독후감을 쓰면서 불성실하고 게으른 순간이 종종 있기에 이 말이 더 깊게 와닿았다.

성실함은 재차 강조된다. 성실함은 하늘의 도이고, 성실하게 하려는 것은 사람의 도이니, 성실함이란 힘쓰지 않아도 들어맞고, 생각하지 않아도 도를 터득하며, 조용한 가운데에서도 도에 맞는 성인의 경지이니 성실히 하려는 것은 선을 택해 굳게 잡는 것이라고 극찬할 정도이다. 성실한 자의 조건으로는 널리 배우고, 자세히 묻고, 신중하게 생각하고, 분명하게 변별하며, 독실하게 행하는 것을 제시하는데, 현대에서도 자신의 편견에 빠져 분명하게 변별하지 못하고 신중하지 못하게 행동하는 사례가 종종 있음을 생각하면 성실함의 조건은 새겨들어야 할 것이다.

성실함으로 명철해지는 것이야말로 본성이고, 명철함으로 더욱 성실해지는 것이 가르침이니, 본성과 가르침은 서로서로 돕는 관계이다. 따라서 지극한 성실함을 가져야만 그 본성을 다할 수 있고, 자신의 본성을 다해야 다른 사람의 본성을 다할 수 있고, 나아가서 만물의 본성을 다할 수 있고, 그렇다면 천지를 교화하고 기르도록 도울 수 있다고 한다. 마침내는 천지와 더불어 세상의 운화에 참여할 수 있다고 강조된다.

선한 쪽을 지극히 하는 것도 성실에서 중요한데, 선한 쪽에 성실하면 선이 드러나게 되고, 선에 감동하게 되고, 나아가서는 변화하게 되고, 마침내 교화하게 되니, 지극히 성실한 사람만이 타인을 교화할 수 있다는 것이다. 그뿐만 아니라 성실한 도는 국가가 흥하는 조짐과 국가가 망하는 조짐을 알 수 있게 되며, 따라서 지극한 성실함은 신처럼 작용한다는 것이다.

성실함에 대한 예찬은 계속 이어진다. 성실함이란 스스로 이루어지는 것이고, 도는 스스로 이끌어나가는 것이라는 것이다. 성실함은 만물의 끝과 시작이니 성실하지 않으면 어떤 만물도 없을 것이므로, 군자는 성실함을 귀하게 여긴다고 한다. 자신을 이루게 하는 것은 인(仁)이고, 만물을 이루게 하는 것은 지혜로움인데, 그야말로 성실함의 덕이니, 안과 밖을 합하는 도이고, 때에 맞게 조치하는 게 마땅하다고 한다.

이제 하늘의 도에 관해 이야기해 보자. 하늘의 도는 광활해 만물을 잇고 이루고, 하늘과 땅을 연결하는데, 하늘의 도를 지닌 사람은 보여주지 않아도 진가가 드러나고, 자기 뜻이 저절로 이루어진다고 한다. 하늘의 도는 넓고 두텁고, 높고 밝고, 여유롭고 오래간다. 또한 하늘은 만물과 조화를 이루며 상호 작용까지 하니, 하늘의 도는 그침이 없다는 것이다. 동양 특유의 자연 찬가가 잘 느껴지는 부분이자, 세상에 미치는 도를 잘 표현한 부분이다.

마지막으로 군자에 대해 다루어보자. 군자는 덕성을 높이면서도 묻고 배우는 것을 좋아하고, 넓고 큰 것을 이루면서도 정밀하고 미세함을 다하고, 높고 밝음을 지극히 하면서도『중용』에 통달하고, 옛것을 익히면서도 새로운 것을 알며, 후덕함을 돈독히 하고 예를 숭상하는 존재라고 풀어 설명한다. 그래서 윗자리에 있어도 교만하지 않고 아랫자리에 있으면서도 배반하지 않는다. 나라에 도가 있으면 적극적으로 나서고, 나라에 도가 없으면 은거하며 도가 융성할 때를 기다리며 자신을 갈고닦는 존재이다. 이런 군자가 아니면 함부로 자리를 탐해서는 안 된다. 그렇지 않으면 재앙이 반드시 따를 것이라는 경고한다. 특히 예법을 논의하고 법도를 만드는 중요한 일은 천자의 지위와 천자의 덕이 있어야 하며, 그중 하나만 없어도 감히 해서는 안 된다고 보았다. 덧붙여서 공자는 자신이 명확히 모르는 예(禮)를 무턱대고 따르기보다는 자신이 아는 예를 적극적으로 행해야 한다고 보았다. 군자는 안으로 성찰해 허물이 없을 정도로 마음속에 부끄러움이 없어야 하고, 남이 없을 때도 부끄럼 없이 처신해야 하며, 백성을 교화시키기 위해 음악과 시에도 힘쓸 것이며, 덕을 갈고닦되 함부로 드러내려 해서는 안 된다. 하늘의 덕은 소리도 없고 냄새도 없고 형태도 없으니 드러내려 하기보다는 자연스럽게 나타나게 해야 한다는 것이다. 이런 부분에서 공자가 생각한 유교의 이상적인 경지인 군자는 도가의 이상적인 경지인 성인과 비슷한 부분이 많다. 노자와 생각이 다를지언정 노자를 존경한 공자답다고 볼 수 있다.

『중용』은 당시 다른 사상들과는 어떤 차이가 있을까? 같이 사서로 분류되는 『대학』과 비교해보자. 『대학』의 저자로 여겨지는 증자는 『중용』의 저자인 자사의 스승이자 자사의 할아버지인 공자의 제자이며, 『대학』과 『중용』 둘 다 그 진가가 오랫동안 인정되지 않아서 『예기』의 일부에 포함되어 있었다는 점, 주희에 의해 발굴되어 사서에 편입됐다는 점과 형이상학적 측면을 주로 다룬다는 점은 같다.

이들은 다른 부분도 있다. 『대학』의 경우 주희가 사서에 편입할 때 상당 부분을 수정하였고, 이 때문에 『예기』로 회귀하자는 의견도 나올 정도로 성리학과 양명학의 입장이 크게 다르다. 하지만 『중용』은 내용의 큰 틀은 차이가 없고 단지 학자마다 어떻게 해석할지가 다소 갈리는 정도에 그치는 점에서 『중용』이 해석의 여지가 덜 갈린다. 아마 『대학』은 명백한 저자를 확신할 수 없지만 『중용』은 주 저자가 자사라는 게 확실하기 때문이라서 그런 것 같다.

둘 다 통치와 수련을 주제로 다루지만『대학』은 통치 부분을 주로 언급하고,『중용』은 수련 부분을 주로 언급한다는 점에서 차이가 난다. 그래서『대학』은 주희 전까지는『예기』의 일부로 보는 시각이 강했고,『중용』은 주희 이전에도 독립적으로 볼 가치가 있다고 여겨지는 시각이 강했던 것 같다. 결국『대학』의 내용은『예기』의 연장선으로 볼 수 있기 때문이다. 실제로『대학』에서는 암군의 통치도 언급하지만『중용』에서는 덕에 따르는 군주의 통치만 언급한다. 물론 그렇다고 해서『중용』이 결코 통치를 허투루 다룬 것은 아니다. 단지 통치에 관한 내용이『대학』보다 상대적으로 적을 뿐이다.

법가와도 비교해볼 가치가 있다.『중용』에서는 개인 수양에서 시작해 그것을 국가로 확충해야 한다고 주장하는 것과 달리, 법가에서는 개인의 도와 국가의 도는 완전히 다르며, 국가에 대한 신의를 위해 개인의 신의는 어길 수 있고, 신하는 오직 국가에 도움이 되어야만 한다고 주장한다. 교화는 그 결과를 기다릴 수 없으니 법을 통한 강경한 대응만이 실제로 도움이 된다고 보았다.

앞서 한비자에서 이야기했듯이, 난세에서는 법가의 말이 딱히 틀린 것은 아니다. 오히려 권모술수가 판치는 환경에서는 법가가 더 도움이 되고 빠른 측면도 있다. 그러나 안정적인 유지의 측면에서 법가는 아무래도 수단에 치우치다 보니 유가보다 떨어진다. 실제로 무리하게 법가를 유지하려 했던 진나라는 망했고, 법가를 유가, 도가 등과 섞어 쓴 한나라는 오래가지 않았는가.

인간은 일방적으로 지나치게 엄격하게 대하면 언젠가 반발하기 마련이기 때문에 엄하게 대할 때와 온정적으로 대해야 할 때를 알아야 한다. 따라서 둘 중 하나가 완전히 틀린 게 아니며 상황에 따라 잘 구별해서 써야 한다.

『중용』을 마지막으로 사서에 대한 해설을 마무리했다. 과연 성리학에서 핵심으로 삼는 책답게 내용이 깊었다. 특히『대학』은 내용이 가장 적으면서도 그 깊이는 함부로 볼 수 있는 책이 아니었으며,『논어』는 대화체 서술의 특성상 실천하는 유교를 가장 잘 느낄 수 있었다.『맹자』는 토론하는 특성상 맹자의 사상이 가장 강하고 확실하게 드러났다. 마지막으로『중용』은 짧은 분량에 비해 그 내용이 심오했으며, 이처럼 짧은 분량에도 깊이가 있는 동양 철학책을 아직 나는『도덕경』밖에 알지 못한다. 그야말로 사서가 왜 유교의 주요 경전으로 불리는지 깨닫게 됐다.

14. 한비자

엄정한 법으로 강력한 국가로 가는 길을 말하다

『한비자』는 법가 사상의 정수라 할 수 있는 책이다. 전국시대 진나라 국가 정책의 근간으로 쓰일 정도로 주목을 받았지만 통일 진나라의 몰락으로 인해 이미지가 나빠졌다. 그나마 이후 방법론으로나마 쓰이던 중국과 달리, 성리학이 지배하던 우리나라에서는 거부당하던 책이다. 이러한 『한비자』는 왜 진나라 시절에는 우대받고, 그 이후로는 천대받거나 방법론으로만 남았을까? 모든 인문고전은 시대의 영향을 받는 법. 우리는 『한비자』를 읽기 전에 『한비자』가 쓰였던 시대적 배경과 저자인 한비자가 어떤 인물인지 파악해야 한다.

『한비자』가 집필되던 당시는 전국시대였다. 전국시대는 춘추시대에 있던 주나라를 존중한다는 형식적인 예의마저 사라진 상태에서 일곱 개의 나라가 죽고 죽이는 경쟁을 하던 상황이었다. 난세에 영웅이 난다는 말이 있듯이 전국시대에는 제자백가가 더욱 발달하였으며 손무와 손빈 같은 병법가들이 이때 활약했으며, 소진이나 장의 같은 유세객이나 맹상군 같은 식객을 이끄는 큰 세력까지 나왔다. 한비자 또한 그런 난세의 영웅 중 하나라고 볼 수 있다.

그런 상황에서 한비자의 고국인 한나라는 전국 7웅이라는 일곱 국가 중 그야말로 최약체였다. 우선 위치부터가 대륙 중앙이라 여러 국가로부터 공격받기 좋은 위치였고, 국력 자체도 그다지 신통치 않았다. 이런 상황에서 전국 7웅 최강인 진나라는 장의의 연횡책을 통해 남은 여섯 나라들을 각개 격파할 계획이었다. 그렇기에 한비자는 부국강병을 최대 가치로 내세우게 된 것이다. 일단 국가가 강해야 통일은 못하더라도 생존이라도 할 수 있기 때문이다.

그 당시 제자백가의 여러 학문에 한비자는 그다지 만족하지 못했다. 인의예지를 강조하며 옛 역사를 예시로 드는 유교는 한비자 입장에서는 난세에 적합하지 않은 학문이었으며, 모두를 차별 없이 사랑해야 한다고 주장하는 묵가는 너무 물러 터졌다고 본 것이다. 그러나 그런 한비자가 처세술로 인용한 것이 정작 인위를 부정하는 도가인 것은 참 아이러니하다. 특히 한비자는 아예 도가를 노자의 의도와는 다르게 해석하였고, 공자의 일화를 자주 인용한 걸 보면 한비자는 결국 당시 학문에서 완전히 벗어나지 못한 것이다.

그러면 저자인 한비자는 어떤 사람인가? 한비자는 한나라의 낮은 신분의 관리로 있었고, 말을 더듬어서 언변이 좋지 못했다고 한다. 반면 글을 쓰는 데는 뛰어나서 사신으로 파견될 때는 웅변보다 글로 의견을 제출했다고 한다. 진시황이 한비자를 주목한 것도 그가 쓴 문서를 읽고 법가에 능통함을 알게 되면서부터다. 자신이 언변이 떨어지는 것에 대한 열등감인지 유세객들에 대해 비판적인 서술을 종종 썼고, 그러면서도 미련이 남는지 유세를 할 때 주의점과 어려움에 관해서도 쓴다. 그의 내면은 어쩌면 열등감과 미련이 자리 잡았을지도 모르는 일이다.

정작 유세객 신분으로 있다가 친구인 이사에게 제거 당했는데, 이사가 그를 제거할 때 법가의 논리를 끌어다 썼다는 걸 생각하면 참 묘하다. 이사의 의도가 개인적 질투였는지 한비자보다 진나라를 위해서 그런 건지는 알 수 없지만 어쨌든 이사가 한비자를 제거한 논리는 법가의 논리였다. 사마천도 한비 열전을 끝낼 때 결국 자기 학문에 자신이 죽었다고 평한다. 한비 열전을 쓰기 전 그 앞에 쓴 열전이 한비자가 법가에 맞게 아전인수 수준으로 인용한 도가의 시작인 노자 열전인 걸 생각하면, 사마천은 한비자에 대해 그다지 우호적이지 않았던 것 같다.

한비자의 학문 배경은 무엇인가? 사실 법가는 한비자 이전에도 기틀이 잡혀 있었다. 진나라의 법을 개혁해 진나라가 전국 7웅 중 최강으로 오를 수 있게 해준 상앙, 초나라에 법가적 통치를 하려 했고 병법가로도 유명한 오기 등 이미 법가를 주장한 학자들이 있었다. 그렇다면 한비자가 법가를 택한 근본적인 이유는 무엇일까? 바로 그의 스승이 유가의 이단아인 순자인 것에서 시작됐다. 알다시피 순자는 맹자의 성선설과 대비되는 성악설을 제시한 유학자이다.

순자의 성악설은 인간의 본성이 악하니 악행이 벌어져도 그러려니 하라는 뜻이 절대 아니다. 그랬다면 순자가 어떻게 유학자라고 불렸겠는가. 순자는 인간의 본성이 악하기에 오히려 선이 필요하며, 그렇기에 교육을 통해 인간을 선하게 만들어야 한다고 주장했다. 인간 본성에 대한 견해가 크게 다른 맹자와 순자이지만 결국 선을 실천하기 위해서 교육이 필요하다는 방법론은 같은 것이다.

순자의 제자인 한비자와 이사는 이에 동의하지 못했다. 그들은 인간 본성을 교화하려면 지나치게 시간이 오래 걸리며, 빠르고 확실한 방법은 오직 법이라는 법가를 신봉했다. 그렇기에 한비자는 자신의 저술에서 자신의 스승이 유가이고 공자의 일화 또한 많이 인용하면서 정작 유가를 부정했으며, 이사는 스승의 면전에서 시나 노래는 나라를 다스리는 데 아무 쓸모가 없다고 정면으로 부정했다.

그들은 유가에서 나왔는데도 법가를 주장한 것이다. 그러나 그들의 최후 또한 법가의 논리에 의한 것이라는 건 필연인지 아이러니인지 참 모를 일이다. 이사와 한비자는 죽기 직전에 스승이 옳고 자신들이 틀렸다는 생각을 했을까? 우리는 그걸 알 방법이 영영 없다.

그렇다면 이런 법가의 중요 요소는 무엇인가? 유가의 중요 요소가 인의예지이고, 묵가의 중요 요소가 겸인류애이며, 도가의 중요 요소가 도라면 법가의 중요 요소는 법, 세, 술이다. 여기서 법은 우리가 아는 그 법이며, 세는 권력이나 권세 등을 말하는 것이며, 술은 군주가 아랫사람을 어떻게 다루고 아랫사람은 어떻게 처신하는지를 말하는 것이다. 단적으로 요약하면 법가의 근본은 술이라고 할 수 있지만 한비자는 불확실성 요소가 많은 술에만 의존하고 싶지 않았는지 법, 세, 술에 대해서 고르게 서술했다.

똑같이 현실주의 정치의 대가인 마키아벨리가 『군주론』에서 법을 간략하게만 서술하고 술을 특히 강조한 것과는 사뭇 다르다. 그래서 그런지 얇고 간단명료한 『군주론』과 달리, 『한비자』는 두껍고 복잡하다. 군주가 읽고 받아들이기 위해 간단하게 쓴 『군주론』과 달리, 『한비자』는 말 그대로 이론서의 목적으로 쓴 것이다.

먼저 법에 관해서 이야기해 보자. 그 당시 법은 무엇을 추구하는가? 지금의 법이야 국민의 행복과 인권을 추구하지만 한비자가 생각하는 그 당시의 법이 추구해야 할 것은 부국강병이었다. 그렇기에따라서 한비자가 말하는 법은 지금의 법과 다르다. 법은 항상 국가의 이익을 최우선시해야 하며, 법을 쓸 때는 옛 문헌과 민심에 좌우하기보다는 철저하게 실용을 생각하면서 써야 한다는 게 한비자가 말하는 법 제정의 목적이다.

한비자는 법 집행에 대해서 엄격해야 함을 주장했다. 법에 예외를 두면 빈틈이 많이 생기기 마련이며, 엄격해야만 나라가 제대로 유지된다고 한다. 잘못은 벌하고 성과에는 상을 주어야 하는데, 이때 잘못에는 그것이 무겁든 가볍든 벌이 무거워야 한다고 한다. 한비자는 이를 산은 사람들이 잘 걸려 넘어지지 않지만 개미 두둑에는 사람들이 걸려 넘어진다고 비유했다.

죄질이 나쁜 중범죄보다는 경범죄가 사람들이 범하기 쉽다. 하지만 경범죄라고 해서 봐줘서는 안 된다는 것이다. 왜냐하면 경범죄로 시작해 국가의 기강이 무너지기 때문이다. 요즘 주장되는 엄벌주의와의 차이점이 바로 이건데, 엄벌주의는 중범죄에 대해서는 엄격히 해야 한다는 여론이 강하지만 경범죄는 선처하고 계도해야 한다는 여론이 주류이다. 하지만 한비자는 중범죄든 경범죄든 엄격해야 한다고 한 것이다.

한비자는 연좌제에 찬성했다. 연좌제를 통해 반란 등 큰 죄에 휘말리지 않으려는 사람들의 심리를 강화하면 큰 범죄가 잘 일어나지 않을 것이라고 본 것이다. 죄에 엄격할수록 죄는 잘 생기지 않으며, 괜히 인의를 강조해 너그러운 처분을 하는 건 죄를 늘릴 뿐이라고 생각했다. 이에 대해서는 논쟁할 거리가 많고 반례도 많지만 그건 다음에 언급하도록 하겠다.

　한비자는 법을 잘 만드는 것에 그쳐서는 안 되며, 법은 신뢰가 있어야 한다고 했다. 법가의 시초나 다름없는 상앙 또한 법을 만들고 나서 바로 공표하지 않았는데, 이유는 법을 만들어봐야 사람들이 지키지 않으면 의미가 없기 때문이다. 법의 신뢰성을 잘 설명하는 이목지신(移木之信)이라는 고사가 있다. 진나라 상앙은 길 중앙에 통나무를 세우고 이를 옮기는 자에게 돈을 준다고 공표했다. 사람들은 그 말을 반신반의했지만 밑져야 본전이라는 생각에 한 장정이 통나무를 옮기자 상앙은 그 장정에게 약속했던 금액을 주었다. 그 이후 나라에서 법을 공표하면 모두 믿고 따랐다고 한다. 법에는 믿음이 따라야 한다는 것이며, 이것은 법의 목적이 바뀐 현대 사회에서도 여전히 유효하다. 신뢰성이 없는 법은 법의 역할을 할 수 없다.

　다음으로 세에 대해서 정리해보자. 세는 권세를 의미한다. 한비자는 정책이 시행되기 위해서는 권세가 있어야 한다고 했다. 통치에 대한 세는 권한과 권위로 나뉘는데, 우선 권한부터 설명하자면 한비자는 군주만이 가져야 할 권한으로 인재의 발탁과 상과 벌 줄 권리를 꼽았다. 이 중 하나라도 신하에게 맡기면 군주의 세가 위태로워지며, 다 넘기면 필시 나라를 빼앗길 것이라고 했다. 전제군주정에서 권한을 넘기는 건 내란으로 이어진다는 논리이다.

이 권한들은 전부 나라의 정치에 크게 이바지하며, 상이나 벌을 주는 권한을 신하에게 넘긴다면 신하가 그걸 악용해 백성들이나 다른 신하들의 환심을 사거나 공포의 대상이 되어 압력을 행사할 수 있다며 주의했다. 인재를 뽑을 권리 또한 이를 함부로 맡기면 신하가 자신에게 유리한 신하만 뽑아 국정을 농단할 위험이 크기 때문에 함부로 맡겨서는 안 된다고 했다. 실제로 암군으로 기록된 군주 중에서는 본인이 잘못된 정책을 직접 주도한 경우도 있지만 신하에게 모든 걸 맡겼다가 신하를 제대로 통제하지 못해서 망하는 경우 또한 많다.

독재정치에서 민주정치로 패러다임이 바뀐 지금에서도 이는 적용된다. 삼권 분립의 원리부터가 핵심적인 요소인 사법, 행정, 입법을 분리해 서로가 서로에게 지나치게 간섭 못하게 하고, 각 부의 권한을 제대로 행사할 수 있도록 보장한다는 원칙이다. 특히 군대조직에서는 상명하복을 중시하는데, 이는 전시 상황에서 하위 조직이 상위 조직을 거스르거나 그 명령이 전달되지 않으면 전쟁을 제대로 수행하기 어렵기 때문이다. 권력이란 지나치면 폭주하기 쉽고 모자라면 필요한 영향력을 행사할 수 없다.

이번에는 권위에 대해 알아보자. 당시는 신분제가 당연했으며, 따라서 권위라는 것이 필수적이었다. 따지고 보면 지금 또한 권위가 필요하지 않은가? 군대에서 상급자의 명령은 기본적으로 따르고, 회사에서도 상급자의 명령을 함부로 거스를 수 없다는 걸 생각해보자. 한비자는 권위가 없으면 정책을 실행하려 해도 할 수 없게 되므로 권위가 필요하다고 주장했다. 군주는 함부로 권위를 신하에게 넘겨줘서는 안 되고, 권위를 넘겨주는 순간 신하는 군주의 적이 된다고 강조한다.

실제로 군주가 권위를 갖지 못하면 실질적인 힘은 가장 강한 신하에게 있을 수밖에 없으며, 이때 군주는 허수아비가 되기 마련이다. 이는 조선 왕실이 힘을 잃은 세도 정치 시기와 고려 시기 무신들이 정권을 잡은 무인 시대가 주목받는 이유다. 이때 나라는 실질적으로 권신들이나 무신들이 통치했으며, 그나마 유교 문화가 자리 잡은 세도 정치 시기는 형식적으로나 권신들이 왕의 말을 들었지만 그것도 없는 무인 시대는 왕은 그냥 형식적인 승인만 하는 존재였다.

마지막으로 술에 대해 살펴보자. 사실 이 술의 내용은 현대 사회에서도 여전히 사용될 정도로 쓸모 있는 부분이 정말 많다. 법가가 살아남을 수 있었던 큰 요인이자, 과장하면 법가의 존재의미라고 볼 수 있다. 마키아벨리가 『군주론』을 쓸 때 괜히 술을 중심으로 쓴 게 아니다. 법가를 중시했던 진나라가 몰락한 이유도 술을 그르쳐서라고 볼 수도 있다. 진시황이 죽자 조고가 야욕을 드러내기 시작했을 때 호해는 조고를 다루기는커녕 조고에게 휘둘렸기 때문에 진나라가 몰락한 것이다.

술에는 많은 내용이 있지만 크게 신하를 다루는 술, 법을 다루는 술, 백성을 관리하는 술로 나누어진다. 신하를 다루는 술은 먼저 신하를 함부로 믿어서는 안 된다는 것이다. 그렇기에 신하가 충성스러워 보여도 필수적인 권한을 넘겨서는 안 되며, 신하가 딴마음을 품고 있지 않나 계속 경계해야 한다. 한 인물을 지나치게 편애해서도 안 된다. 그 순간 신하들은 편애하는 인물에 맞춰서 군주에게 아첨하려 하고, 군주의 판단력 또한 흐려져 잘못된 판단을 한다.

당나라의 양국충 또한 양귀비와 같은 가문인 것을 이용해서 순식간에 권력의 핵심부에 섰으며, 춘추전국시대 때 위나라의 왕 의공이 학을 좋아하자 신하들은 의공의 환심을 사기 위해 학에만 매달려 정작 쓸모 있는 신하는 남지 않았다. 미인을 나타내는 경국지색이라는 표현도 왕이 한 여인에 빠져 국정 운영을 소홀히 하고 신하가 아첨하는 것을 경계하려는 의도가 있다.

신하들을 믿을 수 없다면 서로 견제하게 해야 한다. 그러면 서로 견제하느라 군주에게 칼을 돌리기가 힘들어지기 때문이다. 신하의 본마음을 알아보기 위해서 속임수를 쓰거나 일부러 엉뚱한 말을 해 혼동시키는 것도 방법이며, 그런 술수를 통해 신하의 마음을 알아본 사례가 많다.

또한 신하의 쓸모를 알아보기 위해서는 한쪽에만 귀를 기울여서는 안 되며, 다양한 의견을 들어보고 타당성 있는 것을 찾아야 한다. 이는 현재 지도자의 위치에 있는 사람들이 숙지하면 좋은 술이라 하겠다. 아랫사람을 일방적으로 믿었다가는 배신당하기 쉽다. 속내를 드러내게 하거나 서로 경쟁하게 해서 발전과 견제를 하게 하는 등 술의 활용방안은 무궁무진하다.

이번에는 법을 관리하는 술이다. 법을 관리할 때는 함부로 예외를 넣어서는 안 되며, 이는 군주의 측근이라도 마찬가지다. 실제로 상앙은 태자가 법을 어기자 본보기로 태자의 스승에게 형벌을 내렸다. 태자를 처벌할 수는 없으니 태자의 스승에게 처벌을 내려 그 이외의 사람은 다 법에 따른 처벌을 받을 수 있다는 걸 보여주었다. 일을 집행할 때에는 법을 항상 중시해야 하며, 법에 어긋나는 일은 함부로 해서는 안 된다.

또한 법을 관리할 때는 지금의 여론보다는 미래의 실용을 중시해야 한다. 지금의 여론을 중시하다가는 정작 중요한 실용을 놓치게 된다고 강조했다. 확실히 장기적인 문제를 해결해야 하는 법에서 지금만 보다가는 법을 그때그때 고쳐야 하고, 그러면 번거로움이 늘어나는 것은 사실이다. 그러나 이런 법가의 경직성은 시대가 크게 바뀌자 법가를 몰락시키는 독이 됐다.

마지막으로 백성을 관리하는 술이다. 군주는 백성을 직접 접하는 게 불가능하기에 신하를 통해 관리해야 하는데, 신하들이 백성을 함부로 회유해 신하의 세력으로 삼지 못하게 신하들을 완전히 장악하고 있어야 한다. 백성은 어리석고 눈앞의 이익을 추구하는 성향이 있으므로 그들의 여론에만 의존해서는 안 된다. 그러나 백성의 신뢰가 없으면 일을 시행해도 받아들여지지 않으니 약속은 사소한 것이라도 반드시 지켜서 신뢰를 얻어야 한다고 주장했다. 한비자도 유가의 영향을 받아서 백성을 완전히 무시할 수는 없는 것이라 볼 수 있는데, 후에 진나라가 백성들의 반란이 시작되어 멸망한 걸 생각하면 통찰력이 있는 지적이다.

한비자는 신하의 분류에 대해서도 주의를 기울였다. 먼저 신하를 크게 쓸모가 있는 신하와 쓸모가 없는 신하로 분류했다. 한비자가 말하는 쓸모가 있는 신하는 말 그대로 군주에게 도움이 되는 신하로, 흔히 군주를 따라 이름을 떨친 관중이나 제갈량, 강태공이 그 모범적인 예라 할 수 있다. 이런 신하는 능력이 있되 그 능력을 군주를 위해 쓰며, 자신을 함부로 높이지 않는다고 한다. 이런 신하가 찾아오는 게 가장 좋지만 그건 쉽지 않기에 군주는 사람을 보는 안목을 높여야 한다는 것이다. 사람이란 쉽게 찾아오지 않기 때문이다.

쓸모 있는 신하가 항상 세간의 평과 일치하지는 않는다고 주장했다. 예시 중 하나로 법을 엄격하게 하는 신하는 필요한 신하지만 세간에서는 가혹하다고 여겨지며, 세간의 평가보다는 그 신하의 쓸모만을 철저하게 중시해야 한다고 했다. 그래서 세간의 평가와 별개로 도를 추구하는 도가를 한비자가 적극적으로 이용했던 것인지도 모른다. 문제는 그 도가를 법가에 맞게 왜곡해서 쓴 것을 노자가 알았다면 펄쩍 뛰었을 것이지만. 실제로 사기열전을 쓰고 법가에 비우호적인 사마천은 혹리(엄격하고 분명한 법 집행을 하는 관리)에 대해 부정적이었음에도 법을 어기지 않고 사익 또한 추구하지 않은 질도와 장탕이라는 혹리에 대해서는 비록 가혹한 면이 없지는 않지만 원리원칙에 충실하고 질서를 세웠다고 나름 인정했다.

그가 말하는 쓸모없는 신하로는 군주를 능멸하며, 자기 잇속만 챙기는 신하나 무능한 신하를 말한다. 하지만 유교에서 좋은 신하로 흔히 여기는 군주의 뜻이 자신과 맞지 않으면 은둔하는 신하 또한 쓸모없는 신하에 포함되어 있다. 명예로운 신하라고 해서 좋은 신하는 아니며, 좋은 신하는 오직 군주에게 도움이 되는 신하뿐이라고 단정한 것이다. 군주가 자신에게 맞지 않으면 떠나가라는 유교의 사상은 한비자에게 도피에 불과한 것으로 보였을 것이다.

한비자는 허유나 백이에 대해 부정적으로 평가한다. 이들은 언뜻 보기에는 충성스러울지 몰라도 나라를 운영하는 데에는 전혀 도움이 안 되며, 그들이 중시하는 것은 학문이기에 그들을 영입하려고 해봐야 헛수고에 불과하다는 것이다. 이는 은거를 중시하던 조선의 풍조와는 사뭇 반대되며, 사림파가 조선 쇠퇴에 영향이 있다는 비판적 시각을 생각해 보았을 때 완전히 옳지는 않아도 생각해볼 만한 비판이다.

한비자는 오자서 같이 자신의 주장이 강한 신하나 비간처럼 군주를 막을 능력이 되지 않는 신하 또한 쓸모없는 신하라 보았는데, 이들은 군주와 충돌하며 쓸데없는 논쟁만 만들고 결국 근본적으로 군주를 바꾸지 못해 도움이 되지 않는다고 본 것이다. 정작 한비자와 동문이고 한비자를 법가적 근거를 들어 죽인 이사는 정치력에서 조고에게 밀려 호해를 설득하지 못했다. 이사 본인 또한 나는 오자서보다 지혜롭지 않고, 호해는 부차보다 멍청하니 내가 죽는 건 당연하다고 한탄했다. 법가를 따르는 자들이었지만 그 법가에 의해 죽거나 그걸 끝까지 따르지 못한 셈이다. 결국 법가도 인간이 만든 학문이니 완벽할 수는 없다.

해악이 되는 신하는 세세하게 꼽았다. 먼저 군주의 권한을 함부로 빼앗아 남용하는 신하, 자신의 사람들로 조정을 채워 군주의 눈과 귀를 가리는 신하, 군주가 좋아하는 것을 찾아 그것에 몰두하는 것을 보여주며 군주의 환심을 사는 신하, 자신의 권위를 남용해 사람들을 모아 세력을 이루는 신하, 국가로 향해야 할 세금을 빼앗아 자신의 재산으로 쓰는 신하, 외세를 이용해 군주를 압박하는 신하 등으로 많다.

이러한 신하를 속된 말로 간신이라 하며, 중국은 그 긴 역사만큼 간신 때문에 몰락한 나라가 많다. 왕이 권력을 휘두르는 체제는 군주의 권력이 강할 수밖에 없으며, 그런 강력한 권한을 교묘하게 자기 이익을 위해 이용하려는 간신은 동서고금을 막론하고 항상 존재할 수밖에 없다.

삼국지의 초기 배경인 후한 또한 십상시의 권세가 막강해져 그 틈에 황건적이 들끓고 온갖 영웅들이 자기의 기반을 잡았으며,

동탁의 경우는 그 폐단이 막대해 영웅들이 일시적으로 손을 잡고 동탁 토벌에 힘을 모을 정도였다. 사마씨가 삼국통일을 이룬 진나라 또한 외척 등의 간신이 창궐해 삼국통일이 무색하게 몇 대 지나지 않아 금세 멸망했으며, 이를 5호 16국이라 부른다. 이 때문에 제갈량은 천하를 삼분 했지만 사마의는 천하를 16등분 했다며 조롱하는 말까지 있을 정도이다. 그만큼 무의미한 통일 이라는 뜻의 조롱이다.

이번에는 타 사상에 대한 한비자의 태도를 살펴보자. 앞서 말했듯이 자기 기준으로 실용적이지 않은 사상은 쓸모없다고 단정했다. 이사 또한 이에 동의하였기에 후에 분서갱유가 행해질 사상적 근거가 만들어졌다. 유가와 묵가에 대해 특히 부정적이었지만 정작 도가에 대해서는 그 뜻을 왜곡하면서까지 인용하는 모습을 보여준다. 어떤 의미에서 한비자가 타 사상을 대하는 태도는 그의 한계이자 법가가 근본적으로 수단이라는 한계를 보여주기도 한다. 결국 한비자도 완벽할 수는 없었던 것이다.

한비자는 유가에 대해서 엄청 비판적이었다. 인의예지니 하는 것은 실용에 전혀 도움이 안 되고, 극단적인 예시인 송양지인(송나라 양공이 적을 봐주었다가 참패함)까지 예시로 들며 이들은 비현실적이라고 비판했다. 유가는 요순시대를 예시로 들며 선을 강조하는데, 요순시대는 한낱 과거에 불과하며 그걸 지금 와서 적용할 수는 없다는 것이다. 이런 법가가 정작 통일 이후의 대책은 제시하지 못해 몰락하는 것을 보면 한비자도 내심 법가의 한계를 인지하였지만 그걸 필사적으로 부정하고 싶었던 건지도 모른다.

그 당시 유세객들은 주로 유가적 도리를 말하면서 유세하는데, 한비자는 유학자는 학문으로 세상을 어지럽히며 협객은 무력으로 세상을 어지럽힌다는 말로 비판할 정도로 혐오했다. 그에게 있어서 유세객들은 막연한 도리를 이야기하며 실용적인 대책은 내놓지 않고, 자신의 명성만을 신경 쓰는 무리였기 때문이다. 은거하는 신하조차 쓸모없다고 하는 한비자에게 떠돌아다니며 막연한 말을 하는 유세객은 곱게 보이지 않았을 것이다.

정작 그가 맞이한 최후가 유세객의 최후였다는 것을 생각하면, 이는 지나치게 비뚤어진 시선임을 부정할 수는 없다. 그러나 조선 시대 후기 성리학이 점점 교조주의화 되고, 자연스럽게 실용과 거리가 멀어지며 현상유지만 추구한 것을 생각하면 한비자의 비판이 강도가 지나쳤을지언정 지적하고 있는 부분이 아주 많이 틀렸다고 볼 수는 없다. 결국 어느 쪽이든 극단적으로 가면 문제가 생기니 성찰이 필요한 것이다.

그는 앞서 말했듯이 묵가 또한 비판했다. 나라를 강하게 해야 하는 상황에서 모두에 대한 사랑은 실행하기 힘든 뜬구름 잡는 소리라는 것이다. 이런 묵가의 도리는 권위를 해칠 우려가 있으며, 통치에 전혀 도움이 되지 않는다는 비판이다. 언뜻 보면 맞는 비판이지만 묵자가 이런 소리를 듣는다면 나무만 보고 숲은 보지 못한다고 비판할 만하다. 묵가는 평화를 주장한 만큼 이런 평화를 지키기 위해 어떻게 하면 전쟁을 빠르게 끝낼 수 있을까도 연구했기 때문이다. 이런 부분에서 한비자는 학문을 평가할 때 그 학문의 입장보다는 자신의 견해를 중시하는 편협한 부분이 있었으며, 이는 자신이 유학자인 순자의 제자라는 콤플렉스와도 관련되어 있지 않을까 한다.

실제로 묵가는 병법을 연구하기도 했고 신무기 연구 또한 힘썼는데, 평화를 위해서 전쟁은 일어나서는 안 되지만 일어났을 때는 빨리 끝내는 것이 최선이라고 본 것이다. 이는 병법의 선구자 중 하나인 손무 역시 가진 인식인데, 손자병법은 알다시피 싸우지 않고 이기는 것을 최선으로 여기고 있기 때문이다. 손무는 오나라를 부강하게 만들었지만 막상 오나라가 월나라와의 싸움에서 이기자 조용히 물러났다. 그 이후 오나라는 오자서와 백비, 부차의 불화와 월나라의 복수로 몰락한 걸 생각하면 손무는 법가의 한계를 한비자보다 더 잘 알고 있었는지도 모른다.

반면 도가에는 우호적인 태도를 보인다. 그는 도가가 보인 통상의 모습과는 다른 역설적 주장을 허허실실적인 처세술로 해석하였고, 왕의 존재를 느끼지 못하는 것이 좋은 정치라는 것은 신하를 통제하기 위해 군주의 본모습을 숨겨야 한다는 것이라고 설명했다. 무기는 함부로 쓰지 못하게 하는 것은 아무리 싸울 뜻이 있어도 그 뜻을 교묘하게 숨겨야 한다는 것으로 설명했다. 인의예지는 인위적인 규율이라는 것도 그것으로는 천하를 다스리는 도리가 되지 못한다는 것으로 해석했다. 이렇게 한비자가 도가를 많이 인용하였기에 사마천은 한비자의 열전을 쓰기 전 그 앞에 노자의 열전을 쓰며 노자의 진짜 뜻은 이렇다고 설명했을 정도였다. 사마천으로서는 한비자 때문에 노자의 진정한 의도가 가려진 것으로 보았기 때문이다.

　도가에 대한 한비자의 해석을 보면 노자는 한비자에 대해 해석은 나름 이해 가지만 내가 주장하고 싶은 진짜 도와는 너무 멀어졌다고 지적할 것이 뻔하다. 노자 처지에서는 인의예지라는 인위를 부정하기 위해 법이라는 또 다른 인위를 끌어 쓰는 것이기 때문이다. 오히려 노자는 나라에 죽음이 흔하게 되면 백성은 죽음을 두려워하지 않으며, 형법이 가혹해 봐야 죄를 저지를 수밖에 없는 형편이라면 백성을 죽음으로 몰고 가는 것과 같다고 해 법을 통한 부국강병에 회의적이었다. 이를 통해 생각해보면 사마천이 노자를 한비자 앞에 놓은 것은 결코 한비자를 옹호하기 위해서가 아니라 오히려 진짜 노자는 이렇다는 것을 보여주기 위해 한 것이라고 생각한다.

　이렇게 법, 세, 술의 예시까지 꼽아가며 나름 정교하게 쓰고, 다른 학문을 비현실적이라고 비판하면서까지 자신이 옳다고 자신한 한비자지만 완벽한 학문이란 없는 법, 법가를 숭상한 진나라가 통일 후 진시황이 죽자마자 빠르게 몰락한 것을 생각하면 결국 법가도 다른 제자백가가 그렇듯이 한계가 있는 학문이다. 법가에 대한 비판이야 많지만 나는 법가의 핵심 요소인 법, 세,

술의 한계를 통해 법가의 한계를 지적해볼 것이다.

법의 한계부터 이야기해 보자. 한비자의 법은 근본적으로 부국강병을 이루는 것이 목표이다. 그런데 그런 부국강병이 이루어졌다면 그 다음부터는 어떻게 해야 하는가? 현실적으로 보자면 법을 바꾸어야 할 것이다. 당장 현대의 법들만 해도 지금의 법으로 바뀌기까지 수많은 수정과 추가를 거쳐왔다.

문제는 법이 엄격함을 기조로 삼기에 법을 함부로 바꾸려면 어떻게 해야 하는지, 뭘 위해야 하는지에 대한 비전이 부족하다. 기껏해야 당대의 현실에 맞게 바꾸라는 관용적인 말뿐이다. 아마 한비자가 처음 책을 쓸 때는 기껏해야 고국인 한나라가 강대해져서 주변국으로부터 자신을 지키는 것만 생각했지만 정작 법가를 수용한 진나라는 통일을 목표로 한 강대국이어서 이런 차이가 생긴 것 같다.

실제로 진나라는 통일 이후 도량형과 법을 통일하는 것 외에도 오랑캐를 적대하는 것에 심혈을 기울였는데, 만리장성까지 백성들을 학대해가며 이른 기간에 쌓으려고 할 정도였다. 물론 오랑캐들이 오랫동안 문제였다고는 하나 왜 그리 다급했을까? 그건 통일이 된 상황에서 더는 적이 없어졌기 때문이다. 따라서 부국강병을 주장하기 위해서는 병사를 동원할 수 있는 환경이 필수적이며, 병사를 동원하기 위한 적으로 오랑캐를 지목한 것이다. 호가 진나라를 망하게 한다는 말에 오랑캐 대책을 세웠지만 그

호는 호해할 때 호였다는 망진자호(亡秦者胡) 설화는 이렇게 외부의 적을 찾아다니며 부국강병에 힘쓰면서도 정작 내부의 적은 제거하지 못했다는 통일 진나라에 대한 조롱이 깃들어 있다고 볼 수 있다.

법에서 중시하는 요소인 엄격한 처벌에 대해서도 비판적으로 바라볼 여지가 있다. 공자와 노자가 지적했듯이 범죄를 저지르는 환경을 바꾸지 않는 이상 법을 엄격하게 해봐야 그걸 어기는 자는 얼마든지 발생할 것이며, 그렇기에 엄벌주의는 정답이 되지 못한다는 것이다. 실제로 진나라가 통일 후 진나라와 타 국가의 차이 때문에 같은 법에 대해서도 반응이 달랐으며, 이는 반란의 원인이 됐다는 점에서 무시할 부분이 아니다.

연좌제 또한 현재에서는 비윤리적이라고 폐지된 처벌이다. 게다가 연좌제의 경우 연관자들 처지에서는 가까운 사람의 잘못 때문에 자신이 죽을 수 있다는 점에서 오히려 잘못을 더더욱 숨기려 들 우려가 있다. 지나치게 연좌제의 범위를 높이면 오히려 통치자가 잔혹하다는 비판만 받을 수 있다.

삼국지의 왕윤은 동탁을 숙청한 후 동탁 일족이라면 어린아이와 노약자까지 죽이는 연좌제를 시행했는데, 배신의 상징 여포마저 숙청이 너무 과하다며 경악했을 정도였다. 백성들 또한 동탁이 죄는 크나 이렇게까지 과도한 숙청을 할 필요가 없다고 여겼고, 결국 이는 왕윤에 대한 민심을 떨어뜨려서 이각, 곽사 등의 동탁 잔당들이 반란을 일으킬 명분만 주었다.

세 또한 한계가 있다. 근본적으로 세는 서열 질서를 필요로 하고 권한이 군주에게 몰리게 되는데, 결국 이는 군주가 뛰어나야만 유지할 수 있다는 것이다. 실제로 진시황은 완벽주의 성향까지 더해져 모든 것을 자신이 관리하고자 했다. 하지만 진시황이라는 거인이 사라지자마자 빠르게 진나라가 몰락하기 시작하는 원인이 된 것이다. 급격한 통일에 대한 제후국 백성의 불만이 진시황의 능력에 억눌려 있었는데, 진시황이 사망하자 그 불만을 억누를 자가 마땅히 없었고 결국 폭발한 것이다.

똑같이 법가 사상가가 들어왔는데도 진나라는 성공했고 초나라는 망했다. 왜일까? 진나라는 상앙을 처형하면서도 상앙의 법은 세세한 부분 몇 가지만 수정할 뿐 큰 틀은 그대로 두었으나, 초나라는 오기를 숙청하면서 오기가 만든 법까지 다 없애버린 것이다. 어쩌면 진시황이 한비자의 법가를 마음에 들어 한 이유도 상앙의 법을 통해 이미 법가에 기본이 있기에 바로 알아볼 수 있었던 것인지도 모른다. 거기다 그는 법을 지키고 시행할 수 있을 정도로 탁월한 군주이기까지 했다.

세는 근본적으로 권위를 중시하기에 반대로 군주가 폭주하는 경우에는 신하가 그걸 제지하기가 어렵다. 진나라만 봐도 이사는 정치력이 밀렸다고는 하지만 호해를 말리지 못했고, 반란군이 진나라에 이길 수 있었던 이유도 진나라의 장수들이 호해의 숙청에 차마 저항하지 못하고 당하였기 때문이다. 아무리 항우와 유방이 뛰어난 장수였다고는 해도 진나라를 순식간에 멸망시킬 수 있었던 건 이런 이유가 있기 때문이다. 한비자 또한 군주를 말릴 방법에 대해서는 잘 서술하지 못하고 군주가 잘해야 한다는 결론을 내고, 이는 역성혁명이 가능하다고 주장하는 맹자보다도 군주를 막을 학문적 근거가 없다고 볼 수 있다.

마지막으로 술의 한계에 대해 살펴보자. 술은 근본적으로 사람을 부리는 것인데, 한비자도 인정했듯이 사람은 감정에 좌우되는 존재이기에 술은 일관성을 갖기가 쉽지 않다. 군주가 해야 할 술마저 신하의 성향과 나라의 상황, 국력에 따라 달라지는 법인데, 신하와 백성의 술이야 어디 말할 게 있겠는가? 마키아벨리가 『군주론』에서 술에 집중해서 쓴 것도 술만 해도 다양한데 법과 세까지 말했다가는 고리타분한 이론서가 될 게 뻔하고, 군주가 잘 읽지 않을 게 뻔해서 그랬다고 나는 생각한다.

신하의 술 또한 어렵다. 한비자 또한 처세의 어려움을 인정하고 역린[11]만 건드리지 않으면 된다고 마무리하는데, 이 역린 자체를 발견하기 어렵기 때문에 오히려 처세가 어렵다. 거기다 그 역린이 군주의 결점과 연관되어 있다면 그야말로 간언하다가 죽기 십상이며, 이러면 군주를 적극적으로 막아서기보다는 오히려

---

11) 유래는 중국 춘추전국시대 법가사상서 한비자 중 역린지화(逆鱗之禍)의 고사. 군주의 노여움을 뜻한다. 용에게는 딱 하나 반대 방향으로 난 비늘이 있는데 용은 이 비늘을 건드린 자를 절대 용서하지 않는다고 한다.

군주에게 굴종하는 게 더 쉬운 선택지가 된다. 조고는 이를 역이용해서 호해를 꼭두각시 인형으로 만들었으며, 이사는 이 한계에 부딪혀 호해를 설득하지 못하게 됐다. 이사는 법가에 능숙했는데도 세를술을 능숙하게 하는 데 한계가 있었고, 이 사례는 술의 어려움을 보여준다.

법가는 근본적으로 방법에 중점을 둔 학문이기에 목적을 제시하는 면에서는 떨어진다. 한비자가 유가와 묵가를 비판하면서도 정작 공자의 말은 잘 인용하는 것과 도가를 그 본뜻까지 무시하며 끌어온 것은 내심 이런 법가의 한계를 인정하면서도 그걸 부정하는 태도일지도 모른다. 하지만 방법에 중점을 둔 학문이라는 것은 반대로 생각하면 어떤 목적이든 잘 연결된다는 뜻이다. 실제로 관중과 제갈량, 조조 등 성공한 법가적 정치가로 불리는 자들은 법가를 수단으로 썼지 결코 목적으로 중시하지는 않았다. 동시에 『한비자』가 쓰인 당시와 환경이 달라진 지금도 법가가 쓰일 수 있다는 의미이기도 하다.

마키아벨리와 한비자는 둘 다 현실주의적인 권모술수를 중시하고, 그들의 학문이 미운털이 박히면서도 사용된다는 점에서 비슷하다고 평가받는다. 그러나 환경이 사람을 만든다는 말이 있듯이 둘이 살아가던 환경은 크게 달랐으며, 따라서 그 둘의 학문에도 차이점이 상당하다. 나는 이 둘의 학문을 공통점과 차이점으로 구분하고자 한다.

이 둘의 공통점은 도덕이나 윤리보다는 실익을 중시하며, 백성이나 신하를 신뢰해야 하는 대상으로 보지 않는 점이 있다. 신하를 다룰 때는 권모술수에 충실해야 하며, 군주가 근본적인 실권을 쥐어야 한다는 점에서 같다. 상과 벌이 확실해야 하며, 함부로 다른 사람에게 넘어가서는 안 된다는 것과 합당하게 행해져야 한다는 점도 일치한다. 개혁가의 경우 반드시 그 개혁을 밀고 갈 수 있는 실행력이 있어야 한다는 것도 같다.

　그 당시의 환경 차이 때문에 그 둘의 차이 또한 있다. 먼저 한비자는 신뢰란 소중하니 작은 약속이라도 지켜야 한다고 보았지만 마키아벨리는 신뢰감만 유지하면 된다며 지킬 수 없는 약속은 안 지켜도 된다고 보았다. 이런 상반된 주장은 전국시대와 중세 유럽의 환경 차이에서 비롯됐다. 전국시대는 딱히 중국 전체가 따라야 할 명분이 없었다. 주나라는 유명무실해진 지 오래이며, 종교 또한 절대적 가치가 아니었다. 따라서 이런 환경에서 신뢰감을 유지하려면 행동밖에 답이 없었다.

　반면 중세 유럽은 기독교가 절대적인 권위를 갖고 있었으며, 교황청이 국가조차 능가하는 권력을 누릴 정도였다. 그렇기에 신뢰감을 유지하면서도 약속을 어기는 것이 충분히 가능했으며, 교회의 이름을 들면 어지간한 핑곗거리는 만들 수 있었다. 마키아벨리가 신뢰 관계를 교묘하게 지키지 않는 것으로 든 예시는 대부분 교황청과 관련된 일화이며, 이 때문에 교황청이 『군주론』을 금서로 지정했다는 시각까지 있을 정도였다.

이 둘은 강조하는 부분에서도 차이가 있었다. 한비자는 법, 세, 술을 고르게 강조했지만 마키아벨리는 술을 집중적으로 강조하였고 법과 세는 우선순위를 상당히 줄였다. 이유가 무엇일까? 이는 그들이 쓴 책의 성격 차이라고 볼 수 있다. 한비자는 『한비자』를 쓸 때 법가 사상을 정리하는 이론서로 썼고, 그 결과 법, 세, 술을 고르게 강조했다. 반면 마키아벨리는 『군주론』을 쓸 때 군주에게 간언하기 위한 책으로 썼고, 그 결과 가장 중요하며 쓸모가 있는 술을 집중적으로 썼다.

『한비자』를 정리하면서 느낀 점이 참 많다. 법가의 장단점을 모두 느낄 수 있었는데, 이는 법가 자체가 근본적으로 수단이라는 정체성에서 비롯됐다는 걸 알 수 있었다. 그렇기에 후대에 법가는 술로써 쓰인 것이고, 한비자가 유가를 부정하면서도 도가는 뜻을 왜곡하면서까지 인용한 이유이기도 하다.

법가를 수단이 아닌 목표로 쓴 진나라는 막상 부국강병의 뚜렷한 목표인 통일을 이루자 더는 추구할 목적이 없었을 것이다. 이를 지탱하던 진시황까지 죽자 호해는 목적을 향락으로 바꾸었으며, 막을 명분 또한 없었기에 진나라는 빠르게 몰락한 것이다. 이렇듯 법가는 방법론이라는 한계상 법가를 운영하는 군주가 목적을 제대로 정하지 못하면 나라를 망하게 할 수도 있다. 물론 전국시대라는 혼란한 환경에서 한비자가 그 이후까지 통찰할 여유는 없었다는 걸 생각하면 한비자만의 잘못은 아니지만.

이 점에서 우리가 『한비자』를 어떻게 활용해야 할지를 보여준다. 한비자는 좋은 수단이되 목적은 아니며, 그렇기에그래서 주변 정세를 보며 목적을 정한 뒤 써야 한다. 정치현실주의가 좋은 본보기이다. 정치현실주의에서 국제관계는 힘에 의존하는 부분이 많다. 그렇다고 해서 약소국은 강대국에 먹혀야 하는가? 답은 아니오이다. 자연에서 약한 동물들도 나름의 방식으로 생존하듯 약소국은 국제 정세를 이용한다든가, 자신만의 장점을 이용하는 식으로 생존하는 것이다. 우리는 수단을 어떻게 써야 할지를 생각하며 현실주의를 추구해야 할 것이다.

15. 사마천의 『사기 본기』

동양 역사의 아버지, 역사서 편찬의 토대를 세우다

사마천이 쓴 『사기』는 동양 최고의 역사서로 평가받는다. 왜 그런 평가를 받을까? 그건 그 내용의 방대함과 독창적인 저술방식 때문이다. 보통 역사서는 시간의 순서대로 적는 편년체가 일반적이다. 그러나 『사기』의 저술방식은 인물을 중심으로 해 저술하는 기전체이다.

기전체 사서의 구조는 본기, 세가, 열전, 표, 지(서)로 나뉜다. 본기는 천자에 해당하는 왕조의 연대기 역할을 하며, 이 부분은 편년체로 서술한다. 사마천의 『사기』는 실세를 중시하였기에 항우와 여후의 전기를 본기로 분류했다. 세가는 제후국, 특히 왕의 전기이며, 통일 이후로는 제후국이 몰락해 중국 역사서에서 세가를 다루는 건 『사기』를 포함해서 둘뿐이다. 다만 관점에 따라 왕조의 기록을 세가로 분류하는 경우도 있다.

열전은 본받거나 타산지석으로 삼을 만한 신하나 일반인의 이야기다. 일종의 전기 문학이라 할 수 있으며, 기전체의 핵심이 되는 부분이다. 사건보다는 인물이 중심이 되는 기록이기에 더욱 흥미진진해서 사기의 번역은 주로 열전 위주로 이루어진다. 표는 연표, 가계표, 인명표들을 통틀어 말한다. 지(기)는 본기나 열전에 들어가지 않는 사회적 사항인데, 주로 법률, 경제, 자연 현상들이 들어간다. 지라는 표현은 반고의 한서에서부터 시작됐고, 사기에서는 기라고 표현한다.

이런 기전체는 역사계에 큰 충격을 주었고, 그 이후로 왕조실록을 제외한 한국과 중국의 모든 정식 역사서는 기전체로 서술했다. 김부식의 『삼국사기』와 『고려사』 또한 기전체로 쓰였는데 『사기』의 영향을 받은 것으로 짐작된다.

『사기 본기』를 읽으면서 그전에 읽어본 적이 있는 『사기 열전』과 구체적으로 어떤 차이가 있었는지 궁금했다. 둘의 차이점은 열전이 인물 중심이며 사마천의 평가가 큰 비중을 차지한다면, 본기는 국가 및 사건 중심이고, 사마천의 평가가 상대적으로 적은 비중을 차지한다는 것이다. 그리고 항우 본기와 고조 본기, 여 태후 본기는 열전에서 드러난 사마천 특유의 평가와 인물의 감정이 잘 드러났다.

그러나 효경 본기는 단순 사실 나열이 대부분이었고, 효무 본기는 행적의 서술보다 한 무제가 신선술에 빠지는 모습은 쓸데없이 많은 분량을 할애해서 서술했다. 이에 대해 사마천이 본래 쓴 내용을 후대에 누가 삭제하고 가필한 게 아닌가 하는 의심이 든다. 실제로 그가 혹리 열전에서 무제 치하의 혹리들을 다수 쓴 것과 흉노 열전에서 무제의 흉노 정책 중 문제 있는 부분을 비판한 것을 생각하면 설득력이 더해진다.

『사기 본기』는 오제 본기, 하 본기, 은 본기, 주 본기, 진 본기, 진시황 본기, 항우 본기, 고조 본기, 여 태후 본기, 효문 본기, 효경 본기, 효무 본기로 나누어진다. 나는 이전에 풍몽룡의『열국지(유재주 평설)』전편을 읽어 본 적이 있었는데, 이 책을 이해하는 데 많은 도움이 됐다.

그럼 사마천이『사기』를 쓰게 된 시대적 배경에 대해 알아보자. 사마천의 아버지는 사마천에게 사서 저술을 당부하고 죽었다. 사마천은 이 유언을 지키기로 맹세하였는데, 어느 날 그는 선택의 갈림길에 선다. 이릉이 그만 흉노에게 패배했고 한 무제는 이릉을 처형하려 했지만 사마천은 이릉을 처벌하는 건 바른 판단이 아니라고 생각해서 간언했다. 그러나 한 무제는 이런 사마천의 간언에 심기가 상해 사마천에게 사형을 내렸다. 사마천이 사형을 피할 방법은 벌금을 내거나 궁형(남성기를 자르는 형벌)을 받는 것뿐이었다. 그러나 벌금을 낼 돈은 없고 아버지의 유언을 지켜야 하는 사마천은 생명을 부지할 수 있는 궁형을 택했고, 이 치욕을 감수하면서도 그는 끝내 불후의 역사서『사기』를 완성한다.

본기 중 첫 번째인 오제 본기의 경우, 오제 이야기 자체가 신화에 가까운 편이라 신화의 영향이 아예 없을 수는 없다. 다만 사마천은 이 오제 이야기에서 최대한 비현실적인 장면을 빼고 서술했다. 당장 전설에서는 치우는 안개를 부릴 수 있었고, 황제는 이에 대응하기 위해 지남거를 만들어 운용했으며, 이 싸움을 응룡이 도왔다는 말까지 있지만 『사기』에서는 치우와 황제가 전쟁을 벌였다는 것으로만 축소해서 기술한다.

사흉 또한 대부분 신화에서는 악한 이들을 돕는 사악한 괴물로 나오지만 『사기』에서는 그들이 삼황의 후예이자 요임금 때까지도 해악을 일으켰다가 순임금이 쫓아낸 존재로 간략하게 묘사한다. 반면 순임금이 어떻게 부하를 맞이하고 후계를 어떻게 생각했는지는 상세하게 묘사하면서 전설을 다룸에도 신화보다는 교훈과 실제를 우선시하는 모습을 보여준다.

그러면 이 오제 본기에서 대표적인 요임금과 순임금의 이야기를 좀 더 해보려고 한다. 요임금은 아들이 도통 왕의 재목이 아니어서, 왕의 재목이 될 인물을 찾고 있었다. 그렇게 수소문해 보니 순이라는 청년이 아버지가 악한데도 불구하고 효도를 잘하면서 주변 사람에게서도 평판이 좋다는 것이었다. 그래서 요임금은 자기 딸 둘을 순에게 보내고 순이 자기 딸을 잘 대하는지 관찰하려 했는데, 순은 딸 둘을 잘 대하면서도 여전히 부모에게 효도하고 주위 사람들에게 잘 대했기 때문에 요임금은 순에게 임금 자리를 맡길 만하다고 판단했다.

순의 가정사는 그리 좋지 않았다. 아버지는 악한인 데다가 어머니도 동생인 상을 편애하고 순을 미워했으며, 상 또한 편애에 익숙해져서 순을 공경할 줄 몰랐다. 그래서 순이 요임금에게 선택받자 순의 가족은 질투심을 느끼고 순을 죽이려고 했다. 처음에는 지붕 수리를 맡기고는 순이 타 죽게 집에 불을 질렀지만 순은 미리 준비한 큰 삿갓을 낙하산 삼아 무사히 뛰어내렸다.

그러자 순의 가족은 이번에는 수단을 바꾸었다. 순에게 우물을 파라고 한 뒤 바로 나오기 힘들 정도로 깊게 파자 냅다 다시 흙을 부어서 생매장하려고 한 것이다. 그러나 순은 미리 파둔 구멍으로 탈출했다. 이제 순이 죽었을 것이니 순의 재산은 자기 것이라고 의기양양해하던 상은 순이 살아서 여유롭게 거문고를 타는 것을 보고 어물쩍 넘어갔다. 순은 자기를 죽이려고 한 나쁜 가족이었지만 이들을 용서해주었고 마침내 이들은 반성했다.

순의 아들 또한 요임금의 아들처럼 왕의 재목이 아니어서, 순은 왕위를 이을 인물을 찾아다녔다. 그렇게 왕의 재목으로 적합하다고 판단된 인물이 우로, 우는 당시 치수 부분을 맡고 있었다. 공교롭게도 우의 아버지 곤은 치수를 제대로 하지 못해서 사흉이라 불리던 악인이었는데, 악한 아버지에 선한 아들이란 점은 순임금과 비슷하다. 우는 아직 세상이 자신을 믿는지 확인할 수 없어서 일단 순의 아들에게 제위를 양보했고, 순의 아들이 왕위에 올랐는데도 신하들이 자신을 따르자 결국 왕위에 올랐다. 그러나 우는 요임금이나 순임금과 달리 자기 자식에게 왕위를 물려주었고, 이것이 하 왕조의 시작이 됐다.

하 본기에서 하나라의 시조인 우를 묘사할 때도 치수 시 여의 금고봉을 썼다는 이야기는 적지 않고 치수한 지역의 토질과 특산물, 지형들을 주로 서술함으로써 신화보다는 현실에 집중했다는 것을 보여주었다. 동시에 우가 신하와 윗사람을 대하는 태도를 보여줌으로써 교훈적 의미에 집중했다. 또한 우 이후로 하나라 군주들도 짤막하게나마 서술하면서 실제로는 신화와 현실의 중간 다리인 하 나라의 역사성을 강화했다.

본격적인 실제 역사의 시작인 은 본기에서는 하나라 걸왕을 쓰러트린 탕왕의 가계도와 그가 어떤 마음으로 걸왕을 쓰러트리고 이윤이라는 충신을 맞이하는지를 쓰고 있다. 탕왕의 아들이 탕왕의 법도를 무시했다가 3년간 쫓겨나고 반성하는 이야기 또한 담고 있는데, 이 이야기는 『맹자』에도 나와 있다. 그 후에도 은 왕조의 인물들을 차례대로 나열하고 주왕의 패악을 짤막하지만 필요한 사실들을 모두 다루는 형태로 서술한 후 서백과 무왕의 태동을 다룸으로써 정석적인 느낌으로 끝냈다.

이제 주왕의 패악, 서백과 무왕에 대해 알아보자. 주왕은 『사기』에서는 폭군으로 서술되어 있다. 기름을 바른 구리 기둥을 불 위에 놓고 죄인을 그 위를 걷게 해 추락사시키는 포락지형에 처하고, 술로 연못을 만들고 고기를 나무에 걸어놓는 주지육림을 저지르는 등 타락의 끝을 달렸다고 서술되어 있다. 서백은 이에 항의했지만 옥에 갇혔고, 서백의 아들 백읍고는 이를 막으려다 죽고 만다.

결국 서백의 편이던 제후들이 주왕에게 막대한 뇌물을 주어서 서백을 풀어주고, 서백은 강태공을 만난다. 강태공은 70세까지 은거하다 서백을 만나자 그의 책사가 되어주었고, 강태공의 도움을 받아 서백은 일개 제후국이었던 주나라를 은나라와 대적할 수 있을 정도의 강국으로 키워나갔다. 주변 제후들이 이제 반란을 일으키자고 했지만 서백은 아직 때가 이르다고 생각해서 미뤘고, 결국 반란은 아들인 무왕이 계승한다.

이렇게 『사기』에서 주왕은 폭군의 대표 격으로 나오지만 은나라 시기의 갑골문이 나오고 그걸 분석하자 현대 역사학계에서는 주왕은 나름대로 제사를 착실하게 하는 등 보통 정도는 되는 군주였다는 분석이 주류다. 그렇다면 왜 주왕이 폭군으로 기록됐을까? 이건 주왕보다는 은나라 그 자체에 중대한 결함이 있었기 때문이다.

은나라는 인신공양을 자주 하였고, 그 제물을 주위에 있는 제후국에서 많이 가져왔다. 특히 포락지형 같은 형벌을 나라에서 정한 공식 형벌로 하였고, 그렇기에 제후국들은 은나라에 치를 떨고 있었다. 은나라 말기가 되자 제후들의 불만과 증오를 억누를 방법이 없을 정도로 커졌다.

결국 이 불만이 주왕 대에 폭발하였고, 그렇게 은나라는 멸망하고 만 것이다. 그래서 졸지에 망국의 왕인 주왕이 은나라의 모든 죄악을 짊어지는 식으로 기록된 것이다. 실제로 은나라 멸망 이후 순장 등 인신공양의 풍습이 오래 이어져 왔고, 공자가 이를 비판하기 위해 유학을 만든 걸 생각하면 고대의 인신공양은 상당히 흔했다고 볼 수 있다. 바꾸어 말하자면 그러한 풍조에도 은나라가 원한을 살 정도로 잔혹했다는 의미다. 어찌 보면 고려의 공양왕과 프랑스 왕국의 루이 16세처럼 본인 자체는 딱히 폭군이 아니었지만 이미 국가가 썩어빠진 상황이었고, 그렇기에 희생된 사례라고 볼 수 있다.

주나라 편은 주나라의 기틀을 잡기 시작한 문왕이 어떻게 은나라를 몰아낼 준비를 했는지에 대한 이야기와 그의 아들인 주 무왕이 주왕을 몰아내고 본격적으로 주나라를 만드는 내용을 다루고 있다. 그리고 본기의 특성상 강태공을 영입할 때의 일화와 백이, 숙제가 장례 중에 왕을 치는 것이 도리가 아니라고 말하는 부분은 백이, 숙제 열전과 태공망 열전에서만 다루고 있다. 역시 열전을 먼저 읽어서 그런지 주 본기는 다소 심심한 느낌이 적지 않았다.

무왕 부분이 끝나고 나서 주 본기는 그 이후의 역대 왕 부분을 다루는데, 이때 『열국지』에서는 배경으로 짧게 언급되는 여왕(왕의 칭호이며, 성별을 지칭하는 것이 아님)이 자세하게 나온다. 여왕은 법을 만들어서 백성들이 자신을 비판하지 못하게 했는데, 충신은 이를 두고 이것은 어디까지나 임시로 틀어막은 것뿐 둑을 때때로 터주어야 범람하지 않듯이 언로도 터주어야 백성의 민심을 알고 그걸 잘 해결할 수 있다고 간언했다.

그러나 여왕은 이를 무시하였고, 결국 백성들에게 쫓겨났다. 그 때문에 한동안은 신하 둘이 주나라를 통치해야 했다고 나오는데, 이 부분에서는 사마천 특유의 평가적 서술이 잘 드러나는 것 같다. 이 신하 둘의 성이 각각 공(共) 씨와 화(和) 씨였는데, 왕이 아닌 사람이 통치하던 시대라는 의미로 공화시대라고 불렀다. 공화제라는 말은 바로 여기서 유래됐다.

여왕 다음은 주 선왕인데 이 부분에서도 『열국지』와 『사기 본기』의 차이가 잘 드러난다. 『사기 본기』에서는 주 선왕이 오랑캐 정복에 실패한 후 강경해졌고 포사에 관한 예언을 듣고 포사를 죽여 버리라고 명령했지만 포사가 살아남은 것만 나와 있다. 하지만 『열국지』에서는 주왕이 오랑캐 정복 이후 포사에 관한 예언을 듣자 그 예언을 막으려고 발악하다가 신하 둘을 죽음으로 몰고 가는 식으로 인물 위주로 더 서술되어 있다. 역사에 기반을 두었지만 소설의 특성상 사실보다는 인물과 사건을 중시하는 『열국지』와 역사에 중점을 두기에 불확실한 문제는 최대한 배제하려는 본기의 시선 차이를 잘 볼 수 있었다.

주 유왕의 경우도 『열국지』는 유왕의 행패와 포사의 과거, 융적과의 전쟁 과정, 제후들이 모여 융적을 토벌하기까지의 과정이 인물과 사건 중심으로 상세하게 묘사되어 있지만 여기서는 충신이 유왕에게 전 수도의 강산이 마른 건 중대 사태라고 충언하는 부분을 제외하면 간략하게 묘사됐다.

그 이후로는 주나라 기준의 춘추전국시대를 사건별로 나열하는 구조로 되어 있다. 심지어 춘추오패라 불리는 군주들의 에피소드마저 간략할 정도다. 『열국지』가 춘추전국시대를 인물과 사건별로 그 시기마다 중대한 역할을 한 군주들 중심으로 서술한 걸 생각하면 초라해 보이지만 어찌 보면 본기로서 어울리는 태도이기도 하다.

『사기』에서 춘추오패는 회맹 의식을 기준으로 제환공, 진문공, 진목공, 초장왕, 송양공을 꼽는다. 춘추오패는 패권을 잡은 제후로도 해석하는데, 대체로 제환공과 진문공의 경우는 명분과 실리 둘 다 잡은 자이기에 모든 역사가가 춘추오패로 인정했지만 나머지는 평가가 갈린다. 그나마 진목공과 초장왕은 오패로 인정하는 자가 많지만 송양공은 송양지인[12]의 고사가 있다 보니 『사기』를 제외하고는 누구도 춘추오패로 인정하지 않는다. 명분은 있었지만 실리가 전혀 없었기 때문이다.

주나라에 이어서 시작하는 진나라 본기는 전체적으로 평이하지만 진(秦) 목공 부분만큼은『열국지』의 진 목공처럼 자세히 서술하고 있고, 진(晉)나라의 환경도 대략적이지만 다룬다. 진 목공의 순장 장면을 기술할 때 단지 사실만을 서술하는 것이 아닌, 인재들을 묻어버렸으니 진나라가 한동안 주춤한 것도 무리가 아니라고 언급함으로써 사마천 특유의 평가적 서술을 잠시 보여주었다. 상앙 부분처럼 열전과 중복되는 부분은 중요한 사실만 간략하게 서술하는 등 최대한 열전과 겹치려는 것을 피하는 모습이 보인다.

진시황 본기는 되도록 진시황 위주로 서술하는 경향을 보인다. 그 때문에『열국지』에서 다루는 형가와 여불위 이야기는 되도록 축소했다. 아마 형가와 여불위 둘 다 열전에서 서술하는 인물이다 보니 중복을 피하려는 조치 같다. 진시황이 본격적으로 중국을 통일한 이후에는 열전에서 주로 나온 사마천 특유의 평가적 서술이 나오기 시작한다. 진시황이 황제라는 칭호를 쓴 계기를 잘 묘사하였고, 그가 반란을 얼마나 불안해했는지, 그의 사후 호해와 조고가 어떤 악행을 벌였는지, 조고를 아낸 후에도 유방의 진출과 유방의 온화한 대처에도 불구하고 뒤이어 진출한 항우의 잔혹함으로 몰락한 진나라를 잘 묘사하고 있다.

그럼 진시황은 왜 황제라는 칭호를 자처하였는가? 그것은 진시황의 업적이 삼황과 오제를 능가한다는 의미로 황제를 자처한 것이다. 공교롭게도 오제 중 최초가 한자가 다르다지만 황제임을 생각하면 절묘하기 짝이 없다. 진시황은 자신이 최초의 황제이니 시황제라 명명하고, 그 뒤로는 이세 황제, 삼세 황제 식으로 쭉 이어질 것이라고 선언했다. 애석하게도 진나라는 이세 황제 때 몰락하기 시작해 삼세 황제 때는 사실상 명줄만 간신히 붙들고 있다가 유방에게 함락되고 항우는 아예 진나라를 멸망시켜 버렸다.

조고는 진시황이 죽은 후에는 절대 권력이 무너지는 기회를 잘 활용했다. 당시 상황은 진시황이 왕궁에서 죽은 게 아닌 지방 순찰 도중 죽어서 이를 아는 사람은 호해와 이사밖에 없었고, 진시황이 살아있을 때 공식 후계자를 정하지 않은 상황이었다. 조고는 이때 이사와 부소의 갈등을 이용해서 이사를 자기편으로 끌어들인 후 호해 또한 말로 구슬려서 자기편으로 만들었다. 진시황이 죽었다는 걸 숨기기 위해 삭힌 생선으로 시체 썩은 냄새를 감추고 왕궁으로 돌아와 호해를 권좌에 앉혔다.

그렇게 실권을 쥔 조고는 이사가 호해에게 간언하도록 유도하고 호해가 이사를 싫어하게 했으며, 이사에게 반역죄를 덮어씌워 제거했다. 또 진승과 오광의 난을 진압한 장군마저 자기편이 아니라는 이유로 처형했다. 마지막에는 지록위마(指鹿爲馬)의 고사를 통해 자신에게 반대하는 자들을 숙청하고, 호해마저 반란군으로 위장한 자기 부하들을 보내서 살해한 뒤 왕이 되려 했다. 그러나 신하들은 반대하였고, 조고는 이에 자영에게 황제 자리를 양보했지만 자영은 조고가 올 수밖에 없는 명분을 만들어서 부른 후 조고를 숙청하고 재건을 위해 노력했다. 하지만 이미 진나라는 망가진 뒤였으니, 그야말로 사후약방문이었다.

진시황 본기에서 사마천 특유의 평가적 서술은 마지막 부분에서 잘 드러난다. 그는 진시황은 자신의 재능을 과신해 과실이 있는데도 밀어붙였고, 호해 또한 진시황의 과실을 해결하기는커녕 황제라는 지위에만 심취해 조고에게 놀아났고 충언을 받아들이지 않았으며, 그 때문에 반란군들이 득세하는 것을 조장했다고 비판했다.

자영 또한 나름의 판단력은 있지만 나라를 운영하는 능력은 평범했다고 비판했다. 그러나 한서의 저자 반고는 사마천의 시황제와 호해에 대한 평가는 옳지만 자영의 경우는 자영이 처한 상황을 지나치게 적게 반영해 자영을 과소평가했다고 비판한다. 이 중 어느 쪽의 평가가 옳은지에 대해 아직도 갑론을박이 이어지고 있다.

항우 본기는 『한서』의 저자 반고가 사실상 항우 열전이라 비판할 정도로 『사기열전』 특유의 사마천 서술이 가장 잘 드러나는 부분이다. 동시에 유방보다 항우가 먼저 일어섰고, 첫 주도권을 잡은 것이 항우임을 생각하면 사마천의 과감한 현실주의도 엿볼수 있다. 거기서는 단순히 사건만을 나열하는 게 아닌 인간 중심의 묘사 및 상호관계도 많이 나온다. 특히 유방이 항우의 의심을 피해 도망치거나 의제를 허수아비로 만든 후 죽이는 장면 묘사,

사면초가 후 도피, 최후의 저항은 그야말로 열전을 연상시키는 서술이다.

또한 항우의 가장 큰 문제점은 자신의 잔혹함으로 인해 문제가 야기됐는데도 그것을 하늘의 탓으로 돌리며 자신이 했던 일을 돌아보지 않는 것이라고 평가했다. 이런 사실성은 역사에 기반을 둔 소설에 가까운 『초한지』와도 대비되는데 『초한지』는 항우가 돌절구를 한 손으로 들었다던가, 오추마의 정체는 흑룡이 말로 변한 것이며 항우가 그걸 길들였다는 등의 전설을 추가했지만, 항우 본기는 되도록 사실에 충실한 것이 다른 점이다.

고조 본기는 유방이 어떻게 왕이 되고 국가 운영을 어떻게 했는지에 대해 다루었다. 열전과 본기를 구별하려는 사마천의 특성상 한신 열전에 해당하는 부분은 최소한의 사실을 제외하면 대다수가 생략되어 있다. 그리고 항우 본기와 달리 고조 열전은 전설에 가까운 내용이 나온다. 사마천이 건국 신화를 종종 다룬 것을 생각하면 고조 열전에 등장하는 전설인 유방이 길을 막는 하얀 뱀을 베었다 같은 건 한 고조가 한나라의 창립 시조인 것을 참작해 존중해준 느낌이다.

김부식도 이에 영향을 받아 자신은 되도록 사실을 쓰려고 하지만 중국도 개국 신화가 있는데 우리나라라고 해서 없으리라는 법은 없다며 고구려, 백제, 신라의 건국 신화를 전부 다 기록했다. 그러나 유방이 항우를 피해 도피할 때 처자식을 버리고 도망치려는 것을 부하가 말려서 결국 처자식과 같이 가게 되는 모습을 그대로 보여주는 것을 보아, 건국 신화 이외의 부분은 되도록 현실을 반영하려는 태도를 볼 수 있다.

고조 본기에서 유방은 유비처럼 인덕이 넘치거나 조조처럼 교활한 인물도, 항우처럼 과감한 인물도 아니었다. 그러나 유방은 결국 항우를 꺾고 승리했는데, 이는 항우가 지나치게 과감하게 날뛰며 인망을 잃은 것도 있지만, 유방이 중요한 순간에 중요한 신하를 신뢰함으로써 그들이 최대한 힘을 발휘하게 해주었기 때문이다. 토사구팽의 일화가 있는 한신만 해도 한신이 제나라를 임시 통치한다고 했을 때 그를 믿고 맡겼다.

다만 한신을 토사구팽했을 때는 결정적으로 이미 통일이 완료되고 난 후 한신이 수상한 거동을 자주 보였으며, 결정적으로 한신을 없애야 한다고 확정한 인물은 여후였다. 이렇게 지도자로서 중요한 것은 본인의 능력도 있지만 결정적으로 자기 아랫사람을 잘 쓰는 능력이라는 것을 고조 본기에서 볼 수 있다.

여후 본기는 한서의 저자 반고가 황제의 권위를 무시하냐고 할 정도로 파격적이다. 유방의 정실이라지만 왕이 아닌 여인인 여후를 중심에 놓고 서술한 것이다. 반고는 비록 꼭두각시 황제라곤 해도 혜제를 제목으로 썼던 것과는 대비되는 사마천의 극현실주의 역사관이 또 발현된 셈이다. 여후 본기에서는 나라를 창립할 때의 유방을 여후가 어떻게 도왔는지, 그리고 여후가 실세로 있을 때 어떤 일이 있었는지, 그리고 여후가 죽은 후 여 씨 일족이 어떻게 몰락하게 됐는지 다루고 있다.

사마천은 여후에 대해 나름 유방 이후 백성을 안정시키고 치세를 유지하는 데 이바지했다며 그때 기준으로 파격적인 평가를 했지만 여후의 잘못 또한 무시하지 않았다. 여후가 자기 왕권을 위협한 척부인에게 잔혹한 보복을 한 것과 아들이 죽은 뒤에도 자기 마음대로 후계자를 결정하며 여 씨 일족을 사실상 조선시대 세도 정치 때의 세도가처럼 만들었다는 것을 여과 없이 다룬 것이다.

결국 이 때문에 여 씨 일족은 점점 지지를 잃기 시작했다. 결국 능력이 있던 여후가 죽자 곧바로 신하들이 난을 일으켜 여 씨 일족을 몰살하다시피 하고, 다시 유 씨 일족을 실세로 되돌린 것이다. 한나라에 의해 몰락한 통일 진나라와 비슷한 길을 걸은 셈이다. 사마천의 사실주의 기반은 평가에서도 죽지 않는다는 것을 보여주는 듯하다.

현대에 와서 여후는 공은 있으나 실이 더 많다는 평가가 많다. 치세를 유지했다는 것도 이미 유방이 어느 정도 토대를 만들어주었기 때문이며, 결정적으로 한신이 토사구팽당한 것은 여후가 수를 썼을 가능성이 높다. 한신은 다다익선[13]의 고사에서 볼 수 있듯이 오만하고 야망이 컸지만 나름 유방을 인정하는 태도를 보였다. 더군다나 한신이 정말로 한나라를 장악하려 했으면 여후보다는 유방을 공격했을 것이다. 그러나 여후는 한신이 어디까지나 유방에게만 충성하지 한나라 그 자체에 충성하지 않는 것을 꿰뚫어 보고, 자신이 실권을 차지하면 한신은 망설임 없이 반역을 일으킬 것이기에 먼저 손을 쓴 것이다.

유방은 졸지에 토사구팽의 책임을 억울하게 받은 셈이다. 실제로 한신처럼 야망이 있었지만 도중에 포기한 팽월 또한 여후의 함정에 걸려 죽었다. 즉 토사구팽의 실체는 유방이 죽은 후 권신들이 자신들에게 충성하지 않으니 실권을 차지하는 데 방해될 거라는 여후의 음모였던 것이다. 실제로 팽월과 한신이 죽자 신하들은 되레 자신들도 언제 트집잡힐지 모른다는 생각에 반란을 일으켰고, 그 과정에서 유방이 상처를 입고 죽음으로 이어지니 토사구팽으로 이득을 본 건 여후뿐이었다. 여후는 기존의 체제를 유지할 능력은 있었지만 새로운 체제를 만들고 아군을 포용할 능력은 없었다고 볼 수 있다.

---

13) 한신은 '나 정도로 능력 있는 장수는 군사통솔은 대수도 아니라서 많을수록 좋다'라는 의미로 사용했다. 어느 날 유방이 한신에게 "짐은 군대를 얼마나 다룰 수 있겠느냐"고 물었다. 한신은 이에 십만 명은 다룰 수 있겠다고 대답했다. 그러자 유방은 "그대는 군대를 얼마나 다룰 수 있느냐"고 물었다. 그러자 한신은 많으면 많을수록 좋다고 대답했다. 이 대답이 자신을 무시한다고 생각한 유방은 그런 네가 왜 내 포로가 됐냐고 하니까 한신은 폐하는 군대를 다룰 수 없지만 장수들을 다룰 수 있고 하늘이 돕기에 인간의 힘으로는 당할 수 없다고 나름 유방을 존중했다.

『사기 본기』의 마지막인 효무(무제) 본기는 그야말로 아쉬움이 크다. 사마천 본인이 쓴 게 아니라 정황상 후대에 가필한 것이 거의 확실하기에 그렇다. 효무 본기는 한 무제가 제위 시 어떤 업적을 쌓았고 어떤 과실을 저질렀는지에 대한 언급은 모두 빼고 한 무제가 허황된 신선술에 매달리는 모습을 쓸데없이 긴 분량을 할애해 묘사했다는 아쉬움이 있다.

특히 사마천이 무제 치하에서 당한 일을 생각하면 제대로 쓰고 죽자는 생각으로 과감하게 서술했을 것은게 뻔하다. 이 추측은는 이릉 건과 연계되어 있다. 사마천은 이릉과 연고가 없었는데도, 이릉을 무턱대고 처벌하는 것은 이치에 어긋난다는 이유로 논리정연하게 변호를 했다. 그러나 패배에 화가 나 있던 무제는 사마천의 변호가 거슬렸고, 그렇기에 사마천에게 사형당하기 싫으면 돈을 내고 석방될지, 궁형을 받을지를 고르라고 했다. 그러나 사마천은 돈이 없었고, 역사서를 쓰라는 아버지의 유언 때문에 죽을 수도 없었다. 결국 사마천은 궁형을 택했고, 그 후유증은 오래갔다.

사실상 치욕을 아버지의 유언 때문에 참은 사마천이 결코 무제에게 우호적일 리가 없다. 특히 사마천이 궁형을 당한 이유부터가 정책의 실패를 참지 못한 무제의 억지임을 생각하면, 사마천은 무제를 잘못된 정책으로 비판했으면 했지 신선술 따위로 비판할 리가 없었다. 앞서 말했듯이 공과 실을 명백히 나누는 사마천은 무제의 흉노 정책 실패와 신하 운용 실패를 비판했을 것이다. 그러나 후세의 누군가가 이걸 본 무제가 탄압할까 봐 자체 검열한 것으로 보인다.

이를 뒷받침하듯이 흉노 열전에서 사마천이 성급한 흉노 정책을, 혹리 열전에서 혹리들의 상당수를 한 무제 휘하로 꼽고 그들 대다수에게 비판적 평가를 내린 것을 볼 수 있다. 본래 효무 본기는 사마천이 한 무제의 업적과 과실을 상세히 쓰고 그것을 비판했을 거지만 후대의 누군가가 이 내용이 무제 자손들의 손에 들어가 사기가 탄압받을까 봐 무제가 신선술에 매달린 것을 과장해 그것을 중점으로 쓴 것이라는 추측을 할 수 있다.

참 아쉽다. 열전에서 보인 사마천 특유의 평가 서술과 본기에서도 그 특유의 서술이 드문드문 보이는 걸 봐서 본래의 효무 열전이 사라진 것은 인류 역사에서 큰 손해라고 할 수 있다. 사마천은 역사를 남기기 위해 치욕까지 감수했고, 효무 본기를 쓸 때는 이미 치욕을 당한 지 오래라 미련이 없었다. 따라서 항우 본기처럼 촌철살인의 글을 남겼을 터이지만 그것이 사라졌다는 점에서 역사를 탄압하는 것이 얼마나 큰 죄인지 느낄 수 있었다.

사마천의 『사기』는 우리나라의 역사 서술에도 큰 영향을 끼쳤다. 김부식의 『삼국사기』가 사기의 역사 서술인 기전체를 따른 역사책이다. 『삼국사기』는 아예 본기, 세가, 열전, 표, 지라는 형식까지 다 지켰다. 덕분에 우리는 삼국의 역사뿐만 아니라 김유신, 연개소문 등 삼국시대에 활약했던 위인에 대해 더 자세하게 알 수 있다. 그뿐만 아니라 지에서 삼국의 관직 등급과 의복 제도까지 다루어서 우리가 삼국의 제도에 대해 더 자세하게 알 수 있게 했다. 사기가 기전체를 확립했기 때문에 우리는 삼국시대의 역사를 단순히 시간 순으로만 아는 게 아니라, 인물과 제도 등 다양한 측면에서 볼 수 있게 됐다고 해도 과언이 아니다.

16. 『간디 자서전』

위대한 영혼이 일상생활 속에서 보여주는 진리실험 이야기

자서전이란 보통 자신이 이루었던 업적을 중심으로 중요 사건 위주로 쓰는 책이다. 그래서 자서전에 해당하는 책이 인문고전 수준으로 평가받는 것은 흔한 일이 아니다. 서울대 인문고전 50선 중에서 자서전에 해당하는 책이 『백범일지』와 『간디 자서전』 둘뿐이라는 것에서 잘 알 수 있다. 그러나 이 두 자서전의 성격은 일반 자서전과는 크게 다르다. 특히 『간디 자서전』의 경우 만일 우리가 아는 자서전처럼 주요 업적 중심의 일대기를 기대하고 읽는다면 다소 실망할 수도 있다. 간디 자서전의 본질은 부제에서 알 수 있는데, 바로 '나의 진리실험 이야기'이다.

자서전에서는 보통 인생의 중요 사건 위주로 쓰지만, 이는 좋은 점만을 강조하고 나쁜 점은 묻어버릴 위험이 있다. 그래서 간디에게 자서전을 쓰지 않는 게 좋다고 설득하는 지인도 있었다. 이에 대해서 간디는 자신이 자서전을 쓰는 이유는 자신 일생의

진리 탐구를 돌아보기 위해서이고, 그렇기에 자네가 우려하는 일은 일어나지 않을 것이라고 말하며 자서전을 쓰기 시작했다.

간디는 개인적 생활이나 공적인 영역에서 모두 치열하게 살면서 주변과 인도에 많은 영향을 미쳤지만 특히 사후에는 더 크고 광범위하게 영향을 미쳤다. 간디는 힌두교 극단주의자의 총을 맞고 죽었다. 힌두교 극단주의자는 간디 같은 방식으로는 이슬람교를 막을 수 없을 것으로 생각해 간디를 죽였지만, 간디 사후의 반응은 극단주의자의 생각이 단지 광신과 독선에 불과했다는 것을 적나라하게 증명해 주었다. 간디와 다른 길을 걸으면서도 친했던 네루 총리는 슬퍼했고, 이슬람교도조차 간디가 죽은 후는 잠시나마 다툼을 멈추었으며, 제국주의를 대표하는 자이자 간디와 많이 대립했던 영국의 처칠조차 간디에게 경의를 표했다.

특히 처칠의 경우는 제국주의를 대변하는 인물이었는 데다가 카이로 회담에서 한국을 독립시키면 인도도 독립할 것이라는 생각에 한국 독립을 반대했던 인물임을 생각하면, 인도의 독립을 주장했던 간디와는 적이나 다름없었다. 그런 처칠조차 간디에게 경의를 표할 정도로 간디의 신념은 순수하고 진실했다. 간디의 신념은 아힘사, 즉 비폭력으로 요약할 수 있다. 이런 비폭력은 단지 폭력을 쓰지 않는 것만이 아닌, 불의한 것에 폭력으로 대항하기보다는 따르지 않는 쪽으로 대항하는 것이며, 그에 대한 불이익을 받아들이는 것이다.

간디가 살던 당시 세계는 어땠을까? 우선 제국주의의 유행부터 알아야 한다. 간디가 살던 시기는 19세기 후반에서 20세기 초반으로, 이때는 제국주의가 한창 팽배하던 시기였다. 서양 열강들은 약육강식의 논리를 내세우며 약소국을 식민지로 병합하였고, 심지어 이러한 식민지들이 경제적으로 큰 도움이 되지 않는데도 과시할 목적으로 유지하려 할 정도였다. 오죽하면 러일전쟁 직후 일본 쪽에 더 유리한 포츠머스 조약을 맺도록 중재한 시어도어 루즈벨트가 세계 질서에 기여했다고 노벨 평화상을 받을 정도였다. 그만큼 제국주의 시절의 세계평화는 열강들의 평화이며, 그것도 진실한 평화가 아닌 힘의 균형에 의한 평화였던 것이다.

이런 제국주의 체제에서는 인도 또한 수탈의 대상이었다. 인도는 영국의 지배를 받는 상황에서 경제적으로는 수탈당하였고, 또한 인도인은 영국인과 비교하면 명백히 하등민으로 취급을 받았다. 영국 상품만 쓰도록 강요받기도 했다. 인도는 철저하게 영국보다 아래였고, 초기에는 영국을 나름대로 신뢰하고 있었던 간디도 결국 영국으로부터 인도가 완전히 독립하는 것을 원했다. 자서전 전체에 나오는 인권 운동은 영국을 아주 부정하지는 않았던 걸 생각하면, 간디는 영국을 나름 오래 믿어온 만큼 그 실망이 더욱 컸을 것 같다.

이러한 인도의 시대적 배경 속에서 간디의 진리실험은 어떻게 시작됐을까? 어린 시절부터 이야기해 보자. 어릴 때의 간디는 평민 내지는 상인에 해당하는 바이샤 계급에서 태어났지만 나름대로 재력이 있는 집안이었고, 심약하고 공부는 평균쯤 하던 아이였다. 간디는 사람을 잘 믿는 버릇이 있었는데, 자기보다 나이가 많은 형에게 고기에 관한 주장을 듣게 됐다. 그 형은 인도인이 영국에게 진 이유는 고기를 먹지 않아서 그렇다고 하면서, 고기를 먹으면 머리도 몸도 강해지기에 국력에 도움이 된다고 말했다. 특히 간디는 체구가 작고 겁이 많았기에 체구가 크고 용맹했던 동네 형의 말이 더더욱 신빙성 있게 느껴졌다.

하지만 간디가 믿는 종교인 힌두교는 육식을 꺼리는 데다 간디 집안은 철저하게 채식을 하고 있었다. 그래서 간디는 죄책감을 느꼈고, 나라를 위해 먹는다는 결심으로 먹었지만 맛있다는 생각이 아닌 끔찍하다는 생각이 났다고 한다. 한술 더 떠 고기로 먹었던 염소가 울부짖는 악몽까지 꾸었다. 간디는 어떻게든 나라를 위해서 죄책감이 들어도 참으려 했고, 동네 형은 고기 맛을 알게 하려고 레스토랑에서 고기요리를 주문해 주는 등 간디가 서서히 고기에 익숙해지게 했다.

간디는 1년 만에 고기 요리에 익숙해졌지만 자신이 부모를 속이고 있다는 죄책감을 버리지 못했다. 결국 간디는 부모님이 살아 있는 동안 자신은 고기를 먹지 않겠다는 결심을 하고, 자신이 고기를 먹었다는 사실을 아버지에게 고했다. 간디는 사실을 고하면서 아버지가 자신을 혼내는 게 아닌 아버지가 이 사실에 충격을 받을 것에 마음 아파했다. 이야기를 들은 간디의 아버지는 그저 조용히 울며 다시는 그러지 말라고 타일렀다. 그 이후 간디는 평생 채식을 하며 살았다. 그의 첫 번째 진리실험을 평생 지킨 것이다.

담배와 자살 관련 비행을 저지르기도 했다. 간디는 친구의 제안으로 담배를 피웠는데, 처음에는 길가에 버려진 꽁초를 주워서 피웠지만 꽁초는 발견하기도 어려웠고 잘 피워지지도 않았다. 그러다가 하인의 돈을 빼돌려 담배를 사서 피웠는데, 그러면서 간디는 일탈하고 있다는 자각을 했다. 결국 간디는 담배를 끊게 됐고, 훔친 돈도 갚았다. 한때는 부모와 사회로부터 통제받는 자신의 처지를 답답해서 독이 든 열매를 먹고 죽으려 했지만 바로 죽지 않을 때 느낄 고통과 결국 이것은 도피에 불과하다는 생각에 그만두었다.

간디는 어릴 때부터 완벽한 성인은 결코 아니었다. 되레 담배나 자살, 가정교육에 대한 반항 등 현대에서도 흔히 일어나는 일탈을 한 적도 있었다. 그러나 간디는 양심의 가책을 느꼈고, 결국 누군가의 지도 없이 스스로 그만두었다는 점에서 어릴 때부터 간디는 자신에 대해 성찰할 줄 알았다는 것을 알 수 있다. 이제 간디가 일탈에서 벗어날 수 있게 한 원동력인 성찰에 대해서 알아보자.

간디가 자서전에서 언급하는 성찰의 원동력은 두 가지가 있는데, 하나는 희곡이며, 나머지 하나는 가족이다. 희곡과 관련해서 간디는 부모를 짊어지고 여행가는 한 효자에 대한 희곡을 보면서 경건하게 살아야 한다는 생각을 했고, 선하게 살려고 노력하는 하리쉬찬드라 왕의 일대기를 다룬 희곡을 보면서 자신은 왜 저렇게 살지 못할까 하고 돌아보았다. 그렇기에 어린 간디에게는 그것희곡이 종교보다도 더 큰 영향을 주었다고 한준 셈이다.

가족으로부터도 큰 영향을 받았다. 아버지는 성실하고 관용을 아는 사람이었고, 어머니는 종교에 철저한 인물이었다. 어머니는 종교적 의미로 단식을 자주 했는데, 단식이 해제되는 날에는 간디와 형제자매들이 해가 뜨는지 지는지 확인해야 했다고 한다. 마지막으로 본인이 직접 눈으로 확인하고 나서야 단식을 그만두었다. 어느 날 날이 흐려서 기껏 해가 뜬 것을 확인했는데도 어머니가 왔을 때에는 구름에 가려지자, 어머니는 어쩔 수 없다며 계속 단식을 계속했다. 이런 환경에서 간디는 단식의 경건함을 깨달았고, 나중에 그에게 있어서 단식은 시위의 수단이 아닌 정신 수양 그 자체가 됐다.

간디는 10대 초반의 어린 나이에 결혼했다. 당대 인도에서는 조혼이 유행하고 있었다. 인도의 결혼은 남자 쪽 가문이 돈을 많이 부담하는 관습이 있어서 돈을 아끼기 위해 간디의 가족은 간디의 두 형과 간디의 결혼식을 동시에 열기로 했다. 그렇게 아내와 만나고, 간디는 아내를 싫어하지 않았지만 조혼한 걸 후회했다. 이유는 아내와의 육체적인 사랑에 빠지느라 아내를 제대로 가르치지 못했고, 자신이 조금만 더 참았다면 아내는 지적인 사람이 됐을 거라는 것이다.

그뿐만 아니라 간디의 두 형은 육체적인 사랑에 빠져 간디와 달리 보통 사람으로 남았고, 간디 또한 아내에 빠져 제대로 성찰하지 못했다는 것이다. 그 사례로 아버지의 임종 시기를 들었는데, 그때 아내는 임신 상태였다고 한다. 간디는 성적 사랑을 완전히 떨쳐내지 못해서 아버지를 열심히 간호하다가도 간호 시간이 끝나면 아내에게 갔다고 한다. 그러다가 어느 날 간호 시간이 끝나고 아내에게 갔는데, 불과 몇 분 후에 아버지가 돌아가셨다. 간디는 자신이 끝까지 참고 아버지 곁에 쭉 있었다면 최소한 아버지의 임종을 직접 두 눈으로 볼 수 있었다고 후회했다. 더군다나 아내와의 첫 아이는 몇 년도 살지 못하고 요절해서 이때의 일을 두 생명에게 죄를 지었다고 표현했다.

이 부분은 나도 공감하며, 간디가 성인이기 이전에 하나의 인간이라는 것이 와닿았다. 나 또한 고3 시절 공부하느라 외할아버지의 임종을 직접 보지 못했고, 결국 외가에 가서 외할아버지의 장례식에 계속 참여하는 것으로 간신히 그 한을 추스를 수 있었다. 그렇기에 아버지의 죽음에 자책하는 간디의 모습이 이해되었고, 간디의 근본은 결국 인간이라는 게 더욱 잘 느껴졌다. 특히 나는 외가에 많은 신세를 졌고 외할아버지에게 많은 사랑을 받았기에 더더욱 슬프게 느껴졌다. 아버지와 어린 시절을 함께했던 간디의 심정은 오죽했을까? 슬픔 앞에서는 간디도, 나도 결국 사람인 것이다.

간디는 좌절만 하지 않았다. 성찰 끝에 육체적인 사랑에서 벗어났으며, 아내를 단순히 종속이 아닌 정신적으로 동등한 반려로 여기기로 했다. 그 마음에 맞게 간디의 아내 또한 다소의 갈등은 있었을지언정 간디의 진리실험에 동조해 주었다. 인도는 물론이고 영국마저 가부장적 사고가 주류이고, 여성 인권이 미미했음을 생각하면 간디의 이런 생각은 당시로서는 진보적이었다는 생각이 든다. 특히 래디컬 페미니즘과 젠더 논란이 아직도 진행되고 있는 지금은 남자와 여자 중 한쪽이 우위가 아닌 서로를 존중하는 태도가 더욱 필요하다고 본다.

어느덧 청년이 됐고 대학교에 갔지만 불행하게도 잘 적응하지 못했다. 거기다 가업을 이어야 하는 상황이라 자격증이 필요했는데, 대학교에 잘 적응하지 못하는 상황에서 자격증 획득은 요원해 보였다. 그러다 간디의 친척이 영국에서 3년 동안 유학하며 변호사 자격증을 딸 것을 권유했다. 새로운 것을 익힐 수 있다는 생각이 든 간디는 그 제안에 들떴다. 반면 간디의 가족은 그 제안에 부정적이었는데, 특히 독실한 종교인인 간디의 어머니는 영국에 유학을 간 인도인들이 술과 고기를 먹으며 인도의 풍습을 어긴다는 것을 우려했다.

해외 유학이 명예로 여겨지고 기러기 아빠라는 말이 있는 지금, 간디 어머니의 우려는 명예로운 길을 가는데 고작 그걸 신경 쓰느냐는 투로 여겨질 수 있다. 그러나 간디의 어머니는 도리를 어겨서 얻은 성공에 의미가 없다는 태도였고, 어머니의 태도는 간디가 옳은 목표에는 옳은 방법이 따라야 한다는 신념을 가지는 데 영향을 주었으므로 성인은 범인과 같으면서도 다르다는 생각이 든다.

결국 간디는 어머니의 우려에 대해 술과 고기를 먹지 않겠다는 맹세를 하고 허락을 받을 수 있었다. 후에 이 맹세는 단순히 유학을 넘어 간디 삶 전체의 신념이 된 걸 생각하면 그의 어머니의 독실함은 간디가 종교와 삶은 분리할 수 없다는 신념을 가지는 큰 계기라고도 볼 수 있다. 그래서 간디는 자신이 신의 앞에 선 것처럼 성실했는지도 모른다.

간디는 자신만만하게 영국에 갔지만, 채식은 어려움에 봉착했다. 달걀이라도 있을까봐 음식을 잘 먹지 못했고, 영국의 양념 없이 삶은 채소는 간디의 입맛에 맞지 않았다. 결국 집에서 챙겨온 과일에 영국의 빵을 먹는 정도로 지내면서 어떻게 하면 채식을 제대로 할 수 있나 찾아보았다. 고생 끝에 채식 레스토랑을 발견하고 거기서 제대로 채식을 하게 됐지만, 간디의 채식은 단지 먹는 것에서 그치지 않았다.

간디는 채식협회에 가입해 본격적으로 채식에 관한 탐구를 하기 시작했다. 일단 채식에는 3가지 유형이 있었다. 첫 번째 채식은 육지 동물의 고기는 안 먹되 생선이나 달걀, 우유는 먹는 것, 두 번째 채식은 육지 동물의 고기도 생선도 안 먹되 달걀이나 우유는 먹는 것, 세 번째 채식은 육지 동물의 고기도 생선도 달걀도 우유도 먹지 않는 것이다. 간디가 택한 것은 세 번째로, 간디는 채식의 의미를 고민하다가 채식은 맛보다는 살생을 적게 하기 위한 것임을 깨닫고 양념 없는 채식 또한 자연스럽게 했다.

확실히 육식으로 인한 환경오염을 생각하면 채식은 좋은 선택지이긴 하다. 그러나 극단적 채식주의자들의 경우 채식을 강요하고 육식을 하는 사람들을 일방적으로 혐오하는 경우가 종종 있어서 되레 미움을 사는 경우가 많기에 이게 와닿지 않는 것이 문제다. 간디가 극단적 채식주의자들을 만났다면 진리는 스스로 깨닫는 거지 남에게 강요하는 것이 아니며, 이는 폭력에 불과하다고 지적했을 것이다. 실제로 간디는 자기 가족에게만 채식을 유지하게 했지, 타인의 식습관에 이리저리 훈수를 두려 하지 않았던 걸 생각하면 더욱 그렇다. 깨달음은 강요하는 게 아님을 상기하자.

영국에서 종교에 대해서도 접한다. 영국에서 인도인과 만나서 본격적으로 인도의 성서 중 하나인 바가바드 기타와 성경을 읽었다. 간디는 구약은 흥미를 느끼지 못했지만 신약에서는 큰 인상을 받았다. 특히 예수의 주장인 '누군가 겉옷을 달라고 하면 속옷까지 주어라.', '너의 이웃을 너의 몸처럼 사랑하라'는 간디의 사상인 아힘사와 일맥상통했고, 그렇기에 간디는 이를 수양에 반영했다.

간디가 종교를 탐구하는 방식을 보면 종교는 근본적으로 수양에 있다는 것을 상기하고, 또한 종교 자체에 귀천이 없다는 것을 보여준다. 간디는 힌두교를 믿었지만 그걸 남에게 믿으라고 강요하지 않았고, 납득가지 않는 종교라도 마음에 담아두지 곧이 곧대로 막 표출하지는 않았다. 예나 지금이나 광신도들이 문제인 걸 생각하면, 간디의 이 태도는 종교인들이 반드시 명심해야 할 것이다.

아무튼 그렇게 간디는 3년의 영국 유학을 마치고 인도로 귀국하는데, 비극적인 소식이 들려왔다. 어머니가 돌아가셨다는 것이다. 그것도 영국 유학 도중에. 간디에게 학비를 보내던 간디의 형은 간디가 슬픔에 빠져 공부를 제대로 하지 않을까 봐 이 일을 그동안 비밀에 부쳤다. 나는 평일 공부를 끝마치고 집으로 돌아오던 도중 외할아버지의 부고를 들어서 간디의 슬픔이 어느 정도 짐작이 간다. 특히 채식주의에 대한 맹세를 지키려고 노력한 데다 이미 아버지를 잃어본 간디에게 그 슬픔은 더욱 컸을 것 같다.

간디는 마냥 슬퍼할 수만은 없었다. 일단 변호사 자격증을 딴 이상 변호사 일로 돈을 벌어 가족을 부양해야 했기 때문이다. 그래서 간디는 인도 법을 공부하고 첫 변호사 일을 맡았지만, 당시의 간디는 말을 머뭇거리고 자신감도 떨어지는 편이라서 첫 변호사 일은 머뭇거리다가 흐지부지되고 말았다. 후에 인도인을 대표하는 사상가가 된 걸 생각하면 뜻밖이라는 생각이 든다.

그러나 이대로 일을 안 할 수도 없는 법. 어느 날 압둘라 셰드라는 인도인에게서 소송 업무를 맡아달라는 요청을 받고, 1년 동안 머무르는 조건으로 남아프리카에 갔다. 간디는 이 1년 간의 계약이 자신의 남은 평생을 좌지우지할 전환점이 될 줄도, 거기서 인종차별과 진리의 수행에 대해 큰 깨달음을 얻게 될 줄도 몰랐다.

간디는 남아프리카로 가서 겪게 된 남아프리카의 사건은 남아프리카의 사티아그라하에서 더 상세히 다룰 거라는 말이 자서전에 나온고 자서전에서 말했다. 이렇듯 인생의 일대기 중 중요한 사건은 사티아그라하라는 별도의 책으로 쓰고 자서전에서는 일을 시작한 동기와 느낀 점, 깨달은 부분을 집중해서 썼다. 그래서 이 책이 단순한 자서전이 아닌 진리실험 이야기이고, 간디가 이 책을 출판하기로 한 이유이기도 하다.

간디는 남아프리카에서 차별을 겪기 시작했다. 맨 처음은 터번을 벗으라는 것이었다. 이에 어이없어 한 간디는 나는 인도인이라고 항변했고, 압둘라 셰드는 친절하게 남아프리카에서는 이슬람교도만이 터번을 인정받는다고 설명했다. 간디는 이에 터번을 벗고 다녀야 불필요한 오해를 피할 수 있느냐고 물었지만, 압둘라 셰드는 터번을 벗으면 저들이 당신을 얕잡아볼 것이며, 어떤 때는 망설임 없이 써야 한다고 말했다. 터번은 간디가 겪은 인종차별 중에서 가장 작은 것에 불과했지만, 압둘라 셰드의 충고는 간디의 비폭력 투쟁에 큰 영향을 주었다.

남아프리카의 다른 지역으로 갈 일이 생겼는데, 압둘라 셰드는 이때 침대칸 표를 사라고 충고했다. 간디는 침대칸이 비싼 데다 평소에 1등석을 주로 타왔다는 이유로 이 충고를 무시했는데, 기차를 타면서 충고의 의미를 곧 깨닫게 됐다. 간디가 기차역에 가서 1등석 표를 보여줬는데, 직원이 인도인은 1등석에 들어오지 말라고 한 것이다. 그것도 모자라 2, 3등석은 자리가 없으니 짐칸으로 가라고 하고, 간디가 이에 항의하자 억지로 내쫓은 것이다.

그렇게 기차역에 그대로 남겨졌고, 이때부터 이대로 남아프리카에 남아 일을 계속할지 아니면 더는 수모를 받지 않기 위해 떠날지 고민했다. 간디는 고뇌하다가 이런 일로 도망치는 것은 비겁한 도피에 불과하며, 차별에 정면으로 맞서 싸우며 일을 하기로 했다. 각오했던 대로 이러한 차별은 계속됐다.

결국 기차 대신 마차를 타고 다른 지역으로 갔는데, 백인 차장이 간디가 인도인인 걸 보고 간디를 마부석에 앉게 하고 자신은 마차 좌석에 탔다. 이건 손님으로 인정하지 않은 것으로 해석할 수 있었는데, 간디는 화났지만 일단 참았다. 그렇게 마차가 가던 도중 백인 차장이 바람을 쐬며 담배나 피우고 싶었는지, 마부석 바닥에 천을 대충 깔고 간디에게 거기 앉으라고 한 것이다.

이에 분노가 폭발한 간디는 "나는 마부석으로 가라 했던 모욕을 기껏 참아주었는데, 이제 와서 당신의 발밑에 나를 앉게 하니 더는 참을 수 없다."라며, "당신이 마부석에 앉겠다면 나는 좌석에 앉을 것이다."라고 말했다. 뭐 하나 틀린 말이 없었는데도, 선민사상으로 똘똘 뭉친 백인 차장은 간디를 강제로 마차 좌석에서 끌어 내리려고 했고, 간디는 손이 부러질지언정 이 수모를 넘기지는 않겠다는 각오로 마차 문고리를 잡고 필사적으로 버텼다. 이 대립을 지속하던 중에 한 백인 손님이 이 자는 죄가 없다며 간디를 두둔했고, 결국 간디는 마차 좌석에 무사히 탈 수 있었다.

어쩌면 이 사건이 간디의 투쟁 방향에 처음으로 영향을 주었을지도 모른다. 간디는 불합리한 대우도 한 번은 참았고, 인권까지 무시하는 수준이 되자 폭력을 쓰기보다는 자신의 심정과 상대 논리의 허점을 차분히 말했다. 상대가 폭력을 쓰며 억지로 공격하자 폭력에 맞대응하기보다는 상대에게 불복종하는 식으로 버텼다. 물론 간디가 본격적으로 비폭력 투쟁의 방향을 잡은 건 좀 더 이후지만 그리 용감하게 행동할 수 있었던 건 이 사건이 처음이었는지도 모른다.

이런 상황은 남아프리카 전체에 팽배했다. 남아프리카에서 사탕수수 재배를 하면서 때마침 세계적으로 노예제가 폐지됐기 때문에 동인도 회사는 노예를 쓸 수 없는 형편이라 중국이나 인도 쪽 노동자를 많이 영입했다. 그러나 이주 노동자들의 생활양식이 워낙 영국인과 다르다 보니 '쿨리'라고 부르며 멸시했다. 쿨리는 본래 중국인 노동자에게 쓰는 말이었지만 어느새 유색인종

전체를 일컫게 됐고, 따라서 유색인종을 돕고 있고 유색인종인 간디의 별명도 자연스럽게 쿨리 변호사가 됐다.

어찌 보면 쿨리는 일제강점기 시절 일본인이 우리 한민족에게 한 멸칭인 조센징과 일맥상통하며, 흑인 노예 시절 흑인들이 들었던 멸칭인 니그로와도 일치한다. 니그로는 오랜 투쟁 끝에 흑인의 인권이 그나마 나아지며 흑인들 본인도 장난으로 쓰는 등 순화됐지만, 불행하게도 쿨리는 거기에 해당하지 않았다. 따라서 제국주의가 사라지자 자연스럽게 사라진 멸칭이 됐다.

이런 우여곡절 끝에 간디는 압둘라 셰드 밑에서 변호 업무를 하게 됐는데, 그러면서 변호사가 해야 할 일은 분쟁으로 돈을 버는 게 아닌 분쟁을 화해시켜야 함을 깨달았다. 특히 소송하는 두 집단 모두에 부담을 줄 정도로 분쟁이 길어지면 소송비용이 늘어나고, 서로 감정만 험악해지니 이것은 옳지 않다고 생각했다. 결국 간디는 압둘라 셰드에게 소송으로 승부를 보기보다는 서로 합의하고 화해해서 결판을 내자고 제안하였고, 압둘라 셰드는 이를 받아들여서 소송 사건은 원활하게 끝났다.

이 사건은 간디가 후에 한 말인 '정치라는 것은 약자의 눈물을 닦아주는 것'에 영향을 주었을지도 모른다. 특히 변호사 중 재벌에 고용되어 재벌의 편의를 봐주면서 소송 비용을 챙겨 먹는 유형이 있음을 생각하면 간디의 변호사관은 변호사가 되려는 사람들이 마음에 새겨야 할 부분일 것이다. 단순히 돈을 벌기 위해 변호사가 되겠다는 사람이 있다면, 간디의 일화를 깊게 생각하며 자신을 돌아보는 게 좋을 것이다.

남아프리카에 살면서 간디는 삶에 관해서도 탐구하기 시작했다. 종교에 대해서는 기독교 교회에 가서 교리를 듣고 기독교도의 의견을 정리해보기도 하고, 그들과 서로의 생각을 토론하기도 했다. 이런 경험이 있었기에어서 간디는 자신이 힌두교도였는데도 힌두교와 이슬람교도의 대립에서 힌두교도만의 편을 드는 것이 아닌 서로의 화합을 시도하려는 노력을 할 수 있었다. 물론 반대하는 사람도 있었고 어떤 힌두교도는 간디에게 불만을 품고 간디를 암살하긴 했지만, 간디의 관용 정신은 아직도 이어지고 있다.

간디는 여러 종교를 접하면서 종교는 각자 장단점이 있으므로 자기 수행에 맞는 종교를 믿어야 한다는 결론을 냈다. 힌두교는 윤회설 같은 심오성은 인정했지만 계급제는 긍정할 수 없었고, 특히 불가촉천민 제도14)는 없애야 한다고 보았다. 또한 베다의 권위성도 그렇게 보면 성경이나 코란과 다를 게 없다고 일축했다. 이렇듯이 간디는 종교를 긍정하되 수행에 방해되고 기본적 양심에 어긋나는 부분은 받아들이지 않았는데, 그래서 관용을 주장할 수 있었는지도 모른다.

---

14) 불가촉천민(不可觸賤民)은 인도의 신분제인 카스트(바르나)에서 규정하지 않는 제도 외의 계급이다. 아예 계급 외의 불경한 존재로 취급받는다. 전통적인 힌두 사회에서 이들은 '몸의 어느 곳이 남에게 닿아서도, 상위 카스트에 말을 걸어서도 안 되는 존재'이다.

또한 초기 인권운동 시절 간디는 영국에 대한 존경심이 남아 있었다. 간디는 도덕이 그렇듯이 충성심은 결코 겉으로 해서는 안 된다고 주장했다. 나탈에 있을 때 간디는 영국의 국가를 부를 때 자신도 같이 부르는 게 옳다고 생각했는데, 그 시절 간디는 영국의 통치가 잘못이 있긴 하지만 전체적으로 피통치자에게도 손해는 아니라고 생각했기 때문이다. 그때 간디는 인종차별은 영국 전통에 반대되고 일시적이며 국지적인 것으로 생각했고, 영국에 진심으로 충성했다. 간디는 결코 이 충성심을 이용하려 하지 않았고 대가를 바라지도 않았다. 의리적인 심정으로 충성한 것이기 때문이다. 그렇기에 영국 국가를 아이들에게까지 가르쳤다.

점차 아힘사에 대한 생각이 깊어지면서 간디는 영국을 비판적으로 바라보기 시작했다. 특히 영국 국가 구절 중 '적을 모두 멸망시키자'는 부분은 아힘사 정신에 거스른다고 판단했다. 그 심정을 간디는 지인에게 말했더니 지인은 동감하였고, 아힘사의 신자가 그 구절을 부르는 것은 잘못이라고 말했다. 간디는 이 구절이 문제인 이유를 적이라고 해서 악이라고 단정할 수 없고, 적이라고 해서 그들을 반드시 잘못이라 할 수 없으며, 정의를 간구할 수 있는 건 하나님뿐이라고 적었다. 적이라고 해서 무조건 나쁘다는 선전에 비판적 의견을 가진 것이다. 그래서 간디는 영국을 적대하기로 한 시점에서도 영국인 그 자체를 적으로 보지 않았고, 인도의 통합을 진심으로 바란 것이다.

특히 간디가 한 이 지적은 그 이후에도 적용할 수 있는데, 나치부터가 독일 국민을 단결시키기 위한 목적으로 이미지가 안 좋은 유대인들을 적으로 몰았다. 이것은 인류 역사상 가장 거대한 조직적 대학살인 홀로코스트를 불렀고, 나치의 동맹인 일본 제국조차 서방의 기술력 덕에 발전해놓고 2차 세계대전 때 서방을 적대시했다. 그러자 서방을 귀축영미(귀신과 짐승 같은 영국과 미국)라 선동해 일본 민중들이 전쟁에 적극적으로 참여할 수 있도록 강요했다.

우리나라만 해도 해방 이후 한국전쟁을 거치면서 한동안 북한을 일방적으로 적대시하고, 그걸 핑계로 없는 간첩도 만들어가며 독재 정치를 한 역사가 있다. 그것도 공산주의가 아닌 민주주의를 주장하는데도 자신들의 정권 유지에 방해된다는 이유로 그런 것이다. 적 그 자체의 악마화는 인류사에 하루 이틀 벌어지는 현상이 아니니 마땅히 경계해야 할 것이다. 일본의 정치인들이 망언한다고 해서 일본인 전체를 악마 취급해서는 안 되듯이 말이다.

소송은 끝났지만, 간디가 본격적으로 인권 활동을 시작한 것은 이때부터였다. 간디가 계약 기간이 끝나서 남아프리카를 막 떠나려는 순간, 인도인 노동자와 상인들의 선거권을 뺏는 법이 체결되기 시작한다는 게 보도된 것이다. 간디는 결코 이걸 두고 볼 수 없었고, 인도인들도 마찬가지였다. 인도인들은 간디에게 보수는 얼마든지 드릴 테니 한 달만 남아달라고 했고, 간디는 보수는 필요 없고 자신도 이 법이 잘못된 것에 공감하니 얼마든지 변호를 하겠다고 했다. 그렇게 쿨리 변호사의 일대기가 시작됐다.

간디는 나탈로 향한 뒤 선거권을 뺏는 법에 열심히 저항하기 시작했다. 간디는 필사적으로 나탈에 거주하는 인도인들 중에서 법안에 반대하는 사람을 모았으며, 그 수는 무려 1만 명이나 됐다. 간디는 이때만큼은 인도인들이 갈등을 그만두고 뭉쳤다고 회고했다. 법안을 반대하는 근거로 인도에서 인도인은 선거권을 가지고 있으니 나탈에서도 가질 수 있고, 그걸 행사할 수 있는 인도인은 적으니 그걸 그대로 가지고 있게 하는 게 낫다는 걸 제시했다.

이때 간디는 적극적으로 영국을 부정하기보다는 영국의 법을 최대한 인도인에게 유리하게 해석하는 쪽으로 인권운동을 한 것인데, 이때의 간디는 아직 변호사에 더 가까웠다고 볼 수 있다. 그렇게 법안을 잠시 미루기까지 해보았지만 결국 법안은 큰 수정 없이 통과되고 말았다. 간디는 지속적으로 남아프리카 인도인을 위해 싸우기로 결심하고 나탈에 정착했다. 그렇게 인도인들의 여론을 모으는 역할을 해냈고, 그래서 쿨리 변호사인 그는 경계를 받기 시작했다.

간디는 나탈에 정착하기로 하면서 변호사 허가 신청서를 냈다. 봄베이 고등법원의 허가증을 가지고 있고 영국의 증명서도 첨부되어 있는 데다, 혹시 몰라 압둘라 셰드를 통해 유명한 두 유럽인

상인의 보증서 두 통을 덧붙였다. 신청서는 변호사회 회원 한 사람을 통해 제출해야 하는데, 때마침 다다 압둘라사에 검찰총장이 있어서 문제없었다. 그러나 변호사회는 신청 반대 통지를 보냈다. 반대 이유 중 하나는 영국 변호사 자격증이 신청서에 첨부되지 않았다는 거지만 주된 이유는 변호사 허가 규정 제정 때 유색인의 적용 문제를 고려하지 않았다는 것이다.

변호사회는 자신들의 반대를 지지받기 위해 변호사를 썼는데, 때마침 그 변호사도 다다 압둘라사와 관계가 있어서 간디는 압둘라 셰드를 통해 그 변호사와 대화하기로 했다. 간디는 먼저 자기 경력을 말했고, 그 변호사는 변호사회는 간디를 식민지 출신 협잡꾼으로 의심하고 있었기에 그렇다고 답변했다. 간디는 압둘라 셰드와는 남아프리카에서 처음 만났다고 반박했지만 그 변호사는 같은 고장 사람이기에 간디가 압둘라 셰드의 보증서를 제출했다면 받아줬을 거라고 변명했다.

이에 간디는 속으로는 내가 압둘라 셰드의 보증서를 냈다면 그때는 유럽인의 보증서를 내라고 했을 것인 데다 애초에 변호사회 가입에 출신과 경력을 따진다는 것부터가 잘못됐다고 생각했다. 하지만 꾹 참고 그 권리를 인정하지는 않았지만 일단 압둘라 셰드의 보증서를 내겠다고 답변했다. 그 변호사는 그 조치에 승낙했으나 변호사회는 끈질기게 신청을 반대했다.

그러나 최고재판소는 간디가 위조 조처를 했다면 그때 쫓아내면 될 걸 지금부터 따지는 건 억지라는 판결을 내렸다. 이때 재판장은 변호사가 입는 복장은 재판소의 규정을 따라야 한다며 터번을 벗으라고 했고, 간디는 이를 따랐다. 앞으로 인도인을 위한 기나긴 투쟁을 시작할 텐데, 여기서 투쟁력을 소모해서 좋을 것은 없다고 생각했기 때문이다.

물론 이에 대한 반대 의견도 있었다. 압둘라 셰드를 비롯한 간디의 지인들은 간디가 터번을 벗은 건 자기 권리를 포기한 것과 같다고 말한 것이다. 간디는 이에 대해 인도에 있으면서 영국 관리나 재판관이 터번을 벗으라고 명한다면 당연히 거절해야 하지만 재판소의 관리로서 재판소 풍속을 무시하는 건 도리가 아니라고 대답했다.

이는 사정이 다를 때는 일을 보는 것도 처지를 바꿔서 하는 원리를 따른 거지만, 영국의 인종차별에 많이 화나 있던 간디 지인들을 완전히 설득시킬 수는 없었다. 간디는 이 신조를 평생 지키려 했으며, 이 신조에 대해 이런 말을 남겼다. '진리는 굳을 때는 금강석 같으면서도 또 연할 때는 꽃 같은 것이다.' 그래서 간디는 영국을 상대로 타협 없는 비폭력 투쟁을 하면서도 힌두교와 이슬람의 통합을 진심으로 주장할 수 있었던 것이었다.

간디는 인도인에 대한 차별을 막기 위해 지속적인 시위운동을 할 기구를 설립하고 이름은 나탈 인도 국민의회로 명명했다. 처음 나탈 인도 국민의회의 규약은 가벼웠지만 입회 부담은 무겁

게 해 매달 5실링을 내는 사람만이 회원이 될 수 있었고, 부자일수록 많이 내도록 권장했다. 압둘라 셰드는 솔선수범해서 매달 2파운드(1파운드=20실링)를 냈고, 간디도 솔선수범해 매달 1파운드를 냈다. 그 당시 인도인 노동자의 평균 월급이 12~13실링이었다는 것을 참고하면 1파운드가 얼마나 거금인지 알 수 있다. 나중에는 회비 납부를 매달이 아닌 매년으로 하고, 최소 금액을 3파운드로 했다. 간디가 이런 제안을 한 건 공공사업은 빚을 지기 시작하면 추진이 어렵기 때문에 국민의회가 자금력을 가지기 위해서였다.

의회는 특별한 안건이 있는 경우 매주 열렸고, 식민지 출생 인도인에 대한 교육활동 봉사 또한 주력했다. 그렇게 식민지 출생 인도인 교육협회가 창립됐고, 회원인 청년들의 회비는 가볍게 했다. 교육을 위한 일에 회원 자격을 어렵게 해서는 안 된다는 생각을 한 것이다. 회원들은 정기적으로 모여서 여러 가지 문제에 관해 의견을 발표하거나 신문을 읽었다. 교육협회에는 작은 도서관도 설치했다.

인도 국민의회는 선전에도 주력했다. 선전의 대상은 남아프리카와 영국에 있는 영국인과 인도 국내에 있는 인도인이었다. 나탈 인도인의 실태와 선거권의 역사 등을 담은 두 개의 소책자도 발간했다. 인도 국민의회는 우리나라의 임시정부를 떠올리게 한다. 해외에 세워진 것도 같고, 차별의 실태를 해외와 자국에 알린다는 점에 대해서도 일치한다. 다만 우리나라 임시정부는 기본적으로 독립이 목표이고 온갖 노선이 혼합되어 있었지만 인도 국민의회는 남아프리카 인도인들의 인권 개선이 목표였고 평화 투쟁 노선이 확립되어 있다는 게 차이다. 이 시절 간디는 아직 영국을 믿고 있었기 때문이다.

이걸로 간디는 만족할 수 없었다. 인도 국민의회가 소기의 목적을 달성하려면 약자의 편에 서야 하는데, 인도 국민의회는 근본적으로 회비를 낼 수 있는 돈이 있어야 가입할 수 있고 봉사를 통해서만 약자와 접촉할 수 있었다. 그때 기회가 왔다. 발라순다 람이라는 어느 계약 노동자가 앞니 두 개가 부러진 채로 터번을 들고 간디 앞에 나타나서 하소연한 것이다. 그의 주인이 분노를 참지 못하고 발라순다람을 두들겨 패서 이빨까지 부러뜨린 것이다. 간디는 일단 발라순다람을 의사에게 보낸 뒤 진술서를 작성해서 치안 판사에게 보냈고, 치안 판사는 이를 보고 화를 내면서 고용주에게 소환장을 보냈다.

간디는 고용주를 처벌하기보다는 발라순다람을 해방하는 데 중점을 두려고 했다. 당시 일반 하인은 잘못을 저질러도 민사 재판에 고소되는데, 계약 노동자는 형사 재판에 고소될 정도로 하인보다 대접이 못한 사실상 노예 수준의 소유물이었다. 거기다 계약 노동자를 풀어주는 방법은 두 개뿐이었는데, 계약 노동자 보호관에게 계약을 취소하게 하거나 다른 사람에게 계약권을 이전하는 것이다. 후자가 더 빠르고 쉬웠기 때문에 간디는 발라순 다람의 전 주인에게 찾아가서 당신을 고소할 생각은 없으니, 계약권을 다른 사람에게 이전해주기만 하면 된다고 설득했다. 전 주인은 그 제안을 승낙했고, 보호관도 동의했다.

그렇다고 일이 끝난 게 아니었다. 인도인은 계약 노동자를 고용할 수 없어서 발라순다람을 고용할 새 유럽인을 찾아야 했다. 간디는 간신히 인성이 좋은 유럽인을 찾을 수 있었고, 치안 판사는 고용주에게 유죄를 선언한 후 계약서 이전을 약속했다. 이 사건은 인도 국민의회가 계약 노동자 같은 약자들의 편임을 선언한 셈이었고, 계약 노동자들은 안심하고 국민의회를 찾아왔다. 그렇게 간디는 그들의 사연을 직접 접하고 도와줄 기회를 얻은 것이다.

당시 계약 노동자나 낯선 인도인이 유럽 사람을 찾아갈 때 그 앞에서 머리에 두른 모자나 터번 같은 것을 벗어야 하는데, 발리순다람은 인도인이지만 상류층에 속하는 간디 앞에서 자신의 터번을 벗었다. 터번에 대한 차별로 고생한 적이 있는 간디는 터번을 써도 괜찮다고 했다. 간디는 발라순다람이 주저하는 기색이 있었지만 써도 된다는 말에 기뻐했다고 한다. 반면 사람들이 자신의 동료를 천대하면서 그것으로 자신이 높아진 듯이 하는 건 참으로 알 수 없는 일이라고 감상을 표했다.

현대에서도 인터넷에서 다른 사람의 치부를 올리며 자신이 높아진 줄 아는 악성 분탕들이 흔한 걸 생각하면 간디의 이 지적은 어느 시대든 통하는 통렬한 지적이라고 할 수 있다. 당장 간디가 살던 시대만 해도 백인들이 타 인종을 얕잡아보고, 같은 백인들조차 부유층과 빈민층이 극단적으로 나뉘지 않았는가.

인도 국민의회가 드디어 입법에 영향을 준 사건이 있었다. 특별세금 부과법에서 세금의 액수와 종류를 바꾼 것이다. 그러나 간디는 이것은 반쪽짜리 성공에 불과했다고 자조했다. 왜 그런지 알아보자. 앞서 말했듯이 영국인은 남아프리카의 사탕수수 농사를 위해 인도인 노동자들을 고용했는데, 처음에는 동기유발을 위해 계약 기간이 끝나면 자유롭게 그곳에 정주하며 토지를 소유할 수 있게 했다. 그러나 인도인들은 그들이 생각한 것보다 더 유능했다. 인도인 상인들은 사탕수수 재배에 그치지 않고 농작물들과 인도산 작물을 싼값에 재배했고, 망고까지 수입해서 재배했다. 농업에만 그치지 않고 상업까지 시작했는데, 압둘라 셰드가 다다 압둘라 사를 세울 수 있었던 이유도 인도인의 뛰어난 역량 때문이었다.

이를 예상하지 못한 백인 무역상들은 놀랐다. 단순 농민으로만 남을 줄 알았던 이들이 능동적으로 산업을 하며 경쟁자가 된 것을 그들은 참을 수 없었던 것이다. 자본주의의 아버지 애덤 스미스가 이 꼴을 봤다면 자유경쟁의 원칙에 어긋나지 않는 걸 도덕까지 어겨가며 막으려 한다고, 이들의 인간성과 도덕성에 탄식했을 게 뻔하다는 생각이 든다. 하긴 자국 노동자들조차 인간이 아닌 돈벌이 수단으로만 본 자들이 유색인종을 배려할 리 없다는 생각이 든다.

인도의 생활양식이 영국과 다른 것, 외관을 신경 쓰지 않고 저축을 더 중시하는 성질, 건강과 위생에 대한 인도인의 무관심은 이 적대심의 불꽃에 부채질까지 하는 격이었다. 건강과 위생이야 간디 본인도 바로잡으려 할 정도 불쾌한 것은 맞았으나 나머지는 문화를 배려하지 않은 셈이었다. 더구나 입법과 별도로 인도인을 괴롭히기 위한 정책을 쏟아내야 할 이유는 결코 되지 못했다. 이걸 보면서 제국주의를 본 애덤 스미스는 인간이 도덕심을 빼고 자본에만 집착한 대가라고 탄식할 것 같다는 생각까지 들었다.

다시 입법으로 들어가자면 입법의 내용은 다음과 같았다. 1) 계약 노동자들은 계약 기간이 끝나면 본국으로 돌아갈 것, 2) 2년마다 계약을 갱신하고, 갱신할 때마다 계약금을 올릴 것, 3) 만약 계약 갱신이나 인도 귀국을 거부할 시 매년 25파운드의 세금을 낼 것. 간디를 포함한 국민의회는 어떻게든 세금이라도 줄여보려고 애썼고, 인도 총독이 결국 25파운드에서 3파운드 인두세로 세금을 바꾸면서 성과는 나타났다.

그럼 왜 간디는 이것이 반쪽짜리 성공이라고 자조했을까? 그건 3파운드도 그 시대의 물가를 고려하면 고액이었기 때문이다. 당시 인도인 노동자의 월급이 대략 12~13실링이었는데 인도의 가족 문화상 가족은 보통 부부와 자녀 둘이 일반적이었다. 그렇게 3파운드의 인두세는 사실상 한 가정이 매년 12파운드의 세금을 내야 하는 가혹한 규정이 된 것이다. 그래서 간디는 인도 총독이 인도인의 이해를 고려하지 않았고, 의무가 아닌 것을 강제했다고 비판까지 했다. 결국 아예 세금이 철폐되는 건 그로부터 20년이 지나서였는데, 계약 노동자들의 기나긴 시위 덕에 가능했다.

간디는 이렇게 남아프리카에서 투쟁을 이어갔고, 3년이 지나자 6개월 동안 본국에 돌아가기로 했다. 이유는 본격적으로 남아프리카에 오래 체류해야 하기에 가족을 데려와서 남아프리카에 살기로 한 것이다. 간디는 봄베이로 가기 전 라지코트로 가서 남아프리카에 있는 인도인의 상태를 알리는 소책자를 썼다. 표지가 녹색이라서 녹색 팸플릿으로 불렀다. 간디는 녹색 팸플릿의 내용을 실제보다 다소 온건하게 구성했다. 멀리서 듣는 이야기는 과장되기 쉽기 때문에 그렇게 한 것인데, 후에 그런 온건한 내용마저 본래보다 많이 부풀려져 백인들이 간디에게 큰 적개심을 가지는 계기가 된 걸 생각하면 간디의 통찰은 씁쓸하게 맞아떨어졌다.

팸플릿을 쓰는 것에 열중하던 도중 문제가 터지고 말았다. 봄베이에 역병이 돌기 시작한 것이다. 라지코트에까지 전파될 위험이 있어서 간디는 주 정부에 원조 신청을 했고, 주 정부는 그걸 받아들여서 간디를 사태조사위원으로 임명했다. 간디는 변소의 청결을 강조하면서 검사하려 했고, 위원회도 그 결정에 동의했다. 조사할 때 하류층은 검사에 반대하지 않고 오히려 개량에도 착실하게 응했지만, 상류층 일부는 안에 들이려고 하지 않았고 지시는 더더욱 들으려고 하지 않았다. 간디는 이에 대해서 상류층일수록 변소가 더러웠다고 감상을 표했다.

간디가 한 개량은 간단한 것이었는데, 대변을 땅에다 보지 말고 통을 준비할 것, 소변도 땅에 보아서 젖어 들게 하지 말고 통을 준비해서 볼 것, 바깥담과 변소 사이의 벽을 없애서 햇빛과 공기가 잘 통하고 청소부가 손쉽게 처낼 수 있도록 할 것이었다. 우리나라에서도 재래식 화장실에 하는 조치인데, 간디는 상류층은 개량 사항에 갖가지 이유를 대며 반대하면서 대개는 잘 시행하지 않았다고 했다. 이 부분만큼은 영국인들의 분노가 이해되기도 한다. 물론 그렇다고 해서 인종차별이 정당하지는 않지만 말이다.

조사는 불가촉천민의 거주 지역도 포함됐는데, 그들은 변소가 없고 특정한 장소를 지정해 거기서 일을 봐서 방은 오히려 깨끗했다고 한다. 정작 상류층들은 불가촉천민은 접촉조차 꺼리는 존재로 여기는 걸 생각하면 간디로서는 코미디도 이런 코미디가 없었을 것이다. 간디는 특히 상류층의 변소 중 몇몇을 자세히 서술했는데, 하수 시설에 물도 소변도 다 버려서 집 전체에 코를 찌르는 냄새가 났다는 것이다. 한 집에서는 침실이 아래 위층으로 되어 있었는데, 방안에 하수 시설이 있어서 거기서 대소변을 다 보게 되어 있었다고 한다. 하수통의 파이프는 밑층으로 내려와 있었는데, 고약한 냄새 때문에 도통 서 있을 수 없었다고 한다.

우여곡절 끝에 간디는 봄베이에 도착했는데, 하필이면 간디의 매부가 병에 걸려 있었다. 매부는 가난했고 누나도 간호를 잘 하지 못해서, 간디는 매부의 승낙을 받아 매부와 누님을 라지코트로 데려와서 간호했다. 간디는 밤까지 새워가며 정성스럽게 간호했지만 결국 매형은 사망하였고, 이튿날 바로 공개 집회 때문에 다시 봄베이로 가야 했다. 그것도 연설 원고조차 없이.

간디는 즉흥적으로 연설하려 했지만 주변 인물들은 그래서는 보도가 잘 되지 않는다며, 연설문을 써야 하고 내일 해 뜨기 전에 인쇄해야 한다고 했다. 간디는 이를 승낙하고, 다음날 집회에서 이 조언이 현명했다고 인정했다. 연설문을 써두었기에 간디가 떨려서 제대로 연설을 못하는 상황에서도 친구나 다른 인물이 이어서 읽는 식으로 낭독할 수 있었고, 연설도 만족스럽게 끝났기 때문이다.

봄베이 집회가 성공적으로 끝난 이후 영국 유학 시절의 지인을 다시 만났다. 그에게 남아프리카 사업을 도와 달라고 요청하자 거절할 뿐만 아니라 다시는 남아프리카에 가지 말라고 충고했다. 남아프리카의 교포들이 고통받는 건 알지만 인도의 자치가 더 급하고, 그러면 남아프리카의 교포들도 자동으로 돕는다는 논지다. 간디는 이 조언을 좋게 생각하지는 않았지만, 그 지인을 이해하고 존경하게 됐다. 그러나 간디는 남아프리카의 일을 계속하기로 마음먹었다.

간디는 남아프리카로 돌아가기 전에 만난 사람들에 대해 비유를 통한 감상을 남겼다. 페로제샤 경에게는 히말라야 같다는 평가를 남겼고, 로카만야에게는 대양 같다는 평가를 남겼다. 마지막으로 고칼레에게는 갠지스 강 같다는 평가를 남겼다. 히말라야는 기어오를 수 없고, 바다에 배를 띄우는 것도 쉬운 일은 아니지만, 갠지스는 누구든지 쉽게 들어올 수 있다는 것이다. 간디는 고칼레의 포용력을 높게 평가한 것이다.

그렇게 간디는 가족을 데리고 남아프리카로 향하는데, 항해 도중 폭풍우를 마주했다. 폭풍우는 다행히 무사히 넘겼지만, 진짜 고난은 이제부터였다. 더반에 상륙하려는데 더반의 백인들이 간디 일행을 본국으로 송환하라는 시위를 한 것이다. 그들은 다다 압둘라 사에 협박과 유혹도 하였고, 나탈 정부를 뒷배로 두었다. 더반의 백인들이 이런 일을 벌인 이유는 두 가지였는데, 첫 번째는 간디가 인도에 있는 동안 나탈의 백인을 부당하게 비난했다는 것이고, 두 번째는 나탈을 온통 인도인으로 들끓게 할 생각으로 간디가 일부러 이주민들을 두 배에 싣고 왔다는 것이다.

그야말로 억지 그 자체인 주장이다. 첫 번째 주장은 자기 잘못이 잘못이라고 인지하지 못한 적반하장인 데다 간디가 녹색 팸플릿을 쓸 때 본래보다 순화시켜 쓴 것을 생각하면 어처구니없을 지경이다. 두 번째 주장은 애초에 나탈에 인도인들을 들이기 시작한 건 영국인데 간디한테 이래라저래라 하는 건 도둑놈이 제 발 저린 수준이다. 간디가 데려온 인도인들은 가족과 친척 빼

고는 간디와 상관없이 자발적으로 온 자들로 간디는 그 증거를
갖고 있었다.

간디는 나탈의 백인들은 서양 문명의 폭력성을 대표한다며 슬
퍼하고 탄식했지만 그들에 대해 노여워하지 않았다. 다만 그들
의 무지와 편협함을 가엾게 여겼고, 자기네들이 하는 일을 옳다
고 생각하니 자신은 그들에 대해 노할 이유가 없다고 단언할 정
도였다. 그렇게 백인들은 최후통첩을 전달했다. 살고 싶으면 항
복하라는 것이었다. 그러나 간디와 승객들은 정당한 권리에 따
라 상륙하겠다고 했고, 그렇게 상륙이 시작됐다.

지인은 백인들이 간디에 대해 분노한 상태라 위험하니 간디와
가족은 해가 진 뒤에 상륙하는 게 좋을 것이며, 그러면 그때 부
두 감독관이 집까지 호송할 것이라고 했다. 간디는 이에 승낙했
지만 반 시간 후 법률 고문이 자신이 간디를 데리고 가겠다고 하
면서 간디 가족은 자기 지인의 집으로 보내고 자신과 간디는 걸
어서 가면 된다고 했다. 이유는 잘못한 것도 없는데 밤에 들어가
는 건 찬성할 수 없고, 백인들이 간디를 해할 염려는 없다는 것
이다.

간디는 이에 동의하고 그렇게 실행했지만, 기필코 사건은 터지
고 말았다. 간디가 육지로 올라오자 곧바로 백인 군중들이 분개
하며 달려온 것이다. 법률 고문은 이를 보고 겁먹어서 인력거를
부르고 간디와 같이 타려 했지만 성난 백인 젊은이들이 인력거

꾼을 협박해서 인력거꾼은 그대로 도망치고 말았다. 법률 고문과 간디가 어쩔 수 없이 걸어가는 동안 백인 군중들은 점점 불어나서 나아갈 수 없는 정도가 됐다. 곧바로 법률 고문과 억지로 떼어놓아진 뒤 간디에게 돌, 벽돌, 썩은 달걀이 투척됐다. 그것도 모자라 아예 발로 차고 받고 때려눕혔고, 이를 보던 경찰서장 부인은 양산을 들고 간디를 지키기 위해 막아섰고, 그제야 폭도들은 폭행을 멈추었다.

그 사이 경찰서장은 경찰차를 통해 간디를 긴급하게 이송해서 겨우 그 자리를 긴급히 피신할 수 있었다. 식민지 담당 국무장관은 이 사건을 듣고 폭도들을 기소하려 했지만, 간디는 이에 반대했다. 그들은 잘못된 보도를 믿고 그런 일을 벌인 것이니 잘못된 보도를 막지 못한 자들이 잘못된 것이라며, 그들이 진실을 안다면 반드시 반성하리라는 것이다. 간디는 그렇게 남아프리카에 돌아왔고, 간디가 가해자를 고발하지 않겠다고 한 것은 백인들에게 큰 충격을 주었다. 신문들은 폭도들을 비판하고 간디를 옹호했고, 더반의 백인들은 자기 행동을 반성했다. 싸우지 않았기에 되레 이긴 셈이다.

이제 간디 개인의 생활실험에 대해 알아보자. 우선 자녀교육에 관해 이야기해 보려고 한다. 간디는 자식을 학교로 보낼 생각이 없었다. 왜냐하면 그 당시 인도인이라면 구자라트어가 표준 언어였는데, 당시 인도인을 대상으로 한 학교는 영어가 주였고, 그 외에는 정확하지 않은 힌디어나 타밀어가 고작이었기 때문이다.

그래서 간디는 언어를 자신이 직접 가르쳐야 했다. 언어교육에 나름대로 신조가 있었는데, 먼저 자국어를 완전히 익히고 나서야 외국어를 익혀야 한다는 것이었다. 먼저 자국어를 익히는 것으로 기초 사고를 완성하고 외국어를 익혀야 혼동이 없다는 것이다. 특히 언어 중에서는 문법이 비슷한 것도 있고 다른 것도 있으니, 기초가 없이 외국어부터 익히다 보면 이도 저도 안 된다는 것이다.

외국어 열풍이 아직도 그치지 않고 있고 어릴 때부터 영어를 익히는 게 정상이라는 우리나라 입장에서는 다소 고리타분한 언어관으로 보일 수도 있다. 그러나 많은 언어학자들은 간디의 이 언어관이 오히려 정설이라는 입장이다. 사고가 확립되지 않은 상태에서 먼저 외국어를 익히면 되레 어중간해지기 쉽다는 것이다. 실제로 진짜배기 영어 고수들 또한 개인차가 있지만 이게 맞는다고 한다.

특히 영어와 한국어는 문법이 이리저리 달라서 어설프게 익혔다가는 되레 어중간해지기 쉬운 언어이다. 그런 의미에서 어릴 때부터 영어를 익히면 영어가 늘 것이라는 믿음에 한글도 다 못 뗀 아이에게 영어교육을 하는 학부모들은 나쁘게 말하면 교육심리를 악용당해서 사교육 기관들에 돈을 헌납하고 있다고 볼 수도 있다. 정작 중요한 것을 놓친 채 풍문에만 의존해서 교육하다 아이를 망치는 셈이다.

간디는 그뿐만 아니라 가정교육이야말로 모든 교육의 시작이라 보았다. 아이는 부모를 보고 배우는 것으로 인격 형성이 시작되기 때문에 가정교육이 제대로 되어야 사회생활도 제대로 하고 남을 배려할 줄 알게 된다는 것이다. 그렇기에 간디는 큰아들의 비행은 젊은 시기 자신이 사회에 대해 고민하느라 가정교육에 소홀한 자기 책임이라 자책했다.

실제로 간디의 큰아들은 다른 아들들과 달리 학교를 나오는 등 더 좋은 교육을 받았지만 아내를 갈아치우고 종교를 이슬람교로 바꾸는 등 당시 인도 상황에서 충격적인 짓을 하다가 결국 간디가 죽은 후 쓸쓸하게 죽었다고 한다. 반면 간디의 다른 아들들은 비록 학교 교육을 못 받았지만 간디의 비폭력운동을 꿋꿋이 따라갔다.

이 부분을 보면서 한국 청소년 교육문화에 대해서 적용해야 할 말이라는 생각이 들었다. 우리나라의 교육열은 지나치게 과열되어 학원 여러 개를 보내는 게 당연하게 여겨지는 데다, 그 때문에 부모와 자식이 얼굴을 마주 보고 대화할 시간이 줄어든다. 그렇기에 학생들은 제대로 된 대인관계를 갖기 힘들고, 게임에 빠져들거나 그 울분을 학교폭력의 형태로 배출하기 쉽다. 부모의 처지에서야 자식이 잘 되길 바라는 마음이었을 것이다.

그러나 자식이 원하는 것이 아닌 부모 자신이 원하는 것을 강요하고, 자식의 상태보다는 자식의 성과를 보려 한다는 점에서 자식을 자기도 모르게 자신의 소유물로 보는 왜곡된 유교적 문화이자 비뚤어진 사랑이 아닌가? 간디가 자신이 큰아들의 교육에 대해 미숙했다며 후회하고 큰아들의 비행에 피해를 본 사람에게 진심으로 사과했다는 것을 생각하면, 자식을 위한다는 명목으로 정작 자식에 대해서는 소홀한 게 아닐지 이 땅의 부모들은 돌아봐야 할 것이다.

이제는 경건, 간디의 말로 하자면 브라마챠라에 대해 이야기해보자. 브라마챠라는 넓은 의미로는 금욕이지만 정결주의, 동정생활을 의미하는 쪽이 강하다. 간디는 아내는 자신의 소유물이 아니기에 일을 함부로 강요할 수 없으며, 서로 브라마챠라에 대한 맹세를 해야 한다고 보았다. 이미 자녀는 4명이나 있어서 더 낳을 필요도 없었고, 마침 비폭력 투쟁을 하던 간디는 정신적 수행의 일상화가 필요하다는 생각을 한 것이다. 물론 이는 쉽지 않았지만, 줄루 반란[15])에 의무병으로 참여하면서 진실하지 않은 검소함은 오래가지 못한다는 결론을 깨달은 간디는 브라마챠라를 실행하겠다는 결심을 굳힌다.

브라마챠라를 결심한 후 간디는 이 결정을 탁월한 것으로 회고한다. 이 결정 때문에 몸과 마음의 혼을 보호할 수 있었으며, 자신이 신을 실천하는 것임이 느껴진다는 것이다. 간디는 브라마

---

15) 1879년 1월 11일부터 7월 4일까지 벌어진 대영제국과 줄루 왕국의 전쟁. 이 전쟁으로 줄루 왕국은 멸망했고 영국령 남아프리카 식민지에 흡수 병합되어 남아프리카 연방의 토대가 됐다.

챠라는 이제 고행이 아닌 위로이자 즐거움이라고 표현할 정도였다. 하지만 그것이 어렵다는 것은 인정한다. 미각을 조절하는 게 브라마챠라를 지켜가는 데 첫 번째라고 간디는 말하는데, 그래서 간디는 채식주의자로서 뿐만 아니라 브라마챠라를 지키는 자로서도 음식을 조절한다고 한다.

간디는 식이요법을 한 결과 브라마챠라를 지키려면 양념이 들어있지 않은 생식을, 그중에서도 신선한 과일과 굳은 껍질의 열매를 먹어야 한다고 깨달았다. 그래서 애초에 그게 주식이던 남아프리카에서는 정욕에서 해방됐지만, 인도에 들어오고 나서는 건강 문제로 우유를 마시면서 노력을 기울여야 했다고 한다. 다만 간디는 그렇다고 우유를 마시지 말라고 하지는 않는데, 애초에 브라마챠라에 맞는 식단은 정해진 게 아닌 개인이 탐구해서 찾는 것이라는 걸 강조했기 때문이다. 결정적으로 간디가 중시한 브라마챠라의 맹세 조건은 하나님을 실현하는 것으로, 형식보다는 경건함이 중요하다는 것이다. 그야말로 진리실험이다.

간디는 이렇게 생활실험을 하며 점차 소박함과 경건함을 추구했고, 이는 후에 톨스토이 농장에서 집단 전체가 자급자족하는 생활과 부모와 자식 간의 관계를 중시한 가정교육, 영국의 비싼 소금 강매에 반대한 소금 자급자족, 영국의 공산품에 대한 의존을 줄이기 위한 물레 운동, 즉 카디로 이어지게 된다고 볼 수 있다. 위대한 진리의 투쟁이 이런 소박한 시작에서 비롯된 것을 생각하면 우리도 생활을 돌아볼 필요가 있는 것 같다.

이제 공공 부분의 진리실험으로 다시 넘어가 보자. 간디는 인도인을 위해서 투쟁하지만 그렇다고 해서 인도인의 문제점까지 긍정해야 한다는 생각은 절대 하지 않았다. 특히 위생에 대한 비판에는 격렬히 공감했고, 그렇기에그래서 나탈 인도의회의 주요 인물들은 자기 집을 깨끗하게 정돈하게 했다. 그것이 전체로 퍼진 건 더반 시에 흑사병이 돌 때였고, 그 과정도 힘들었다. 간디는 사회를 개혁하려는 자는 그 불이익을 감수해야 한다는 각오로 열심히 했고, 그렇게 남아프리카의 인도인들 또한 사명감을 가졌다. 간디는 이 과정에 대해 진리의 광산은 깊이 파면 팔수록 그 속의 보석을 더 많이 캐낼 수 있으며, 그 보석은 봉사의 길이라고 했다.

자신이 의무병으로 참가했던 보어 전쟁이 끝나자 간디는 인도로 가기로 했다. 남아프리카의 일이 힘들어서가 아니라, 변호사업이 자기의 주된 일이 될까 걱정됐기 때문이다. 거기다 이제는 본국에서 할 일이 더 많았고, 남아프리카의 일은 자신을 대신해서 할 사람들이 있었다. 그래서 간디는 인도에 가게 됐지만 조건이 있었다. 남아프리카 인도인들에게 1년 이내에 간디가 필요하다면 남아프리카로 다시 와야 한다는 것이다. 간디는 이들이 자신을 존경해서 그런 걸 알기에 받아들였다. 하지만 선물만큼은 공공을 위해서 일하는 자는 받아서는 안 된다고 생각해 받지 않았고, 이 때문에 아내와 잠시 다투기도 했다.

간디는 인도에서 일하기 위해 국민의회를 찾아갔고, 봉사 일을 말았다. 국민의회에서 불가촉천민의 비참한 처지를 많이 목격했다. 타밀 사람들은 취사장과 멀리 떨어져 있었던 것이다. 떨어뜨려 놓은 이유도 가관이었는데, 타밀 사람들이 밥 먹는 것을 다른 사람은 보기만 해도 불결했다는 것이다. 그렇게 공동 취사장과 떨어져있는 타밀 사람들의 취사장은 연기가 자욱해서 숨이 막힐 지경이었다. 거기다 취사장, 식당, 화장실이 한 곳에 마련돼 있어 닫힌 금고처럼 답답했다. 간디는 국민의회만 해도 이 지경인데 주민들 사이는 어떠겠느냐고 탄식했고, 비위생적인 환경을 보고 의회가 길어지면 전염병이 발생하지 않을까 우려했다.

간디는 인도에서 여행할 때 반드시 3등 칸을 탔는데, 이는 인도 민중의 실태를 살피기 위해서였다. 간디는 3등 칸을 타면 여전히 불쾌하고 승객을 양떼마냥 취급했다고 회고했다. 유럽은 3등 칸이 1등 칸과 큰 차이가 없었고 남아프리카의 3등 칸은 인도보다는 낫고 승객이 만원이 되는 걸 막기 위한 규정도 있었다. 인도의 3등 칸은 언제나 정원 초과라고 탄식했다. 또한 철도 당국의 무관심은 승객들이 느끼는 불결함과 합쳐져서 청결하게 여행하려는 승객들을 괴롭게 만든다고 지적했다.

간디는 이런 상태를 해결하려면 교육받은 사람들이 3등 칸을 타서 민중의 습관을 고치게 하고, 철도 당국에 주기적으로 항의를 해서 그들이 열악한 상황을 내버려 두지 못하게 하며, 뇌물을 금해야 한다고 했다. 간디는 3등 여객들의 불편을 제거하기 위한 시위운동에 참여하지 못해 아쉬웠다고 한다. 공교롭게도 간디가 다음에 지적하는 곳 또한 불결했는데, 그곳은 바로 힌두교 사원이었다. 그곳은 고요하지 않고 장사꾼들이 시끄럽게 떠들어댔으며, 기껏 바닥을 깔았는데도 거기에는 쓰레기가 버려져 있었다. 간디는 이곳에서 하나님을 찾으면 찾을 수 없다고 혹평했고, 본래 주기로 했던 보시도 훨씬 적게 주는 것으로 항의했다.

인도에서의 일에 적응할 즈음에 남아프리카에서 일이 터졌다. 계약이 있으므로 간디는 다시 남아프리카에 돌아왔지만, 이 일이 순탄치는 않았다. 아시아인 자치 정부와의 갈등도 있었고, 인디언 오피니언이라는 신문 또한 발행해야 했다. 이 신문은 사티아그라하의 원리에 대해 설명하거나 간디의 논설을 싣는 등 우리나라의 독립신문, 대한매일신보 같은 계몽지 역할을 했다. 간디는 이 일에 성실히 임했다. 간디가 감옥에 갇힌 10년을 제외하면 간디의 의견이 실리지 않은 인디언 오피니언은 단 한 부도 없을 정도였다.

간디는 불가촉천민에 대해서도 심도 있게 분석하고 그들을 동정했다. 기독교인들이 유대인을 멸시하고 그들에게 할당된 구역을 게토라고 부르며 천시하는데, 인도인이 불가촉천민을 천시하는 것과 같으며, 영국인에게 있어 인도인도 마찬가지라고 자조했다. 특히 유대인들은 자신들이 선택받은 민족이라 주장하고 그 대가로 자손들이 부당한 보복까지 받았는데, 그것과 비슷하게 힌두교도들은 자신들을 문명인이라 자처하고 자기 중 일부를 불가촉천민이라 한다고 꼬집었다. 남아프리카에서 유색인이 모

인 지역을 쿨리 구역이라 부르는데, 간디는 인도인들이 불가촉
천민을 대하는 것과 같다고 불가촉천민 또한 대등한 존재라고
생각한 것이다.

이러한 쿨리 구역 중 요하네스버그는 무관심과 인도 주민들의
무지가 합쳐져서 비위생적이었다. 시 당국은 이를 개선하기보다
는 이것을 핑계로 요하네스버그의 쿨리 구역을 철폐하기로 했
다. 당연히 이를 그대로 보고만 있을 간디가 아니었다. 간디는
거주민들이 땅의 소유권을 가지고 있으니 구역을 철폐하면 보상
을 받을 권리가 있다는 걸 알고 요하네스버그의 인도인들이 보
상을 받기 위한 소송을 진행했다.

추방령이 내려졌다고 해서 바로 떠날 수 없는 것은 인지상정,
살기 위한 새 지역이 필요했다. 시 당국은 이 일을 해결할 수 없
었기에 인도인들은 구역에 그대로 남아야 했고, 셋방살이로 살
다 보니 더더욱 불결해졌다. 결국 요하네스버그 근처의 금광에
서 흑사병 발병이 시작됐고, 결국 쿨리 구역까지 전파됐다. 간디
는 의사 지인들과 함께 곧바로 간호를 시작했지만, 간디 일행 중
의료 행위에 지식이 있는 사람은 부족하고 환자는 무려 23명이
나 됐다. 간디에게 은혜를 입은 사람들은 이걸 보고 간디 일행을
적극적으로 도왔고, 결국 간디 일행은 환자 전원과 함께 그날 밤
을 넘길 수 있었다.

읍 사무장은 소식을 듣고 자신이 할 수 있는 도움을 주겠다며

빈 창고를 내주었다. 창고 청소를 끝낸 후 침대 몇 개와 그 밖에 필요한 물건을 들여서 임시 병원을 만들었고, 시 당국에서는 간호사를 보내주었다. 간호사는 다행히도 브랜디와 그 외의 병원 기구를 가지고 왔으며, 흑사병 환자들에게 브랜디를 자주 먹이라는 처방을 내렸다. 간호사는 간디 일행에게도 예방 차원으로 마실 것을 권유했지만 간디 일행은 거절했다. 간디는 효력이 없다고 브랜디를 먹지 않으려는 세 명의 환자에게 흙 치료법(배에 젖은 흙을 젖은 수건과 같이 붙이는 민간요법)을 시행했다. 그렇게 치료를 받던 23명 중 둘은 살았지만 나머지 스물한 명은 임시 병원 안에서 죽고야 말았다.

살아난 두 환자를 다른 병원으로 옮기고 환자가 추가로 오면 시 당국이 조치하기로 해서 간디 일행은 흑사병 일에서 벗어났다. 며칠 뒤 간호사가 감염돼 죽었다는 소식을 들었다. 브랜디를 마시지 않은 두 환자와 간디 일행이 무사한 것에 간디 일행은 제대로 설명할 수 없었지만, 이로 인해 간디는 흙 치료법에 대한 신념을 굳혔다. 의학적으로 보자면 성급한 판단이고 돌팔이가 할 법한 판단이지만, 돌팔이들이 자기 엉터리 치료법을 강요하는 것과 달리 간디는 이를 강요하지 않았다는 게 차이다. 간디도 결함이 있지만, 그 이상으로 남을 배려할 줄 아는 성인이라는 것을 보여주는 것 같다.

일은 아직 끝나지 않았다. 시 당국은 흑사병 사태가 백인에게까지 번질까 두려워서 쿨리 구역의 전 주민을 철수시킨 후 쿨리 구역을 불태우기로 했다. 간디 또한 그 조치에 동의했다. 인도인은 구역에서 떨어진 들판에서 천막을 치고 머물러야 했다. 또한 요하네스버그의 인도인들은 은행에 돈을 맡기지 않고 땅을 파고 거기에 돈을 묻었는데, 간디는 이걸 캐내어서 자신이 맡고 있어야 했다. 간디에게는 때마침 은행 지배인인 지인이 있었는데, 간디는 이 요청이 받아들여질지 고민했다. 은행들은 동전보다는 지폐를 받길 원하는 데다 은행 사무원들은 전염병 지역에 있던 돈을 만지기를 꺼릴 것이기 때문이다. 다행히 돈을 소독해서 은행으로 보내는 것으로 타협이 됐고, 이를 계기로 인도인들은 저축을 알았다.

간디는 이 일이 끝나고 '이 나중 온 자에게도'라는 책 하나를 읽었다. 간디는 그 책에서 큰 인상을 받았고, 교훈을 3개로 정리했다. 첫째, 개인의 선은 전체의 선 속에 포함되어 있다. 둘째, 모든 직업은 똑같은 가치를 가진다. 모든 사람은 자신의 직업으로 자신의 살아갈 권리가 있기 때문이다. 셋째, 노동자의 생활, 즉 손으로 무엇을 만들어내는 자의 생활이 살 만한 보람이 있다. 간디는 이 중 셋째는 생각해본 적이 없다며 이를 실천하고자 했다.

물론 현대 한국인들에게는 이 세 가르침이 와닿지 않을지도 모르겠다. 남에게 피해만 안 준다면 이기적으로 사는 게 뭐가 문제냐, 판사, 의사 같은 직업은 이발사 같은 직업보다 고귀하며, 노동자는 박봉이 아니지 않냐고 반박할지도 모른다. 그러나 이 지구촌에서 이기적으로 산다는 게 과연 남에게 피해를 안 줄 수 있을 것이라고 생각하는가? 지구온난화와 쓰레기 문제를 봐도 그것은 세상을 멀리 보지 못하는 식견 부족에 불과하다. 나 편해지자고 한 일이 지구촌 어딘가에서는 해악으로 이어지는 법이다.

거기다 판사, 의사 같은 직업이 고귀해 보일 수는 있다. 그러나 이발사가 없어진다면 당신들은 어떻게 머리를 깎을 건가? 간디처럼 스스로 깎을 것인가? 모든 직업은 저마다 역할과 가치가 있으며, 그것은 서로 연계되어 있다. 단지 사람들이 그것을 대하는 태도가 다를 뿐이다. 마지막으로 노동이 하찮아 보일 수는 있다. 그러나 그것 때문에 농작물이나 공산품 같은 생필품들이 만들어지고 있지 않은가? 만약 그들이 전부 일을 그만둔다면 당신은 자급자족할 수 있는가? 비록 그들이 천하게 보여도 세상에 이바지하는 존재들이다. 세상은 혼자 사는 게 아니라 유기적으로 연결되어 있음을 떠올리고 서로를 존중해야 한다.

아무튼 간디는 이 내용에 감명을 받아 피닉스에 정착해 공동자급자족을 하고, 인디언 오피니언도 거기서 출판한다고 선언했다. 이에 반대하는 자도 있었다. 이건 인디언 오피니언의 붕괴로 이어질 수 있다는 것이었다. 그러나 간디는 피닉스에서 철도역 부근의 땅 하나를 구했고, 인쇄를 위한 헛간 또한 만들었다. 사람들이 모였고, 이곳을 간디는 톨스토이 농장이라 칭했다. 처음으로 하는 자급자족과 인쇄는 몹시 힘들었다. 간디는 처음에는 인쇄기를 수동으로 돌려야 한다고 생각했지만 결국 발동기를 인정했고, 만약을 위해 수동으로 돌릴 수 있는 장치 또한 마련했다.

　자급자족하면서 신문을 제시간에 맞춰 발행하기란 힘들었다. 모두가 다 작업을 도와야 했고, 어떤 날은 갑자기 발동기가 돌아가지 않았다. 그때 간디 일행은 열심히 수동으로 인쇄기를 돌려야 했지만, 다행히 발동기가 다시 돌아가면서 작업은 제때 끝났다. 이 경험이 인상 깊었는지 간디는 이후 일부러 발동기를 멈추고, 수동으로 인쇄기를 돌리기도 했다. 간디는 그 순간의 피닉스는 도덕적으로 가장 경건하다고 단언하기까지 했다.

　간디는 삶에서의 진리실험 또한 중시했다. 간디는 기타를 열심히 읽으며 그것을 행동의 지침으로 삼으려 했고, 이를 사전으로 비유했다. 이해할 수 없는 단어가 있으면 사전을 찾는 것처럼, 모든 어려운 문제와 시련에 대한 해답을 기타에서 찾은 것이다. 간디가 특히 깊게 탐구한 단어가 있는데, 바로 아파리그라하(무소유)나 사마바바(평등관)이다. 평등한 마음을 어떻게 길러가며 지켜 갈까는 간디에게도 어려운 것이었다.

　적대적인 자들과 온화한 자들을 어떻게 하면 평등하게 대할 수 있을지, 어떻게 하면 모든 소유를 버릴 수 있을지, 신을 따르려면 모든 걸 버려야만 하는지는 어려운 질문이었지만, 대답은 즉시 왔다. 모든 것을 버리지 않는 한 신을 따를 수 없다는 것이다. 그렇기에 간디는 기타의 두 단어에 대한 결론은 구원을 원하는 자는 소유자가 아닌 관리인처럼 임해야 한다는 것이다.

진리실험을 하기 위해서는 가정도 자급자족이어야 한다고 생각했다. 그래서 빵을 수제로 만들었는데, 밀가루까지 수제로 제분했다. 음식 또한 소금과 콩류를 먹지 않았다. 이유는 미각은 정욕으로 이어지는 강력한 감각이기에, 이를 억제하는 것으로 욕망 전체를 억누르려 한 것이었다. 단식 또한 이를 위한 것이었다. 음식을 못 먹게 하는 것으로 식욕을 억제하고, 그렇게 감각을 억제하는 것이다. 단식을 통한 감각의 억제를 체험해 본 간디는 이제야 어머니의 단식이 진정으로 이해가 간다고 회고했다.

간디는 단식한다고 모든 것이 일사천리로 되는 게 아니라는 것 또한 주의했다. 단식하면서도 한편으로는 단식이 끝나면 먹겠다는 욕망을 가지는 상태라면 단식은 도움이 되긴커녕 욕망을 압축시켜 폭발시키는 것에 지나지 않는다는 것이다. 이는 마치 다이어트를 한다고 굶었다가 허기져서 폭식 후 살이 다시 찌는 요요 현상을 떠올리게 한다. 즉 진정한 브라마차랴는 행동과 마음이 같이 따라야 하는 것이고, 어느 한쪽도 만족하지 않으면 실패한다는 것이다. 그렇기에 간디는 우유를 마시는 것조차 꺼리고, 건강을 위해 염소젖을 마시는 자신을 자조했다. 남에게 폐를 끼치는 극단적 채식주의자들이 간디의 채식주의를 본받았으면 한다.

간디는 교육과 정신을 중시했다. 단순히 아이들의 아버지일 뿐만 아니라 톨스토이 농장 아이들의 선생이기도 했기 때문이다. 간디는 이때 자신의 무지를 감추지 않았고, 기초를 중시해서 가르쳤기 때문에 아이들은 간디에게 인간성을 느끼고 진심으로 따랐다. 간디는 교과서에 회의적이었는데, 책으로 보여주는 지식보다 행동으로써 보여주는 지식이 더 의미 있고 기억에 남는다고 보았기 때문이다.

우리나라는 공교육조차 교과서 위주로 가르치고 사교육은 문제집 위주로 가르치는 걸 생각하면, 간디의 이러한 지론을 새겨들어야 할 것 같다. 솔직히 고등학교 때 열심히 공부해서 대학가고, 대학 졸업하고 나면 그 지식이 얼마나 남아있는가? 교육의 근본에 대해서 생각해봐야 할 것이다. 우리나라의 교육열이 세계에서 가장 높은 건 인정하지만, 이제는 그 부작용도 생각해보고 개선을 해야 하는 시점이 되었다.

간디는 줄루 반란(줄루 전쟁)에서도 의무병으로 참가했는데, 그 과정에서 간디는 정신적으로 큰 감명을 받았다. 우선 브라마챠라(금욕주의)에 대해서 확신하게 됐다. 브라마챠라를 지키지 않았다면 가정생활을 우선시하느라 전쟁에 참가할 수 없었을 것이다. 이를 통해 브라마챠라는 가정봉사와 사회봉사를 양립하게 해준다고 확신했다. 그래서 이 이후 평생 브라마챠라를 지키기로 결심했다. 간디에게 브라마챠라를 안 지키는 생활은 짐승이나 다름없을 정도로 브라마챠라는 사람의 길이었다. 간디는 사람이 사람인 이유는 자제할 수 있기 때문이요, 자제하기에 사람다운 것이라고 표현했다. 또한 모든 종교 경전의 교훈은 신의 은총에 귀의하는 것으로 생각을 제어하는 것이라고 정리했다. 그렇게 브라마챠라는 간디 평생의 맹세가 됐다.

이 이후로 간디는 비폭력투쟁의 이름을 정하기로 했다. 그것을 통해 투쟁의 성격을 분명히 표시하고, 인도인의 말로 투쟁을 표현하기 위해서다. 그러나 간디는 좋은 이름이 떠오르지 않았고, 결국 인디언 오피니언에 공모를 올렸다. 그렇게 해서 진리와 확고함을 합친 사다그라하라는 말이 선정됐다. 간디는 그 뜻을 더 분명히 하기 위해 진리와 힘을 합친 사티아그라하라는 표현으로 고쳤다.

간디는 사티아그라하의 공공 부분에 대해서는 '남아프리카에서의 사티아그라하의 역사'라는 책을 썼다. 간디는 자서전은 어디까지나 개인의 진리실험에 그쳐야 한다고 생각하였기에 공공적인 부분은 '남아프리카에서의 사티아그라하의 역사'에서 주로 적었고, 공공적이고 연대 순의 이야기는 그 책을 참고하라고 자서전 곳곳에서 조언하고 있다. 어떤 의미에서는 김구의 백범일지 같은 행적을 위한 자서전은 바로 '남아프리카에서의 사티아그라하의 역사'라고 볼 수 있다.

그의 사티아그라하는 인도에서도 시작됐다. 간디는 인도에서 3등 칸을 주로 사용했는데, 3등 칸의 관리 부실에 대한 항의로 봄베이 당국과 회담을 했다. 당국자가 '이것은 협박이 아니냐고, 강력한 정부가 그런 협박에 굴복할 거라고 믿느냐'고 묻자, 간디는 이에 대해 이는 협박이 아니라 백성들에게 불평을 합법적으로 해결하는 방법을 교육하는 것이고, 폭력은 최후의 수단이기에 비폭력의 무기인 사티아그라하를 가르치는 것이라 대답했다. 마지막으로 간디는 영국 정부는 강하지만 사티아그라하 또한 영악이나 다름없다고 확정지었고, 이 정신은 후에 이어지는 인도 독립에 계승됐다.

간디는 인도를 돌아다니면서 힌두교의 일그러진 부분에 대해서도 비판했다. 자신으로부터 다르샨, 즉 깨달음을 받으러 돌아다니는 자들을 부담스러워했다. 그들의 맹목은 경건이 아니며 자신을 힘들게 했다는 것이다. 그렇기에 간디는 마하트마라는 칭호를 부담스러워했고, 오히려 아버지라는 뜻의 칭호인 바푸를 더 반겼다. 지금도 인도에서는 그 뜻을 존중하기 위해 간디를 바푸라고 부르는 사람들이 많다고 한다.

간디가 인도에서 시작한 본격적인 활동인 참바란에서의 인권운동을 살펴보자. 참바란은 남색 염료의 원자재인 인디고를 재배하는 농장이 주된 산업이었는데, 고용주들은 노동자를 학대하고 내버려 두었다. 간디는 이를 모르고 있다가 한 참바란 농민의 하소연으로 알았다. 간디의 참바란에서의 목표는 농민들의 실태를 조사하고, 그들의 불만을 알아내자는 것이었다. 균형을 위해서 간디는 농장주 조합과 지방 장관을 만나기로 했는데, 농장주 조합은 당신은 개입할 필요가 없지만 개입한다면 서면으로 보고하라고 했다. 그러나 지방 장관의 태도는 달랐다. 간디가 방문하자마자 참바란을 떠나라고 협박한 것이다. 간디는 정부가 조사를 막으려 한다는 걸 눈치챘지만, 그건 간디를 막을 수 없었다.

지방 장관 방문 후 간디는 곧바로 소환장을 받았다. 이유는 지방 장관의 명령에 불복종했다는 이유로 재판을 받으라는 것이다. 간디는 이 소환장을 받아들였고, 결국 재판은 시작됐다. 하지만 정부 변호인을 비롯한 관리들은 간디의 명성을 알고 있었기에 괜히 간디를 건드려서 분쟁을 커지게 할 바에는 재판을 연기하려 했다. 이에 간디는 자신은 명령을 어겼으니 재판을 받아야 한다며, 자신이 참바란을 떠나지 않은 것은 준법정신이 부족해서가 아닌 양심에 복종하기 위해서라고 대답했다. 이 당당함에 결국 정부는 건드려봐야 일만 커지겠다고 판단해서 판결을 연기했다. 간디의 처벌을 감수하는 태도는 사티아그라하의 기초였으며, 후에 할 후회와도 관계있었다.

간디는 천천히 참바란 지역에 대한 조사를 시작했다. 간디는 일정한 규칙을 정해놓고 농민들이 진술하게 했다. 그 규칙은 세밀히 반대 신문을 받아야 하고, 제대로 대답하지 못하는 자는 제외하는 것이다. 추가로 간디는 범죄수사국 관리의 입석을 거부하지 않았는데, 이는 진실의 투명성을 위한 것이었다. 거기다 관리 앞에서 사연을 말한다는 것이 농민들이 진실을 말할 용기를 주면서 과장 또한 억제한다는 이점을 주었다.

농장주들은 농민들의 진술이 자신들에게 해가 된다고 분노하였고, 조사를 필사적으로 방해하려 했다. 적반하장이나 다름없지만, 현대에서도 노동자들의 항의를 무시하는 기업이 종종 있고 노동자의 권익을 지키기 위해 노동조합이 존재하는 걸 생각하면 돈과 양심이 양립하기는 쉽지 않은 듯하다. 하루는 당국이 간디에게 조사를 그만 끝내라고 권유하는 편지를 보내 왔는데, 간디는 농민들이 구제되기 전까지는 포기할 수 없다고 단언했다.

그렇게 조사가 완료된 후 새로운 농지법이 제시됐고, 위원회는 조사 결과를 제시하면서 농장주들을 제재할 필요가 있다는 걸 주장했다. 당연히 농장주들은 농지법에 줄기차게 반대했지만 결국 농지법은 부지사의 확고한 태도에 따라 이행됐다. 그렇게 한 세기를 존속해왔던 탕가디아 제도는 끝을 맺었다. 당시 농민들을 위해 학교를 세우고 생활시설을 증축하던 간디는 참바란에 더 남아 있고 싶었지만 그럴 수 없었다. 케다 노동자들의 실태 소식이 간디에게 들어왔기 때문이다.

간디는 이 실태를 듣고 케다에도 사티아그라하를 해야 한다고 결심했다. 간디는 노동자들을 만나면서 파업의 조건을 제시했는데, 그 조건은 폭력을 사용하지 말 것, 파업 방해자들을 괴롭히지 말 것, 파업이 오래되더라도 절대 흔들리지 말 것이었다. 파업은 처음에는 잘 지켜졌지만 2주째가 되자 점차 폭력을 써야 하지 않느냐는 의견이 대두됐다. 이에 간디는 단식을 시작했다. 노동자들은 자신들의 잘못 때문에 간디가 단식해서는 안 된다고 말렸지만, 간디는 단식을 고수했다.

간디는 단식이 공장주에게 압박을 줄까봐 이건 어디까지나 노동자들에 대한 경고지, 공장주에 대한 경고가 아니라고 단언했다. 공장주들은 이 태도에 감명을 받아 노동자들의 의견을 받아들이기로 했다. 그렇게 단식 후 사흘 만에 파업을 중단했지만, 간디는 쉴 틈이 없었다. 이제는 케다 농민들을 위해 사티아그라하를 해야 했다.

당시 케다 지역은 흉작으로 인한 기근 상태였는데, 케다 사람들은 수익세를 줄여달라고 요청했지만 정부는 듣지 않았다. 간디는 이에 동참하기로 결심하고 소작세를 내지 않는 비폭력투쟁으로 대응했다. 미국에서 헨리 데이비드 소로가 텍사스 편입에 세금 납부 반대로 항의한 것과 비슷한 항의법이다. 투쟁 끝에 결국 수익세는 감면됐지만 간디는 이 승리에 온전히 기뻐할 수 없었다. 누가 빈민이냐 결정할 권리는 여전히 정부에 있었기 때문이다. 또한 케다 농민들은 사티아그라하의 깊은 뜻을 이해하지 못했고, 이는 간디가 롤럿 법안에 대한 사티아그라하를 후회하는 것으로 이어졌다. 롤럿 법안은 인도 독립 운동가들을 재판 없이 가둘 수 있다는 악법으로, 간디는 당연히 이에 동의할 수 없었다. 간디는 이에 대응하기 위해 전국적인 하르탈(파업)을 제시했고, 이는 전국적으로 받아들여졌다. 그러나 간디가 우려했던 일이 터지고 말았다. 비폭력투쟁인 사티아그라하가 폭력 시위로 변질된 것이다.

사건은 다음과 같았다. 펀자브에서 비폭력투쟁은 제대로 이루어지고 있었다. 그러나 이에 불안한 정부는 파업 중인 사람들을 폭력으로 탄압했고, 이에 분개한 시민들은 폭력으로 투쟁하기 시작했다. 그러자 정부의 진압은 더욱 강경해졌고, 이 소식은 번져서 점차 사티아그라하는 폭력투쟁으로 변화하기 시작했다. 간디는 이 소식을 듣고 자신이 히말라야산맥과 같은 착오를 저질렀다고 자책했다. 본래 비폭력투쟁의 원칙은 법을 존중하는 것으로 처벌 또한 감수해야 하는데, 백성들이 이 원리를 깨닫기도 전에 너무 급하게 사티아그라하를 시작해버렸다는 자책이었다. 결국 간디는 사티아그라하를 그만둘 수밖에 없었고, 롤럿 법안 또한 다소의 수정만 있었을 뿐이지 통과되고 말았다. 간디 말마따나 상처 가득한 실패였다.

간디는 이 사건 이후 카디[16]에 나서는데, 사실 이 이전에 간디는 물레에 대한 지식도 없었다. 간디는 영국에 대한 의존을 줄이기 위해 인도는 자급자족할 힘을 길러야 한다고 생각했고, 그렇기에 물레 운동인 카디를 하게 됐다. 물론 이 일은 간디 혼자서 할 수 없었고, 강가벤이라는 불가촉천민 여성 사업가의 도움이 있어야 했다. 그녀는 물레를 공수하고 솜고치를 구해오는 등 카디를 전면적으로 지원했고, 간디는 그녀의 도움에 깊은 감사를 표했다. 간디는 모범을 보이기 위해 자신이 입는 옷을 물레로 지어 입었고, 이는 카디를 상징하는 사진으로 남아 있다. 간디는 이를 통해 비폭력 투쟁에 계급과 성별은 상관없다는 확신을 가

---

16) 영국에서 만드는 의류에 의존하지 않기 위해 직접 물레를 돌려 옷을 만드는 자급자족 운동

졌을 것이다.

이상으로 간디의 자서전에서 공적인 투쟁은 나오지 않는다. 즉 그 유명한 소금 투쟁, 인도 독립 투쟁은 나오지 않는 것이다. 자서전의 목적이 진리실험을 위해서였다는 걸 생각하면, 간디가 이 일을 쓰지 않은 건 이미 그때 자신의 진리실험은 완성됐기 때문이 아닐까 하고 나는 생각한다. 세상은 간디의 공적인 활동에 주목했지만, 그런 활동은 간디 자신의 진리실험에 기초를 두고 있다는 게 자서전의 결론인 것이다.

이제 느낀 점을 말하고자 한다. 우선 비폭력투쟁 사상가의 계보이다. 특히 내가 중학교 졸업 이후 미국을 여행했을 때 소로가 살았던 월든 호수 오두막집[17]과 마틴 루터 킹 기념관[18]을 가보았기에 더욱 자신 있게 말할 수 있다. 시민불복종이라는 용어는 소로가 처음 사용했는데, 미국 시민인 소로는 멕시코의 땅인 텍사스를 미국으로 강제 편입하는 데 반대하기 위해 세금을 내지 않았다. 자신이 낸 세금이 잘못된 용도로 쓰이는 것을 원하지 않았기 때문이다. 결국 소로는 감옥에 갇혔지만, 소로는 오히려 구속에 해방된 것 같다는 감상을 남겼고, 그 경험으로 저서인 『시민 불복종』을 썼다.

---

17) 고딩의 73일 미국·캐나다 여행일기장, 238p, 63. 위대한 철학이 탄생한 연못가 오두막집
18) 고딩의 73일 미국·캐나다 여행일기장, 28p, 1. 북미대륙횡단 대장정, 마틴 루터 킹 기념관에서 시작하다

다음으로는 마틴 루터 킹의 활동에 대해 살펴보자. 링컨을 통해 흑인들은 노예에서 해방됐지만, 여전히 차별받는 신세였고 흑인을 탄압하는 법은 흔했다. 그중 하나가 흑인은 결코 버스 앞 좌석에 앉을 수 없고 백인이 원하면 반드시 자리를 비켜야 한다는 것인데, 이는 간디가 처음 당한 차별인 좌석 차별과 일맥상통한다. 마틴 루터 킹은 이 악법에 동의할 수 없었고, 그렇기에 버스 안 타기 운동으로 저항했다. 흑인들은 버스를 타지 않고 걸어가거나 흑인들이 직접 운용하는 택시를 탔고, 끝내 버스 악법은 폐지됐다. 이는 미국 흑인 인권운동의 본격적인 신호탄으로 이어졌고, 킹 목사는 이 이후에도 비폭력투쟁을 이어갔다.

킹 목사는 똑같이 비폭력투쟁으로 유명한 간디를 존경했으며, 간디의 소금 투쟁에서는 직접 참여해서 같이 소금을 만들어보기도 했을 정도였다. 그것을 기념하기 위해서인지 마틴 루터 킹 기념관에는 간디 관도 있으며, 그중에서는 간디의 유품을 재현한 것도 있을 정도이다. 비록 인종은 달랐지만, 그들은 보편적인 인권을 위해 비폭력으로 투쟁했으며, 그렇기에 그들은 죽고 나서도 흑인들의 아버지와 인도인들의 아버지로 남았다.

이제 간디의 철학과 그 의의에 대해 정리해보자. 간디의 철학은 비폭력과 도덕적 실천으로, 그가 대단한 것은 이걸 개인에 그치지 않고 사회 전체로 확대하려 한 것이다. 그동안 개인은 도덕적이어야 하지만 집단은 대의만 좋으면 비도덕적이어도 된다는 게 사회의 인식이었는데, 간디는 그것을 정면으로 부정한 것이다. 간디는 사회 또한 올바른 목적을 위해 올바른 수단을 택해야 한다고 주장하였고, 그걸 사티아그라하를 통해 몸소 실천했다. 여전히 목적을 위해서는 수단을 가리지 말아야 한다는 풍조가 있고 결국 러시아-우크라이나 전쟁까지 터진 지금, 개인이 선하다면 집단이 선해야 한다는 간디의 말은 여전히 세계가 새겨들어야 할 교훈이다.

간디는 정치와 종교의 공존을 주장했다. 간디에게 있어서 종교는 자기 수양의 경건함이며, 다른 종교를 믿더라도 관용을 베풀어야 한다는 것이다. 따라서 정치 또한 끊임없이 자신을 되돌아보고 다른 자들에게 관용을 베풀어야 하는 것이 정치와 종교의 공존이다. 간디 이전에 이것이 제대로 이뤄진 적이 있었던가? 중세 시대 때는 교회가 국가에 권력을 행세하는 상황이 벌어지고 근대에서는 반대로 종교가 정치의 눈치를 보며 제국주의에 대해 침묵했던 것을 생각하면 혁신적인 것이다.

비록 루소 등 종교의 관용을 주장하고 정치와 종교의 지나친 유착을 반대하는 사상가들은 있었지만, 불행하게도 실천에 옮기지 못했다. 그러나 간디는 이를 기어코 실천하려 했고, 비록 힌두교의 인도, 이슬람교의 파키스탄으로 쪼개지는 불행이 있었지만, 그의 뜻을 인도 초대 총리인 네루는 잘 계승했다.

그 성과가 바로 카스트 제도의 공식적인 소멸이었다. 어찌 보면 네루와 간디의 관계는 말콤 X와 마틴 루터 킹의 관계와 비슷하다. 비록 서로 방침은 다르지만 서로를 존경하였고, 끝내 서로의 방식을 수용하고 그것이 후대로 이어진 것이다. 앞으로도 인류가 간디의 이 사상을 잊지 말고 언젠가는 지구 전체로 뻗어 나가길 바란다.

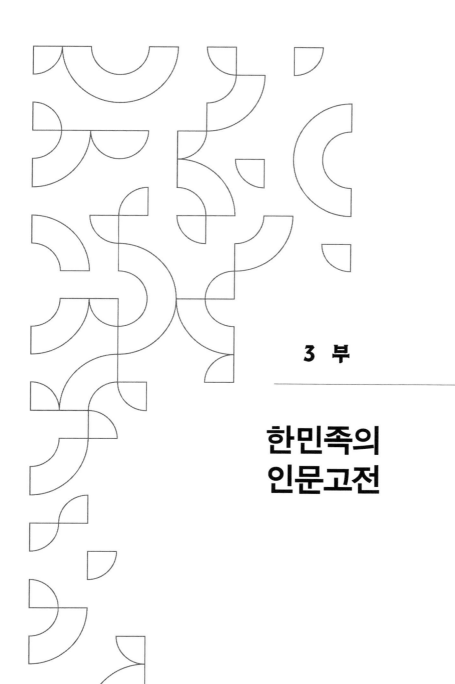

3 부

한민족의
인문고전

17. 이익의 『성호사설』

백성을 사랑한 실학자, 기울어가는 조선의 개혁방안을 집대성하다

『성호사설』은 조선 시대에 쓰인 흔치 않은 백과사전 형식에 해당하는 책으로, 특히 한 사람이 썼다는 점에서 이익의 위대한 업적임을 알 수 있다. 현대의 백과사전들이 수많은 사람이 달라붙어서 쓴다는 걸 생각하면 그만큼 이익의 집필의지는 대단한 것같다. 하지만 지식은 후대로 갈수록 더 쌓이는 법이다. 조선시대 지식을 모아둔 이 책의 백과사전적 가치는 후대로 갈수록 필연적으로 떨어질 수밖에 없다. 그런데도 왜 『성호사설』이 지금까지 읽어야 할 고전으로 불리는 걸까?

이 책이 단순한 백과사전이 아니기 때문이다. 이익은 단순히 지식을 모은 게 아니라 나라를 잘 다스리고, 백성들이 살아남기 위한 지식을 모았다. 또한 역사와 학문적으로 가져야 할 태도 또한 썼다. 사실상 이 책의 진가는 당대 실학의 집대성이라 볼 수있으며, 정약용도 이익을 존경해 그의 사상과 지식 대다수를 계

승한 것을 생각하면 그 가치는 백과사전보다는 철학사상서에 가깝다고 해야 한다.

　그렇다면 실학 총서나 다름없는『성호사설』은 어떻게 탄생하게 됐을까? 그걸 알기 위해서 여타 인문고전을 파악하듯이 저자와 시대에 대해서 알아보자. 이익은 양반으로 태어났지만, 집안 형편은 그리 좋지 않았다. 아버지는 이익이 태어난 지 1년 만에 돌아가셨고, 어머니인 권 씨 또한 몸이 좋은 편이 아니었다. 이러한 상황에서 근검절약을 우선시하며 성장해가던 이익은 아버지의 유산인 서재에서 다양한 책을 읽었다.

　이익은 젊은 시절 충격적인 경험을 했다. 그의 형이 장희빈을 변호하다가 갑술환국[19] 때 숙청을 당한 것이다. 이익은 이 사건으로 권력의 무자비함에 충격을 받아서 과거시험 보기를 포기했다. 이때부터 출세를 위한 헛된 공부보다는 진짜 세상에 관한 공부를 하자고 결심하면서 실학의 길을 걸었다. 이익은 율곡 이이와 반계 유형원을 존경했고, 그들을 실학의 시작으로 여겼다. 공교롭게 이익의 삶은 마지막을 지방에서 쓸쓸히 은거하며 살다 조용히 떠난 그들과 비슷하게 끝났으니, 그들을 존경한 나머지 끝까지 닮았다고 볼 수 있다.

---

19)　조선 숙종 20년(1694)에 당시의 집권층인 남인(南人)이 폐비 민 씨의 복위 운동을 꾀하던 일파를 제거하려다 도리어 화를 입은 사건. 이를 계기로 남인계는 와해되고 소론계가 집권했으며, 정계는 노론과 소론의 양립 국면으로 전환했다.

이익은 학문을 착실하게 쌓아가고 좋은 제자도 만났지만, 말년은 행복하지 않았다. 나름 출세하던 외아들은 서른 후반에 죽고, 본인 또한 재산이 거의 다 떨어져서 종 한 명 외에는 땅 한 뼘조차 남지 않았다. 나라가 결국 자신을 인정하긴 했지만, 그해 노환으로 사망했다. 원대한 뜻이 있었지만 결국 세속에서 늙어 죽은 반계 유형원과 같은 삶이었다고 할 수 있다. 실학자의 비극이라고 볼 수 있는 말년이다.

이익이 살던 시대의 상황은 어땠을까? 크게 붕당의 문제와 삼정의 문란으로 나눌 수 있다. 붕당 초기만 해도 서로를 견제하며 지나치게 극단화되는 걸 막고 서로를 완전히 없애려고까지 하지는 않았다. 그러나 숙종이 붕당을 왕권 강화의 수단으로 쓰기 위해 자기편인 붕당을 키우고 반대 붕당은 숙청하는 환국 정치를 하면서 붕당 정치는 과열되기 시작했다. 그야말로 상대 붕당을 철천지원수로 여기며, 반대를 위한 반대가 생긴 것이다. 이익도 그 때문에 형을 잃었을 정도이며, 서로 싸우는 데 집중하는 바람에 정작 민생을 위한 정치에는 무관심한 사태가 벌어졌다. 수령이 붕당에 휘말려서 임기가 남았는데도 교체되는 경우가 종종 생겼으니 붕당 말기는 삼정의 문란과 절대 무관하지 않다.

또 다른 문제는 삼정의 문란인데, 삼정이란 세금, 군포, 환곡을 말한다. 세금의 경우 정해진 세금은 큰 문제가 없었지만, 수령이나 아전들이 온갖 잡세를 걷어가고 그걸 또 횡령했다. 토산물 제출의 경우 대동법으로 개선됐지만, 잡세의 폐단은 심각했다. 군포 또한 몹시 심각했는데, 양반들의 경우 군포를 회피하였고, 또한 갓난아기나 노인, 죽은 사람에게까지 거두었다. 이를 비꼬는 말인 백골징포(죽은 사람에게 군포를 걸음), 황구청점(어린아이에게 군포를 걸음)까지 생길 정도였다. 정작 그런 군포가 횡령되는 경우도 많아서 재정에 큰 보탬은 안 됐다. 말 그대로 거두는 사람만 이득을 보고, 그 이외는 손해만 보는 셈이다.

마지막으로 환곡은 구휼의 탈을 쓴 고리대금업이 되어버렸다. 본래는 이자로 10분의 1을 갚는 게 정상이지만 빌려줄 때는 빼돌려서 적게 주고 갚을 때는 정량을 갚게 하고, 운송비까지 부담하게 했으니 실제 이자는 정해진 것보다 훨씬 컸다. 심하면 환곡을 억지로 빌려줘서 갚게 하거나 빌리지도 않은 환곡을 빌렸으니 갚으라고 하는 등 그야말로 사채업자 수준의 제도로 전락했다. 당시 조선은 조정이나 백성이나 몹시 혼란스러운 상황이었고, 영조나 정조가 개혁 정치의 칼을 뽑아야 했을 정도였다.

그래서 이익은 실학의 정신을 예찬한 것이다. 지역을 논한 이유도 지역의 풍습을 파악해 통치하라는 의미였고, 식품을 다룬 것도 백성들이 가난할 때 이걸 먹으면 좋고 높은 자들은 이걸 깨닫고 백성을 온화하게 다스리라는 것이었다. 병기와 말을 다룬 것도 입으로만 떠드는 실속 없는 북벌을 비판하기 위해서였다. 과거제를 비판한 이유도 붕당을 줄이고 참된 인재를 뽑기 위해서였다.

삼정의 문란을 지적한 이유는 이 병폐를 막아 백성들을 편안하게 하고, 예산을 확보하라는 것이었다. 군대를 다룬 것은 군대를 이리 가혹하게 다루면서 북벌은 어찌하고, 반란은 어찌 막느냐는 걸 지적하기 위해서였다. 학문을 지적한 것도 이론에는 박식하면서 정작 그 실체는 제대로 보지 못하는 걸 비판하기 위해서였다. 비록 무규칙 할지언정 근본에서는 나라와 백성을 편안하게 하자는 거대한 주제가 있었다. 방법은 다를지언정 모든 실학자가 추구한 주제이다.

먼저 지역과 사람에 대해 알아보자. 특이한 점은 당시에는 변방의 섬인 울릉도가 언급되어 있다. 현재 분쟁 지역인 독도도 우산도, 송도 등의 이름으로 나타나 있다. 또한 울릉도를 지켜낸 안용복에 대해 자세히 서술하고 있다. 안용복은 비록 일개 군졸이었지만 용감하게 백기주도 도주와 계약(안용복이 국가를 대표할 자격이 없어서 협약이 될 수 없음)까지 맺었고, 대마도 도주가 울릉도를 집어삼키려 한 음모를 밝혀냈다. 그러나 조정에서는 이를 묻어버리고 안용복에게만 책임을 전가하려 했다. 하지만 신하 중 몇 명은 안용복에게만 책임을 물으면 적은 이를 기회 삼아 우리를 압박할 것이니 안용복에게 책임을 묻되 저들의 죄를 그냥 넘겨서는 안 된다고 해서 조정은 이를 받아들였다.

이익은 안용복 사건 때 기껏 조사한 것이 울릉도의 크기와 생태에 국한된 것과 함께 안용복에 대한 당시 정부의 조치를 비판했다. 안용복은 일개 군졸 출신임에도 용기를 내어 나라의 땅을 지키고 적의 음모를 밝혀냈으니 영웅다운 인물이며, 그에게 벼슬을 주었다면 더한 활약을 할 수 있었다고 한탄한다. 울릉도와 우산도가 작은 섬이라 무시할 수 있지만, 대마도를 내버려 둔 결과 일본과 조선 사이에서 대마도주가 사익을 취하는 골칫거리 섬이 됐는데, 잘못하면 울릉도가 제2의 대마도가 됐을 거라고 그 중요성을 강조한다. 실제로 독도가 러일전쟁 이후로 분쟁에 시달리고 대마도가 일본에 완전히 소속된 걸 생각하면 이 통찰은 정확했다.

이익은 함경도에 대해서도 말한다. 함경도는 본래 거친 무인들의 땅이었으나, 당시 조정에서 소외되고 있었다. 함경도에 무신을 보내 다스리는 제도는 제대로 된 무과가 아닌 뇌물을 통해 무신이 된 자들을 파견하는 것으로 변질됐다. 이렇다 보니 백성에 대한 수탈만 거세질 뿐이니, 문신을 보내 다스릴 필요가 있다고 주장했다. 실제로 함경도 출신인 홍경래가 함경도의 차별대우에 불만을 품다 뇌물로 움직이는 과거 판을 보고 반란을 일으킨 걸 생각하면, 이익의 통찰은 예언 수준이다.

평안도에 대해서도 외교를 핑계로 수령들이 너무 수탈해간다고 지적했다. 평안감사가 선호하는 자리로 여겨진다는 것부터가 감사들이 평안도를 관리해야 할 대상이 아닌 수탈할 대상으로 보는 것이며, 이러다가 민심을 잃으면 나중에 반란이나 외침이 찾아올 때 어떻게 해야 하느냐고 한탄했다. 이에 대한 증거로 임진왜란 때 평안도 백성들이 임해군을 왜군에게 넘긴 것을 제시하고 평안도, 함경도 지역은 오랑캐들과 밀집한 지역인데 어찌 이리 안이하게 대할 수 있느냐고 비판했다. 그만큼 후기 조선의 행정이 면밀한 계획 없이 흘러갔다는 것이다.

이익이 호평한 지역이 있는데, 바로 경상도이다. 경상도는 신라 시대 풍습이 남아 있어서 예를 중시하며, 문벌을 크게 따지지 않는다고 했다. 오죽하면 한양은 이해득실을 따져 사귀니 붕우유신이 없고, 지나치게 관직을 중시해서 장유유서가 사라져서 인심이 사라졌는데, 경상도만큼은 붕우유신과 장유유서가 남아 있다고 호평했다. 그렇다고 해서 전라도를 비난한 건 아니니 괜히 이 말을 경상도와 전라도의 지역 갈등에 끌어쓰는 일이 없길 바란다.

이제는 사물에 대해서 알아보자. 이익이 말하는 사물은 역법부터 망원경, 안경 같은 서양의 도구까지 다양하지만 나는 실학이라는 큰 주제에 맞춰 식품과 병기에 초점을 맞출 것이다. 우선 식품은 구황식품, 즉 흉년에 유용한 식품이 주로 다루어진다. 이익은 흉년에 콩이 유용하다며, 먼 미래에서도 맛있는 음식은 소수가 독점할 것이 뻔하기에 콩은 앞으로도 중요할 것이라고 했다. 현대 대한민국에서는 고개를 갸우뚱하게 할 소리지만 세계의 개발도상국이나 극단적 부익부 빈익빈을 보이는 중국을 보면 틀린 말은 아니다. 현재 한국에서는 콩이 쌀보다 더 비싸서 와닿지는 않지만 말이다.

이익은 콩으로 할 수 있는 요리를 적극적으로 소개했다. 두부는 물론 들어가고 비지까지 언급한다. 특히 비지는 찌개나 죽에 넣으면 좋다고 했는데, 이는 이익이 직접 요리를 해봤고, 양반인데도 대부분의 집안일을 혼자서 해야 했다는 가난한 삶의 증거를 보여준다. 쑥 또한 단순히 잎뿐만 아니라 씨도 삶아서 국수를 해먹을 수 있다고 했다. 맛이 쓴 편이지만 음식은 맛을 위해 먹는 게 아니라 살기 위해 먹는 것이며, 그걸 알리기 위해 쑥 국수를 양반들도 맛보게 해야 한다고 했다. 즉 구황작물은 단지 백성에 대한 애민 정신의 발로일 뿐만 아니라 백성을 신경 쓰지 않고 사치를 저지르는 양반들을 비판하기 위한 이야기이기도 했다.

병기에 대해 알아보자. 놀랍게도 이익이 병기 중 제일 먼저 이야기하고 중요시하는 건 말(馬)이다. 기병은 옛날에 중요 병력이었으며, 평화로운 시대에도 수요가 있다는 것을 생각하면 아주 적절한 지적이라고 생각한다. 이익은 당시에는 말을 기르는 법부터가 잘못됐다고 한다. 말에게 곡식을 섞은 말죽을 먹이기보다는 고원지대에서 풀을 먹게 해야 하며, 마구간의 경우 지나치게 아늑하게 해서는 안 된다고 한다. 억세게 키운 말의 경우 체격은 작아 보여도 지구력과 용감함이 뛰어나지만 지금의 말은 체력과 용기는 약하면서 난폭하기에 평시에도 제대로 쓰기 힘든데 전시에서는 어떻게 쓸 거냐고 비판했다. 북벌을 하려면 말의 관리가 무엇보다 중요하다고 강조했다. 특히 청나라는 기병으로 유명한 나라인 만큼 더더욱 관리를 잘 해야 하는데, 조선의 말 키우는 방법은 청나라보다 아래라며 한탄했다.

종자 관리에도 문제가 있다고 주장한다. 알다시피 우리나라에서 말을 주로 키우는 곳은 제주도이다. 이익은 본래 제주도의 말은 강한 종이었는데, 명마는 죄다 전쟁터에 끌어 쓰고 종마는 연약하거나 늙은 종만 남아서 점점 종자가 약해지고 있다고 지적했다. 이를 해결하기 위해서는 중국에서 새로운 종자를 사 오고 기존의 종자와 섞이게 하지 말며, 새로운 육성법으로 키워야 한다고 보았다. 확실히 말의 개선은 수레의 발전도 부를 수 있어서 이익의 지적은 당대에 큰 영향을 줄 수 있었다. 단순히 기병의 발전만 부르는 게 아닌 운송용 말 또한 발전한다면 유통에도 큰 영향을 줄 수 있기 때문이다.

활 등 병기 전반에 대해서도 불량하다고 지적했다. 싸리나무와 돌을 쓴 화살은 나름 품질이 좋은데도 버려지고, 긴 깃을 쓰는 화살은 이성계 수준으로 힘이 강한 자만이 진가를 발휘할 수 있는데, 멋 내기용으로 남용하니 실전에서는 큰 소용이 없다고 했다. 촉이 없는 화살은 전쟁터에서는 아무 쓸모가 없고, 오직 연습에만 쓸모가 있다. 이렇게 전쟁에 쓸 물자가 부실한데도 북벌을 주장하는 것은 단지 상대 붕당의 명분을 꺾기 위한 정치적 제스처에 불과하다고 지적했다. 화약 무기는 고려 말기 최무선이 들여와 유용하게 썼고, 중국은 서양에서 홍이포를 받아들여서 쓰고 있는데, 우리는 그 이후 발전이 없다고 한탄했다. 나아가서 나선정벌 때 총포수들은 성과를 냈지만, 그 성과를 바탕으로 화기를 개선할 생각을 하는 인재가 조정에는 없다고 지적했다.

개화기에 외국과의 교전을 생각하면 이 지적은 대부분 맞지만, 결국 이익도 한계가 존재하긴 했다. 현대로 치자면 클레어모어 내지는 시한폭탄이었던 비격진천뢰를 임진왜란 이후 사용되지 않아서 헛소문 취급한 것이다. 물론 그때 실록은 사관만이 볼 수 있었던 기밀문서고, 지금 시대와 달리 정보 접근성이 떨어진 것을 생각하면 이익을 비난할 수는 없는 일이다. 그나마 공개되던 승정원일기는 그 분량이 어마어마했고, 결국 조정에서 일하는 신하만 열람 가능하니 지방에 은거하던 이익이 찾아보는 것은 불가능했을 것이다.

그 당시로는 드물게 이익은 담배와 술에 대해 비판했다. 당시에는 담배가 유행했고 담배를 팔기 위해 재배하는 사람이 많았지만 다들 담배의 유독성을 모르는 상황이었다. 하지만 이익은 담배의 문제점을 정확히 꿰뚫어 봤다. 담배는 머리를 희게 하고 살을 마르게 하며 가래가 쌓이게 하니 사람을 빨리 늙게 하고, 무엇보다 담배에 정신이 팔려 정신 집중을 잘 못하게 된다는 것이다. 담배의 폐암 유발 문제와 니코틴 중독을 조기에 발견한 것 같은 그 통찰이 대단하다.

술은 만드는 데 귀중한 곡식을 축내는 것에 비해 별 유익함이 없다고 평가했다. 제사에 술을 써야 한다는 반박에 이익은 단술 정도로 충분하고 고급술은 필요 없으며, 흉년 때 함부로 술을 못 만들게 하는 것은 현명한 정책이라고 했다. 후에 홍선대원군이 고급술의 제조를 제한한 걸 생각하면 이익의 정책은 뒤늦게나마 반영된 것이다.

이익은 노비에게도 나름 온정적이었다. 자기가 아는 어떤 종의 무덤이 방치되어 있자 나름대로 제초한 후 음식을 차려놓고 제문을 약식으로 지어 읽을 정도였다. 이익은 군신 관계는 노비와 주인의 관계로 비유되는데, 정작 군신은 서로 존중하면서 노비도 사람인데 학대하고 가혹하게 대하는 것은 윤리에 어긋난다고 했다. 이러한 문제를 막으려면 자유민을 노비로 삼는 것과 노비를 사고파는 것을 막아야 한다고 주장했다. 자유민을 노비로 하지 못하게 하면 억울하게 노비가 되는 피해자들이 없을 것이고, 노비를 사고팔지 못하게 하면 노예를 함부로 물건처럼 대할 수 없으니 그 폐단이 최소화된다는 것이다. 물론 이익은 노예 제도 자체를 부정하지 않았다는 한계가 존재한다. 그러나 당대에는 하찮게 여겨진 노비조차 나름 배려하려는 점에서 실학이 근본적으로 사람을 위한 학문인 게 잘 느껴진다.

이익은 사치 풍습 또한 비판했는데, 그 시작은 종이다. 이익은 옛날에 쓰던 종이는 지금보다 품질도 낮고 크기도 작았는데 소중히 보관한 것과 달리, 지금은 더 좋아진 종이를 쓰면서도 귀중한 줄 모르고 막 쓴다고 지적했다. 특히 이익은 유랑하던 시절 절에 종이를 만드는 걸 보고 제작 과정이 힘든 것을 알고 난 후로는 종이를 더욱 아껴 쓴다는 자신의 경험담까지 말한다. 한 장의 종이라도 노고를 통해 만들어지는데 함부로 낭비해서는 안 된다는 것이다.

더 나아가서 사치의 원인까지 분석했다. 예전의 사치가 욕심 때문이라면 이제는 명예 때문에 사치를 부리고 사치가 욕심을 부른다고 분석한다. 현대의 과시 소비 이론을 그 시대에 파악한 셈이다. 이익은 부귀한 자는 재물의 가치를 모르고 마음껏 사치하며, 가난한 자들은 부귀한 자들의 명예를 따라잡기 위해 무리해서 사치한다고 주장했다. 그 결과 명예를 위해 관직을 비싼 돈 주고 사고 그걸 갚기 위해 다른 사람에게서 돈을 착취하는 악순환이 벌어지므로, 사람은 태어날 때 모두 천하게 태어났다는 걸 잊지 않고 검소하게 살아야 한다고 강조했다.

현대만 해도 소비 자체는 필요하긴 하지만 필요 이상으로 유행을 좇고 그 결과 쓰레기가 많이 발생하는 것을 생각하면 이 지적은 아직 유효하다는 생각이 든다. 오히려 지구온난화나 환경오염이 문제가 되는 현대에서 더 새겨들어야 한다는 생각이 든다. 더군다나 이익이 살던 시기는 유통과 통화가 원활하지 않았다. 그 때문에 사치가 분산되는 게 아닌 서울을 중심으로 지나치게 과열됐을 것이니, 이익이 사치를 경계하는 것도 당연하다.

이익은 도적에 대해서도 상세히 분석했다. 도적이 악한이긴 하지만 도적이 발생한 원인은 가난 등 잘못된 사회문제가 크므로 눈앞의 도적을 잡는다고 해결되지는 않는다는 것이다. 또한 도적을 잡으려 할 때도 무턱대고 군사만 앞세워서 잡으면 오히려 도망치기만 하고 별 소용이 없으니, 도적들이 서로를 신고하게 하고 신고할 시 신고한 당사자는 감형해주고 도적들을 처벌할 때 우두머리 위주로만 처형해서 도적들이 스스로 와해하게 해야 한다고 보았다.

그러나 홍길동, 임꺽정, 장길산 등을 말할 때 그들이 왜 들고 일어났는지는 설명하지 않고 그들의 행적만 말하는 부분은 다소 아쉽다. 물론 실제 홍길동은 흉악범에 가까웠고 임꺽정도 의적보다는 도적에 가까웠다는 걸 생각하면, 이익의 이런 서술이 이해 안 가는 건 아니다. 하지만 대도적에 대해 자세한 분석을 하지 않은 건 이익이 당시 양반이라는 한계에 얽매인 부분으로 보일 수 있다는 생각도 든다.

이제 정치에 대해서 본격적으로 확인해보자. 이익은 정치에서 가장 큰 문제로 과거제를 뽑았다. 과거제가 3년에 한 번 치는 정기 과거제만으로도 채용 가능 신하보다 합격자가 많을 지경인데, 거기에 온갖 명목이나 경사로 과거제가 열리니 채용 가능한 신하 수보다 합격자가 압도적으로 많은 상황이 된 것이다. 뽑히지 못한 선비들을 위한다는 명목과 달리 합격해놓고 임용되지 못하는 선비만 많이 만드는 셈이다.

그러고도 벼슬을 얻자는 생각에 다들 과거에 지나치게 몰두하고, 생업에는 신경 쓰지 않는 자들이 늘었다고 지적했다. 과거장이 혼잡해져서 대필이나 몰래 문제를 유출하는 등 부정행위를 통제하기 힘들어졌고, 시험자 수가 많아서 답안을 꼼꼼히 확인할 여력이 없게 되니 자연스럽게 비리의 유혹이 커지는 등 과거

제도의 폐단이 많다고 지적했다. 시험문제가 미리 유출되자 과거를 포기하고 돌아왔던 지인의 경험을 예로 들며 그 지인은 의인이었다고 칭찬하기도 했다.

시험 내용도 지나치게 형식적이고 복잡하게 되어 통치에 필요한 지식과 거리가 멀어졌고, 사람들은 문제를 맞히려고 하기보다는 부정행위에 관심을 돌리게 되니 시험 내용은 소용이 없게 됐다고 한탄했다. 또한 과거제도로 인한 과열은 붕당을 만든다고 지적했다. 기껏 합격해놓고 들어가기 힘들어지니 붕당에 붙는 것으로 벼슬 획득을 노린다는 것이다. 붕당이 학문적 파벌도 아니고 혈통에 따라 계승되니, 그 폐단은 더욱 커지게 된다는 게 문제였다. 이 점은 붕당이 과열되는 큰 원인이기도 했다.

그래서 기존의 붕당들은 서로 사생결단을 낼 각오로 적대하는데, 붕당의 새로운 인물들은 벼슬을 얻기 위해 들어오고, 그 때문에 나라를 위한 정책 토론 과정에서 나오는 갈등이 아닌 자기 출세나 가문의 출세를 위한 싸움이 되어 더욱 치열해지고 정책 일관성도 없어진다는 것이다. 설상가상으로 그렇게 관리가 된 인물은 뇌물로 바친 돈을 돌려받겠다는 심보로 수탈을 하니, 삼정의 문란까지 가속됐다.

반대를 위한 반대가 난무해 아무리 뛰어난 인재라도 다른 붕당이면 적대하고, 무능하거나 간신이어도 같은 붕당이면 감싸주고, 재야에 묻힌 인재는 찾으려 하지 않기 때문에 인재가 점점 줄어간다는 문제도 있었다. 정조가 탕평책을 시행하자 정약용 등 실학자들이 등용된 것을 보면 정확한 지적이다. 이미 당시의 붕당은 철저하게 이익싸움으로 변질해버린 것이었다. 이 부분에서 이익의 객관성이 대단한데, 붕당에 휘말려 형을 잃었는데도 타붕당을 무조건 비난하는 게 아닌 붕당 정치의 원인이 무엇인지, 그 폐해가 어떤지 구체적으로 분석한 것이다. 그야말로 초인적인 정신력과 통찰력이 아니면 할 수 없는 일이다.

과거제도를 어떻게 해결해야 하는가? 우선 과거의 수를 정기적인 시험 외에는 줄여야 한다고 주장한다. 지나치게 많은 시험은 시험에 몰두하는 사람만 늘리고 붕당만 과열시킬 뿐, 국가나 선비 어느 쪽에도 도움이 되지 않는다는 것이다. 또한 부정행위를 방지하기 위해 중국처럼 방을 나눈 후 문제를 시험지 형태로 배포하고, 부정행위 적발 시 처벌과 함께 다음 응시에 불이익을 줘야 한다고 주장한다. 과거제 내용이 실제 국가 운영에 도움이 되지 않고 바로 개정하기 힘든 경우는 과거 합격자들을 따로 뽑아 행정과 관계된 내용으로 추가시험을 치고, 거기서 일정 점수 이상을 얻은 자들만이 등용할 수 있는 식으로 보완해야 한다고 주장한다. 요약하자면 축소 및 선발 인원의 전문화다.

삼정의 문란에 대해서도 묘사하고 있는데, 특히 환곡이 제일 문제라고 지적한다. 이익은 공통적으로 삼정의 문란이 발생하는 원인은 사치와 부정부패라고 지적하며, 대부분의 수령은 뇌물을 주고 임명된 것이고 아전은 고정적인 수입이 없어서 더욱 수탈에 전념한다며하기 때문에 수탈이 사회적 관행의 문제라고 평가했다. 그야말로 정확한 평가였고, 실학자 대부분이 그 평가에 동의할 정도였다. 그야말로 악순환의 연속이었다.

이익은 기본 조세 정책 자체에는 큰 문제가 없지만 온갖 명목을 붙여서 나오는 잡다한 세금이 큰 문제라고 판단했다. 특히 그 세금들 대다수가 중앙에 전해지지 않고 중간에 횡령되어 백성들에게는 고통만 주고, 나라에도 아무 도움이 안 된다고 지적했다. 조선 후기 세금의 문제는 후대 실학자인 정약용도 지적할 정도로 심각했다. 대동법에 대해서도 토산물을 대체하는 점에서는 좋은 제도였으나, 잡세가 늘어난 현실에서는 큰 의미를 잃었다고 지적했다.

세금 문제에 대해서 이익은 차라리 기본 조세를 크게 늘릴지언정 잡세를 없애는 게 낫다는 대안을 제시했다. 실제로 중국, 일본 등 당시 조선의 이웃 나라도 잡세 대신 기본 조세를 늘리는 방법을 취했다. 일본의 경우는 기본 조세부터가 너무 막대해서 세금을 덜 내기 위해 영아 살해나 노인 유기 등이 벌어졌다는 문제는 있지만, 잡세와 달리 그 세금 대다수가 국가에 돌아온다는 이점이 있었다. 잡세의 근본적인 문제는 중간에 횡령하기 쉽다는 것이다. 흥선대원군이 잡세를 타파하고 사치를 억제하자 기본 세금을 크게 올리지 않았는데도 국가 재정이 회복됐다는 걸 생각하면 이익의 지적은 정확했다. 현대 국가에서도 세금을 법으로 정해 운용하는 조세법률주의로 계승됐다.

유교에서 제시한 방법인 정전법[20]은 취지는 좋지만 지금 와서는 실행하기 힘드니 영업전이라는 이름으로 개인당 판매 불가능한 토지를 배정해야 한다고 주장했다. 영업전이 있으면 최소한 기본적인 물품은 생산할 수 있고, 부자가 지나치게 부유해지고 빈자가 지나치게 가난해지는 것을 막을 수 있다고 주장한다. 평생을 유람하면서 검소하게 산 이익의 경험이 배어 있으며, 실제로 말년의 이익에게 남은 재산은 노비 하나인 것을 생각하면 서민의 삶을 잘 이해하기에 할 수 있는 정책 제안이라고 하겠다.

군포에 대해서는 세금과 환곡에 비해 크게 지적하지 않고 있지만 백골징포와 황구첨정은 근본적으로 잘못된 위법 행위이며, 특히 이런 식으로 걷어간 군포는 정작 나라로 들어오지 않고 중간에 횡령되는 게 부지기수라는 핵심 문제를 지적하고 있다. 홍선대원군이 군포의 양을 줄이는 대신 횡령을 막고 양반도 군포를 내게 하자 오히려 들어오는 군포는 더 늘어났다. 삼정의 문란은 제도를 통해 걷어가는 물품의 양보다는 회피하는 사람과 횡령하는 사람이 더 문제였다.

환곡에 대해서는 가장 심도 있게 비판했다. 환곡은 본래 흉년 때 곡식을 빌려주고 풍년 때 갚기 위한 것이었는데, 이제는 적게 주고 많이 받으려 하니 그 폐단이 삼정 중 가장 최악이라는 것이

---

20) 정전법(井田法)은 중국 최초의 토지 제도로, 주나라 때에 실시됐다고 전한다. 정방형의 토지를 우물 정(井)자형(1정=900무)으로 9등분해 8가구가 제각기 사전(私田)으로 경작하고, 중앙의 토지 100무는 공전(公田)으로 경작해 그 수확물은 모두 세금으로 나라에 바치는 제도였다.

다. 특히 억지로 빌려주거나 빌려주지도 않았는데도 갚으라고 하는 건 고리대금업 수준이었으며, 거기다 그렇게 해서 얻은 환곡들은 횡령되니 구휼이 아닌 패악이 됐다는 것이다. 만약 거둬간 곡식이 상했으면 그걸 교환해야 하는데 그걸 그대로 빌려주고 갚을 때는 제대로 된 곡식으로 갚으라는 등 사실상 환곡은 고리대금업자의 창고가 된 수준이었다. 다른 건 처음부터 거둬가기 위한 제도가 악용된 거지만 이건 제도의 본래 뜻마저 해칠 정도이니 더더욱 최악인 셈이다.

그렇다면 어떻게 해결할 수 있을까? 이익은 사창제를 제안한다. 국가에서 환곡을 관리하게 하되 지방에서 운영하며, 이자는 2년에 한 번만 내는 식이다. 이러면 횡령을 막을 수 있으면서도 백성의 부담은 적으니, 환곡의 본래 의도를 행할 수 있는 좋은 방법이라는 것이다. 홍선대원군은 환곡을 사창제로 개편하였는데, 이는 백성들이 홍선대원군을 지지하는 큰 이유 중 하나였다. 그야말로 초기의 홍선대원군은 과장을 조금 보탠다면 실학자들이 꿈꾸던 군주라고 할 수 있다.

군대에 대해 알아보자. 이익은 무과에 대해서 몹시 비판했다. 병법 능력이나 무예 실력조차 없는 자들이 무과에 응시하고, 반면에 군사적으로 능한 인재들은 뽑히지 못하고 세상만 원망하고 살면서 초야에 묻힌다. 이런 과정이 반복되면서 문과에 밀려나서 무과 직이나 얻어보려고 온 문인들만 선발된다고 했다. 명장은 실전에 뛰어난 사람인데, 지금의 장수들은 문과에서 낙오된

자들만 뽑혀서 제대로 된 장수가 없다고 한탄했다. 엉망진창인 무과를 개편하지 않으면 결코 강한 군대와 충성심 있는 병사, 뛰어난 장군을 얻을 수 없다. 하물며 침략을 당한 지가 얼마 되지도 않았는데, 사대 관계만 믿고 군사를 제대로 육성하지 않으니 이는 큰 병폐다. 그러면서 북벌론을 당쟁의 수단으로 쓰니 그야말로 당파의 이익을 위해 나라를 해치는 것이었다.

이익은 무인을 대우하는 태도부터 문제가 많다고 지적했다. 문인은 무인을 겸할 수 있지만, 무인은 문인을 겸할 수 없다는 게 큰 문제라는 것이다. 그 때문에 무인들은 문장에 소홀해지다 보니 병법과 무기술 공부에도 소홀해지며, 문인들은 무인의 사정을 모르고 성과만을 논하고 있으니 혼란이 있을 때 나라를 누가 지키고 어떻게 통솔하느냐는 것이다. 특히 고려시대에 이런 무인 천대가 무신 정권을 불렀고, 조선 시대만 해도 이괄의 난이 일어났는데 이리 소홀했으니 이익이 비판할 만하기도 하다.

이괄의 난 또한 이익은 대우를 어중간하게 해서 발생한 문제라 지적했다. 이괄은 인조반정 때 김류보다 먼저 반정 세력에 합류하고 무력을 제공했는데도 이등공신에 그쳤지만 김류는 일등공신에 배정됐다. 또한 이괄을 변방 지역으로 몰아넣으면서도 어떤 감시 조치를 하지 않았다. 그런데도 이괄이 반란을 일으킬 거라는 소문이 돌자 이괄의 아들을 체포했다. 반란은 삼족을 멸할 수 있는 죄로 여겨진다는 걸 생각하면 이괄 입장에서는 안 그래도 서러운데 반란을 일으킬 만한 이유를 조정에서 만들어주었준 것과 같다고 지적한다. 그야말로 조정에서 어중간하기 그지없는 조치를 취했다고 하겠한 셈이다.

불신할 거면 감시를 철저히 하고 신임할 거면 끝까지 신임했어야 했는데 어중간하게 대처한 결과 이괄에게 반란을 일으킬 동기와 병력을 제공한 셈이 되어버렸다. 결과적으로 청나라가 침략할 틈까지 보였으니 심각한 병폐라고 평가한 것이다. 이익이 지적했듯이 북쪽 변방은 잘못된 차별과 행정 조치로 중앙에 대한 불만이 심한 상태인데, 그런 지역에 안 그래도 불만을 품은 이괄을 보냈다는 것은 불 난 데 부채질을 하는 격이었다. 인조 입장에서는 믿을 수 있는 무인이 이괄뿐이었을 수도 있지만 애초에 그랬으면 대우를 후하게 해서 보냈어야 했다. 그런데 대우를 어중간하게 하고 보냈으니 안이하다고밖에 평할 수 없다. 인조가 얼마나 구체적인 비전 없이 국가를 운영했는지 방증하는 사례라고 볼 수도 있다.

이익은 서얼에 관해서도 이야기한다. 서얼은 오랜 세월 제도에 막혀 중인보다 높은 지위는 얻을 수 없었다. 이들은 핵심 벼슬에 나설 수 없으니 안타깝다고 했다. 특히 중국사에서 이름을 떨친 서얼들을 언급하고 공자 또한 딱히 서얼이라고 차별하는 태도를 보이지 않았는데, 유학의 나라인 조선이 서얼을 탄압하는 건 모순이라고 했다, 경국대전을 핑계로 드는 반론에서는 경국대전이 세세한 개정이 많이 있었는데, 서얼 부분만 유지해야 한다는 것은 오류에 불과하다고 반박했다.

서얼 중 악한 자가 많다는 주장에 대해서는 애초에 서얼을 멸시하는 환경에서 좋은 인물이 많이 나오길 바라는 건 사람을 절벽 끝으로 몰아놓고 떨어지지 않길 바라는 것과 다를 게 없다고 비판했다. 이익은 비록 광해군 때 서얼 7인이 자신들의 처지를 비관해 강도가 되긴 했지만 그들을 그렇게 몰아넣은 것은 잘못된 제도였으며, 그들의 행동만 보고 서얼 전체를 판단한다는 것은 오류라고 주장했다. 특히 무인 중에서는 재능을 가지고 있는데도 서얼이라는 이유로 장교가 되지 못하는 자들도 있는데, 서얼들이 원한만 가지고 산다는 건 원통한 일이라고 했다.

광해군 때 서얼 7인 사건은 유학의 이단자라고까지 불리는 허균과도 관련 있는데, 서얼 7인 중 한 명이 허균과 친구 사이였고, 허균에게 격문을 쓰는 일을 도와달라고 한 적이 있었다. 이 서얼 7인들은 끝까지 우정을 지켜 허균이 격문을 쓰는 걸 도왔다는 걸 절대 말하지 않았고, 허균은 자기 스승이 서얼인 것과 이들과의 우정 때문에 홍길동전을 통해 과감하게 당시 조선 사회를 비판한 것으로 추정된다. 실학자들 대다수들도 서얼 제도에 반대하였는데, 어쩌면 자신들을 세상이 알아주지 않는 것이 서얼과 같다는 동질감일지도 모른다는 생각이 든다. 박제가 등 일부 실학자들은 서얼이니 더더욱 그런 생각이 든다.

역사에 대해 알아보자. 우선 이익은 역사를 탐구하는 목적과 역사 서술의 어려움을 먼저 지적했다. 역사는 근본적으로 과거에서 배워 미래의 사건을 막기 위해 연구하는 것이지만 역사는 단지 인물만이 아닌 우연과 상황에서도 크게 좌우하기에 그대로 적용하기 힘든 어려움이 있다고 했다. 예시로 한신을 들었는데, 한신이 재주가 있었지만 소하의 눈에 들지 않았다면 그는 대업을 완수할 수 없었을 것이라고 주장한다. 실제로 일을 할 때 능력도 중요하지만 운과 상황도 따라야 함을 생각하면 맞는 말이다.

이익은 역사 집필에 근본적으로 한계가 있다는 걸 지적했다. 교훈을 주기 위해 착하고 좋은 사람의 결점은 묻어버리려고 하고, 악하고 나쁜 사람의 장점도 묻어버리려고 한다는 것이다. 실시간으로 역사를 기록해서 신뢰도가 가장 높은 조선왕조실록조차 단종실록-세조실록은 세조의 정당성을 강조하고 단종의 억울함을 묻어버렸고, 연산군일기도 무오사화 시절 사림파 또한 원인을 제공한 잘못이 있었다는 걸 교묘하게 은폐했다.

선조실록에서는 중종실록에서 빠진 기록이라며 과학적으로 불가능한 주초위왕(走肖爲王) 설화를 집어넣었으며, 광해군일기야 그나마 단종실록보다는 신뢰도가 높지만 광해군의 업적이 폄하됐다. 고종실록과 순조실록은 사실상 국권이 일본에 넘어간 상태에서 저작된 거라 사학자들이 고종실록이나 순조실록보다도 『한국통사』를 비롯한 독립운동가들이 저술한 역사를 더 신뢰성 높은 사료로 취급할 정도이다. 이렇듯이 위조가 힘든 실록조차 승자의 단점을 가리고 패자의 장점을 교묘하게 지우는 성향이 있는데, 다른 역사서야 더했으면 더했지 절대 덜하지는 않을 것이다.

우리나라의 경우에는 기록이 왜곡되는 것보다도 큰 문제가 있는데, 바로 사료 자체가 부족하다는 것이다. 삼국시대에도 고구려의 유기, 백제의 서기, 신라의 국사와 같은 역사서가 있었지만 전수되지 못했다. 가야도 고려 시기 가야의 역사를 정리한 가락국기가 있었지만 사라졌다. 이렇게 남은 사료가 부족해서『삼국사기』는 사료 대부분을 중국 역사서에 의존해야 했고, 그 결과 연개소문의 연이 중국 황제 중 한 명의 이름과 겹쳐서 피휘(왕의 이름에 쓰이는 한자를 다른 곳에 쓰지 못하게 하는 제도) 문제로 천으로 바꾸어서 기록된 것도 모르고 그대로 천개소문이라 쓰는 불상사도 일어났다.

따라서 역사를 공정하게 쓰기는 어려우며, 현대 시점으로 보면 이익 본인도 지나치게 중국 중심의 역사관을 보이는 등 한계가 없지는 않다. 그래서 현대 역사학은 절대 단편적인 사료만 보지 않으며, 다양한 각도에서 바라보는 교차검증을 반드시 시도한다. 왕조실록에서 미심쩍은 부분이 지금 밝혀진 것도 교차검증을 통해 밝혀진 것이다.『삼국사기』가 재평가를 받은 이유도 다른 나라의 역사책들과 교차검증을 한 결과 나름대로 신뢰도가 있음이 밝혀졌기 때문이다.

『성호사설』의 한국사에서 이익은 고조선사를 포함하고 단군조선은 순임금과 같은 시기였으며, 기자조선은 당시 통설이던 기자가 한반도로 넘어와 세운 국가라고 주장했다. 또한 삼한은 한나라 쪽 유민들이 한반도로 와서 세운 국가들이며, 이들에서 백제와 신라가 나왔다고 보았다. 비록 지금은 존재가 불확실하다고 판명이 난 기자조선을 긍정하고 그 외 자질구레한 오류가 있긴 하지만 삼한의 근원에 대해 나름의 추리를 하는 등 이익은 중국 중심의 역사관을 벗어나지 못했지만 나름대로 독창적인 역사관을 가지려고 노력한 것 같다.

고려사에 대해서도 이익은 당대 기준으로 독창적인 시각을 가지고 있었다. 우왕이 신돈의 아들이라고 반역자로 기록되는 것은 일관성이 없으며, 그리 치면 여불위의 아들이라는 의혹이 있는 진시황도 반역자로 취급해야 한다고 지적했다. 현대에서는 우왕이 신돈의 아들이라는 기록부터가 이성계의 정당성을 위해 위조한 것이라는 의혹이 강하지만, 당시에는 아직 그 기록이 정설인데 이런 소신 있는 말을 한 것부터가 대단하다고 볼 수 있다.

또한 고려사의 외교정책도 세심하게 분석했다. 예를 들어 왕건이 거란과의 교류를 거절한 것은 발해계를 흡수하기 위한 전략이라고 분석하면서도 송나라가 약한 상태에서 거란을 자극한 셈이니 위험했다고 평가한다. 송나라의 요청을 듣지 않은 건 그때 송나라는 허약한 상태였으니 현명했지만 몽골 전쟁 때 항전하겠다고 강화도에 틀어박힌 건 고통만 늘리는 최악의 선택이었다고 지적한다. 결국 안전한 건 강화도뿐이고 본토는 고통받기 때문이다.

　왜구가 여말선초 시기 급증한 이유도 나름 분석했는데, 그동안
은 무려 일본 정벌까지 시도하는 원나라를 일본이 두려워했으나
원나라가 약해지니 일본 정벌 때의 악감정을 고려에 화풀이했다
는 것이다. 원나라의 일본 정벌과 관련해서 조선 때 일본에 통신
사를 잘 보내지 않은 것은 명백히 실책이었으며 원나라에 의한
강제 참전이었지만 어쨌든 일본 침략에 참여했다는 점에서 어떻
게든 해명해야 했다고 지적한다. 그걸 내버려 둔 결과 삼포왜란
등 혼란이 일어났으며, 끝내 임진왜란이 터졌으니 변명할 수 없
는 실책이라 평가한다.

　물론 임진왜란의 근본적인 원인은 통일 후 불만을 대외 전쟁으
로 돌리고 동아시아 정복을 꿈꾸던 히데요시의 야망이었지만 이
걸 이익이 알 방법은 없었다. 거기다 히데요시의 부하들이 이러
한 정복 전쟁을 반대하지 않은 것을 보면 통신사 정책 실패와 사
과를 하지 않은 것에 대한 영향이 없다고 단언할 수는 없다.

　또한 명나라가 강성해지니 바로 명나라 쪽으로 사대하려 한 것
도 도박이었으며, 그럴 바에는 원나라에 변명하면서도 명나라
쪽으로 붙을 명분을 만들었어야 했다고 지적했다. 원나라가 명
나라에 패배한 후로도 북원의 형태로나마 간신히 존속했으며,
명나라 또한 처음에는 조선에 그다지 우호적이지 않았음을 생각
하면 틀린 지적은 결코 아니다. 특히 21세기인 지금도 우리나라

의 지정학적 위치상 미국, 중국, 러시아, 일본 등 여러 강대국의 눈치를 봐야 한다는 걸 생각하면 이익의 외교론은 여전히 유효하다.

조선 시대 역사에서는 임진왜란에 대한 기록이 가장 상세한데, 이익은 그중에서도 명나라 쪽 인물을 중심적으로 다루고 있다. 특히 이익이 가장 중시하는 인물은 만력제가 조선에 파병하도록 설득한 인물인 석성이었다. 당시 명나라는 일본의 지나치게 빠른 전군 속도에 조선이 일본과 내통했나 의심하고 여차하면 조선을 반으로 나눌 생각이었는데, 석성이 만력제를 열심히 설득해 명군이 파병됐으니 석성이 최고 공로자라는 것이다.

또한 심유경도 칭송했다. 적절한 외교 조치로 조선이 피해를 덜 보게 했으며, 도요토미 수행원이 된 조선인의 기록까지 보여주며 심유경이 교묘하게 도요토미에게 독을 먹여 병이 들게 했다고 이익은 말한다. 독약 야사야 거짓일 가능성이 크지만 실제 역사에서도 휴전 당시 일본이 무리한 요구를 한 건 맞았고, 심유경은 최대한 조선에 피해 가지 않게 협상을 하려 했다는 것도 사실이다.

그런데 당시 조선은 양호는 변호하면서 정작 양호보다 더한 공을 세운 석성과 심유경이 처형될 위기에 처할 때는 변호하지 않고 그대로 방관했다. 이자성의 난이 일어날 때도 변명의 말 없이 그대로 지켜보기만 했으면서 재조지은[21]을 말하는 것은 단지 위선에 불과하다고 이익은 비판했다. 비록 명나라 쪽으로 치우쳐 있다는 건 같지만 나름 임진왜란의 인과관계를 분석하려 하고 실질적으로 조선을 도운 인물과 명나라의 위기를 방관한 주제에 정작 청나라가 강력한 상황에서 재조지은(再造之恩)을 강조하며 비현실적인 사대를 했다는 걸 비판한 점에서 이익의 역사관이 나름 독창적임을 알 수 있다.

　이익은 일본 측 자료도 분석하며 나름 임진왜란 당시의 일본에 대해서도 통찰해봤다. 이익은 도요토미가 나라를 통합한 이후 가도멸괵(두 나라를 다 치기 위해 한 나라를 치겠다는 명목으로 다른 나라를 통과하고, 점령 이후에는 통과했던 나라도 공격해 두 나라를 다 치는 전술)의 전략과 내부 불만을 돌릴 목적으로 전쟁을 일으켰지만, 일본의 역량으로는 명나라와 전쟁할 여력이 안 되어서 몰락했다고 분석한다. 만약 도요토미가 중국 내의 소국이었다면 그의 전쟁이 이리 패배하지는 않았을 거라 하기도 했다. 현대 사학자들은 도요토미가 열등감으로 인해 야망이 컸을 거라고 분석하지만, 당시 이익이 이걸 알 방법은 없긴 했다.

　일본의 정치체제도 분석했다. 일본에는 천왕이라는 왕이 따로 있지만 실권은 관백이 잡는 체제이고, 관백을 일본에서는 정이

---

21)　'나라를 다시 만들어준 은혜', '거의 망하게 된 걸 구해준 은혜'라는 뜻이다. 한국사에서 재조지은은 임진왜란 때 명나라의 조선 파병을 주로 일컫는다.

대장군이라고 칭한다고 정확히 꿰뚫어봤다. 그리고 지금이야 관백이 실권을 잡고 있지만 언젠가 일본이 천왕을 중심으로 단결해 임진왜란 때처럼 우리나라를 노린다면 그때보다 더 강할 것인데, 조선은 국방력을 키우거나 청과 외교를 강화하는 것 중 어떤 것도 하지 않아서 우려된다고 평했다. 일본이 메이지 유신 때 천왕을 중심으로 단결하고, 정한론이 대두되어 끝내는 우리나라를 병합한 걸 생각하면 이익의 우려는 불행하게도 들어맞고 말았다.

이제 학문에 대해서 알아보자. 그는 먼저 학문을 하는 태도에 대해서 고찰해보았다. 이익은 요임금과 순임금만 해도 주위 사람에게 많이 물어보았는데, 어리석어서 그런 게 아니라 자신이 모르고 지나치는 게 있는지 끊임없이 돌아보려는 것이었다고 평가한다. 그런데 당시의 학자들은 자신이 아는 것만 보려 하고 다른 당파의 의견이나 새로운 학문은 들으려고 하지도 않으니, 자칭 학자는 털처럼 많지만 깨달은 현자는 기린의 뿔처럼 적다고 한탄했다.

이익 본인은 이런 성찰을 몸소 실천했다. 양명학에 대해서 지행합일(知行合一) 부분은 엄밀히 따지면 아는 것이 행하는 것보다 먼저이고, 공자가 말한 행동을 서둘러라는 어디까지나 선행에 과감하라는 것이지 결코 행동이 아는 것보다 먼저가 아니라고 학문적으로 비판했다. 하지만 양명학 또한 학문으로서 참고할 가치가 있다고 주장했다. 또한 『성호사설』에 실린 내용부터 상당수가 주위에서 들은 내용이다. 이익이 타인에게 듣고 성찰하지 않았다면 애초에『성호사설』은 탄생할 수조차 없었을 것이다.

　이익은 서원에 대해 비판했다. 분명 서원의 본뜻은 좋았으나 너무 무분별하게 지어지고 아무 일도 하지 않으려고 하며, 위인을 모시는 것도 위인이 아닌 자기 조상을 모시는 등 텃세를 위한 장소가 되고 있으니 불필요한 서원은 없애는 게 바르다고 한 것이다. 특히 앞에서 한탄했듯이 진정한 유가의 뜻이 잊혀진다고 본 이익의 입장에서는 서원이 늘어나는 것이 유가를 계승하기는 커녕 유가를 팔아먹는 짓으로 보였을 것이다. 흥선대원군 때가 되어서야 서원에 대한 개혁이 이루어졌다. 그런데도 유학자들은 자기 잘못을 돌아보기보다는 흥선대원군을 비판만 했으니 이익이 본다면 탄식했을 것이다.

　공자의 말이라고 해서 무조건 맹신하는 것도 위험하다고 주장했다. 말이라는 건 부드러운 표현에 속뜻을 숨기고 있는 때도 있으며, 공자는 현실을 바꿀 의도로 학문을 창립한 이상 현실을 무시하지 않았기 때문이다. 따라서 이익은 성현들의 말은 그 속뜻과 당시 상황을 고려해서 찬찬히 진정한 뜻을 확인해야 한다고 했다. 그래서『논어』의 뜻을 독자적으로 풀이한『논어익』을 쓰고 싶지만 시간이 안 나서 못 쓴다고 한탄했다. 문득 이익이 그 정성으로『논어』풀이를 썼다면 정약용의 사서 풀이에 맞먹거나 그 이상의 저작이 나오지 않았을까 하는 아쉬움이 든다.

이익은 성인의 말씀을 풀이하면서 연좌제를 비판했다. 공자만 해도 복수를 금지하지는 않지만 과도한 복수는 재앙을 부른다고 꺼리고, 삼족을 멸하는 것도 가혹한데 칠족, 구족을 멸족시킨다는 것은 보복이나 학살의 정당화에 불과하다고 지적한 것이다. 그래서 한 무제가 흉노족에게 당한 것을 복수한다고 흉노 구족을 멸한다는 것은 단순히 무제 본인의 정복욕과 보복심을 포장하기 위한 대의명분에 불과했다고 이익은 주장한다. 오형 또한 시대에 따라 변해왔고, 상고 시대의 오형과 지금 시대의 오형에는 큰 차이가 있기에 성인의 서적을 함부로 형법에 인용하는 것은 옳지 못하다고 했다. 실제로도 연좌제는 죄의 적용보다는 이런 행위를 한다면 이러한 보복을 할 것이라는 경고에 가까웠다. 사실상 법을 빙자한 보복이나 다름없기 때문에 현대에 와서 연좌제는 폐지됐다.

문득 홉스가 『리바이어던』에서 연좌제를 긍정했던 걸 생각하면 홉스의 냉혹한 현실주의와 유교의 인본주의의 차이가 느껴진다. 홉스는 수단이 잔혹할지언정 대의를 위해서는 써야 한다고 했지만 반대로 이익은 목적이 옳아도 과감한 수단은 되도록 쓰지 말아야 한다고 했다. 그러나 홉스가 말한 수단이 잔혹해도 대의가 정당하면 쓸 수 있다는 쪽이 세계대전과 홀로코스트를 초래한 걸 생각하면, 현대에서는 아무래도 이익의 주장이 더 맞는 것 같다.

이익은 근본적으로 실학파이기에 개혁에 호의적이었다. 옛말에는 100배의 이익이 없으면 개혁을 해서는 안 된다고 하지만 반대로 이는 이익이 보장되면 개혁할 수 있다는 것이고, 오히려 무리하게 옛 체제를 유지하는 것은 시간이 지나면 반드시 폐단이 따른다고 주장했다. 실제로도 삼정의 문란을 근본적으로 개혁하지 않아서 조선 후기 때 나라가 몰락했고, 개화도 제대로 이루어지지 못한 것을 생각하면 타당한 주장이다.

하지만 이익이 무분별한 개혁을 찬성한 것은 결코 아니다. 이익은 개혁은 근본적으로 백성을 위해야 하고, 적을 무분별하게 만들지 말아야 하며, 옛것 중 부정적인 것은 혁파하되 옛것 자체를 부정해서는 안 된다고 보았다. 상앙과 왕안석이라는 타락 내지는 실패한 개혁가들을 예시로 들어 잘못된 개혁을 설명하고 있다. 상앙은 부국강병을 목표로 해서 개혁을 했고 실제로 이득이 되는 부분도 많았지만, 인의를 저버리고 물러갈 때를 파악하지 못해서 결국 숙청됐다고 지적한다. 그러나 한편으로는 상앙의 법 중에서는 유익한 부분도 많았다고 이익은 덧붙인다. 지나치게 과격했을 뿐이지 개혁이 필요했다는 걸 이익은 인정했다.

한편으로는 왕안석에 대해서는 그 뜻은 좋았으나 너무 갑작스럽게 개혁을 하려고 해서 누구의 지지도 얻지 못했고, 그래서 망했다는 식으로 표현하고 있다. 한국에서도 이런 왕안석과 비슷한 인물이 있었으니, 바로 조광조이다. 조광조는 유교적 개혁을 하려 했으나 그 개혁이 너무 급진적이었고, 딱히 권력 기반도 없는 상태였는데 너무 성급히 나가 중종과 갈라서게 됐다. 결국 중종은 기묘사화를 통해 조광조를 토사구팽했다. 조광조를 유학의 순교자라 여긴 일반적인 유학자들과 달리 이황은 조광조에 대해 뜻은 좋지만 너무 성급해 실패할 수밖에 없었다고 선을 그었다. 이익이 말한 유교적 수용과 역사관에 조광조를 비춰보면 이익은 조광조를 한계가 뚜렷한 인물로 생각했을지도 모른다.

이제는 시에 대해 알아보자. 시편에서는 중국의 시가 많고 한국의 시는 적은데, 이에 대해 이익은 조선은 문학을 그리 중히 여기지 않는 풍조가 강하다고 아쉬워한다. 이익은 거장들의 시를 칭송하면서도 그 형태와 표현을 상세히 구분하였다. 한국의 시 중 상당수가 중국의 고시에서 따온 것이라며 시는 오래된 것일수록 좋다고 말한다. 이는 단지 감상뿐만 아니라 그저 옛날의 풍류를 무턱대고 따를 뿐 새로운 발전을 하지 못한 당시 조선의 문학에 대해 한탄한 것인지도 모른다. 특히 그는 만물 편에서 소동파가 외형을 따라 하는 것보다 내면이 중요하다 한 의미는 외형에도 정성을 들이되 내면을 강조하라는 뜻이었는데, 선비들은 이는 외형이 중요하지 않다고 해석하니 안타깝다고 말했다. 소동파에 대한 이 평가는 당시 조선 문학에 대해 안타까움을 표현한 것 같다.

『성호사설』에 대한 실학의 특징과 이익의 한계, 현대에서 실학은 어떤 의미가 있는지에 대해서 느낀 점을 말하자고 한다. 우선 『성호사설』은 그야말로 실학의 집대성이라 볼 수 있다. 특히 전체적으로 농업 중심의 실학파로 분류할 수 있다. 이러한 중농학파로는 이익 외에도 정약용이 있다. 중농학파는 농업을 통해 백성을 평안히 하고 국가를 부유하게 해야 한다고 보았기에 토지제도 개선을 중점으로 연구했다.

이와 다른 부류가 박지원을 시작으로 한 상업 중심의 실학파다. 이들은 청나라의 부강함을 보고 모자란 기술과 제도를 발전한 청나라에서 배워오자는 쪽이다. 이들은 상인을 지원하되 매점매석을 금지해 물류를 널리 유통해야 하며, 신기술을 위한 소비는 어느 정도 필요하다고 보았다. 즉 생산도 문제지만 그것이 제대로 돌지 않고 소수에게만 독점된다는 것이 큰 문제라고 본 것이다.

이 실학파들이 근본적으로 동의하는 부분이 있는데, 바로 과거제도와 당파의 개혁, 조세의 개혁이었다. 그들부터가 잘못된 당파와 과거제도 때문에 권력에 참여하지 못했으며, 그런 처지 때문에 개혁안을 발표하지 못한 한이 있었기 때문이다. 거기다 과거제도와 당파싸움이 사회문제를 해결하기보다는 고착시키고 악화시키는 쪽에 가까워서 더더욱 과거제도와 당파의 개혁에 공감할 수밖에 없었을 것이다.

조세의 개혁 또한 필연적이었다. 실학이 근본적으로 백성을 위하고 나라를 위하는 학문인 만큼, 백성의 고혈을 빨아먹으면서 나라에는 어떠한 도움도 주지 않는 삼정의 문란은 반드시 없애야 할 병폐였기 때문이다. 이들은 자신들의 뜻이 실행되길 바

랐고, 정조 때 기회가 오나 싶었지만 정조의 급사로 개혁은 중단
됐다. 그 이후로 세도정치 시기 실학은 탄압받거나 숨어지내야
했다.

그나마 흥선대원군이 실학의 개혁안 일부를 받아들였지만, 왕
권 신장을 위해 경복궁 재건을 강행해 이미지가 깎인 데다가 고
종의 권위를 지나치게 무시했고, 그 결과 흥선대원군이 물러나
면서 실학파는 다시 꺾이고 만다. 설상가상으로 민씨 집안은 세
도가의 만행을 다시 반복하였고, 이것이 결국 조선의 패망과 일
제강점기로 이어지고 말았으니 안타까울 뿐이다.

이익 또한 결국 유학자, 그도 유학의 한계를 완전히 극복하지
는 못했다. 특히 성질 나쁜 아내는 쫓아낼 수 있게 해야 한다고
주장하는데, 법이 있으니 함부로 할 수 없다는 반박에 칠거지악
은 그럼 왜 있는 거냐고 역으로 반박할 정도였다. 칠거지악 중
지금의 윤리관에서 바라보면 별로 마땅치 않은 것도 있는데, 칠
거지악을 긍정한다는 점에서 이익은 결국 유학자의 윤리관에 갇
혀 있었다고 할 수 있다.

물론 그 당시의 윤리관에서 이익의 사상은 혁신적이었다는 걸
간과해서는 안 된다. 양반의 특권이 당연하고, 노비의 대우가 서
양보다는 나았지만 객관적으로 좋은 편은 아니었던 그 시대에서
모든 인간은 태어날 때는 비천하기에 겸손해야 하며, 노비 또한
사람이기에 사고팔아서는 안 되고 인간적으로 대해야 한다고 본

이익은 혁신적이라고 볼 수 있다. 결국 그는 당시로서는 오히려 혁신적인 인물이라고까지 볼 수 있는 것이다. 지금의 윤리관은 수많은 철학과 사상이 쌓아 올려져서 만들어진 것임을 간과하지 말자.

이러한 실학의 정신은 21세기 현대에서도 유효하다고 할 수 있다. 한국은 선진국 대열에 들어섰지만, 아직 지구촌 저편에서는 가난하고 부패한 나라들이 허다하다. 동아시아만 해도 중국은 극단적인 부익부 빈익빈을 보이며, 러시아는 최고 권력자의 오판으로 1년 넘게 전쟁을 이어가고 있는 데다 부정부패로 국민이 고통을 받고 있다. 이런 상황에서 백성이 곧 나라고, 나라가 곧 백성이라는 애민 정신과 애국정신을 가진 실학자들의 마음가짐은 오늘날에도 절실히 요구된다.

18. 정약용의 『목민심서』

백성을 위해 명심해야 할 목민관의 덕목을 탐구하다

『목민심서』는 정약용이 유배 시절에 쓴 500권이 넘는 책 중 하나이다. 목민관이 부임 시 어떻게 해야 하는지, 부임하고 나서 사생활과 몸가짐을 어떻게 해야 하는지, 목민관으로서 일을 집행할 때 어떻게 해야 하는지, 백성들을 어떻게 도와야 하는지, 목민관 임기가 끝나고 퇴임할 시 어떻게 해야 하는지, 구휼 시 어떻게 조처해야 하는지 등 목민관에 대한 총 12개의 내용을 다룬 책이다.

정약용이 이 책을 왜 쓰게 됐는지를 알려면 정약용의 생애를 알아볼 필요가 있다. 정약용은 조선 후기를 대표하는 실학자이며, 정조의 규장각 육성을 통해 발굴된 인재이다. 정조의 부름으로 고을의 수령과 암행어사로 활동하기도 했다. 이 때문에 관직 입문 후 초기 시절부터 민생에 대해 알았고, 민생에 관한 시도 즐겨 썼다.

규장각의 인재로서 수원 화성 축성 및 개혁 조치에 참여하고 있던 그의 인생은 정조 사후 암흑기에 빠진다. 하필이면 형과 동생이 천주교 신자였고, 그도 잠시 천주교에 발을 담갔다가 뺀 게 꼬투리를 잡힌 것이다. 특히 형인 정약종이 무부무군(無父無君), 즉 아버지도 없고 군주도 없다는 낙서까지 남겼기 때문에 벽파 세력은 이걸 꼬투리 삼아 정약용 형제 전부를 처벌하려 했다. 무부무군은 당시 유교적 가치를 전부 부정하는 글이나 다름없어서 더더욱 반박하기 힘들었다.

정조 시기부터 천주교도 중 하나가 제사를 거부하고 위패를 불태운 사건 때문에 천주교의 이미지는 몹시 나빠진 상태였다. 오죽하면 명군인 정조도 천주교를 전면적으로 탄압하지는 않았지만, 제사를 거부하고 위패를 불태운 천주교도는 사형에 처했다. 이로써 천주교도를 탄압할 명분은 충분해진 상태였고, 정조 사후 벽파 세력은 이걸 시파를 탄압할 도구로 사용했다. 결국 정약용의 형제 중 정약종은 처형당하고 정약전과 정약용은 유배형에 처해졌다.

정약전이 흑산도에 유배되면서 전문적인 어류 도감인 자산어보를 남긴 것처럼, 정약용의 학문은 유배지에서 급속도로 발전했다. 그 성과 중 하나가 바로『목민심서』다. 근본적으로 유학자였던 그는 유교 경전의 주석을 우선했기 때문에『목민심서』는 2순위로 분류했지만, 현대를 살아가는 우리에게는 2순위 책들이 더 주목받고 있다.

어쩌면 정약용이 유교 경전의 주석을 우선시한 건 천주교가 유교적 가치를 부정함으로써 자신과 형이 귀양을 간 것에 대한 울분을 유교에 대한 재정리로 풀려고 한 것일지도 모른다. 그러나 그 성과들은 제대로 쓰이지 못했다. 유배가 풀렸을 때 정약용은 이미 백발노인이었고, 그 성과를 발휘하기에 세도정치는 지나치게 부패한 상태였다. 참으로 안타까운 일이다.

먼저 목민관 부임 시의 예의를 이야기해 보자. 목민관으로 부임하기 전에 사사로운 이유로도 뇌물을 줘서는 안 된다. 조선 후기 수령들이 수탈에 힘썼던 이유 중 하나가 수령 자리를 뇌물로 얻어서 그것을 보상받으려는 것이었는데, 정약용이 이를 지적한 것이다. 당시에는 쇄마전이라는 이름으로 부임 시 고을까지 가는 마차비(암행어사의 마패는 이것의 대체다)가 지급됐다. 본래는 민간에서 마차비를 수탈하는 것을 막기 위해 국가에서 지급하는 것이었지만 당시에는 민간에서 쇄마전을 갈취하는 것이 성행하니 미리 공문을 보내서 그것을 막으라고까지 했다. 심지어 본래 쇄마전은 수령으로 임명될 때만 지급하는 돈이어서 임기를 끝마치고 나갈 때는 수령 본인의 봉급에서 차비를 마련해야 했다. 그러나 조선 후기에 많은 관리가 임기를 끝마치고 돌아갈 때 쓰는 차비마저 민간에서 사사로이 갈취했으니, 이건 그야말로 백성을 두 번 죽이는 격이었다. 정약용은 민간에서 갈취하지 못하게 한 제도가 민간을 갈취하는 수단이 된 것을 탄식한 셈이다.

마차는 반드시 예절에 맞게 하며, 그 이상은 사치에 불과하다고 했다. 특히 쌍마교는 임금이 타는 마차인데, 지금은 수령도 타려 하니 욕심이 과하다고 지적했다. 정약용이 마차에 대한 사치를 비판한 것은 돈을 내며 수령 자리를 꿰찬 사람이 허다한 데다 치장에까지 돈을 쓰니 이를 수탈로 메우려 할 것이 뻔하기 때문이다. 또한 고을 백성들은 이런 사실을 잘 알고 있어서 마차로 위엄을 세우려다 오히려 멸시를 받는 처사가 됐다.

부임하기 하루 전날은 이웃 고을에서 자야 한다. 이유는 첫날부터 고생을 안겨 이미지를 나쁘게 하지 말라는 것이다. 수령의 행차는 필연적으로 많은 수행원을 동반하는데, 그 많은 사람을 고을 사람들에게 부담하게 하는 것은 고을에 큰 부담을 준다. 그리고 부임 날짜에 길일이나 흉일을 따지는 건 무익하다고 했다. 또한 부임 시에 들고 갈 재물은 간소하게 하되 반드시 책을 한 수레 정도는 챙기라고 했다. 그래야 후에 정책에 참고하거나 지방 선비들과 토론할 때 도움이 된다는 것이다. 그런 정성이 없으면, 그 대신 뇌물을 챙기기 쉬우며 돌발적인 사태가 날 시 대응하기 힘들기 때문이다.

이런 부임 시 주의점 중에는 현대에도 통하는 것이 있다. 우선 쇄마전을 민간에서 갈취하지 못하게 조치하라는 것과 목민관 부임 시 뇌물을 줘서는 안 된다는 것이다. 현대에서도 자리를 얻기 위해 뇌물을 주고 그렇게 자리에 오른 후 뇌물 값을 만회하기 위해 온갖 부정부패를 저지르는 사례가 있기 때문이다. 특히 러시아는 군대에서 이런 식의 부조리가 허다하다 보니 이번 우크라이나 전쟁에서 물자가 부족한 불상사마저 벌어졌다. 물자를 살 돈을 군대에서 횡령했기 때문이다. 오죽하면 이베이(세계적인 전자상거래 회사)에서는 러시아의 전투식량이 팔리고 있는데, 정작 러시아군은 전투식량이 부족해서 고생하고 있다고 한다.

부임하기 하루 전날에 바로 고을에 가지 말라는 뜻은 일할 시 첫인상부터 좋아야 그 뒤 일이 수월하다는 것과 일맥상통한다. 사람에 대한 평가는 첫인상에 좌우되기 쉽다. 외모지상주의니 해도 사람들이 외모를 가꾸는 이유는 첫인상을 좋게 주기 쉬운 수단이 바로 외모이기 때문이다. 아무래도 단정한 쪽이 지저분한 쪽보다 좋은 인상을 주기 유리하니까. 이러한 첫인상을 바꾸려면 노력을 많이 기울여야 하는데, 그보다는 첫인상을 좋게 하는 게 더 효율적이다.

마지막으로 부임 날짜에 길일과 흉일을 따지지 말라는 것도 현실에서 유효하다. 즉 길일이니 흉일이니 따지는 것보다 실제적인 노력을 하라는 뜻이다. 책을 챙겨서 가라는 것도 공무원으로 부임하기 위해서는 단지 공무원 시험 합격을 위한 지식 외에도, 자신이 일할 분야에 대한 전반적인 상식과 지식을 갖추라는 뜻으로 이해된다. 실제로 행정 업무라는 것은 해당 업무 외에도 행정 지역의 상황에 대해 상당한 지식이 있어야 원활하게 진행되며, 그러지 않으면 탁상공론으로 그치기 쉽다.

퇴임 시에도 당연히 예의가 필요하다. 퇴임 시에는 갑작스러워도 당황하지 말고, 그 땅에서 얻은 것은 들고 가서는 안 된다. 특히 토산품을 강제로 챙겨가려는 것은 이미지만 추해지는 일에 불과하다고 지적했다. 임기 동안 일을 잘했으면 백성들이 환호하며 다시 찾으려 하는 일이 있으니 임기 내내 성실해야 한다. 명백한 공적이 있으면 그걸 백성이 비석으로 남기는 것은 괜찮지만 자기 과시의 목적으로 목비를 남기는 건 옳지 못한 일이다. 그리고 전쟁이나 재난 등으로 해당 고을에서 죽는 것은 명예로운 일이니 무턱대고 피하려고 하지 않아야 한다.

이건 당시 수령들의 폐해를 잘 지적하고 있다. 당장 동학농민운동의 계기를 만든 탐관오리 조병갑은 임기가 끝났는데도 자기 인맥을 이용해 눌러앉았고, 자기 공덕비를 억지로 만들게 했으며, 그런 만행을 저질렀는데도 당당하게 판사로 임명됐다. 자기 과시의 목적으로 비를 세우지 말라는 말은 노자의 '이름을 함부로 떨치려는 자는 멸시받는 법이다'라는 것과 일맥상통한다. 동시에 노자는 정의를 내세운다는 건 사회가 힘들다는 것의 반증이라 했는데, 이는 정약용 본인도 토로했듯이 그 당시 사회는 탐관오리가 넘쳐났다는 증거이다. 본인이 직접 암행어사로 발령받아 활동해본 적이 있어서 그 폐해를 절실하게 느꼈을 것이다.

다음은 사생활과 몸가짐에 대한 예의다. 먼저 노약한 부모가 있으면 정성스럽게 보필하되 사사로이 아전이나 관노와 만나게 해서는 안 된다. 그러면 효도가 더럽혀질 우려가 있다. 어린 자식이나 형제가 따라가게 해달라고 해도 허용해서는 안 된다. 그들이 사사로이 아전이나 관노와 교류하다 보면 타락하기 마련이다. 그리고 함부로 화를 내서는 안 된다. 그러면 위엄있어 보이기는커녕 오히려 악감정만 심어줄 수 있기 때문이다.

청렴하되 그 청렴함을 자랑하려 하지 말고 당연히 해야 하는 덕목으로 생각하며, 특히 청렴함을 자랑하기 위해 뇌물을 박살내는 건 하수다. 처음부터 거절하든가 그 뇌물을 백성들에게 베푸는 게 더 낫다. 그뿐만 아니라 전임자를 함부로 낮추며 자신을 띄우는 것도 해서는 안 된다. 또한 풍류를 즐기는 건 취미여도 그것이 공무에 방해될 정도면 안 하는 게 낫다.

여기서도 현대인들이 명심해야 할 부분이 많다. 가족을 챙기는 건 좋으나 그것이 인맥을 넘어 청탁이나 특혜로 이어지면 그것은 불법이기 때문이다. 특히 기업의 직원 선발에서 이런 일이 종종 일어나곤 한다. 또한 함부로 화를 내서는 안 된다는 것도 현실에서 갑질하는 상사들이 새겨들어야 할 사항이다. 실제로 상사가 화를 자주 내면 부하 직원들은 그것에 괴로워하면서도 항의할 수 없고, 그 분노를 하급자에게 대물림하는 악습이 벌어진다.

청렴함을 당연하게 여겨야지 그것을 과시하거나 전임자를 낮추며 자신을 띄워서는 안 된다는 것은, 노자의 현명함을 과시하는 것은 멸시를 산다는 교훈과 함부로 잘난 척하는 사람은 현재에서도 뒤에서 몰래 멸시된다는 점에서 주목할 만하다. 또한 청렴함 같은 자질은 의무로 여겨야지 한낱 자랑거리가 되면 위선으로 보일 게 뻔하다. 또한 선거를 통해 지방자치단체장(목민관)을 뽑는 요즘에 본인의 당선을 위해 자신의 치적은 과장해서 알리고 전임자를 비난하는 선거풍토를 보면 정약용의 선견지명을 알 수 있다.

다음은 집행 시의 예이다. 나라에서 공문이 왔으면 반드시 그걸 백성들에게 알리고 좋은 구절은 실행해야 한다. 나라에서 공문이 왔을 때 그것이 백성들에게 해를 끼친다면 관직을 포기할 줄도 알아야 한다. 이는 상사가 무리한 뇌물을 요구하거나 법을 어기는 것을 촉구할 때도 그럴 용기가 필요하다. 아전들을 다룰때는 그들이 함부로 일을 농단하는 것을 감시하면서도 인격적인 모독은 하지 말아야 하며, 중요한 일은 자신이 직접 처리해야지 함부로 아전에게 맡겼다가는 아전은 농간을 부리고 정작 욕은 자신이 먹는 불상사가 벌어질 수 있다.

또한 따로 회계사를 데리고 오는 일도 있는데, 이는 국가 법에도 없고 모든 업무를 그에게 떠넘겨버릴 수 있으니 하지 말아야 한다. 특히 그러면 회계사와 아전이 밀약해 농간을 부릴 시 대처가 더더욱 힘들어진다. 범죄자를 다루는 문서는 반드시 엄중히 다뤄야 하고, 누가 가로채서 위조하거나 누설하는 일이 없어야 한다. 큰 도적의 경우 고을에도 첩자를 숨겨놓았을 가능성이 있기 때문이다. 국가에 공물을 바칠 때는 백성들에게 없는 것을 요구하지 말며, 공물을 거둘 때 아전이나 수령이 횡령하지 못하도록 규격 된 자만을 써야 한다. 또한 이웃 고을과도 항상 원만한 관계를 유지해야 한다. 그래야 자기 고을이 위험할 때 즉각적으로 도움을 받을 수 있다.

이런 집행 시 예의는 현대에도 통하는 미덕이며, 또한 당시 사회의 문제점을 엿볼 수 있게 한다. 현대에 통하는 미덕으로는 법의 공표와 준수는 당연하다. 상사가 무리한 요구를 할 때는 그만둘 줄도 알아야 한다는 말은 비리에 대한 내부고발자의 용기를 강조하는 현대인의 인식과 일맥상통한다. 하지만 조직적 압력 때문에 내부고발이 잘 이루어지지 않는 것은 예나 지금이나 마찬가지인 것 같다. 그리고 문서 위조나 누설을 막아야 한다는 것은 어느 시대나 같게 적용될 수 있다.

공물을 거둘 때 횡령을 막기 위해 규격을 맞춰야 한다고 강조한 것은 실제로 조선 후기에 삼정이 문란했기 때문이다. 군정의 경우 수령과 아전이 군포를 거둘 때는 긴 자를, 국가에 납품할 때는 짧은 자를 쓰는 식으로 해서 남는 군포를 횡령하는 사례가 비일비재했다. 세금 또한 거둬들일 때는 많이 거두고 나라에 낼 때는 모래나 겨를 섞어 내면서 세금을 착취하는 경우가 있었다. 환곡 또한 마찬가지였다.

아전을 대할 때 경계하면서도 인격적 모독은 하지 말아야 한다고 했다. 이는 현대에서 부하를 방임하지 말고 갑질은 삼가라는 조언과 같지만 아전이 문제가 된 계기를 생각해보면 정확한 충고다. 본래 아전은 고려 시대 때는 지방 토호였지만 조선 시대 때 제도가 정비되면서 중인 신분이 됐다. 그러나 봉급은 정해진 것이 없었고 수령의 기분에 따라 결정됐다. 그런 애매한 신분 때문에 수령들이 아전을 가혹하게 부려먹어서 죽는 아전도 있었고, 이런 경우에 수령이 큰 처벌을 받지 않은 사례까지 있었다.

그렇게 갑질을 당하니 아전은 자기보다 약한 백성들에게 화풀이하는 사례가 늘어나면서 아전들의 전체 이미지가 나빠진 것이다. 예로부터 부하를 막 대하면 그 부하는 아래 부하에게 상사에게 받은 갑질을 대물림하는 법이다. 억울함도 있지만 무의식적으로 그것이 당연하다고 여기게 되기 때문이다. 군대에서 가혹 행위가 쉽게 사라지지 않는 이유도 상관에게 받은 가혹 행위를 상관에게 직접 따지는 것보다는 하급자에게 되갚는 게 쉽기 때문이다. 가정폭력도 그런 식으로 대물림되기 쉬우므로 부모가 좋은 본보기를 많이 보이는 게 자녀에게 중요하다.

약자들을 도울 때 예의는 다음과 같다. 노약자들을 우대하되 반드시 고을 살림에 맞게 하며 정 안되면 70세 이상만 우대하되 나이에 따라 반찬 가짓수를 늘리고, 100세 노인은 반드시 수령 본인이 찾아가야 한다는 것이다. 장애인의 경우 단순히 돈만 지원해 주는 게 아니라 장애인이 할 수 있는 직업을 구해줘야 한다. 미혼 여성의 경우 경국대전에 여성을 일정 나이 때까지 혼인시키지 못하면 수령이 처벌받을 수 있다는 조항이 있어서 수령은 반드시 적합한 사람과 혼인할 수 있도록 도와줘야 하며, 민생고 때문에 못 하면 돈을 주어야 한다.

거지들은 천성이 게으른 것보다 주변 환경 때문에 어려운 것이 더 크니 반드시 인간다운 대우를 보장해야 한다. 흉년 시 도둑의 경우 우두머리는 처형해야 하나 연루자들의 경우 기회를 주어야 한다. 왜냐하면 그들은 악한 마음으로 모인 것보다 생계가 고달 파서 모인 원인이 크기 때문이다. 실제로도 홍길동, 임꺽정, 장 길산 등 조선 시대의 3대 도둑이 활동한 시기는 나라가 혼란스러 운 때였으며, 수호지의 양산박 호걸들도 금나라에 위협받고 간 신이 들끓던 송나라 말기에 활동했다. 그래서 홍길동, 임꺽정, 장길산 등이 도둑에 더 가까웠음에도 의적으로 칭송받은 것이 며, 실록에도 그것에 대한 반성이 기록되어 있는 것이다.

거지와 도둑에게 우호적으로 대하라고 한 것은 당시 서양보다 도 진보된 사상이라고 볼 수 있다. 당시 서양은 제국주의로 서서 히 들어가고 산업화가 가속화되던 시기였는데, 초기 자본주의의 논리를 인용해 제국주의 국가들은 거지나 도둑은 잘못된 사회제 도 때문에 그런 게 아닌 거지와 도둑의 책임으로 간주했다. 소설 올리버 트위스트에서는 이러한 거지들의 고난이 나타나 있으며, 이렇게 자기 국민에게마저 가혹한 자들이 인종이 다른 동양에 우호적일 리가 없었다. 그런 의미에서 제국주의는 나라를 위한 사상이 아닌, 소수의 이득과 명예를 위한 사상이었다. 그렇기에 정약용을 포함한 실학자들의 사상은 유교적 한계를 고려하더라 도 그 시대에 가장 진보적인 사상이었다고 볼 수 있다.

이 중 현대인들이 새겨들어야 할 말이 많다. 노약자 우대의 경우 무관심 때문에 방치되는 독거노인이 얼마나 많은가. 오죽하면 고려장에 비유하는 말도 있을 정도다. 고령화를 넘어 이미 고령사회에 진입한 시점에서 의료 기술이 발전해 노인의 수와 수명은 늘었는데도, 사회적 보호와 사람들의 인식은 따라오지 못하는 부끄러운 일이 일어나고 있다. 장애인 우대 정책의 경우 지원금과 혜택만 주지, 정작 일자리 마련은 제대로 못 하는 경우가 있어서 반쪽짜리 복지정책에 불과하다. 단순히 지원만 해주는 것보다 장애인이 사회인으로서 역할을 할 수 있도록 실질적인 도움을 주는 것이 진정한 복지일 것이다.

미혼 여성을 결혼시켜야 한다는 말도 출산율이 떨어지고 고령사회에 진입하는 현재에 더 와닿는다. 다만 현대의 저출산 문제는 단순히 경제적인 문제 외에도 가치관의 변화, 맞벌이 문화 때문에 자녀를 키울 여유 자체가 없는 각박한 현대 사회의 복합적 문제라서 『목민심서』의 대책을 그대로 쓰기에는 무리가 있다. 그러나 근본적으로 복지는 가난한 이들이 인간다운 삶을 누리기 위해서 하는 것임을 생각하면, 정약용의 복지 논리는 조선 말기의 논리임에도 놀랍도록 현재의 복지 논리와 일치할 정도로 진보적이다.

구휼 시의 예의는 다음과 같다. 구휼은 반드시 고을의 능력을 생각해야 하며, 선조치 후보고는 능력이 따라주지 않으면 삼가는 게 좋다. 구휼 시 지방 부자들의 협력을 빌리는 게 좋은데, 쉽게 재산을 내놓지 않기 때문에 이들의 재산 수준을 확인하고 정리할 신뢰성 있는 사람이 필요하며, 그 사람이 타락하지 않게 주기적으로 확인해야 한다. 농사 상황을 실시간으로 확인해서 흉년일 때 즉시 보고하고, 흉년의 정도를 파악해서 구휼의 정도를 파악해야 한다.

곡식 창고는 마을 중앙에, 그것도 마을의 크기에 따라 수를 배치해야 한다. 또한 옆 고을의 소식을 들으면서 곡식이 쌀 때 최대한 많이 사둬야 한다. 즉 구휼을 할 때는 단지 선심만 있어서는 되지 않으며 실제 재산을 확인하고 해야 한다는 것이다. 실제로 단순히 구휼 예산만 늘리면 다른 곳에 쓸 예산이 줄어들고, 이는 세금 부족으로 이어진다. 그렇기에 정약용은 구휼이 필요한 시기를 정확히 파악하고, 그 이전에 미리 대비를 해야 한다고 한 것이다. 오늘날 우리나라에서도 취약계층에게 무분별한 지원으로 복지누수가 생기는 문제, 과도한 복지지출로 국가 재정에 큰 부담이 되고 있는 점을 생각하면 정약용의 혜안은 시대를 앞서고 있다.

정약용이 구휼에 대해 많은 내용을 써야 했을 정도로 조선 시대 구휼 제도는 타락하기 시작했다. 특히 세도정치 시기의 삼정 문란에서 삼정 중 하나가 환곡이다. 환곡은 본래 흉년일 때 곡식을 빌려 다음 해에 10%의 이자와 같이 갚게 하는 제도인데, 고구려의 진대법이 시초이다. 그러나 조선 후기의 환곡은 사실상 사채와 다를 게 없을 정도로 변질했다. 빌려줄 때는 불량 곡식을 빌려주면서 갚을 때는 제대로 된 곡식을 요구하는 데다 운송비까지 요청하고, 그걸 중간에서 또 횡령하면서 정작 나라의 곡식은 줄어들었다. 심할 경우 상태 나쁜 곡식을 강제로 빌리게 하는 악질적인 일까지 벌어졌다.

이렇게 삼정의 문란은 조선 후기의 실학자들이 한마음 한뜻으로 비판하는 대상이었다. 조정도 이를 더는 무시할 수 없어서 삼청이정청을 설치했지만 이런 원인이 발생하는 근본적 원인이 세도정치로 인한 부정부패인데 근본적으로 해결될 리가 없었다. 결국 홍선대원군이 환곡을 국가에서 관리하고 지방에서 실행하는 사창제로 바꾸면서 해결됐고, 덕분에 홍선대원군은 백성들의 큰 지지를 받게 됐다.

『목민심서』는 조선 말의 사회 폐단을 해결하기 위해서는 목민관의 역할이 중요함을 인식하고, 목민관의 도리를 연구해 제시함으로써 선량한 목민관이 많이 나타나 기울어가는 조선을 바로 세워주길 바라는 애절한 소망을 담고 있는 것 같다. 현재 우리나라도 소득의 양극화 심화로 서민들의 삶이 힘들어지고 저출산·고령화 사회 진입으로 지방소멸 위기 속에서 이를 헤쳐나가기 위해서는 중앙정부뿐만 아니라 지방정부의 역할이 중요하다. 지방정부를 구성하는 공무원들, 특히 고위직은 목민심서의 가르침을 되새길 필요가 있다. 요즘 기업경영에 있어서 회사의 성장만 생각하는 것이 아니라 사회적 책임을 강조하는 ESG 경영[22]이 중요한 화두로 떠오르고 있다. 이익만을 추구하기보다는 사회에 미칠 영향까지 생각하며 사회에 이바지해야 하는 경영이 필요한 지금, 『목민심서』의 내용은 기업의 CEO와 임원들에게도 큰 도움이 될 거라 생각한다.

이번에 읽은 『목민심서』는 전체 12부 중 현재에도 도움이 되는 6부만 묶은 판본이다. 그전에 내가 읽은 서울대 인문고전 학습만화판은 한 수령이 직접 부임하며 벌이는 일의 형태로 『목민심서』의 내용을 순서대로 간략하게 소개했지만, 이 번역본은 각 부의 내용을 완역하되 순서는 번역자가 유용성의 순서대로 배치했다. 이처럼 고전의 번역은 통째로 완역하는 버전, 간략하게 요약하는 버전, 필요한 부분만 취사선택하는 버전이 있다. 어느 것이 일방적으로 낫다고 할 수 없으나, 고전은 삶에 도움이 되어야 하니 각자 자신에게 맞는 것을 선택해 읽기를 권한다.

---

22) ESG는 환경(Environmental), 사회(Social), 지배구조(Governance)를 의미한다. 2020년부터 기업의 사회적 책임이 중요함을 일컫는 단어로 널리 쓰이고 있다. 강조되는 이유는 소비자가 ESG경영을 하는 기업의 제품을 선호한다는 것으로 기업의 이미지와 매출에 직접적인 영향을 주기 때문이다. 큰 관점에서 환경(E)는 환경오염, 기후 변화에 대한 책임을, 사회(S)는 노동 또는 지역사회 협력, 인권 이슈 등에 대한 책임을, 지배구조(G)는 기업 윤리 및 투자 등에 대한 지배구조 책임을 뜻한다.

19. 최한기의 『기학(氣學)』

자연의 기 순환원리를 인간 사회와 인간 내부에 도입하다

최한기의『기학』은 참 독특한 책이다. 정약용처럼 유교 경전에 기반을 두면서도, 도가의 기 사상과 서양의 자연과학도 받아들인 저서이기 때문이다. 그러면서도 신학을 부정하며 자신만의 체제를 세웠다. 최한기 본인은 정약용이나 다른 실학자들과 달리 조정에서 관리로 일해 본 적이 없는 실학자라는 점에서 더욱 신기하다. 번역본의 해설 부분에서 동학이 최한기의『기학』을 참고했을 거라는 설명이 있었다. 확실히『기학』과 동학은 동양적 가치를 기반으로 서양적 가치를 수용하면서도, 그 자신의 고유한 요소가 있다는 점이 유사하다.

다만 동학은 종교라는 특성상 한울님이라는 인격신을 섬기지만 기학은 학문이기 때문에 자연은 저절로 이루어지는 것이지 누군가의 의지대로 굴러가는 것이 아니고, 그렇기에 인간은 자연의 흐름을 파악해 인간사의 흐름에 적용해야 한다는 점이 다

르다. 이런 점에서 도가와 도교의 관계를 순화시킨 느낌도 난다. 도가가 자연의 원리를 파악하고 그것에 맞게 행동하려는 것과 달리, 도교는 도가의 기를 채용하되 이러한 기를 숭배하고 이를 통한 축복을 바라는 등 학문보다는 구복 종교의 색채를 강하게 띤다.

동학 또한 학문이라기보다는 종교의 색채를 강하게 띤다. 주문과 부적 같은 영험한 수단이 있다는 것을 통해 엿볼 수 있고, 동학농민운동 때는 부적이 총을 막아준다는 미신도 성행했다. 오죽하면 박은식도 동학농민운동을 나름 좋게 평가하면서도, 동학이 백성에 퍼진 이유를 미신이나 좋은 세상이 온다는 위안도 있다고 보았다. 이런 신앙적 요소를 생각하면 동학은 결국 학문보다는 종교에 가까웠다.

『기학』을 쓴 최한기는 누구인가? 최한기가 활동하던 시기는 서양이 조금씩 조선을 침범해오던 시기였고, 청나라를 통해 서양의 학문이 서학이라는 이름으로 들어오기까지 했다. 비록 양부가 무인이라 정치에는 크게 인연이 없는 최한기였지만 양부가 제법 지위가 있는 무인이었기에 책을 살 형편은 되어서 유교 경전에서부터 그 외의 제자백가 사상, 더 나아가 중국어로 번역된 서양 학문까지 사들여 탐독했다.

사실상 공부의 대부분이 독학이었던 셈이다. 그렇기에 최한기의 학문은 여러 부분이 다른 학문에서 유래됐지만, 자신의 고유한 특징이 드러나는 특이한 학문이 됐다. 수많은 책을 접하면서도 자신에 대한 명백한 기준이 있었고, 그렇기에 그것이 가능했을지도 모른다. 이런 부분에서는 실학자 중에서 다양한 주제를 다룬 이익이나 정약용이 떠오른다. 그러나 최한기는 이러한 다양한 주제를 유교가 아닌 기(氣)라는 것을 통해 묶으려고 했다는 점에서 차별화된다.

『기학』의 핵심 개념인 기(氣)에 대해 알아보자. 기는 만물 전체에 있으며 순환하고, 자연 전체의 기의 순환과 인간 사회의 기의 순환, 인간 내부의 기의 순환으로 나뉜다. 이 중 자연 전체의 기의 순환은 인간이 어찌할 도리가 없지만 이를 받아들여 인간 사회의 기의 순환을 다스려야 한다는 것이 최한기의 정치학이다. 인간 내부의 기는 당연히 한의학에서 다루는 기혈이다. 자연 전체의 기를 통해 세상 이치를 파악하고, 그것을 자기 내부의 기에도 적용하는 것이 기학의 수련법이다. 이는 양명학의 자기 내부에서의 이치에 집중하는 것과는 정반대며, 도가와는 비슷하면서도 다른 부분이 많다.

최한기의『기학』에 앞서 최초로 기학을 주장한 인물은 서경덕이다. 서경덕은 이황과 논쟁을 벌일 정도로 해박한 학자였으며, 황진이는 본인과 서경덕, 박연폭포를 송도삼절이라 부를 정도로 서경덕을 존경했다. 서경덕은 유학자이긴 했지만 이(理)는 단지 원리에 불과하고 실체가 없으며, 칠정[23]과 사단[24], 사덕[25] 또한 근원은 같으며 단지 어느 쪽이 먼저 발현되느냐의 차이라고 보았다.

기는 순환하는 존재이기에 근본적으로 불멸이며, 이를 주기론이라고 정의했다. 이런 학문을 내놓을 수 있었던 것은 서경덕이 유교 외에도 도가, 불가 등을 공부해 기학의 토대를 정립했기 때문이다. 서경덕의 폭넓은 학문을 존경해서 서경덕의 문파가 한동안 끊기다가 최한기 때에 와서야 정신적으로 계승된 것을 아쉬워하는 사람들도 있다.

최한기는 서양 과학을 수용했다. 동양의 혼천관(하늘은 둥글고 땅은 네모나다는 천문관)과 서양의 천동설, 지동설을 비교하며 우주가 인간 따위의 인식에 맞게 변했을 리는 없으니 그저 지식의 확장에 따라 본래 우주가 어땠는지 파악한 것이라고 평했다. 의학에 대해서도 서양의 해부학적 지식을 받아들였지만, 영혼이 신에서 유래됐다는 것을 부정하고 영혼 또한 기의 형태에 불과하다고 자신만의 결론을 내렸다. 이런 인식은 기(氣)는 근본적으로 순환

---

23) 기쁨(喜), 분노(怒), 슬픔(哀), 즐거움(樂), 사랑(愛), 증오(惡), 욕망(慾) 등 일곱 가지 감정을 뜻하는 유교 용어

24) 맹자가 성선설의 근거로 제시한 인仁·의義·예禮·지知의 심성적心性的 단초端初.
측은지심(惻隱之心, 仁): 타자의 불행을 가엾이 여기며 슬퍼하는 마음.
수오지심(羞惡之心, 義): 불의를 부끄러워하고 착하지 못함을 미워하는 마음.
사양지심(辭讓之心, 禮): 사양하는 마음.
시비지심(是非之心, 智): 옳고 그름을 판별하고자 하는 마음.

25) 유교에서 필수적으로 지켜야 하는 4가지 덕. 인仁·의義·예禮·지知가 있다.

하는 존재라는 주기론에서 영향을 받은 것으로 보인다.

심(心)에 대해서도 뇌가 사고하는 건 맞지만 종합적인 인격은 심장 쪽의 기와 뇌가 함께 해서 심을 이룬다고 보았으며, 이 심은 정확히 심장에 위치하는 것은 아니라고 보았다. 서양의 해부학적 지식에서 기혈에 대한 부분이 없는 것은 기혈은 살아 있는 생명에게만 있는 것이고, 살아있을 때만 순환하는데, 죽은 사람은 기가 흩어지기 때문에 찾으려고 해봐야 소용없다는 것이다. 현대 의학에 익숙한 우리에게는 다소 와닿지 않는 주장이지만, 결국 최한기의 기학은 유학과 동양적 사고관을 바탕으로 한다는 증거라 보면 된다.

특히 지식의 확장에 따라 사상이 변한다는 건 현대 과학에서 패러다임을 통해 정리된다. 공룡에 대한 예시를 들자면, 초기 고생물학에서 공룡은 네 발로 걷는 느려터진 생물이었다. 그러나 두 발로 걷는 공룡의 흔적이 발견되자 공룡은 직립보행을 하고 꼬리를 질질 끄는 생물로 바뀌었다. 하지만 공룡의 꼬리가 빳빳해서 잘 휘어지지 않고 꼬리 자국이 잘 보이지 않는다는 것이 드러나자 공룡을 두 발로 걷되 꼬리를 빳빳이 들고 머리를 맨 앞에 놓으면서 걸어 다닌 생물로 바뀌었다. 또한 공룡에게서 깃털의 흔적이 발견되자 공룡 중 깃털을 가진 공룡이 있었다는 것이 받아들여졌다. 이렇게 과학은 큰 이론에 따라 결정되며, 그에 대한 반증 사례가 충분히 나오면 다른 패러다임으로 전환된다.

최한기는 기를 통해 학문을 어떻게 받아들여야 할지도 서술했다. 옛 성현의 가르침이 기의 순환을 위해 있는 것이지 가르침이 기의 순환보다 위에 있는 것이 아니라며, 이기이원론과 그 당시 성리학의 교조화를 비판했다. 또한 기를 알기 위해서는 물류학, 즉 만물에 대해 파악해야 한다고 했다. 이는 현재로 치면 자연과학의 탐구원리와 일맥상통한다. 지나치게 이론으로 굳어진 성리학을 비판하며 실용을 최고 가치로 내세운 셈이다. 사람이 경험할 수 있는 지식에는 한계가 있다는 것을 인정하였고, 자신이 아는 것을 바탕으로 더욱 확장해서 탐구하는 방식인 추측이 필요하다고 주장했다.

기를 익히는 단계는 다음과 같다. 첫째, 주변의 사물로부터 자연의 기의 흐름을 파악하기, 둘째, 그걸 바탕으로 자기 내부의 기를 터득하기, 셋째, 그걸 바탕으로 기의 가르침을 실행하기이다. 학문을 익히고 실행함이 이 세 단계처럼 되어야 한다고 했다. 이것은 그의 학문의 실학성을 부각한다. 또한 이 세 단계가 기를 통한 통치에도 부합한다고 했다.

더불어 자연의 기를 익히려 끊임없이 노력하고 자신의 언행이 자연의 기에 어긋나지 않게 지속해서 수행하면 반드시 내면이 자연과 같이 될 것이며, 이는 인격 수양이라 평했다. 천동설과 지동설의 사례를 예시로 들며 학문은 그 오래됨보다는 얼마나 자연의 기에 부합하는지가 더 중요하다고 주장했다.

자연의 기를 익힐 수 없는 세 가지 결함으로 지나치게 치우치는 것, 자만하는 것, 이기기를 좋아하는 것을 제시했다. 그렇게 되면 기를 그릇되게 바라보고, 지금에 만족해 더는 기를 받아들이려 하지 않고, 자기 자신이 옳음에 집착해 다른 이의 의견을 받아들이려 하지 않는다. 이는 유가와 도가의 태도와 일맥상통하는 것으로, 모르는 것을 알고 있다고 말하는 것은 옳지 않으며, 모르는 것을 모른다고 하고 아는 것을 안다고 하는 것이 진짜 아는 것이라는 공자의 말에서 잘 드러난다.

도가는 여기서 한 걸음 더 나아가 함부로 자기 앎을 내세우지 말며, 자신은 도의 일부에 불과하니 자만하지 말고, 이김에 집착하는 자는 언젠가는 결국 꺾인다며 부드러운 자세를 최고의 경지로 여겼다. 비록 최한기는 유가와 도가를 직접 배운 건 아니지만, 여러 학문을 스스로 터득하다 보니 자연스럽게 학자로서 경계해야 할 태도를 깨달은 듯하다. 실제로 최한기는 형체가 없는 부분은 문자로 표현하는 데 한계가 있다고 지적하면서 그런 부분은 최대한 추측하며 메워나갈 수밖에 없다고 인정했다.

최한기의 이 세 가지 결함은 공교롭게도 당시의 기득권층 유학자들에게도 해당되었다. 비록 성리학 자체는 발전했을지언정 성리학만이 정통 유학이요, 그 외의 학문은 이단이라며 거부하는 편협한 태도를 보였다. 정작 유학의 시조인 공자가 자신과 학설이 다른 노자에게조차 가르침을 부탁하며 그를 인정하는 태도를 보인 걸 생각하면 본래의 유교에서 멀어진 셈이다. 거기다 서학 또한 분명히 쓸모 있는 부분이 있는데, 천주교를 꼬투리 잡아 모든 서학 연구자를 천주교도로 몰아 탄압하니 발전이 가로막혔다. 일본이 쇄국 정치를 유지하고 있는 와중에서도 네덜란드와는 계속 교역을 해 조선보다는 국제 정세를 잘 알고 있었던 걸 생각하면 뼈저린 실책이 아닐 수 없다.

이번에는 기를 통한 통치에 대해 알아보자. 앞서 말했듯이 최한기는 자연 전체의 기의 순환은 인간이 어찌할 수 없으니 이를 통해 인간 사회의 기의 순환을 익히고, 나아가서 그것이 인간에게 도움이 되도록 운용해야 한다고 했다. 개인이 기를 익히는 방법을 확장해서 인재를 등용하는 데 응용해야 한다고 주장한다. 그만큼 당시의 인재 등용이 학문적 해박함이 아닌 지원자의 문벌을 더 우선시했다는 증거이기도 하다.

기를 실용화하기 위해 공인, 즉 도구를 만드는 사람을 지원해야 한다고 주장했다. 사농공상이 생활의 필요성이 아닌 귀천으로 굳어진 당시 사회로서는 파격적인 주장으로, 최한기가 최대한 실학의 근본을 주장했음을 알 수 있다. 또한 기우제 같은 근거 없는 술법은 백성들에게 해악만 되며, 최대한 기에 맞는 학문과 기술을 토대로 나라를 다스려야 반드시 효과가 있다고 강조했다.

최한기의 사농공상에 대한 평등의식은 상인에 대해서도 드러난다. 사농공상 중 가장 천시되는 상인에 대해 물류를 기의 이치에 따라 유통하니 중요한 역할이라고 평가하는 것이다. 그만큼 최한기는 국가가 부강해지려면 자급자족만으로는 불충분하며, 최소한 국가 내에서라도 교류가 원활하게 되어야 한다고 보았다. 이는 박지원을 시작으로 한 북학파와도 비슷하다. 최한기는 북학파와 교류를 한 건 아니지만 북학파와 최한기는 국내뿐만 아니라 외부의 학문을 접했다는 면에서 일치한다. 다만 북학파는 이들을 받아들여 능가해야 한다고 보았지만, 최한기는 능가하기에는 이미 늦었으니 공존해야 한다고 보았다.

신하를 등용할 때는 반드시 백성을 위한 기의 운화에 따라야 하고, 농사 또한 기의 운화에 맞게 하는 것이 최선이라고 했다. 실제 농사도 기후와 토지에 크게 좌우되고, 24절기가 만들어져 쓰인 것 또한 농사를 위해서라는 걸 생각하면 맞는 지적이다. 우리나라의 대표적 성군인 세종대왕께서 농사직설을 만들어 배포하고 실무에 능한 신하들을 최대한 활용하였고, 애민정신으로 정치를 한 것을 생각하면 최한기의 뜻이 뭔지를 바로 알 수 있을 것이다.

또한 교육이야말로 백성을 위한 기 운화의 근원이며, 이는 한 가정의 질서에서 출발해 나라 전체로 이어지니 누누이 강조해도 지나치지 않다고 한다. 실학자들 대부분이 교육의 필요성을 강조했는데, 이것이 우리나라의 교육열로 이어진 것 같지만 현재의 교육열은 좋은 인간이 되기 위해서가 아닌 단지 출세를 위한 교육이 된 것 같아 씁쓸하다. 특히 인문고전을 중심으로 학자들을 길러내던 대학은 그저 취업에 유리한 스펙을 쌓는 장소가 된 듯한 지금의 현실을 보면 아쉬움을 금할 수 없다.

또한 그는 기학의 입장으로 다른 학문을 비판했다. 명백한 기준을 두지 않은 채 쓸데없는 연구를 하는 학문을 췌마학(揣摩學)이라고 지적했다. 그중 하나가 성리학이다. 최한기는 성리학이 도덕적으로 많은 성과를 보였고 행동지침으로서는 좋다는 것을 인정하지만 성리학에서 중시하는 이(理)는 단지 설명을 위한 존재이지 실존하는 것이 아니기 때문에 근본적으로 옳다고 볼 수 없다고 단언했다. 불변의 도덕을 강조하는 것 또한 시대와 맞지 않고, 도덕은 자연의 기에 맞게 변화할 필요가 있기에 이(理)를 추구하는 성리학은 옳지 않다고 지적했다. 당시 시대 상황이 서양이 조선과 접촉해 침입하려 하고 세도정치의 폐해가 정면으로 드러나는 때였음을 생각하면, 이런 상황에서도 형식만 강조하고 사회를 개혁하려 하지 않는 성리학에 대해 최한기는 강한 반감을 품었을 것으로 보인다.

종교나 주술 또한 낭유학(稂莠學), 즉 길가의 강아지풀처럼 쓸모없는 학문이라며 비판했다. 비록 자신이 살아올 수 있게 해준 자연에 감사하는 정도는 문제없으나, 본격적으로 기복을 바란다든가 내세를 바라는 관점은 잘못됐다고 지적했다. 기독교에 대해서는 사후세계를 믿고 신을 믿음으로써 죄를 면하고 복을 바라는 점은 인과응보라는 순리를 어기려는 태도라고 비판했다. 창조론에 대해서도 이 세상은 기에 따라 자연히 이루어진 건데, 그것을 위대한 인격신의 행동이라고 의미를 부여하는 점에서 올바르지 못하다고 비판했다.

이때는 아직 진화론이 나오기 전이었기 때문에 이런 주장의 근거는 과학보다는 도가 등의 동양적 이론에서 나온 것 같다. 도가에서 도는 인격적 존재가 아닌 그저 자연의 이치인데, 최한기는 창조론을 자연의 이치에 멋대로 인격을 부여해 숭배하는 행위로 본 것이다. 그러나 그의 사상을 빌린 동학은 한울님이라는 인격신을 숭배하는데, 최한기가 이러한 동학을 봤으면 서학을 어설프게 따라 해 백성을 속인다고 한탄했을지도 모르는 일이다.

불교에 대해서도 비판했다. 불교의 가르침 자체는 참고할 것이 있으나 윤회 사상의 경우 영혼 또한 기의 한 형태임에도 불구하고 윤회를 통한 영혼 불멸을 주장하는 것이 옳지 못하며, 지나치게 내부의 진리에만 집중한다고 비판했다. 특히 업보에 따라 내세가 결정되는 것은 내세를 부정하고 현세의 순환을 강조하는 최한기에게 있어서 종교적 사기로 보였을 것이다.

최한기의 『기학』에 크게 이바지한 도가에 대해서도 자연의 질서를 중시하고 겸손을 중시하는 등 장점은 많으나, 기를 활용하는 데에는 크게 중시하지 않은 게 아쉽다는 지적을 했다. 최한기의 관점에서 당시의 시대는 마냥 순응하기만 해서 되는 게 아닌, 기를 활용해서 혼탁한 세상을 극복해 나가야 하는 시대로 보았기 때문이다.

이는 최한기의『기학』에 많이 이바지한 서경덕과도 유사하다. 서경덕은 당대의 석학이자 자기보다 연장자인 이황과 편지를 주고받으며 토론했다. 이황이 자신보다 나이가 많고 유명함에도 불구하고, 그의 이기이원론에 대해 이(理)는 단지 원리에 불과하며 인간에게 특히 선한 본성이 이에서 유래한다는 것도 옳지 못하다고 지적했다. 이황과 서경덕은 서로 의견을 주고받고 자신의 주장을 보완하며 성장했다.

최한기는 단지 오래됐다는 것만으로는 그 학문의 옳고 그름을 판단할 수 없고 그것이 얼마나 기에 부합하느냐가 중요하고, 학문을 성장시키기 위해서는 오만과 극단, 승리욕을 버리고 끊임없이 자신을 통찰함이 중요하다고 했는데 서경덕과 이황은 이것을 실천한 것이나 다름없다. 특히 서경덕은 주기론, 즉 기는 순환하며 불멸이라는 이론을 내세웠는데, 서경덕은 그야말로 자신이 말하고자 하는 바를 평생 소신 있게 지켰으니 모범 사례가 아닐 수 없다.

최한기는 이러한『기학』의 질서가 세계 전체로 퍼지길 원했고, 나라끼리 교류하면서 서로의 장점을 살리는 게 좋다고 보았다. 그러한 그의 소망이 틀렸다고는 할 수 없었지만 불행하게도 그때 서양은 제국주의 시대로 접어들어서면서 동양의 나라들을 동등한 나라로 보지 않고 한 단계 낮은 존재로 보던 인식이 팽배했던 때였다.『기학』에서 누누이 관찰과 추측을 중시하던 것을 생각해보면 이 순간만큼은 본인의 수양법을 실천하지 않고 너무 성급하게 판단한 감이 없지 않았다고 볼 수 있다. 그가 서양 국가에 대해 좀 더 파악하고 그들에 대한 의견을 정리했으면 어땠을까 하는 아쉬움이 든다.

마지막으로 『기학』의 의미를 통한 현대 학문에 대한 비판적 고찰과 이를 통해 우리가 어떻게 살아야 하는지를 고민해보자. 『기학』에서 말하는 자연의 기는 인간이 바꿀 수 없으니 이를 참고해 인간의 기의 순환을 다루어야 한다는 주장은 현재 무분별한 개발과 환경오염 등으로 자연이 변하는 현 상황에 맞지 않는 것으로 볼 수도 있다.

그러나 이 상황을 뒤집어 생각해보면 『기학』에서 말하고자 하는 바를 지키지 않았기 때문에 서양의 자연 파괴와 차별이 심했다고 볼 수 있다. 실제로 서양은 자연환경이 거친 곳이 많았기에, 이에 대한 반동으로 자연을 공존의 대상이 아닌 개척의 대상으로 생각했다. 아리스토텔레스는 자연은 인간을 위해 있고, 프랜시스 베이컨은 자연을 개척해야 더욱더 많은 이득이 나온다고 했다.

이러한 시각은 르네상스 때까지만 해도 인간이 자연을 크게 바꿀 힘이 없다 보니 크게 문제 되지 않았지만 산업혁명 시대부터 인간의 힘이 지나치게 강해지기 시작하면서 문제가 되기 시작했다. 산업혁명 시기 런던은 무분별하게 지어진 공장으로 인해 전염병이 퍼지기 좋은 환경이 되었고 스모그 문제가 심각했으며,

제국주의로 인해 산업화한 국가들의 활동 범위가 넓어지면서 그 피해 지역이 넓어지기 시작했다.

어쩌면 인종차별 또한 이 때문에 생긴 것인지도 모른다. 서양인들은 자연을 개척 대상으로 보고 동물을 인간보다 확실하게 낮은 존재로 취급하고, 여기서 더 나아가서 흑인이나 아메리카 원주민 등을 자기보다 한 계단 낮은 존재로 여겼다. 실제로 다윈이 진화론을 주장한 이유도 인간은 자연의 절대적인 존재가 아닌 그저 자연의 일부라는 것이었지만, 서양의 위정자들은 이런 다윈의 진화론마저 자기들 입맛에 맞게 변경해 문명사회가 가장 적응된 사회이며, 그 이외의 사회들은 적응하지 못한 사회라고 깎아내렸다. 다윈도 이 광기를 예측했는지 사회진화론을 주장한 허버트 스펜서에게 당신의 학문은 흥미롭지만, 과학적 가치는 없다고 일축했다.

다행인 건 이러한 제국주의는 문명을 내세운 야만이자 광기가 아닐까 하고 비판하는 철학자들도 있었고, 기후변화 문제가 심각해지자 뒤늦게나마 서양에서도 더는 자연을 함부로 대하면 그 피해는 먼 미래에 고스란히 돌아온다는 것을 깨닫는 자들이 늘어나서 환경단체를 만들기 시작했다. 최한기가 말한 자연의 기는 바꿀 수 없다는 현대에서는 '자연의 기를 함부로 바꾸었다가는 인간 사회의 기의 순환까지 악영향을 줄 수 있다'로 받아들여야 한다.

최한기의 『기학』이 오늘을 살아가는 우리에게 주는 메시지는 무엇일까? 우선 자기 자신을 내세우는 것을 그만두고 주위의 지식을 잘 판단하며 받아들여야 한다. 선입견을 품으면 진리를 받아들일 수 없게 되니까. 그리고 자연의 지식에 대해 그것을 악용하려 하기보다는 최대한 그 본의를 어떻게 사회에 유익하게 쓸 수 있을지를 고민해야 한다. 그리고 되도록 자연의 질서를 지키려 노력하자. 자연의 질서가 망가지면 그 영향이 언젠가 우리 인간에게 찾아오기 마련이다. 한국만 해도 최근 기후변화로 이상 기후 현상이 자주 나타나고 있으며, 유럽과 미국 또한 이제는 기후변화의 영향에서 벗어날 수 없다. 기의 이치는 공존이라는 것을 명심하자.

『한국통사』는 국운이 기울기 시작한 구한말부터 일제강점기까지 있었던 주요 사건을 차례로 설명하고, 그것들이 어떻게 연결되어 있는지 서술하고 있다. 처음 읽을 때는 이미 알고 있는 역사적 사실을 한 번 더 확인하기 위해 읽는 느낌이었고, 두 번째로 읽을 때는 역사적 사실보다는 박은식이 이 책을 왜 썼는지, 어떤 생각을 하면서 썼는지를 중점적으로 읽었다.

박은식이 『한국통사』를 쓸 당시 우리 민족의 상황은 비참했다. 온갖 내부 문제가 터진 끝에 일본에 국가를 빼앗긴 지 5년이나 지난 상태였고, 일제는 무단 통치를 통해 우리 민족을 억압하고 있었다. 박은식 본인 또한 탄압을 피해 중국으로 떠난 상태였다. 자신을 스스로 나라를 잃어 미친 노예라는 뜻인 태백광노(太白狂奴)라는 필명으로 표현할 정도였다.

박은식은 국권 상실의 원인을 무와 문, 이상과 현실이 균형을 잃어서 국력이 약해졌고, 그렇게 해서 국가의 형태를 잃었다고 진단했다. 국가는 민족의 형태라면 문화와 역사는 민족의 혼이라는 것이다. 그래서 역사와 문화, 즉 민족의 혼이 보존된다면 독립의 희망이 있다고 했다. 강대국에 점령당한 나라 중 한국처럼 철저하게 문화와 역사가 짓밟히는 나라들은 그다지 없고, 그렇기에 무슨 수를 써서라도 문화와 역사를 보존해야 한다고 주장했다. 멕시코가 스페인 강점기에 고유의 문화와 역사를 다 잃고 스페인에 종속된 예를 들었다.

박은식 선생은 우리나라의 독립사 또한 쓰고 싶었다. 우리나라의 유구한 역사를 자랑스러워했기에 우리나라 전체 역사를 정리해줄 인물이 나오기를 바랐지만 불행하게도 그 꿈이 이뤄지는 것을 생전에는 보지 못했다. 그걸 시도한 신채호 또한 자료 한계와 교조적 측면이 있는 역사관 때문에 역사 서술이 완전히 공정하지 않았고, 끝내 감옥에서 순직하셔서 백제 멸망까지만 정리되고 안타깝게 중단됐다.

『한국통사』의 시작을 읽어보면 일반적으로 흔히 나오는 요약본과 달리, 1장은 우리나라의 지역과 지형에 대한 역사적, 문화적 소개와 단군부터 조선 시대까지의 대략적인 전체 역사를 다루고 있다. 통사라는 말이 보통 이 책 제목에서 쓰인 표현인 아픈 역사라는 뜻보다는 역사 전체를 통틀어 다루는 역사라는 뜻으로 쓰인다는 것을 생각하면 절묘하다고 볼 수 있다. 아픈 역사인 통사를 다루기 전에 전체적인 역사인 통사를 다루는 셈이다. 이 부분은 역사 시험 요약지처럼 일반적으로 아는 역사만 다루어서 생략한다.

왜 이렇게 시작했을까? 앞서 말했듯이 박은식은 역사와 문화야말로 민족의 혼이나 다름없다고 보았고, 그걸 강조하기 위해 우리나라에 대한 전체적 소개와 우리나라의 역사에 대한 소개로 시작한 것이다. 신채호 선생 또한『조선상고사』를 자신의 역사관을 소개하는 것으로 시작하였고, 김구 선생 또한 백범일지를 자신이 이걸 쓰게 된 이유와 자식들에게 하는 당부로 시작한 것과 일맥상통한다고 볼 수 있다. 결국 독립에 관한 책은 독립을 위해 무엇이 필요한지를 설명해야 하기 때문이다.

본론에 들어가면서 제일 먼저 다루는 인물은 홍선대원군이다. 홍선대원군은 왕이 마땅한 후계자가 없는 것을 꿰뚫어 보고 어린 아들을 왕으로 옹립하면서 실세가 됐다. 엄청난 추진력으로 개혁 정치를 시작했는데, 박은식은 이를 긍정적인 부분과 부정적인 부분으로 나누어 설명하고 있다. 한 인간을 양면적으로 파악하려고 노력한 모습을 엿볼 수 있다.

긍정적인 면으로는 백성들에게 떠넘겨지는 군포를 양반도 부담하게 한 것과 그 양을 같게 한 것, 세도정치를 혁파한 것, 환곡 제도를 국가가 직접 관리하는 사창 제도로 바꾼 것 등이 있다. 특히 군포와 환곡은 삼정 문란 중에서도 조선 후기 때 폐단이 가장 큰 제도였으며, 박은식 또한 흥선대원군의 개혁 조치로 국고가 다시 차기 시작했다고 인정했다. 조선 후기 실학자들만 해도 삼정의 문란을 개선해야 한다는 것에는 만장일치일 정도였는데, 흥선대원군은 이걸 과감하게 해결한 개혁에 대해 박은식이 호평하는 게 당연하다.

서원을 혁파한 것 또한 양반들에게는 비난받았으나 백성들에게는 호평받았다. 이는 서원들이 가면 갈수록 교육기관의 면모보다는 자기 조상을 섬기려 들고, 면세특권을 얻으려 하는 등 세속적인 면모가 강화됐기 때문이다. 흥선대원군도 백성에게 해가 되는 거라면 공자라도 용납할 수 없는데, 서원은 공자의 뜻을 어기고 세속화된 지 오래되어 이제는 용납할 수 없다고 몰아붙였다. 그래서 핵심적인 서원은 남기되 잡다한 지방 서원을 없애는 개혁을 했다. 이런 개혁조치는 일부 실학자들 또한 주장하던 내용이다. 본격적으로 군사들을 육성해 국방력을 강화한 것은 임오군란 당시 군졸들이 대원군에게 동참하게 하고 외국의 침략을 막아냈다.

실정 또한 명백히 존재했다. 경복궁 중건이 왕권 강화에 도움이 된다고 생각해 무리하게 추진한 것이다. 규모가 큰 경복궁을 중건하는 건 쉽지 않았고, 도중에 화재까지 나서 다시 진행해야 했다. 흥선대원군은 경복궁 중건을 위한 자금을 마련하기 위해 원납전이라는 이름으로 강제 기부금을 걷었다. 또한 당백전이라는 고액 화폐를 발행해서 물가를 엄청나게 치솟게 했다. 이 때문에 대원군에 대한 백성들의 인상은 나빠졌다. 박은식 또한 궁궐의 중건은 나라가 확실히 안정되고 나서야 할 일이지, 내부도 다져지지 않은 상황에서 성급했다고 지적했다.

광해군이 임진왜란 때 실추된 왕권에 대한 불안으로 지나치게 궁궐 중건에 열을 올려서 세자 시절 얻었던 민심을 실추시키는 계기 중 하나가 됐던 것을 생각하면, 대원군의 경복궁 중건은 무리수였다고 볼 수 있다. 비록 반정 세력은 그것을 명분으로 삼지 않았으나, 백성들이 반정 세력이 큰 실책을 저지르기 전까지 광해군을 크게 옹호하지 않은 것도 그 이유 때문이었다. 그러나 그 덕분에 현재 우리가 경복궁을 관람할 수 있다는 것을 생각하면 역사란 참 알다가도 모르는 것이다.

그의 실책 중 가장 유명한 것은 통상의 거부라 볼 수 있다. 박은식도 이 때문에 국력을 키워놨는데 딱히 쓸 데가 없어졌고, 외세의 침략에 실질적으로 대처할 방법이 없어졌다고 탄식했다. 박은식은 한편으로는 지식 부족이라는 한계가 있었다고 인정해주었다. 실제로도 조선은 서양을 직접 접한 것이 당시 처음이었다는 것을 생각하면 이해가 가는 부분이다.

일본도 에도 막부 시절부터 네덜란드를 통해 해외의 정보를 얻어오고 있었지만, 미국과의 첫 조약은 불평등조약이었던 걸 생각해보면 처음 외국을 접한 우리가 이상적인 판단을 하기에는 힘들었다. 일본보다 먼저 통상을 한 베트남조차 프랑스의 지배에 시달려야 했다는 걸 생각하면 통상이란 충분한 식견이 따라 주지 않는 이상 쉽지 않은 일이었다.

대원군이 통상을 거부한 것은 나름대로 사연이 있다. 대원군 또한 국력을 강화하기 위해 개혁 정치가 필요하다고 생각했고, 이에 희망을 얻은 기독교도들은 외국과 교류하는 것을 추천했다. 그러나 서양의 기독교도들이 지원을 거부하면서 약속은 깨지고 말았는데, 이 때문에 대원군은 서양을 믿지 못하게 됐다. 이런 정서에 기름을 붓고 부채질까지 한 사건이 있었는데, 바로 오페르트 도굴 사건이다. 오페르트는 대원군과 협상을 하기 위해 대원군의 아버지 묘를 도굴한다는 미친 발상을 하였는데, 묘가 워낙 튼튼해서 도굴 자체는 실패했다.

도굴사건은 우리나라 사회에서 상종 못할 악행이었기에 민심 전체가 서양을 배척하는 흐름으로 흘러갔다. 당연히 서양에서도 충격적인 일이었기에 오페르트는 해군 사칭죄까지 더해져서 처벌받았다고 한다. 이를 보면 대원군이 통상을 거부한 것도 나름대로 이해는 되지만, 황서영 백서 사건마냥 한 개인의 잘못이 국가 전체에 악영향을 준 사례도 있어서 씁쓸한 생각 또한 든다.

이렇듯 대원군의 정책은 장단점이 있었지만 정책추진 방식이 과격했기 때문에 많은 적이 생겼다. 더군다나 대원군은 고종의 아버지라는 것을 제외하고는 딱히 정치적 명분이 없어서 고종이 성인이 된 이상 물러나는 것이 순리였다. 정순왕후가 정조의 업적을 도로 아미타불로 만들었다고 비판을 받지만 그녀의 정책 중 대의명분에 어긋나는 것은 없었으며, 수렴청정 기간이 끝나자 딱 물러난 것을 생각하면 대원군이 장기간 실권을 잡은 건 반대파에서 이의를 제기할 좋은 명분이었다. 명성황후는 이 점을 잘 이용해 대원군을 몰락시켰다. 그러나 종종 대중매체에서 미화되는 것과 달리 명성황후는 머리는 좋을지언정 그 머리를 자기 가문을 위해서 악용했고, 박은식 또한 대원군의 문제보다는 명성황후의 문제가 더 컸다고 지적하고 있다.

명성황후는 자기 가문에 특혜를 주었고, 자식의 행복을 빈다는 핑계로 굿 등 행사를 많이 한 데다가 부정부패가 만연했으니 대원군이 제도를 개편하며 벌어들인 국고가 순식간에 바닥났다. 이 문제는 개혁 정치에 큰 지장을 주었다. 또한 가문들의 부정부패를 단속하지 않았다. 이는 임오군란의 원인이 됐으며, 안 그래도 줄어드는 국고를 더 줄어들게 했다. 그야말로 세도정치 시절 세도가들이 반복하던 문제를 똑같이 따라 한 것이니 문제가 안 생길 수 없었다.

메이지 유신 등의 과정을 거치며 나름대로 근대화에 성공한 일본은 미·일 불평등조약을 만회하기 위해 주위 나라를 공격해보자는 여론이 생기기 시작했다. 때마침 조선에서 일본이 보낸 외교문서에 일왕을 천왕으로 표기했다며 거부한 외교정책을 문제로 삼고, 그걸 빌미로 상대적으로 주변국 중 가장 나약한 조선이 공격의 대상으로 뽑혔다. 일본은 운요호를 고의로 강화도로 접근시켰고, 이를 본 강화도 군대가 위협 사격을 가하자 그걸 구실로 반격해 강화도를 무력으로 제압했다.

　그때 조선군의 대포는 임진왜란 이후에 그다지 발달하지 않았고, 그마저도 대원군 실각 이후 제대로 관리가 되지 않은 상태였기에 일본군에 그다지 유효타를 주지 못했다고 한다. 대원군 집권 시 병인양요, 신미양요 때 전체적인 병력은 열세지만 적에게 큰 피해를 주어 물러나게 했다는 걸 생각하면 명성황후 정권이 군대에 얼마나 소홀했는지를 알 수 있다. 물론 병인양요, 신미양요 때 프랑스와 미국은 통상을 고집할 이유가 없었지만, 일본은 처음부터 통상을 강요할 각오로 온 것도 고려해야 한다. 그렇지만 안타까움이 남는 건 어쩔 수 없다.

　이렇게 체결된 강화도 조약은 불평등조약이었다. 조선을 독립국으로 여긴다는 것도 중국으로부터 고립시키려는 속셈이었고, 일본에 조선의 토지와 해안을 측량할 권리도 주는 등 조선을 침공할 준비를 할 수 있게 했다. 강화도 조약이 맺어질 때 중국의 이홍장은 조선에 편지를 보냈는데, 내용인즉슨 중국도 아편전쟁 이후 서양의 간섭에 시달리고 있으며 이번 일본의 간섭은 이것으로 끝나지 않을 것이며, 류쿠국(지금의 오키나와)의 선례를 보아 그 끝은 좋지 않으리라는 것이다. 또한 조선은 반도국 특성상 일본, 러시아, 중국의 이해관계와 전부 맞닿아 있으니 그 세력이 균형을 이루어야만 자주권이 보장될 수 있다고 충고했다. 나중에 우리나라가 당하는 일을 생각하면 이홍장의 지적은 정확했고,

박은식 또한 이홍장의 충고를 실행하지 못한 것이 안타깝고 슬펐다.

실제로 태국은 주변 강대국들의 이해관계를 잘 이해하고, 이들이 서로 견제하게 하는 식으로 주권을 유지했다. 현재 우리나라도 우리를 둘러싼 세력인 미국, 중국, 러시아, 일본 등에 비하면 국력은 떨어지지만, 그들 중 하나와 붙을 시 큰 피해를 줄 수 있는 병력이 있기에 국가로서 당당히 나설 수 있다. 박은식 또한 발칸반도를 예시로 들며 우리에게 가까운 국가로 청나라, 일본, 러시아가 있는데 이들은 우리의 지정학적 위치 때문에 우리를 노리고 있어서 이를 잘 조절할 수 있어야 했는데 그러지 못했다고 하면서 국력도 외교를 위한 식견도 떨어졌다며 안타까워했다.

또 다른 예시로 중국 전국시대의 한나라를 들었다. 한나라는 전국 7웅 중 가장 약했고 그렇기에 진나라의 눈치를 많이 봤지만, 진나라와의 외교 실수로 인해 진나라에 망했고 한비자 또한 죽고 말았다. 한비자가 법가 사상을 추구한 것도 한나라의 이런 처지를 바꾸고 싶어서였다. 이처럼 박은식은 국력이 약하면 외교도 힘들어진다고 명시했다.

그렇게 불평등조약이 시작되고 다른 열강과도 차례차례 조약을 맺기 시작했다. 박은식은 이에 대해 열강은 이익이 보장되는 약속만 지키기에 외교적 능력과 국력이 없으면 배신당할 뿐이라고 지적했다. 고종도 이에 위기감을 느끼고 별기군을 만들었지만, 문제는 별기군은 수도 적었고 경험도 부족한 신설 군대였다. 별기군을 믿고 기존 군대를 차별할 정도로 뛰어난 군대는 아니었다. 그런 와중에 기존 군대를 지속해서 차별하니 불만만 계속 쌓여가는 상황이었다.

결국 사건이 터지고야 만다. 월급이 1년 넘게 밀린 상황에서 군인들이 1달치 봉급을 받았는데, 모래나 겨 같은 먹을 수 없는 것이 섞인 데다가 썩은 것도 허다했다. 이에 군인들은 봉급 지급자에게 항의했지만, 항의는 무시됐다. 결국 분노가 폭발한 군인들은 봉급 지급자를 살해한 뒤 민씨 일족을 살해하려 날뛰었다. 고종 또한 민씨 일족의 부정부패가 원인인 것을 알고 있었기에 민씨 일족에게 일단 군인들을 진정시키라고 했지만, 민씨 일족은 오히려 군인들을 처벌했다. 사실상 민씨 일족의 부정부패 때문에 군인들에게 줄 돈이 없어서 이 일이 벌어졌는데도, 왕명까지 거절한 것을 보면 민씨 일족의 부정부패와 세도가 얼마나 엄청났는지 알 수 있다. 아무리 세도가라고 해도 왕명을 함부로 거절할 수는 없었는데, 그걸 한 걸 볼 때 이때의 부패는 선대의 세도정치마저 능가한 것으로도 볼 수 있다.

그렇게 사건은 더더욱 크게 번지게 되고, 군인들은 명성황후까지 죽이려 들 정도로 흥분했다. 결국 대원군이 나서서 명성황후가 죽었다고 거짓 수습을 해서야 진정시킬 수 있었다. 별기군은 적은 수와 부족한 훈련 횟수로 인해 구식 군인들에게 큰 힘을 쓰지 못했다. 그러나 구식 군인들이 봉기하는 과정에서 일본인 교관과 일본인이 지은 건물까지 부수었고, 일본은 이를 빌미로 명성황후 세력과 연합해 군인들을 진압하고 대원군을 다시 몰아냈다. 대원군은 아예 청나라로 압송되기까지 했을 정도였다.

이 사건에 대해 박은식은 군인의 반란을 조기에 진압하지 못하고, 일본군의 힘을 빌려서 진압했다는 점에서 우리 스스로 취약점을 드러낸 셈이나 다름없다고 했다. 거기다 고종이 비교적 원인을 잘 파악하고 있었는데도, 민씨 세력이 그 해결책을 거부했다는 점에서 이미 민씨 세력은 고종의 통제를 벗어났다는 것을 보여주었다. 그렇기에 박은식은 군대의 반란을 통제하지 못한 이 시점부터가 우리나라가 본격적으로 몰락하는 시점이라고 평가했다.

그렇게 당시 지도부의 무능과 부정부패가 눈에 띄게 드러나기 시작하던 시점에서 이에 대항하려는 이들이 등장했는데, 바로 김옥균을 중심으로 한 개화파다. 이들은 일본의 메이지 유신을 본받아 급진적인 개혁이 필요하다 보고, 일본의 힘을 빌려 정변을 일으켰으니 바로 갑신정변이다. 거사 일은 우리나라 최초의 우체국인 우정총국 개회식 날이었다. 이때 고관들이 모이는 곳에서 김옥균 일당은 급습을 강행했지만 대부분 경상에 민영익만 중상을 입었고, 그나마 이것도 적절한 치료 끝에 완쾌됐다.

아무튼 혼란을 일으키는 것은 성공하였고 이 혼란을 이용해서 김옥균 일행은 청나라가 고종을 노린다며 고종을 궁에 감금하다 시피 했고, 자신들의 개혁안을 선포했다. 그러나 고종과 명성황후 또한 당하고 있지만은 않았다. 명성황후는 감금된 궁이 좁다는 것을 핑계 삼아 더 넓은 궁으로 이송할 것을 요구했고, 이에 김옥균은 방어에 불리해져서 거부하려 했지만, 김옥균을 토사구팽하려는 일본군은 공사관 병력만으로 방어는 충분하다고 허락했다. 결국 궁이 바뀌자 순식간에 고종이 부른 청나라 군사들이 김옥균 일당을 공격하였고, 그 당시 병력으로는 청나라 군사들을 막을 수 없기에 김옥균 일당은 후일을 기약하며 일본으로 도주해야 했다.

결국 갑신정변은 3일 만에 실패하고 말았고, 박은식 또한 지인과의 대화를 인용하며 안타까워했다. 말하자면 김옥균 등은 개혁 의지가 충분하고 지식 또한 많은 인재였는데, 그들이 일본에 이용당한 것이나 다름없다는 것이다. 일본은 언젠가 우리나라를 삼키길 바라는 데 개혁이 성공하길 바라지 않았을 것이고, 오직 청나라 세력을 견제하기 위해 김옥균 일당을 이용한 것이라고 박은식은 판단했다. 갑신정변의 실패에 대해서 혁명이란 철저하게 자신의 힘으로 준비해 실행해야 하는데, 일본에 의지한 데다 너무 성급했기에 실패할 수밖에 없었다는 것이다. 실제로 외세를 끌어들여서 하는 개혁은 뛰어난 외교력이 없는 한 외세에 좌지우지될 수밖에 없으니 김옥균 일당이 성공했어도 우리나라의 장래는 어두웠을 것이다.

박은식이 유독 갑신정변을 안타까워했던 이유가 있다. 이는 인재들이 일본에 속아 성급하게 행동한 관계로 이후 개화파들이 힘을 못 쓰게 됐으며, 부정부패를 일삼는 아첨꾼만 남았다는 것이다. 갑신정변 이후 청나라는 대원군이 조선으로 귀국하는 것을 허락하였고, 대원군 또한 나름대로 예전보다 견문이 넓어진 상태였다. 그러나 민씨 세력은 대원군이 권력을 위협할 것을 우려해 견제하였고, 박은식은 권력 다툼 탓에 천륜마저 끊어졌다며 우리나라는 나라를 위해 희생하는 경우보다 권력을 위해 희생하는 경우가 많으니 안타깝다고 했다.

갑신정변을 통해 청나라의 발언권은 강해진 상태였고, 일본은 이에 탐탁지 않은 상태였다. 박은식의 탄식대로 갑신정변 이후 우리나라의 지배층은 여전히 엉망인 상태였고, 결국 동학농민운동이 터진다. 박은식은 동학이 성행한 이유로 세 가지를 드는데, 첫 번째는 동학이 종교 특유의 기복신앙과 새로운 세계의 약속을 주장했기에 고달픈 백성이 이에 넘어갔다는 것이다. 확실히 삼국지에서 황건적이 반란 때 그들의 수장인 장각이 도술을 쓴다는 걸 내세웠고, 청나라 말기에 일어난 태평천국 운동도 구세주를 내세운 것을 생각하면 타당성 있는 이유 중 하나이다. 두 번째는 신분제의 악습이 반복된 상태에서 신분의 평등을 요구하는 동학이 대두하게 됐다는 것이고, 세 번째는 당시 중앙 지도자부터 지방 수령까지 부정부패가 만연했기에 그걸 갈아엎어 보자는 의지가 강했다는 것이다. 아마 첫 번째 이유보다는 두 번째, 세 번째 이유가 가장 컸을 것이다. 황건적의 난과 태평천국 운동도 당시 사회가 혼란하고 부패한 상태여서 위세를 떨쳤다.

　실제로 동학농민운동이 일어나게 된 계기도 종교적인 문제보다는 부패한 관리의 횡포 때문이었다. 고부군수 조병갑은 전형적인 탐관오리 그 자체였는데, 아버지 공을 기린다고 돈을 갈취한다든가 이미 보가 있는데도 만석보를 따로 만들며 거기서 나오는 물에 세금을 매겼으며, 심지어 임기가 끝났는데도 임지에 그대로 머무르기까지 했다. 전봉준 또한 처음에는 이에 항의하는 대표였으며, 이 항의가 받아들여지지 않자 동학의 이름으로 사람들을 모아 반란을 일으킨 것이다. 조정에서는 이를 해결하고자 이용태를 보냈지만 그는 사태를 진정시키기는커녕 자기 실적을 위해 무고한 사람까지 동학교도로 몰아 잡아갔고, 결국 사태는 계속 커져만 갔다. 결국 조정에서 이런 동학군을 진압하기 위해 청나라에 원군을 요청하고, 이에 일본도 텐진조약을 핑계로 출동했다. 끝내 동학군은 외세에 빌미를 주지 않겠다며 자진 해산했지만, 청일전쟁 이후 본격적으로 일본이 조선에 마수를 뻗으려 하자 다시 일어섰다. 그러나 전력의 열세를 버티지 못하고 전멸하였고, 그렇게 동학농민운동은 실패로 끝났다.

　박은식은 동학농민운동에 대해 백성들이 스스로 나라를 바꾸기 위해 일어섰다는 점에서 높이 평가할 수 있지만, 지식이 부족한 상태에서 산발적으로 일어났기 때문에 근본적인 변화를 끌어내지 못했다고 한계를 지적한다. 실제로도 동학농민운동은 외세 배격을 가치로 단결한 2차를 제외한 1차에서는 산발적으로 움직였으며, 그중에서는 백백교라는 사이비 종교로 변질한 자들이나 일진회에 가담한 자들도 있음을 생각하면 틀린 말은 아니다. 대규모로 봉기는 했지만 구체적인 비전이 부족했다는 증거다.

박은식이 더욱 탄식한 것은 근본적으로 정치를 잘못해서 이런 문제가 생긴 건데, 그건 생각하지 않고 외세의 힘으로 진압하려 한 것이다. 거기다 청나라와 일본은 임오군란 이후 텐진조약을 맺어 한쪽이 파병하면 다른 쪽도 파병하기로 된 상황에서 함부로 지원요청을 하면 다른 쪽도 자연스럽게 개입되어 내정간섭을 피할 수 없었다고 지적한다. 실제로 안중근 의사 또한 동학군 진압에 나섰다고 하는데, 그의 부친과 안중근 의사는 백성의 반란을 자력으로 진압하지 못하고 외세에 도움을 요청하는 것 자체가 무능의 증거라며 이 나라가 망할 것 같다고 한탄했다고 한다.

이 우려는 정확히 맞아떨어져서 청일전쟁이 일어나고 말았다. 박은식이 말했듯이 우리나라는 반도국 특성상 청나라, 일본, 러시아 셋이 가장 가까운 데다가 청나라는 명목상 사대 관계를 맺어온 국가였다. 일본이 조선은 자주국이라는 조약을 붙인 이유도 사실 청나라를 견제하기 위해서였고, 갑신정변의 지원도 청나라 견제가 목적이었다. 이 때문에 한쪽이 파병하면 다른 쪽도 파병하는 텐진조약을 맺은 것이다. 동학군은 자진 해산을 했지만 이미 침략 야망에 사로잡힌 일본이 물러날 리 없었다. 되레 일본군은 우리나라에 제도와 법 개혁을 강요하였고, 그렇게 청일전쟁이 시작됐다.

청일전쟁은 그야말로 일본이 몰아붙이는 구도였는데, 원인은 청나라 군사가 자만하고 있던 사이 군사적 요충지들을 일본이 빠르게 장악했기 때문이다. 그렇기에 일본은 계속 승리할 수 있었고, 청나라는 기껏 근대화한 보람도 없이 박살이 났다. 결국 전쟁은 일본의 승리로 끝나고 청나라는 열강에 조각조각 분해당해야 했다. 반도국 특성상 주변에 3개의 강대국이 있으면 3개국이 서로 균형을 이루어야 소국이 안전할 수 있다는 것을 생각해 보면, 이때부터 우리나라의 외교는 암울해졌다고 할 수 있다.

일본은 청일전쟁에서 이긴 후 랴오둥반도를 집어삼키려고 했지만 러시아, 프랑스, 독일 3국은 일본이 지나치게 강해지는 것을 원하지 않았기 때문에 일본에 랴오둥반도를 포기하라고 압박한다. 일본은 영국의 지원에 힘입어(사실 일본이 청나라를 이길 정도로 국력이 강화된 것은 영국이 해군 관련으로 도와줬기 때문이다) 대항해볼까 하였지만, 충돌이 커지는 것을 원하지 않은 영국은 적당히 타협하라고 지시하고, 결국 일본은 랴오둥반도를 포기해야만 했다. 3국 간섭 이후 일본은 러시아에 대한 적대감이 커지게 됐고, 조선의 지도층 또한 러시아에 기대려고 했다.

청일전쟁이 개혁에 의도치 않게 도움이 된 부분이 있으니 그것이 바로 갑오개혁이다. 갑오개혁은 일본이 먼저 강요했지만 정작 일본은 곧바로 청나라와 전쟁을 치러야 했고, 그렇기에 갑오개혁은 신분제 혁파 등 동학 농민군의 요구도 어느 정도 반영하며 나름 합리적인 개혁이 될 수 있었다. 문제는 이 행운이 잠깐에 불과했고, 근본적으로 나라가 힘이 없었다는 것이다. 개혁을 유지하려면 국력이 필요한데, 그런 국력이 부족해서야 개혁을 지킬 수가 있겠는가?

이런 국제정세를 본 명성황후 측은 러시아에 접근했다. 청나라를 이기며 얻은 우위가 헛되게 될 위기에 처한 일본은 명성황후를 암살하기로 계획한다. 사전작업으로 일본 공사를 군인 출신에다 정치한 적이 없어서 얼마든지 꼬리 자르기 쉬운 미우라로 임명했다. 이노우에 공사는 퇴임 전 왕실에 돈을 기부하는 등 조선에 우호적인 행위를 보이면서 방심을 유도했다. 그렇게 준비를 하던 와중에 고종이 일본인 훈련대를 해산하라고 통보했고, 결국 미우라는 거사를 감행하기로 했다. 이 이상 미루다가는 거사를 해보기도 전에 떠나야 하는 상황이 왔으니까.

먼저 미우라는 방패막이로 쓰기 위해 대원군을 영입했다. 대원군도 불미의 사태를 염려했는지 무력시위만 행사하라고 했지만, 일본 측은 겉으로는 응하는 척하며 속였다. 이때 일본 측은 안하무인이었는데, 고종을 향해 위협 사격을 했고, 세자에게 협박하려 달려들기까지 했다. 이건 외교적으로 엄청난 무례이며, 이쯤이면 이미 조선을 동등하게 대할 생각이 없었다고 보면 된다.

결국 시녀들을 협박한 끝에 명성황후를 찾아내고, 죽인 후에는 기름을 부어 태워버렸다. 심지어 그러면서도 시녀들에게 명성황후가 맞느냐고 확인을 촉구했다. 박은식 또한 명성황후의 잘못이 어떠했든 간에 국모가 살해당하면서도 아무런 반항도 못한 상황에서 우리나라의 패망은 사실상 확정된 것이나 다름없었다고 한탄했다. 이 최후 덕에 명성황후가 미화되는 면도 있을 정도로 불쌍한 사건이었다.

이런 일본의 만행은 오히려 고종이 강수를 쓰게 만들었다. 고종은 자신도 살해당할지 모른다는 불안감에 러시아 공사관으로 피신한 것이다. 때마침 러시아에 붙은 친러파들은 이를 좋은 명분으로 삼았고, 그렇게 친일파들은 거짓말같이 숙청됐다. 이를 아관파천이라고 한다. 박은식은 이 상황을 슬퍼했다. 한 나라의 국왕이 다른 나라에 몸을 의탁해야 하는 시점에서 국가의 명예가 떨어졌다는 것이다. 거기다 국모의 복수를 명분으로 하는 자 중 후에 친일파로 변절하는 이완용이 있었다는 걸 생각하면 아관파천은 국모의 복수를 명분으로 했지만 실제로는 친러파가 실권을 잡기 위한 행위였다.

나는 이 부분에서 이완용이 기회주의의 극한을 달리는 태도를 보여주는 것은 여전하구나 싶다고 느꼈다. 널리 알려진 것은 이완용이 친일파였다는 부분만 유명하지만, 실제로 이완용은 자기 보신에 유리하다 싶은 세력으로 소속을 두 번이나 바꾸었다. 그나마 친일파로 바꾼 후에는 계속 친일파를 유지하는 것이 제 딴에는 소신이라 할 수 있겠지만, 결국 근본적으로 이완용은 충성심이나 사명이 아닌 자기 권력과 보신에만 끝까지 충실했다는 것을 알 수 있다. 지금도 이런 인간들이 높은 자리에 있지는 않나 우리 스스로 많이 확인해야 할 것이다.

아관파천이라는 강수에 일본은 경악했다. 그렇게 일본을 약화
시킨 후 고종은 대한제국을 선포했다. 그러나 대한제국은 이름
만 제국이지 그걸 뒷받침해줄 힘은 없는 상태였고, 오죽하면 역
사가 중에서는 대한제국을 조선에 포함하는 사람도 있을 정도이
다. 그렇게 대한제국이 막 태어나던 때에 서재필을 필두로 하는
지식인들이 모여서 독립협회를 세웠다. 독립협회는 서양 열강들
의 간섭에서 백성들과 지식인들이 나라를 지키자는 목적으로 만
들어졌다. 실제로 열강의 요구를 몇 개 물리치고, 만민공동회를
열어 백성들을 교화하려 하는 등 나름대로 성과가 있었다.

이런 독립협회가 거슬렸던 일본은 독립협회가 공화국을 원한
다는 식으로 지배층을 속였고, 결국 정부는 황국협회를 지원해
독립협회를 해산시킨다. 박은식은 이 사건에서 독립협회는 전문
성과 애국심을 가진 단체였다며 안타까운 실패라고 했다. 하지
만 독립협회 또한 준비가 철저하지 못했고, 좀 더 장기적 안목으
로 상황을 보지 못했던 한계가 있었다고 지적했다.

박은식은 여기서 더 비약해서 우리 민족은 지나치게 주춤해 일
을 시작하지 못하는 경우나 지나치게 과감하게 나서서 성공하지
못하는 경우가 많은 점을 지적하면서, 우공이산(어리석은 노인이 산
을 옮긴다)과 과보축일(과보라는 큰 거인이 해의 그림자를 좇다가 목이 말
라 죽음)을 교훈삼아 노력해야 한다고 했다. 독립협회는 애국심을

가졌지만 일본에 대한 경계를 게을리하다가 일본에 배신을 당하는 등 국제정세에서 미숙했기 때문이다.

박은식이 생각하기로 일본이 유독 독립협회를 탄압한 이유는 하나 더 있는데, 그건 민중들에게서 나라를 빼앗는 것보다는 지배층에서 나라를 빼앗는 게 더 쉽다는 것이다. 민주주의 체제와 왕정 체제는 중요 사항을 결정하는 속도가 크게 다르다는 것을 꿰뚫어 본 일본은 왕정을 유지한 후 병합하려는 전략을 세운 것이다. 또한 왕정을 유지한다는 감언이설로 속이고, 왕족이나 궁녀, 관리들을 조금씩 자기편으로 회유했다. 박은식은 지나치게 달콤한 말은 자신을 망치는 길로 안내하는 것을 모르는 자들을 보고 '지나치게 달콤한 말은 속이 항상 쓴 법'이라는 말을 남겼다. 이걸 보면 루소가 말한 군주국은 나라를 다스리기 쉽지만 그만큼 무너지기도 쉽다는 말이 잘 들어맞는 것 같다.

그렇게 우리나라의 저항력을 없애다시피 한 일본은 유일한 경쟁자인 러시아와 조선의 패권을 두고 한판 승부를 준비했다. 하지만 그 승부는 그리 오래가지 않아 결판이 났다. 중국 역사에서 삼국시대는 삼국끼리 서로 견제하느라 오래갔지만 초한 제패기는 초나라나 한나라 중 하나만 멸망시키면 되어서 짧게 끝났던 것을 보면 알 수 있다. 거기다 영국도 중국에 영향을 주기 위해 러시아를 견제하려 드는 등 지원해 주었다. 그렇게 일본은 한반도를 독점하기 위한 러시아와의 싸움을 시작하였고, 러시아는 청나라보다는 힘든 상대라서 일본도 긴장했다. 영국조차 일본의 승리를 확신하지 못했을 정도로 이 정세는 예측이 어려웠다.

결국 일본은 초반 기선을 잡기 위해 선전포고 없이 기습을 택했다. 때마침 고위 장교들이 빠진 상태로 기습당한 러시아군은 우왕좌왕하며 기선을 제압당하고 만다. 뒤늦게 러시아에서도 명장으로 꼽히는 장군이 나섰지만 전장으로 빨리 가는 해로를 영국에게 저지당하고, 결국 먼 거리를 돌아서 가야 하느라 전력이 손실됐다. 그렇게 일본은 애초의 예상과 다르게 승기를 잡았고, 기껏 도착한 러시아군은 전력이 손실된 상태로 싸우느라 패배했다. 그렇게 사실상 조선에 대한 우선권을 일본이 쥔 셈이다.

우리나라는 이 상황에서 중립을 선언했지만, 우리나라를 완전히 장악하기 위해 이런 일을 벌인 일본이 내버려 둘 리 없었다. 일본은 러일전쟁 도중 일본이 우리나라의 지형을 먼저 이용할 수 있다는 조약을 맺었고, 그 과정에서 독도가 강제로 시마네현에 포함되고 말았다. 아직도 종종 골머리를 썩이는 요소인 독도 분쟁의 불씨는 러일전쟁부터 시작된 것이다. 역사에 '만약'이 없다고는 하지만 이 전쟁이 없었다면 독도는 일본이 시비걸 수 없는 우리나라 땅이었을 거라는 안타까운 마음은 여전히 남는다.

러시아까지 제압하자 일본은 기세등등한 상태가 됐고, 본격적으로 우리를 수탈하기 시작했다. 개성 인삼을 도둑질하고 온양 온천을 도둑질하는 건 약한 수준이었고, 우리나라에 황무지가 많다고 속이면서 그 명목으로 우리나라의 땅을 대량으로 뺏으려고 하다가 막힌 사건도 있었다. 철도를 설치할 때 철도 주변의 마을을 강제로 밀어내고 철도를 설치하는 것은 물론이고, 그렇게 설치한 철도를 독점했다.

일본이 우리나라를 근대화시켜 주었다는 주장의 근거로 주로 쓰이는 것이 철도 부설이다. 하지만 철도를 깐 의도부터가 우리를 위한 게 아닌 수탈을 수월하게 하기 위해서인 데다, 그 과정도 강압적이었기에 틀린 주장에 틀린 근거인 셈이다. 거기다 철도 이외의 근대화 인프라는 대한제국 시절 우리가 스스로 설치한 것이기에 일본이 우리나라를 근대화시켜 주었다는 주장은 끼워 맞춘 헛소리에 불과하다.

어떤 사기꾼이 일본군에 월미도라는 섬을 허위로 팔아 넘긴 적이 있는데, 이를 알아챈 우리나라는 그것이 사기라는 것을 알리고 취소를 요청했다. 하지만 일본은 오히려 이 섬이 전략적으로 도움이 된다고 판단해 주민들을 억지로 몰아내면서까지 접수했다. 국가의 요청까지 무시하는 시점에서 이미 우리나라를 국가로 여기고 있지 않았다는 속내를 드러냈다. 그래서 일본은 우리나라의 전보를 독점하는 작업까지 했다.

그뿐만 아니라 우리나라 민중 여론을 호의적으로 하려고 동학당의 잔당 중 일부를 일진회라는 이름의 친일 민간단체로 만들었다. 이들은 일본에 우호적인 선전을 많이 내보내는 것으로 일본의 통치를 쉽게 했지만, 결국 토사구팽이라는 사자성어답게 경술국치 이후로는 해산됐다. 이렇듯이 러일전쟁 이후부터 을사늑약 이전까지는 일본이 우리나라를 삼킬 준비를 본격적으로 하는 시기였다.

한국을 집어삼킬 준비를 다 끝마친 1905년, 이토 히로부미는 한국의 외교권을 박탈하는 조약인 을사조약을 제시했다. 그전까지는 가식으로나마 한국을 자주국 취급했지만, 외교권을 박탈하는 을사조약은 말 그대로 한국이라는 나라를 뇌사상태로 만드는 것이나 다름없었다. 그때나 지금이나 국제관계는 외교를 할 수 있는 나라만이 나라다. 괜히 북한이 미사일 도발을 하면서까지 무력시위를 하는 것이 아니다. 그거라도 하지 않으면 북한은 국제사회에 미칠 외교적 영향력이 없기 때문이다.

을사조약에 참정대신은 크게 반발하면서 절대 가결해서는 안 된다고 했다. 그러나 이완용은 이미 변심했기에 조약 내용을 고치자고 했고, 참정대신은 수정할 바에는 차라리 거부하겠다고 단언했다. 고종은 일단 차분하게 대책을 논의해 보자고 했지만, 참정대신은 이 상황에서는 찬성해도 망하고 반대해도 망하지만, 반대해서 망한다면 최소한 나라가 존재했다는 명목은 남길 수 있다고 열변을 토했다. 결국 일본은 시간이 다 됐다며 의결하라고 압박했고, 참정대신은 반대했지만 박제순은 모호한 태도를 보였고 일본은 이는 반대가 아니라며 찬성으로 몰았다. 이완용을 포함한 매국노 4인방은 황실의 존재만 보장해주면 승인하겠다고 하였고, 일본은 이에 동의한 것으로 알겠다며 법부대신인 박제순에게서 도장을 빼앗아서 억지 도장을 찍었다.

　이 을사조약은 억지 그 자체였다. 조약이 승인되려면 국가 최고 결정권자가 승인해야 하는데, 고종은 끝까지 거부하였으며 찍힌 도장도 옥새가 아닌 박제순의 도장이었다. 그렇기에 을사늑약, 즉 억지로 맺은 조약이라는 호칭까지 있을 정도였다. 이런 대사건이 벌어졌는데도 이걸 보도한 것은 대한매일신보와 황성신문뿐이었다. 일본이 사전에 신문을 검열했기 때문이다. 대한매일신보는 외국인인 베델이 출판장으로 있었기에 검열을 피할 수 있었지만, 황성신문은 아니었다. 황성신문이 을사늑약을 보도하자 일본은 신문주를 구속하고 신문을 폐간시켰다. 그래 봐야 소문이 퍼지는 것을 막을 수는 없었고, 이를 안 사람들은 다들 탄식했다고 한다. 참정대신은 을사오적에 대해 나라를 팔아먹으면 그대들은 무사할 수 있을 거냐고 비난했고, 박제순에게는 어찌 행동의 번복이 심하냐고 비난했다.

　을사늑약은 대한제국의 실질적인 사형선고나 다름없었고, 이에 저항하는 사람도 많았다. 민영환은 이 소식을 알게 되자 자기 방에서 사람들을 물러나게 한 뒤 단검으로 할복자살했다. 유서에서 우리나라 백성과 지도층에게 이번 사태의 심각성과 이를 해결하기 위해 단결을 촉구하는 글을 남겼다. 외국인들에게 남기는 글에는 을사늑약은 왕이 인정한 정당한 조약이 아니라는 내용도 있었다. 이는 당시 우리나라에 큰 충격을 주었고, 애국적인 유림 중 이를 따라 자살하는 우국지사가 다수 있었다.

최익현 또한 이에 대항하기 위해 의병을 준비했지만 그만 적발되어 실패했다. 그러나 일본으로 압송되고 나서 음식을 거절하고 굶어 죽는 것으로 끝까지 저항했다. 일본조차 그의 죽음에 경의를 표했을 정도로 숭고한 죽음이었다. 이처럼 죽음으로써 저항하는 사람들이 있는 만큼 무력으로써 저항하는 사람들도 있었다. 때마침 곧바로 일본이 군대를 해산하자 해산된 전직 군인들이 다수 의병에 합류하였고, 그렇게 의병들의 역량은 올라갔다. 의병 중에서는 최익현처럼 양반 출신도 있었지만, 신돌석처럼 평민 출신 의병장도 많았다. 의병들이 나라를 위하는 마음은 모두 같았다.

고종 또한 무기력하게 있지만은 않았다. 고종은 을사늑약이 국제법에 어긋나는 것을 알리기 위해 헤이그에 특사 세 명을 파견했다. 그러나 박은식이 지적했듯이 만국평의회는 진정으로 세계의 평화를 위해서 일하기보다는 강한 제국주의 국가들의 지나친 충돌을 조정하기 위해 일하고 있었다. 이는 1차 세계대전이 끝나고도 2차 세계대전이 벌어지는 사상적 배경이자 2차 세계대전이 끝난 이후에도 제국주의 국가들이 식민지를 포기하지 않으려는 싸움을 벌이게 되기까지 이른다. 가쓰라-태프트 밀약26)을 묵인

---

26) 1905년 7월 29일, 미국의 제26대 대통령 시어도어 루즈벨트의 특사인 미국 전쟁부(United States Department of War) 장관 윌리엄 하워드 태프트와 일본 제국의 총리 가쓰라 다로가 도쿄에서 은밀하게 맺은 협정. 실제 회담이 열린 날짜는 7월 27일이고, 회담 내용을 담은 각서(memorandum)상의 날짜가 7월 29일이다. 당시 태프트는 전쟁부 업무로 필리핀에 가는 길에 잠시 일본에 들러 이 협약을 맺었다. 이 밀약의 목적은 일본 제국의 한국 식민 지배와 미국의 필리핀 식민 지배라는 양국의 이해 관계에 대한 상호 확인이었다.

한 시어도어 루즈벨트가 노벨평화상을 받은 것을 보면 당시 강대국들의 평화가 어떤 것임을 뻔히 알 수 있다.

이런 상황에서 헤이그 특사가 을사늑약의 부당함을 호소해봐야 같은 제국주의 국가인 일본의 손을 들어주는 게 당연한 상황이었다. 결국 특사들은 회의장에는 들어가 보지도 못하고 기자회견으로 부당함을 호소해야 했다. 그나마 이를 통해 제국주의에 대해 비판적인 시각을 가지는 자들이 조금씩 생기게 됐지만, 일본은 헤이그 특사를 꼬투리 삼아 고종을 폐위하고 순종을 왕위에 올렸다. 황태자인 영친왕도 교육이라는 명목으로 일본에 인질로 붙잡아두며 왕실의 저항 의지를 꺾어버렸다.

특정 인사에 대한 암살을 목표로 저항하는 사람들도 있었다. 을사오적에 대한 암살 모의도 많았지만, 일본이 이들을 집요하게 보호해 실패했다. 그렇게 을사오적 처단이 막히자 특정 3인에 대한 암살이 주목받았다. 특정 3인이란 스티븐스, 이토 히로부미, 이완용이었다. 스티븐스는 친일적 미국인으로 고문이라는 명목으로 우리나라에서 일했지만, 그는 일본을 위해 일했고 미국 사회에서도 일본에 대해서 우호적으로 미화했다. 때마침 그 당시 미국 대통령이던 시어도어 루즈벨트도 일본에 우호적이다 보니 스티븐스가 일본을 미화하는 말은 미국 내에서 잘 통했다.

스티븐스는 결국 암살의 대상이 됐다. 스티븐스는 평소처럼 미국 거리를 다니고 있었는데, 갑자기 전명운 의사가 총을 꺼내 기습했다. 그러나 불발탄이었고, 결국 전명운 의사는 이가 없으면 잇몸이라는 식으로 스티븐스와 몸싸움을 벌였다. 그때 우연히 같은 목표로 잠복하고 있던 장인환이 총을 쐈고, 그중 한 발은 전명운을, 한 발은 스티븐스에게 맞았다. 장인환은 즉시 체포됐고, 스티븐스와 전명운은 병원에 이송되어 스티븐스는 사망하고 전명운은 살았다. 장인환은 자신이 스티븐스를 죽인 이유를 세세히 진술하였고, 그에 감동한 미국 법정은 그의 형을 15년 징역으로 감형한 데다 전명운은 퇴원 즉시 석방했다.

이토 히로부미는 당시 조선 통감이자 실질적인 일본 식민정책의 총수였고, 을사늑약을 제출해 조선을 거의 죽인 조선의 원수나 다름없었다. 간혹 그는 조선을 바로 정복할 생각은 없었다고 두둔하는 의견이 있지만, 그건 급속 정복이 이르다는 거지 천천히 고유의 특색을 없애고 나서 오키나와처럼 일본에 완전히 융합 흡수할 계획이었다는 것에 불과하다. 그게 이루어졌다면 우리나라의 독립은 더더욱 힘들어졌을지도 모르는 일이다. 이런 이토를 암살한 것은 그 유명한 안중근 의사다. 앞에서 말했듯이 그는 동학군 토벌에 참여하며 반란군을 스스로 막아내지 못하는 이 나라의 앞날이 어둡다고 한탄했다. 결국 을사늑약으로 인해 한탄이 현실화하자, 안중근은 의병을 창설해 일본군과 싸우는 등 적극적으로 독립운동에 나섰다.

그러던 어느 날, 이토가 만주를 방문한다는 소식을 안중근이 알게 됐다. 이토는 단순 유람이라 둘러댔지만, 일본 신문조차 이

걸로 만주의 이권을 얻을 수 있다고 장담하는 등 정치적 속내는 뻔한 상황이었다. 곧바로 안중근은 총기를 준비하고 이토가 지나가는 역인 하얼빈역에 대기했다가, 이토가 열차에 내리자마자 총을 쏴서 암살했다.

그는 대한만세라는 말을 만국공용어인 에스페란토로 세 번 외치며 저항하지 않고 그대로 잡혔다. 일본은 암살이 오해에 불과한 것이라 인정하면 감형해주겠다며 회유 하지만 안중근은 구차하게 살 생각은 애초부터 없었다고 거절했다. 일설에는 안중근의 어머니조차 구차하게 사는 것이 불효라며 안중근의 뜻을 지지했다고 한다. 결국 안중근은 처형됐지만, 그가 이토를 죽인 것은 후에 일본이 분열되어 약해지는 씨앗이 됐기에 헛되지 않았다고 할 수 있다.

반면 이완용은 평생을 기회주의적이며 자기 보신을 위해 산 인간이다. 그는 언제나 자기 이익에 따라 집단을 정했으며, 경술국치 이후에는 아예 궁궐을 민간에 이양하자는 소리까지 해서 일본 총독인 데라우치마저 기겁할 정도였다. 그만큼 자기 안위만을 우선시하는 인간이었다. 독립운동가 이재명은 이런 이완용을 암살하기 위해 준비하고 있었지만, 도중에 사람들 앞에서 총을 꺼내며 이완용을 암살하겠다고 난동을 부린 일이 있어서 애꿎은 사람에게 총을 쏠까 우려한 김구는 총을 반납하라고 했다.

그러나 그는 이완용 암살을 포기하지 않았고, 이완용이 경술국치 조약문 조정을 위해 인력거를 타고 이동하자 단검을 들고 곧바로 기습했다. 안타깝게도 인력거꾼이 가로막아서 인력거꾼이 즉사하는 대신에 이완용은 중상을 입었지만 살아남았고, 결국 경술국치 조약에 참여했다. 백범 김구 선생은 이에 대해 내가 이재명을 쓸데없이 방해해서 이완용이 살았다고 자책했다. 그런 후회는 그가 지원한 윤봉길이 의거에 성공하는 것으로 후에 만회된다.

우리나라가 실질적으로 망국이 되고 저항하던 운동도 활발하던 찰나 1910년 경술년에 우리나라와 일본이 합병된다는 소식이 나오기 시작했다. 일진회 또한 합병을 옹호하는 글을 내놓았고, 이완용 등 매국노들은 이 합병에 동의했다. 고종은 처음에는 맹렬히 반대했지만, 조약에 동의하지 않는다면 황족들을 모두 죽이겠다고 협박하자 결국 승인한다. 좀 더 반대했으면 하는 안타까움도 들지만, 고종이 반대해봐야 시간 벌이밖에 안 되고 이미 대한제국은 망한 거나 다름없는 상태였다는 것을 생각해보면 비극 그 자체다.

그렇게 일본은 우리나라를 점령하자 동양척식주식회사를 세워 조선의 모든 토지를 파악하고, 그중 손에 넣을 수 있는 미등록지는 전부 손에 넣었다. 또한 한글 사용을 금지하고 우리 민족이 고등교육을 받는 것도 금지했다. 이는 우리 민족이 자립할 힘을 빼앗기 위해 저지른 만행이었으며, 서당과 야학을 통해 우회되자 이것마저 금지했다. 역사적 유물을 탈취하거나 탈취할 수 없을 때는 훼손하기까지 했다. 우리 민족의 혼을 말살하기 위한 행위는 아직도 그 잔재가 남아 있다는 소리가 나올 정도이다.

이런 마당에 독립운동에 대한 탄압이야 어떤 말이 필요하겠는가. 일본은 당시 우리나라의 거대한 독립운동 단체인 신민회를 총독 암살이라는 누명을 씌워 수뇌부 105명을 체포하고, 신민회를 해체했다. 사람들은 이에 분개하였고, 후에 진짜로 총독 암살을 노리는 독립운동가들이 나온 것을 생각하면 이는 제국주의에 찌든 일본의 잔혹함이라고밖에 표현할 수 없다.

이렇게『한국통사』는 신민회 해체로 끝을 맺는다. 국권 피탈로 끝을 맺지 않은 것은 단순히 아픈 과거를 슬퍼할 것만이 아니라 그걸 거울삼아 독립해야 한다는 의지의 발로로 보인다. 실제로 박은식은 독립사 또한 쓰고 싶었기에 3.1 운동 이후 우리나라 독립사를 정리하기 시작했다. 그러나 3.1 운동이 끝난 지 불과 몇 년 후에 돌아가서서 그 꿈은 이루어지지 못했다. 그는 또한 우리나라 역사를 정리해줄 자가 나오길 바랐지만 비슷한 목표를 가진 신채호 또한 결국 저술을 완성하지 못했고, 광복 이후 이병도가 조선사 편찬에 참여한 경험을 살려서 간신히 완성했으니 참 기나긴 아쉬움이었다고 볼 수 있다.

신채호와 박은식 둘 다 역사를 민족의 혼과 관련된 요소로 생각했지만 아(我)와 비아(非我)의 투쟁이라는 사상 아래 고대사를 현대의 시점에서 바라보는 데 집중한 신채호와 달리 박은식은 고대사를 현대의 시선으로 곧이곧대로 바라볼 수는 없지만, 그것으로부터 배울 점은 배우고 비판할 점은 비판해야 옳다고 보았다. 그렇기에 신채호가 고대사부터 쓰기 시작한 것과 달리 박은식은 구한말에 관해 집중적으로 썼고, 고대사의 경우는 본받을 만한 위인 위주로 쓴 것이다.

현재 케이팝이 세계적으로 인기를 끌고 한국의 위상이 세계 10위권에 드는 지금, 박은식의 꿈이 가지는 의미는 여전히 사라지지 않았다고 본다. 다만 아직도 일본은 역사에서 배우지 못하며 과거의 잘못을 반복할 위험이 여전히 남아 있고, 중국 또한 마찬가지다. 우리나라 과거 역사에서 배우는 지혜는 아직도 현대를 살아가는 우리에게 필요하다.

비록 독립했다지만 그때나 지금이나 우리나라는 강대국들의 눈치를 봐야 한다. 구한말의 상황을 반영해 현실의 외교에 반영하는 지혜가 필요하고, 『한국통사』는 그 지혜를 제공한다. 역사를 잊은 민족에게 역사는 반복된다는 것을 잊지 말고, 지난 역사를 가슴속에 새겨 현재의 나아가야 할 길을 찾자.

**인문고전 20선
저서 목록**

1. 『역사』, 헤로도토스 지음, 천병희 옮김, 숲, 제2판 2022.
2. 『국가』, 플라톤 지음, 박종현 옮김, 서광사, 2005.
3. 『정치학』, 아리스토텔레스 지음, 천병희 옮김, 숲, 2013.
4. 『군주론』, 마키아벨리 지음, 김운찬 옮김, 현대지성, 2021.
5. 『유토피아』, 토머스 모어 지음, 박문재 옮김, 현대지성, 2020.
6. 『리바이어던』, 토머스 홉스 지음, 최공웅 최진원 옮김, 동서문화사, 2021.
7. 『사회계약론』, 장 자크 루소 지음, 정영하 옮김, 산수야, 2020.
8. 『종의 기원』, 찰스 다윈 지음, 장대익 옮김, 사이언스 북스, 2019.
9. 『노자』, 노자 지음, 호남인민출판사 옮김, 연변인민출판사 옮김, 2007.
   『도덕경』, 노자 지음, 오강남 옮김, 현암사, 1995.
10. 『대학』, 김학주 옮김, 서울대학교출판부, 1995.
13. 『대학』·『중용』, 증자·자사 지음, 김원중 옮김, 휴머니스트, 2020.
11. 『논어』, 김학주 옮김, 서울대학교출판부, 1985.
12. 『맹자』, 홍인균 옮김, 서울대학교출판부, 1992.
14. 『한비자』, 한비자 지음, 김원중 옮김, 휴머니스트, 2016.
15. 『사기 본기』, 사마천 지음, 김원중 옮김, 민음사, 제2판 2015.
16. 『간디 자서전』, 간디 지음, 함석헌 옮김, 한길사, 1993.
17. 『성호사설』, 이익 지음, 고산 고정일 옮김, 동서문화사, 2015.
18. 『목민심서』 1, 정약용 지음, 민족문화추진회 옮김, 솔, 1998.
    『목민심서』 2, 정약용 지음, 민족문화추진회 옮김, 솔, 1998.
19. 『기학』, 최한기 지음, 손병욱 옮김, 통나무, 2013.
20. 『한국통사』, 박은식 지음, 김승열 옮김, 범우사, 1999.
    『조선상고사/한국통사』, 신채호 박은식 지음, 윤재영 옮김, 동서문화사, 2012.

1~20. 서울대 선정 인문고전 학습만화 50선 전집, 공동 저작, 주니어김영사, 2008.